Elija al mejor

Coordinación
de la serie Martha Alles
Gabriela Scalamandré

Diseño de tapa
Juan Pablo Olivieri

MARTHA ALICIA ALLES

Elija al mejor

La entrevista en selección de personas. La entrevista por competencias

Nueva edición actualizada 2017

GRANICA

ARGENTINA - ESPAÑA - MÉXICO - CHILE - URUGUAY

ARGENTINA
Ediciones Granica S.A.
Lavalle 1634 - 3º G / C1048AAN Buenos Aires, Argentina
Tel.: +54(11) 4374-1456 Fax: +54(11) 4373-0669
granica.ar@granicaeditor.com
atencionaempresas@granicaeditor.com

MÉXICO
Ediciones Granica México S.A. de C.V.
Valle de Bravo Nº 21 El Mirador Naucalpan Edo. de Méx.
53050 Estado de México - México
Tel.: +5255-5360-1010 Fax: +5255-5360-1100
granica.mx@granicaeditor.com

URUGUAY
Ediciones Granica S.A.
Scoseria 2639 Bis
11300 Montevideo, Uruguay
Tel: +59 (82) 712 4857 / +59 (82) 712 4858
granica.uy@granicaeditor.com

CHILE
granica.cl@granicaeditor.com
Tel.: +56 2 8107455

ESPAÑA
granica.es@granicaeditor.com
Tel.: +34 (93) 635 4120

www.granicaeditor.com

Alles, Martha Alicia
    Elija al mejor: la entrevista en selección de personas: la entrevista por
competencias / Martha Alicia Alles. - 3ª ed ampliada. - Ciudad Autónoma
de Buenos Aires: Granica, 2017.
    408 p. ; 23 x 17 cm.

    ISBN 978-950-641-920-2

    1. Recursos Humanos. I. Título.
    CDD 658.3

Índice

Presentación

Elija al mejor.
Nueva edición actualizada 2017

La elección de colaboradores no es un tema nuevo. Fue una preocupación en el pasado, lo es hoy y lo será, sin ningún lugar a dudas, también en el futuro. Si bien la esencia de cómo elegir al mejor colaborador podrá ser siempre la misma, es innegable que cambian el contexto y las formas.

Los conceptos básicos sobre selección de personas y sobre la entrevista en particular no se han modificado. Sí –y sustancialmente– las formas en que se realizan, es decir, las vías de comunicación, los soportes en los cuales se registran los datos, la manera de interactuar entre las personas y, por ende, los comportamientos relacionados, de todos los involucrados.

La situación descrita me ha llevado a escribir una nueva obra, desde cero, para ofrecerle al lector una edición completamente actualizada de un clásico, exponiendo en todos los casos las buenas prácticas en la materia. *Elija al mejor* fue publicado en su primera versión a fines de la década del '90 y fue uno de los primeros libros en nuestro idioma dedicado a abordar la temática de competencias, haciendo foco en la entrevista. Luego, en el año 2003, se publicó una nueva edición, respetando la estructura original.

De aquel día a hoy, han pasado varios años. Por mi parte, como autora, he publicado muchos libros sobre Gestión por competencias abarcando todos los temas que la involucran. Asimismo, nuestra firma ha ganado una enorme experiencia en la materia asesorando a empresas a lo largo de toda Latinoamérica. Por otra parte, los lectores no son los mismos: empresarios, jefes, especialistas en Recursos Humanos, profesores y alumnos… también han aprendido mucho sobre esta temática.

Cuando escribí aquella primera edición, Gestión por competencias era apenas mencionada en círculos especializados, y todos nos planteábamos cuestiones para las cuales no siempre teníamos la mejor respuesta. Desde ese día hasta ahora, se ha transitado un largo camino.

La presente obra que tiene hoy en sus manos ofrece las últimas tendencias en entrevistas, incluyendo la entrevista por competencias, y se considera en todos los casos el foco de la cuestión: la entrevista es el momento para *elegir al mejor candidato,* de allí que el nombre de este libro combine dos palabras; primero hace referencia a la elección (*elija*) y luego a qué elegir (*al mejor*).

Según la RAE[1], el término *elección* significa, en su primera acepción, "acción y efecto de elegir". En tanto que *elegir*, en sus dos acepciones, significa "escoger o preferir a alguien o algo para un fin" y "nombrar a alguien por elección para un cargo". También según la RAE, el término *mejor*, en su primera acepción, significa "superior a otra cosa y que la excede en una cualidad natural o moral", y en la segunda acepción, "preferible o más conveniente". En resumen, la clave será elegir aquello que sea mejor o más conveniente, en función de una necesidad. En nuestra terminología sería *elegir al mejor según el perfil de la búsqueda*.

A quiénes va dirigido este libro

Un autor siempre piensa en aquellas personas que podrían ser sus lectores; en este caso, la obra está dirigida a entrevistadores diversos, desde especialistas hasta entrevistadores circunstanciales.

En esta obra se analizarán distintas instancias orientadas a realizar de manera adecuada la elección a la cual hacemos referencia en el título. Como ya se dijera, la instancia fundamental es la entrevista. En consecuencia, se explicará todo lo necesario para hacer una entrevista para seleccionar personas, ya sea en búsquedas internas como externas, entrevistas realizadas por el futuro jefe y/o el especialista de Recursos Humanos, entre otras posibilidades. La idea se expresa en la figura de la página siguiente.

En la parte izquierda de la figura se mencionan los procesos de selección: interno en el caso de que se utilice autopostulación o *job posting*, y externo cuando se convoque a postulantes del mercado. A ambas posibilidades hemos adicionado las promociones internas. Usualmente, en estas últimas también se realizan entrevistas. Si bien podrán llevarse a cabo entrevistas en otras circunstancias, hemos mencionado las tres situaciones más usuales.

En la parte derecha del gráfico se hace referencia a los posibles entrevistadores: un consultor externo, el especialista o responsable de Recursos Humanos de la organización y, por último –en mi opinión el entrevistador más importante–, el futuro jefe de quien será el nuevo colaborador. A este podría sumarse el jefe del jefe u otra persona que participe en el proceso de selección; por ejemplo, algún funcionario corporativo.

---

1 www.rae.es

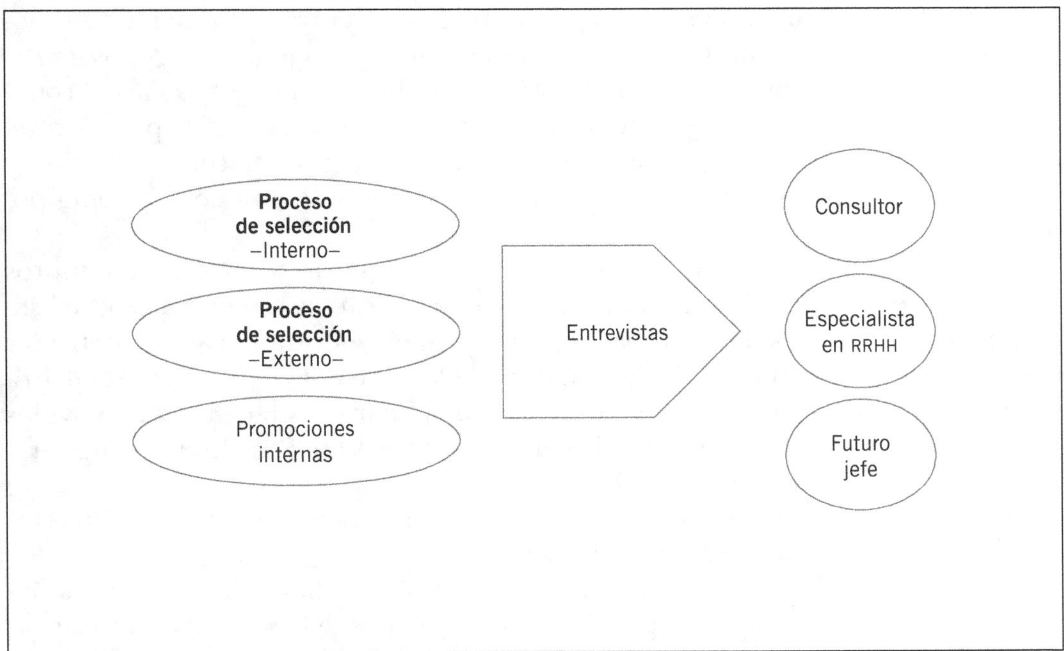

Aunque se observa menos frecuentemente, también compañeros o pares pueden participar como entrevistadores.

La entrevista es uno de los principales procedimientos de Recursos Humanos que aplican todos los directivos, gerentes y jefes de todas las áreas y niveles organizacionales. A ellos, especialmente, hemos dedicado este trabajo.

Cómo leer *Elija al mejor*

La obra, dividida en dos partes, consta de 12 capítulos. El lector podrá realizar una lectura ordenada, partiendo del inicio hasta el fin del libro. Quizás un tiempo después desee buscar algo en particular o releer alguna sección. Otro tipo de lector, quizá más impaciente, podrá realizar una lectura más abreviada y buscar solo algún aspecto en particular, que le interesa en un momento dado.

La división en dos partes se ha realizado previendo que muchas organizaciones no poseen modelos de competencias; por lo tanto, en la Parte I se ve en todo su detalle la entrevista de selección, y en la Parte II se presenta la entrevista por competencias. Sin embargo, las empresas que no hayan implementado el modelo de competencias podrán utilizar los criterios básicos allí expuestos, lo cual les permitirá mejorar sus técnicas de entrevista.

Al analizar el contenido de los capítulos podemos ver que estos se interrelacionan entre sí y algunos son comunes a ambos enfoques. Por ejemplo, algunos temas, como los tratados en los capítulos 1, 2, 5 y 6, se relacionan tanto con la Parte I como con la Parte II. Por su parte, el Capítulo 3 es una suerte de instructivo para aprovechar con mayor efectividad y eficacia el contenido del libro en su conjunto.

Imaginaré a continuación distintos posibles lectores de esta obra, y cómo podrían utilizarla.

Un jefe, gerente o directivo de una organización, que deba entrevistar a futuros colaboradores, contando o no con el apoyo de un consultor y/o de un especialista de Recursos Humanos de la propia organización, encontrará temas de particular interés en los seis capítulos de la Parte I. Para el planeamiento de la entrevista podrá completar la información disponible –en la primera parte– con las preguntas de los capítulos 9, 10 y 11, según el nivel de la persona a entrevistar. Por último, le sugeriría leer el ejemplo práctico del Capítulo 8.

El Capítulo 8 (y el mencionado ejemplo práctico) será de utilidad para todos los entrevistadores, cualquiera sea su experiencia previa.

Un especialista en Recursos Humanos, tanto un consultor como aquel profesional que se desempeña en una organización y que tiene una base sólida con relación al tema, encontrará material interesante de apoyo para planear una entrevista, en especial en los capítulos 2, 3 y 4. También hallará algunas sugerencias muy útiles en el Capítulo 4, sobre cómo analizar la motivación de las personas.

A los especialistas interesados en profundizar sobre Gestión por competencias, la Parte II les brindará un enfoque completo, en especial los capítulos 7 y 8. Si además desean profundizar sobre la BEI[2], les será de utilidad el Capítulo 12.

A modo de resumen, y para los que deseen buscar algún tema en particular, podrán servir como guía los siguientes comentarios –información que recordamos, además, en la parte final de cada capítulo–:

- Conceptos generales sobre selección y entrevista: Capítulo 1.

- Gestión por competencias y entrevistas para evaluar competencias: capítulos 7, 8 y 12.

- Cómo planear la entrevista: Capítulo 2.

- Cómo utilizar *Elija al mejor*: Capítulo 3.

- Si desea encontrar preguntas para una entrevista: capítulos 4, 9, 10 y 11.

---

2 BEI (*Behavioral Event Interview*) - Entrevista por eventos conductuales.

- La motivación y cómo evaluarla: Capítulo 5.

- Cómo registrar la entrevista y analizar sus resultados: Capítulo 6.

- Para fijar conceptos: anexos I y II.

Muchos de los temas tratados en la Parte I se relacionan, también, con la Parte II. La entrevista, cómo planearla, cómo analizar la motivación y los aspectos a tener en cuenta una vez finalizada la reunión con cada postulante son temas comunes a ambas.

Elija al mejor es un libro específico sobre la entrevista. Los interesados en conocer el proceso completo de selección de personas pueden consultar la obra *Selección por competencias*.

Contenido de la nueva edición

La obra consta de dos partes y doce capítulos, que se detallan a continuación.

PARTE I. La entrevista en selección de personas

- Capítulo 1. La entrevista. Factor clave para el éxito en selección de personas

- Capítulo 2. Antes de la entrevista. Cómo planearla

- Capítulo 3. Preguntas. Cómo utilizarlas en una entrevista

- Capítulo 4. Las mejores preguntas. Desde el inicio al fin de la entrevista

- Capítulo 5. Cómo analizar la motivación en una entrevista

- Capítulo 6. Después de la entrevista. Registro y análisis

PARTE II. La entrevista en Gestión por competencias

- Capítulo 7. Breve introducción a la Gestión por competencias

- Capítulo 8. Entrevista por competencias

- Capítulo 9. Entrevista por competencias. Preguntas para niveles ejecutivos

- Capítulo 10. Entrevista por competencias. Preguntas para niveles intermedios

- Capítulo 11. Entrevista por competencias. Preguntas para niveles iniciales

- Capítulo 12. Entrevista por eventos conductuales – BEI (*Behavioral Event Interview*)

También incluye dos anexos:

- Anexo I. Glosario

- Anexo II. Herramientas

Como siempre, invito al lector a que nos escriba, comentando sus dudas y sugerencias, y muy especialmente si desea sugerir nuevas cuestiones a tratar. Podremos estar comunicados, como siempre, a través de cualquiera de nuestras participaciones en las redes sociales, así como escribiendo a la siguiente dirección de correo electrónico: **libros@marthaalles.com.**

Elija al mejor
Parte I. La entrevista en selección de personas

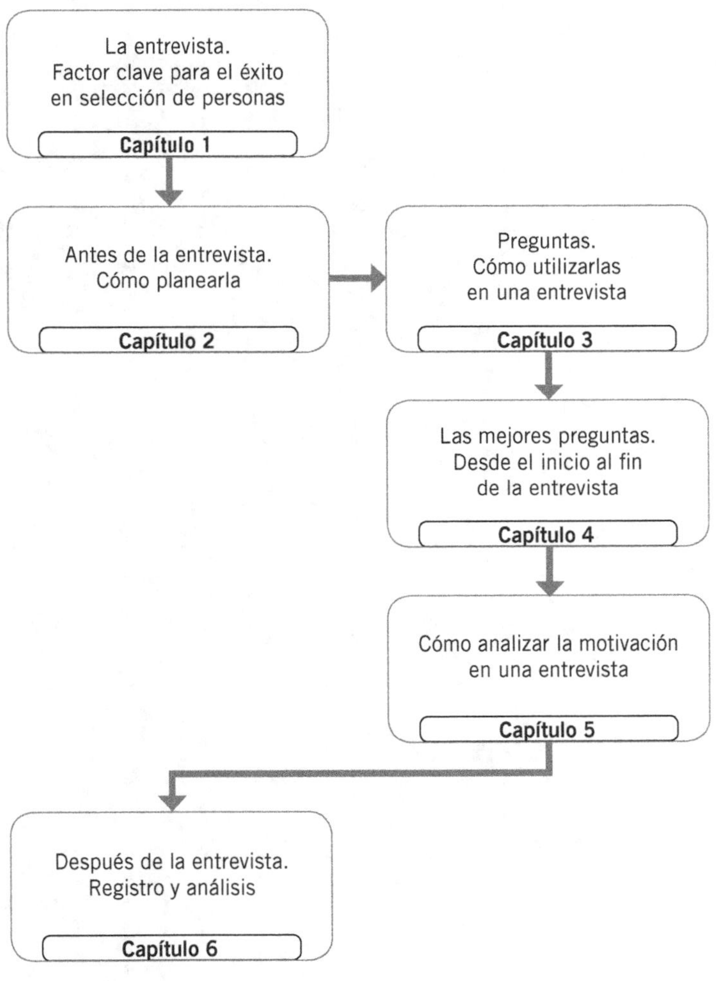

Elija al mejor
Parte II. La entrevista en Gestión por competencias

Capítulo 1

La entrevista.
Factor clave para el éxito en selección de personas

Temas del capítulo:

- Las buenas prácticas y la entrevista
- Pasos de un proceso de selección
- Perfil de la búsqueda. Perfil del postulante. Correlación entre ambos
- Primera revisión de antecedentes
- La entrevista
- El arte de preguntar. Saber escuchar y observar
- El entrevistador durante la entrevista
- Los postulantes y la entrevista
- Otras clases de entrevistas utilizadas en selección de personas

Las buenas prácticas y la entrevista

El arte de entrevistar

En un proceso de selección de personas, la entrevista es el factor clave para obtener un resultado exitoso, al permitir identificar a aquel postulante que se adecue al puesto de trabajo, tanto desde la óptica del nuevo jefe como, al mismo tiempo, desde la perspectiva del nuevo colaborador (lo que denominamos *las dos miradas*). Las buenas prácticas en materia de Recursos Humanos le dan a la entrevista el protagonismo que le corresponde como herramienta clave de la selección. Y por eso es que la entrevista es el eje temático que guía esta obra.

En la edición anterior hacíamos referencia al arte de entrevistar, expresión esta (*arte*) aplicable a la entrevista y a muchos otros aspectos de la vida profesional. En el caso de la entrevista, empíricamente se verifica que algunas personas tienen mayor habilidad que otras para llevarla a cabo.

La primera acepción del término "arte" para la Real Academia es "capacidad, habilidad para hacer algo", por lo tanto, utilizar la expresión "arte para entrevistar" es adecuada. Hay personas que disponen, de manera casi natural, del don de hacer algo bien o muy bien. Sin embargo, en lo personal, me gusta más relacionar la entrevista con las *buenas prácticas*.

La expresión "buenas prácticas" hace referencia a aquellas prácticas que son consideradas un parámetro o estándar a alcanzar, según la opinión de un experto. En la materia que nos convoca (Recursos Humanos en general y selección de personas en particular) es más adecuado referirse a las buenas prácticas que a la *teoría*, dado que este último término, en algunos casos, hace referencia a *conceptos no probados*, y las organizaciones desean conocer acerca de conceptos debidamente aplicados en la práctica y que han demostrado su alta eficacia en cada uno de los aspectos a los que se refieren.

Por lo tanto, a través de la explicación de las buenas prácticas –las definiciones tanto de obras previas como del *Diccionario de términos de Recursos Humanos* y su obra complementaria, *Las 50 herramientas de Recursos Humanos que todo profesional debe conocer*– se ofrecen al interesado conceptos y definiciones probados en la vida real por un gran número de organizaciones.

Al final y como anexos el lector encontrará un *Glosario* con los términos más importantes relacionados con esta obra (Anexo I) y *Herramientas* relacionadas con la temática, en el Anexo II.

En materia de entrevistas, selección de personas y otros tópicos relacionados con Recursos Humanos, mi propósito siempre es compartir vivencias prácticas, no tanto las personales, que podrían transformarse en meras anécdotas, sino muy especialmente exponer procedimientos probados con eficacia en el ámbito de las organizaciones, métodos de trabajo fiables que instituciones y empresas de todo tipo puedan implementar. Esta impronta de la obra será de mucha utilidad tanto para aquellos que poseen experiencia como para los que comienzan su recorrido profesional.

Las "buenas prácticas en Recursos Humanos" describen métodos de trabajo que las empresas han implantado y que se consideran "deseables", es decir, que sería bueno implementar o adoptar en aquellas organizaciones que no lo han hecho aún. Por lo tanto, las buenas prácticas no implican conceptos de tipo teórico, sino que describen los métodos de trabajo que representan la mejor manera de hacer las cosas en lo que respecta a un determinado tema o aspecto de la organización: *métodos de trabajo reales llevados a la práctica por organizaciones reales.*

Un futuro jefe, de todo nivel y tipo de organización, así como un especialista en Recursos Humanos, deberán conocer todas las variantes de prácticas disponibles a fin de identificar las más convenientes, para lograr un buen desempeño general de su sector y, muy especialmente, elegir a los mejores colaboradores.

En cuanto a otros conceptos relacionados con las buenas prácticas, voy a mencionar otro de amplia difusión, *benchmarking,* expresión en idioma inglés que se utiliza para denominar el proceso que permite comparar una determinada práctica organizacional con otras similares en el mercado, que sean consideradas como "buenas prácticas". El propósito con el cual se realiza *benchmarking* es implementar mejoras en los métodos de trabajo organizacionales adoptando criterios probados y exitosos en el mercado.

Por extensión, se puede realizar un *benchmarking* interno, para comparar el funcionamiento de un área o sector con el de otro/s. Esta variante *–benchmarking* interno– es de aplicación frecuente en compañías transnacionales para comparar divisiones de negocios de diferentes países o regiones. En la obra *Selección por competencias,* en el Capítulo 8, se exponen las ventajas de contar con procedimientos específicos para la selección de personas.

En este punto creo importante introducir otros términos afines.

Herramental. Conjunto de herramientas relacionadas con una disciplina o un tema en particular. Ejemplo: herramental de RRHH, herramental disponible para selección de personas.

Herramientas. Cuestionarios, manuales, guías y otros materiales de apoyo de probada eficacia para la resolución práctica de un determinado problema o situación.

Con respecto a nuestra temática, es preciso tener en cuenta las *herramientas de Recursos Humanos.*

La disciplina de RRHH requiere de herramientas sencillas, eficientes y eficaces en relación con todos sus subsistemas. La mayoría de los asuntos vinculados con las personas que integran una organización son asumidos por los jefes directos de los colaboradores, que tienen, además, toda otra serie de funciones y responsabilidades. La entrevista es uno de los principales aspectos de Recursos Humanos que utilizan todos los directivos, gerentes y jefes de todos los niveles.

En cuanto a los temas aquí tratados, el área de RRHH deberá proveer a sus clientes internos (los jefes de cada sector) cuestionarios, manuales, guías y otros materiales de apoyo para la selección de personas y, además, la resolución práctica de todos los asuntos relacionados con sus equipos de colaboradores.

Atracción, selección e incorporación de personas

Uno de los subsistemas de Recursos Humanos es *Atracción, selección e incorporación de personas*. En este subsistema se parte de la necesidad de cubrir una posición y el respectivo perfil de búsqueda, para continuar con la atracción y luego la selección, y finalizar con la incorporación de personas a la organización. Incluye la *inducción*.

Todos los aspectos relacionados con un proceso completo de selección están descritos en la obra *Selección por competencias*[1]. En la presente obra, y como su nombre lo indica, se verá la entrevista como factor clave para que el lector *elija al mejor*. No obstante lo antedicho, en este capítulo se hará –a continuación– una breve introducción de los siguientes tres ítems:

- *Pasos de un proceso de selección.*

- *Perfil de la búsqueda. Perfil del postulante. Correlación entre ambos.*

- *Primera revisión de antecedentes.*

En la figura de la página siguiente se pueden apreciar los distintos subsistemas de Recursos Humanos.

La atracción de las personas adecuadas, una buena selección, de tipo profesional y aplicando las pruebas más convenientes en cada caso, así como un satisfactorio proceso de incorporación, son acciones que definirán un buen inicio de la relación laboral con el nuevo colaborador.

La elección sobre cuáles son las pruebas más convenientes dependerá de cada caso en particular. El responsable de conducir el proceso de selección deberá determinarlo según lo que se considere más adecuado.

---

1 *Selección por competencias*. Nueva edición. Ediciones Granica, Buenos Aires, 2016.

"Atracción" es un concepto muy interesante, al cual debe asignarse la debida importancia. Si bien todos los pasos son necesarios, la atracción será un factor determinante de la calidad del proceso de selección en su conjunto. Los postulantes "atraídos" durante este paso serán, por decirlo de algún modo, el *insumo* del proceso de selección. Esta situación, aparentemente de detalle, será relevante –además– en la motivación de las personas (Capítulo 5). Si el postulante se siente impulsado a participar de un proceso de selección sobre la base de criterios concretos, como el tipo de organización y las características del puesto (perfil de la búsqueda), su motivación será más clara, tanto para el propio interesado como para el entrevistador que deba considerarla en el análisis de la postulación.

La atracción consiste en *atraer* (la repetición del término la considero necesaria para fortalecer la idea a expresar) a los postulantes de acuerdo al perfil de la búsqueda y no a otros, a través de acciones planeadas y sistemáticas que se realizan con el propósito de lograr que algunas personas, con ciertas características deseadas, se interesen en las diferentes ofertas laborales de la organización.

A continuación se verán los cuatro pasos en los cuales hemos dividido un proceso completo de selección. Como se desprende del título de este capítulo, la entrevista tendrá un rol clave dentro de dicho proceso.

Pasos de un proceso de selección

Los principales pasos o etapas de un proceso de selección, desde la atracción hasta la decisión, son los expuestos en la figura al pie.

A continuación brindaremos una breve descripción de cada uno de estos pasos.

Atracción

Es una etapa del proceso de selección de personas durante la cual se realizan una serie de acciones para atraer a los postulantes más adecuados en relación con el puesto que se desea cubrir. Como un derivado de esta etapa se puede también mencionar el término "atracción 2.0", que hace referencia al conjunto de acciones que se realizan utilizando tecnologías de las redes sociales, con el propósito de atraer a los postulantes más adecuados en relación con el puesto que se desea cubrir.

En resumen, en esta etapa se decide si el reclutamiento será interno, externo o de ambos tipos a la vez, y se definen las fuentes de reclutamiento en función de la o las posiciones que se desee cubrir (por ejemplo: anuncios en webs laborales, pe-

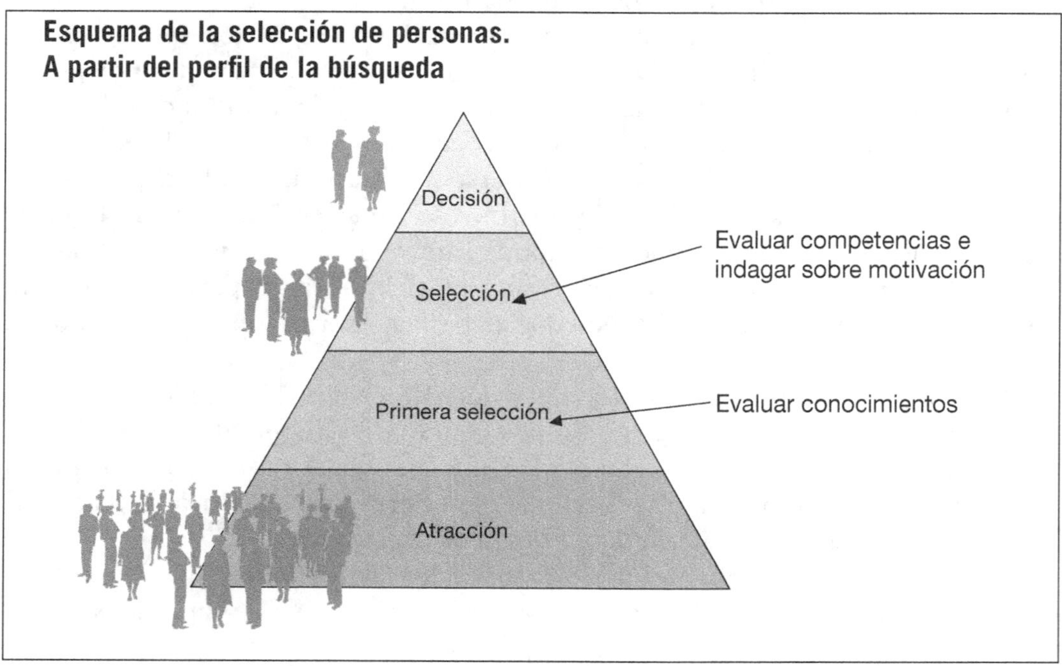

riódicos, revistas especializadas, radio, televisión, consultoras, agencias de empleo, ferias de empleo, etc.).

Una atracción bien hecha define la diferencia entre tener muchas postulaciones que no aplican y contar con un número menor de buenos candidatos.

El responsable de la búsqueda deberá ser un experto sobre los mejores caminos para encontrar los postulantes que la empresa necesita.

Algunas definiciones relacionadas con la etapa de Atracción

Reclutamiento. Es un conjunto de procedimientos para atraer e identificar a candidatos potencialmente calificados y capaces para ocupar el puesto ofrecido, a fin de seleccionar a alguno/s de ellos para que reciba/n el ofrecimiento de empleo.

El reclutamiento puede ser interno, es decir, atraer personas dentro de la misma organización, o bien externo –atraer personas fuera de la organización–. A continuación las definiciones de ambos conceptos.

Reclutamiento externo. Es la forma más frecuente de realizar un reclutamiento, e implica la difusión en el mercado de los perfiles buscados, usualmente a través de anuncios, en periódicos o Internet, junto con otras fuentes de posibles candidatos. Dentro del reclutamiento externo se deben considerar, también, los programas de referidos[2].

Reclutamiento interno. Cuando el reclutamiento se realiza dentro de la propia organización se denomina *reclutamiento interno*. En ese caso se utilizan anuncios, por ejemplo, a través de la intranet, con el propósito de generar la autopostulación.

Autopostulación – job posting[3]. Práctica organizacional mediante la cual una persona puede postularse a búsquedas internas que la organización publicita en su intranet o carteleras. Usualmente se definen requisitos para participar, además de los inherentes al puesto en sí mismo.

Búsqueda externa. Acciones y procedimientos específicos tendientes a cubrir una vacante con postulaciones de personas ajenas a la organización.

Búsqueda interna. Acciones y procedimientos específicos tendientes a cubrir una vacante con un integrante de la propia organización.

---

2 *Un programa de referidos* es aquel mediante el cual los colaboradores de la propia organización presentan candidatos que ellos consideran interesantes, por sus capacidades, ya sea en relación con una búsqueda concreta o no. También se lo conoce por su denominación en inglés, *Referral Program*.

3 *Autopostulación* es la herramienta N° 5 descrita en la obra *Las 50 herramientas de Recursos Humanos que todo profesional debe conocer*.

Adicionalmente y como un derivado de los anteriores, podemos identificar:

Reclutamiento 1.0. Conjunto de procedimientos para atraer e identificar a candidatos potencialmente calificados y capaces utilizando las posibilidades de la Web 1.0[4]. Usualmente se utilizan los sitios o páginas web organizacionales en los cuales se ofrecen diferentes posiciones vacantes, además de las webs laborales y los sitios de consultoras de Recursos Humanos.

Reclutamiento 2.0. Conjunto de procedimientos para atraer e identificar a candidatos potencialmente calificados y capaces utilizando las posibilidades de la Web 2.0[5] a través de diferentes acciones.

En todos los casos, las acciones propuestas tienden a identificar a posibles candidatos para ocupar el puesto ofrecido, a fin de seleccionar a alguno/s de ellos para que reciba/n el ofrecimiento de empleo.

En relación con el concepto "reclutamiento", ya mencionado, se puede –adicionalmente– mencionar otro término o expresión:

Fuentes de reclutamiento. Hace referencia a las opciones disponibles para obtener postulaciones en relación con el perfil de la búsqueda. Las fuentes de reclutamiento pueden ser internas o externas.

Otra forma de referirse a las fuentes de reclutamiento es la expresión "canales de acceso al mercado laboral".

Fuentes de reclutamiento externas. Conjunto de opciones disponibles en el mercado para obtener postulaciones.
Por ejemplo: bases de datos (en el área de RRHH, integradas con antecedentes recibidos con anterioridad o participantes en selecciones anteriores), anuncios en periódicos e Internet, consultoras de Recursos Humanos, entre otras posibilidades.

Fuentes de reclutamiento internas. Conjunto de opciones disponibles dentro del ámbito de la propia organización para obtener postulaciones.

---

4 La expresión Web 1.0 hace referencia a la primera generación de Internet, basada en sitios, páginas y portales. Esta denominación surge a partir de la creación de la "Web 2.0". La característica principal de la primera generación web es que en ella la edición de contenidos está solo en manos de los creadores de los sitios, páginas, portales, en tanto que los restantes usuarios son solo lectores de dichos contenidos.

5 La expresión Web 2.0 hace referencia a una segunda generación de Internet basada en comunidades de usuarios y una gama especial de servicios web, como redes sociales, blogs, microblogs, wikis, entre otras, que fomentan la colaboración y el intercambio ágil de información entre los usuarios.

Por ejemplo: anuncios en la intranet para obtener autopostulaciones, bases de datos de colaboradores (que puedan ser transferidos a otros puestos), entre otras posibilidades.

Las fuentes de reclutamiento, internas y externas, son diversas, y además pueden diferir según el tipo de búsqueda a realizar y los usos y costumbres de cada lugar. En la figura al pie se enumeran algunas de las posibles fuentes de reclutamiento, tanto internas como externas.

Headhunting es un método de selección de personas basado en la realización de una investigación acerca de los mejores profesionales del mercado que ocupan puestos similares al que se desea cubrir en la organización que lleva a cabo la búsqueda, la cual usualmente se realiza entre las compañías que tienen un estilo de gestión similar al de la demandante. El método incluye el posterior llamado a los candidatos detectados, para ofrecerles participar en un proceso de selección. No se convoca a personas que buscan trabajo sino que se les ofrece una posición a aquellos que ya lo tienen y que, en principio, no desean cambiar.
A su vez se denomina *headhunter* al consultor que realiza búsquedas de personal utilizando esta metodología.

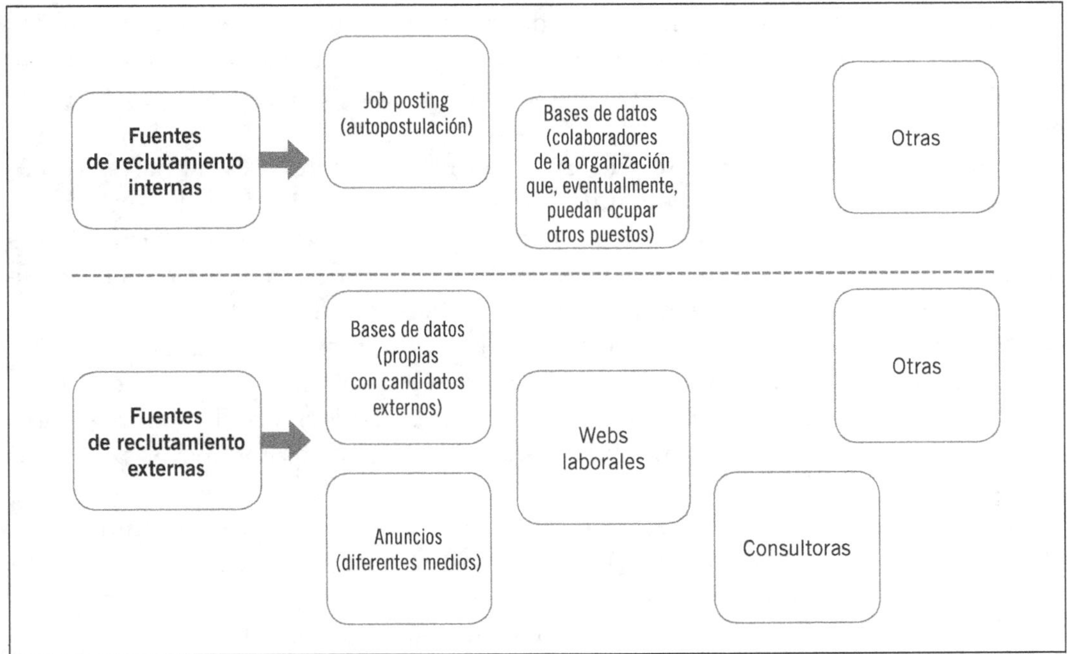

A partir de la amplia difusión de las redes sociales, surge el *headhunting* 2.0, término utilizado para denominar un método similar al anterior pero que se aplica utilizando las redes sociales.

> **Headhunting 2.0.** Método de selección de personas que se realiza con tecnologías de la Web Social (Web 2.0). El proceso se basa en una investigación sobre los mejores profesionales del mercado, que ocupan puestos similares al que se desea cubrir en la organización que lleva a cabo la búsqueda, la cual usualmente se focaliza en aquellas compañías que tienen un estilo de gestión similar al de la propia.

En este libro se utilizará la denominación *headhunting* en inglés, dado que es de uso frecuente y así se la menciona en muchas obras sobre, por ejemplo, Recursos Humanos y selección, en diferentes lenguas. En España y otros países de habla castellana se utilizan con frecuencia los términos "caza de talentos" y "cazadores de talentos". Algunos también utilizan la traducción literal de "cazadores de cabezas".

Primera selección o preselección

Dentro de un proceso de selección de personas, usualmente se realiza un paso preliminar (preselección) con el propósito de detectar de manera temprana aspectos que harán que, más adelante, algunos postulantes no sean seleccionados como finalistas. Para ello se llevan a cabo una serie de acciones, según se estime lo más adecuado en cada caso.

Dentro de la preselección se pueden considerar los siguientes subpasos: recepción de candidaturas, lectura de antecedentes y/o aplicación de filtros informáticos, análisis de eventuales candidatos internos, utilización de preentrevista (en sus diferentes variantes, según corresponda), aplicación de alguna evaluación específica (por ejemplo, de conocimientos), entre otras herramientas.

Según el tipo de posición a cubrir, se pueden administrar cuestionarios *on line*, exámenes de conocimientos de diverso grado de complejidad (usualmente se trata de un test estándar sobre algún conocimiento en particular), pruebas sobre valores personales, entre otras buenas prácticas. Se verán estos temas con mayor detalle en el Capítulo 2.

En todo proceso de selección tanto los pasos y subpasos como, en algunos casos, el orden en el cual se desarrollarán las diversas instancias, se definen según el perfil de la búsqueda y otras circunstancias, como el grado de urgencia y/o de confidencialidad de la búsqueda, solo por mencionar dos aspectos frecuentes.

Selección

En párrafos previos se expuso la definición de *reclutamiento*. A continuación definiremos el término *selección*. El lector podrá comparar sus significados y observar similitudes y diferencias.

> **Selección.** Conjunto de procedimientos para evaluar y medir las capacidades de los candidatos a fin de, luego, elegir, sobre la base de criterios preestablecidos (perfil de la búsqueda), a aquellos que presentan mayor posibilidad de adaptarse al puesto disponible, de acuerdo con las necesidades de la organización.

En esta etapa se llevan a cabo una serie de entrevistas y otras evaluaciones más profundas, por ejemplo, conocimientos (cuando se evalúan conocimientos en esta etapa suele realizarse con la participación de un especialista, y en un grado diferente al mencionado en la etapa de preselección), evaluaciones psicológicas, etcétera.

Las evaluaciones específicas mencionadas en el párrafo precedente usualmente se aplican a postulantes que han pasado satisfactoriamente la etapa denominada "primera selección".

Entre las herramientas más frecuentes en esta etapa se pueden mencionar: entrevista por competencias[6], entrevista estructurada, *Assessment Center Method*.

La selección culmina con la formación de candidaturas y la carpeta de finalistas. El responsable de la búsqueda presentará a su cliente interno un informe con los finalistas seleccionados. Del mismo modo actuará el consultor respecto de su cliente (externo, en este caso).

En resumen, en todo proceso de selección los pasos se definen según el perfil de la búsqueda.

Decisión

La decisión está a cargo del futuro jefe, el cual –de acuerdo a las buenas prácticas– deberá ser formado en selección de personas.

Esta etapa incluye, entre otros elementos relevantes, la negociación y oferta por escrito, y, una vez que la persona ha ingresado a la organización, la inducción.

---

6 En la Parte II de esta obra se verá primero una breve introducción a la Gestión por competencias (Capítulo 7) y a continuación se tratará la entrevista por competencias (Capítulo 8 y siguientes).

Perfil de la búsqueda. Perfil del postulante. Correlación entre ambos

Los aspectos esenciales en la selección de personas no se han modificado a lo largo del tiempo. Sin embargo, la forma de llevarla a cabo ha cambiado, y mucho, adaptando sus métodos y herramientas al contexto actual, a las nuevas formas de comunicación.

En la atracción deberán utilizarse aquellas herramientas que convoquen a los postulantes más adecuados para el puesto que se desea cubrir.

Luego, habrá que disponer de herramientas que evalúen los conocimientos y competencias necesarios para el puesto, también adaptadas a las nuevas realidades.

De este modo se podrá elegir, sobre la base de criterios preestablecidos (perfil de la búsqueda), a aquellos que presentan mayor posibilidad de adaptarse exitosamente al puesto disponible, de acuerdo con las necesidades de la organización.

Algunas definiciones a tener en cuenta:

Perfil de la búsqueda. Conjunto de capacidades requeridas para un puesto de trabajo; su definición es necesaria para realizar la selección del futuro ocupante del cargo. Puede incluir, además, factores adicionales.

Si el *descriptivo de puestos* está actualizado, se partirá de ese documento interno. Luego, y en función de los requisitos planteados por el mencionado futuro jefe, se definirán aspectos adicionales a tener en cuenta.

La elaboración del perfil de la búsqueda es, en general, responsabilidad de la persona que llevará a cabo el proceso de selección, con sus etapas de *reclutamiento* y *selección*.

En las organizaciones que cuentan con un área de Recursos Humanos, a su vez responsable del proceso de selección, la preparación del perfil de la búsqueda se hará en conjunto con el futuro jefe del nuevo colaborador.

Perfil del postulante. Conjunto de capacidades de una persona, incluyendo sus estudios formales, conocimientos, competencias y experiencia, así como su motivación tanto en relación con su carrera como para el cambio laboral.

De alguna manera el gráfico siguiente plantea la solución a la mayoría de los problemas que se analizarán a continuación. Es un concepto sencillo que, con frecuencia, no se aplica en su totalidad. Es decir, se considera una parte de lo allí expresado, y sobre la base de una identificación parcial se toma la decisión de incorporar a un nuevo colaborador. Ejemplos: el postulante tiene los conocimientos y la experiencia requeridos pero no se analizan sus competencias y su motivación, o, en

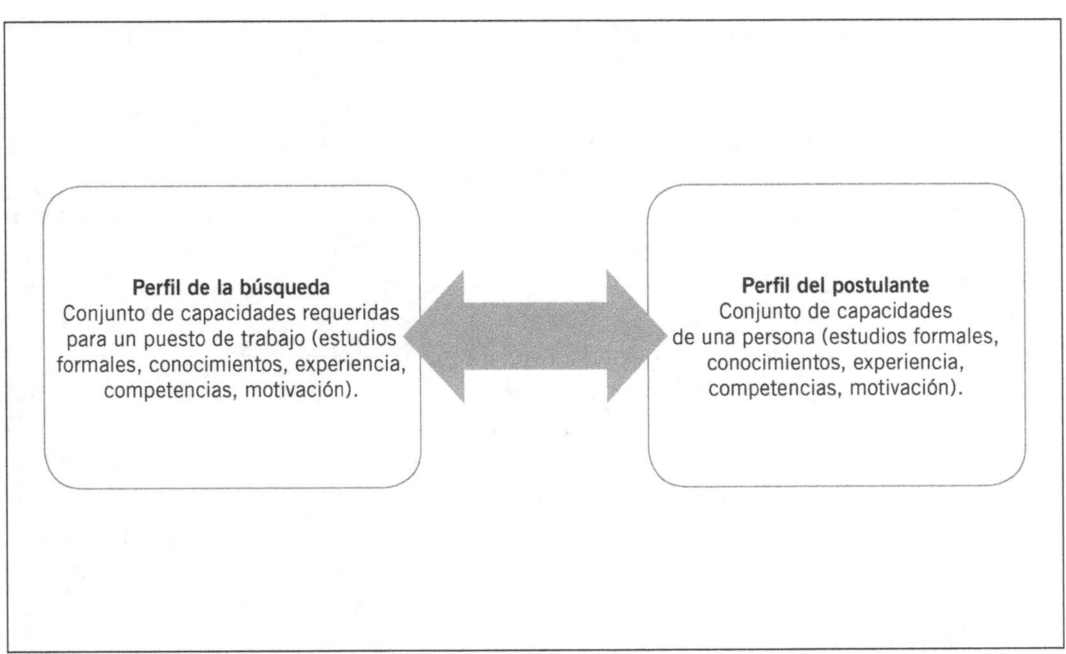

un caso opuesto, se analizan las competencias y la motivación pero no se les asigna la importancia adecuada a los conocimientos y la experiencia.

Si bien no siempre es tarea sencilla la concreción de lo aquí planteado, cuando la comparación no se realiza de este modo se puede tomar una decisión equivocada, incorporando a la organización personas que en el corto y/o mediano plazo no responderán a las expectativas.

La mayoría de las veces la alta rotación, cuando se produce en los primeros meses de la relación laboral, se debe a este motivo.

En nuestra firma hemos analizado un número relevante de casos problemáticos o "no positivos", tanto desde la mirada del postulante –es decir, personas no conformes con sus nuevos trabajos–, como desde la mirada del jefe –colaboradores que no responden a las expectativas–. En casi la totalidad de los casos analizados la relación entre el perfil de la búsqueda y el perfil del postulante no era la adecuada.

La idea plasmada en la figura precedente implica, primero, definir con claridad el perfil de la búsqueda. Esta definición siempre debe realizarse *antes* de comenzar el proceso de reclutamiento y selección, es decir, debe saberse claramente qué se necesita y luego comenzar el proceso de atracción y reclutamiento.

Posteriormente, se analizará y evaluará a los distintos postulantes, y así se obtendrán los diferentes perfiles (un perfil del postulante para cada uno de ellos). Estos últimos serán cotejados con el perfil de la búsqueda. Aquel postulante cuyo perfil se acerque más al perfil de la búsqueda, que cubra mejor lo que se necesita, será el que mejor se adapte al puesto a cubrir.

Para que la evaluación de postulantes sea efectiva se deberá contar con los casos adecuados (postulantes que *a priori* posean las características deseadas). Para ello deberá llevarse a cabo un proceso de atracción y reclutamiento eficaz.

Luego, una vez que se cuente con un conjunto de posibles candidatos, será posible aplicar herramientas fiables para determinar si las capacidades requeridas definidas en el perfil de la búsqueda se encuentran en las personas evaluadas, y en qué medida.

Como decíamos, de la comparación del perfil de la búsqueda con el perfil de los postulantes surgirá el candidato más adecuado para ocupar el puesto a cubrir.

Adicionalmente, se debe tener en cuenta que los medios de comunicación social han modificado tanto la atracción como el reclutamiento, y podrán ser el camino para lograr un proceso de selección exitoso. Los cambios derivados del uso de las nuevas tecnologías afectan los estilos de comunicación entre las personas, los modos de liderazgo, la forma en que los jefes de todos los niveles conducen a los colaboradores a su cargo. Estos cambios de contexto inciden de diferente modo los procesos de selección, y deben ser considerados.

Definiciones a tener en cuenta en relación con el perfil de la búsqueda

En párrafos previos se han mencionado diversos aspectos del perfil de la búsqueda. A continuación haremos énfasis en algunos que considero relevantes, para tenerlos en cuenta tanto en la selección de personas como en el momento de la preselección y de la entrevista.

Requisitos del puesto. Conjunto de características o condiciones necesarias para desempeñar un puesto específico con eficacia, que serán tomadas en cuenta tanto para seleccionar personas como para evaluar su desempeño.
Los requisitos del puesto se pueden diferenciar en requisitos excluyentes o imprescindibles y requisitos no excluyentes o deseables.

Requisitos excluyentes. Conjunto de características imprescindibles para desempeñar un determinado puesto con eficacia, que serán tomadas en cuenta –especialmente– en los procesos de selección de nuevos colaboradores. Implica que si una persona no cumple con ellas, no será considerada para cubrir esa posición.

Requisitos no excluyentes. Conjunto de características deseables, no imprescindibles, para desempeñar un determinado puesto con eficacia. Implica que si la persona no las cumple, podrá de todos modos ser considerada y, eventualmente, elegida para cubrir la posición en cuestión.

Competencias dominantes. Este concepto, que se utiliza en selección de personas, hace referencia a aquellas competencias que por alguna razón son consideradas más relevantes para ese proceso de selección en particular y se utilizan para planear la entrevista. Se recomienda determinar en cada caso y con el futuro jefe (cliente interno, desde la perspectiva del área de Recursos Humanos) cuáles son las competencias dominantes.

Otros aspectos y definiciones que también deberán tenerse en cuenta:

Capacidades. El término incluye conocimientos, competencias y experiencia.
Las *competencias* –según la definición ya expuesta– hacen referencia a las características de personalidad, devenidas en comportamientos, que generan un desempeño exitoso en un puesto de trabajo (definición de Martha Alles).

Conocimiento. Conjunto de saberes ordenados sobre un tema en particular, materia o disciplina.
Los conocimientos también son denominados por otros autores como "competencias técnicas", expresión que no aconsejamos dado que puede crear confusión, en especial entre los no expertos en Recursos Humanos.

Experiencia. Práctica prolongada de una actividad (laboral, deportiva, etc.) que permite incorporar nuevos conocimientos e incrementar la eficacia en la aplicación de los conocimientos y las competencias existentes, todo lo cual redunda en la optimización de los resultados de dicha actividad.
La experiencia –junto con los conocimientos y las competencias requeridas– debe ser considerada frente a las diferentes situaciones que impliquen la toma de decisiones en relación con el futuro de un colaborador, tanto en un proceso de selección interna o externa como en los diferentes programas internos para el desarrollo del talento organizacional.

Primera revisión de antecedentes

Una vez realizados la atracción y el reclutamiento, se contará con un cierto número de postulaciones. A continuación veremos cómo efectuar una primera revisión de los antecedentes recibidos y, sobre el final de esta sección, haremos algunos comentarios sobre la citación de personas a una entrevista.

En el Capítulo 2 se verán más en detalle algunas sugerencias sobre los pasos previos a una entrevista, a los cuales nos hemos referido en páginas anteriores como Primera selección o Preselección.

Antecedentes. Diferentes formatos y estilos

Los antecedentes de una persona se analizan a partir de un currículum vítae (CV) u hoja de vida en cualquiera de sus formas actuales, desde un CV en papel (muy poco frecuente), el CV en formato digital como adjunto de un correo electrónico (también como adjunto a información en una red social), el CV que surge de un perfil en Internet o de los datos incluidos en una web laboral, hasta los *videocurrículum*. En cualquiera de estas y otras variantes, la información refleja la historia y los conocimientos de la persona que lo confecciona y/o publica, según corresponda.

En la actualidad, casi todos los postulantes poseen su perfil en Internet, especialmente en las redes sociales consideradas como profesionales, por ejemplo, LinkedIn. En estos casos, la expresión utilizada es:

Perfil en la web. Información individual proporcionada por uno mismo en una red social de Internet.

A continuación algunas definiciones a tener en cuenta.

Currículum vítae (CV). Este término hace referencia a la presentación ordenada de la información laboral de una persona.

En diferentes países, la presentación de antecedentes personales y profesionales podrá tener diversas denominaciones. Veamos algunas:

- *Currículum vítae.* Expresión en latín que se podría traducir como "curso de la vida". Es ampliamente utilizada a nivel mundial. El término currículum, cuando se desee utilizarlo en plural, no debe llevar el agregado de la "s".

- *Currículum,* a secas. Vale el mismo comentario del punto anterior.

- *CV.* Sigla profusamente utilizada como una abreviatura de currículum vítae.

- *Résumé.* Palabra de la lengua francesa, sumamente utilizada en países donde se habla este idioma y también en los Estados Unidos.

- *Hoja de vida.* Denominación en nuestra lengua, utilizada en España y varios países de Latinoamérica.

Se pueden distinguir diferentes tipos de currículum.

- Por su forma de confección: *currículum combinado, currículum cronológico, currículum funcional.*

- Por su finalidad: *currículum académico, currículum laboral.*

- Por su extensión: *currículum modelo americano o currículum americano, currículum modelo europeo* (o *currículum europeo*).

El reclutamiento también ha cambiado sus modalidades, adaptándose a las nuevas formas de comunicación. El responsable del proceso de selección deberá considerar los caminos más adecuados en cada caso.

No obstante, además de lo expuesto sobre reclutamiento y sus derivaciones en las redes sociales, aún subsisten las convocatorias bajo la consigna de *presentarse en un día y una hora en determinado lugar.*

En cualquiera de las circunstancias, el análisis de antecedentes será similar.

Recepción y calificaciones iniciales

Como resultado del reclutamiento y las fuentes utilizadas se recibirán postulaciones, las cuales llegarán por vías diversas, desde correos electrónicos hasta perfiles en la web y/o mensajes en las redes sociales, todas ellas al mismo tiempo. Es decir, para una misma búsqueda se podrá recibir antecedentes en distinto formato. Una recomendación inicial será agrupar las postulaciones; por ejemplo, imprimirlas y guardarlas en una misma carpeta si desea leerlas en papel, o en una carpeta digital, en un lugar determinado de la computadora. Del mismo modo se sugiere proceder con la recepción de postulaciones espontáneas, es decir, que no responden a una búsqueda en especial.

En el contexto actual las postulaciones se reciben a través de diferentes instrumentos, desde CV adjuntos a un correo electrónico hasta links a perfiles publicados en la web. En un caso u otro es importante tener en cuenta el contenido de los antecedentes, más allá de su formato.

Más arriba se ha mencionado una forma de recibir antecedentes por medio de los perfiles en la web. Se trata de la información individual proporcionada por uno mismo en una red social de Internet. Dicho perfil incluye, usualmente, una foto o imagen, e información básica.

En todos los casos, la revisión de antecedentes se realiza comparándolos con el perfil de la búsqueda, denominación que hace referencia al conjunto de capacidades requeridas para un puesto de trabajo, necesarias para realizar la selección de su futuro ocupante.

En resumen, cualquiera sea la fuente a través de la cual se han obtenido los antecedentes (currículum, perfil en la web o consulta en una base de datos, ya sea propia o las denominadas web laborales), la información se coteja con lo requerido por el perfil de la búsqueda. La idea se expone en la figura siguiente.

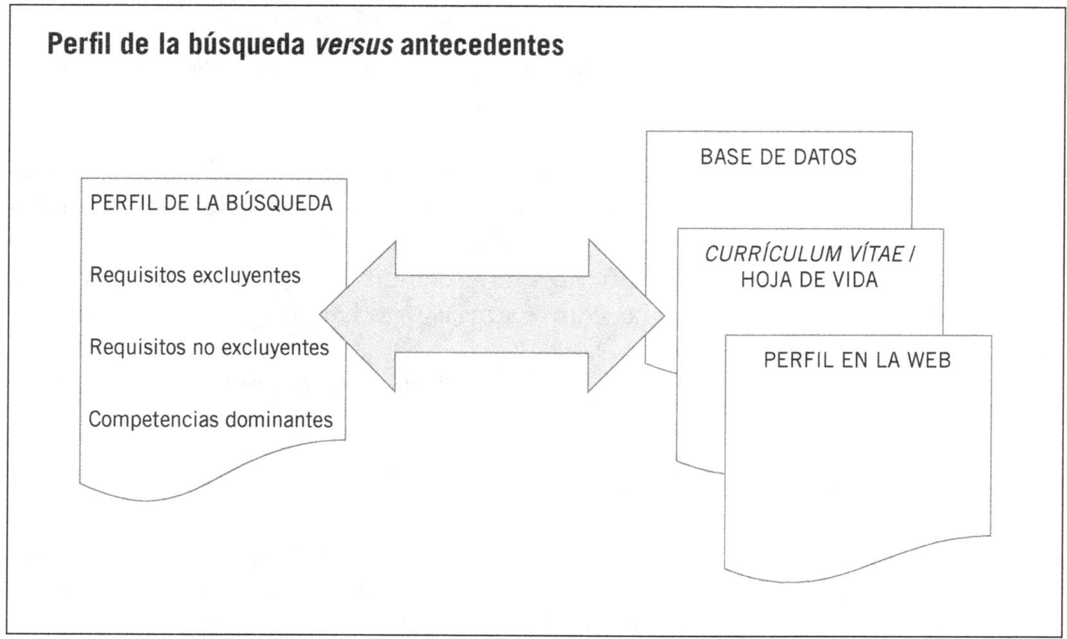

Algunos aspectos formales se relacionan con todos los formatos en que se ofrecen los antecedentes, y con todo tipo de posiciones y/o niveles. La forma de presentar la información, el estilo de redacción y la ortografía, así como una extensión extremadamente sintética o desmesurada en la descripción de la información, son aspectos que deben ser considerados, y serán siempre el primer elemento a tomar en cuenta.

No será factible conocer a una persona solo por sus antecedentes, estudios, experiencia, etc. No obstante, esta información será el punto de partida para un análisis más completo, que se llevará a cabo en instancias posteriores.

A partir de los requisitos excluyentes definidos en el perfil de la búsqueda se podrá, rápidamente, clasificar las postulaciones en tres grandes grupos de candidatos: los que "Sí" cumplen dichos requisitos, los que "No" lo hacen, y los que están entre uno y otro grupo, que hemos denominado "Dudosos".

Otro análisis interesante en la revisión de antecedentes será analizar la coherencia de la historia laboral. Algunos aspectos a tener en cuenta:

1. Tipo de empresa y rubro en el que se desempeña el postulante. En algunos casos esto podrá ser de relevancia, e incluso definir la participación o no del postulante en el proceso de selección.

2. La continuidad cronológica y lógica en la dirección laboral, considerando en este análisis las circunstancias históricas y socioeconómicas del país/región.

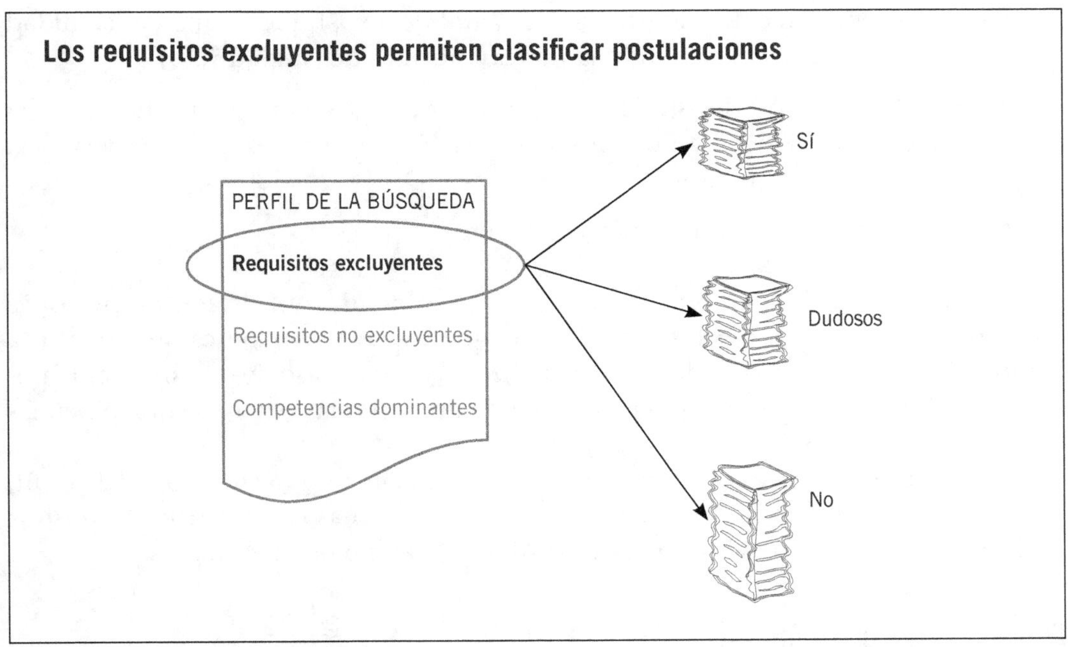

3. Rotación y/o movilidad laboral, considerando los aspectos anteriores como parte de dicho análisis.

El análisis de los antecedentes permite sacar conclusiones diversas y, además, recolectar aspectos sobre los cuales indagar, por ejemplo, durante la entrevista, como los tres mencionados precedentemente.

Primera revisión de antecedentes aplicando filtros

Las aplicaciones tecnológicas se utilizan, especialmente, en las primeras etapas del proceso de selección, es decir, en el reclutamiento 1.0 y 2.0, y también al realizar headhunting 2.0.

La revisión de antecedentes en una base de datos, en una web laboral o en una red social, como por ejemplo LinkedIn, seguirá conceptualmente los lineamientos mencionados, adaptados a cada medio particular.

La expresión "aplicar filtros" se utiliza para describir la tarea que se realiza para buscar en una base de datos, en nuestro caso, personas con ciertas características. Por ejemplo:

- Ingeniero/a Electrónico/a (es decir, ambos sexos) que habite en la ciudad de Corrientes, domine idioma inglés y normas de calidad (ISO).

- Graduado en Administración de Empresas, sexo femenino, que habite en la Ciudad de México, domine idiomas francés y portugués, y con experiencia en Recursos Humanos.

- O la combinación que el perfil requiera...

En cualquiera de los casos mencionados, se obtendrá un listado de personas (sus nombres) que posean los atributos requeridos. A partir de ese momento la lectura de antecedentes –en detalle– se realizará sobre la base de este listado de posibles candidatos, ya que se ha dejado fuera de análisis a las personas que no cuentan con los requisitos buscados.

Del mismo modo, se pueden analizar los requisitos no excluyentes del perfil, e identificar y agrupar a aquellos postulantes que además de cubrir los requisitos excluyentes cuentan con algunos de los calificados como no excluyentes.

El proceso de citación

Si bien la forma de convocar a una persona a una entrevista pareciera ser un aspecto sencillo, la experiencia práctica indica que el proceso de citación es fundamental, en cualquier momento del proceso de selección, tanto al inicio, cuando se realiza una preentrevista, o en la primera entrevista con el responsable del proceso de selección –o selector–, o bien en la parte final del proceso, en la entrevista con el futuro jefe.

La primera convocatoria al postulante quizá sea la más importante, ya que hasta esa instancia la persona no conoce si su postulación ha sido tenida en cuenta. Muchos buenos candidatos "se pierden" en un mal proceso de citación.

Después de leer atentamente los antecedentes y de instrumentar algunas de las sugerencias mencionadas en la etapa que hemos denominado Preselección (y que veremos con mayor detalle en el Capítulo 2), se citará a los postulantes a fin de entrevistarlos. Antes de ello se sugiere informarse acerca de si la persona ha sido entrevistada con anterioridad para otra búsqueda, por otra persona, etc. De ser así, se podrá obtener mayor información sobre el postulante en cuestión.

Se sugiere no restar importancia al proceso de citación de personas. En ocasiones, la tarea se delega en un asistente. De ser así, este deberá ser capacitado y entrenado para acordar debidamente la entrevista.

El proceso de citación deberá ser cuidadoso en cualquier instancia presencial a la cual deba acudir un postulante (entrevista, evaluación individual o grupal, etcétera).

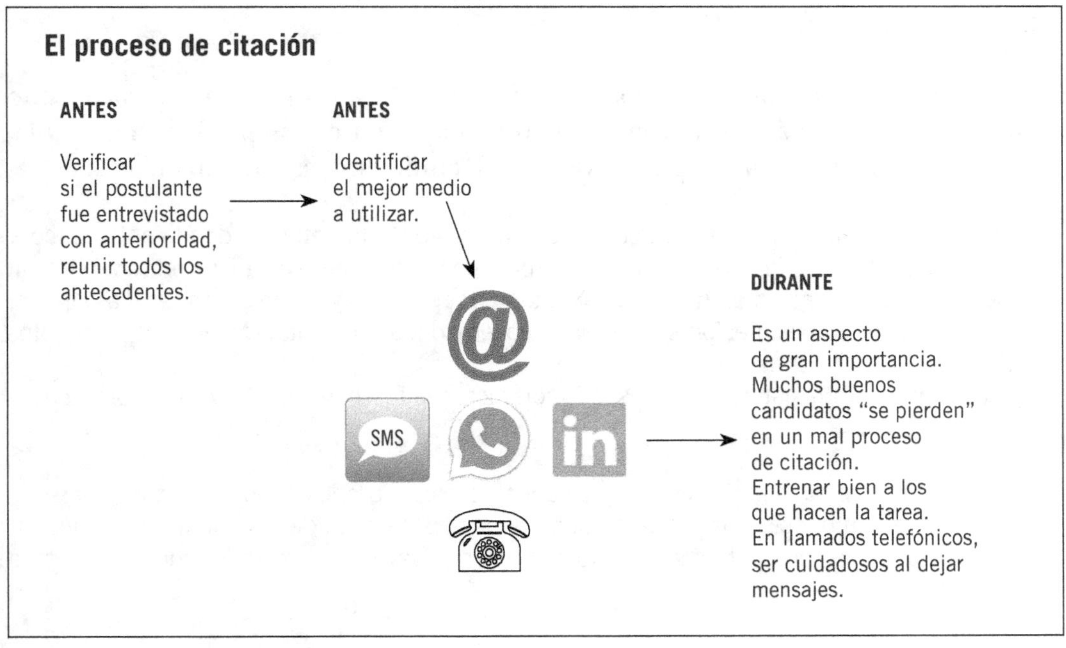

Como surge de la figura precedente, será de mucha utilidad definir el medio de comunicación, desde enviar un correo electrónico hasta mandar mensajes directos por vías diversas y efectuar llamados telefónicos. La efectividad dependerá de cada caso en particular; la persona que realice la citación deberá considerar cuál es el mejor vehículo para lograr una comunicación efectiva con el postulante.

En todos los casos se deberá manejar las citaciones con confidencialidad. Dependiendo del medio utilizado, los recaudos a tomar serán diferentes. Es importante que todas las personas que participen en un proceso de citación tengan en cuenta, también, este aspecto.

La entrevista

La entrevista es fundamental en un proceso de selección[7], cualquiera sea la forma en que se realice. Se podrán utilizar competencias, como se verá con más detalle en la Parte II. En todos los casos será importante formular las preguntas adecuadas y observar atentamente las respuestas.

---

7 Para conocer sobre un proceso completo de selección de personas, sugerimos la lectura de la obra *Selección por competencias*. Ediciones Granica, Buenos Aires 2016.

Entrevista. Definición y roles

La entrevista es la herramienta por excelencia en la selección de personas; es uno de los factores que más influencia tiene en la decisión final respecto de la vinculación o no de un candidato al puesto vacante. Definiciones a tener en cuenta:

Entrevista. Es un diálogo que se sostiene con un propósito definido, donde entrevistador y entrevistado cumplen cada uno con un rol específico, estableciéndose entre ambos un canal de comunicación en un marco acotado por el tiempo y el tema a tratar. La palabra, los ademanes, las expresiones y las inflexiones concurren al intercambio de conceptos que constituye la entrevista.
En la entrevista existen dos roles perfectamente diferenciados: *entrevistador* y *entrevistado.*

Entrevista de selección. Entrevista que se realiza con el propósito de elegir a una persona para ocupar un puesto. En ella se comparan las capacidades del candidato (conocimientos, experiencia, competencias) junto con su motivación en relación con el puesto a ocupar (perfil de la búsqueda).

Entrevistado. Persona que es objeto de evaluación en una entrevista (laboral). La entrevista puede ser dentro de un proceso de selección o por otro motivo.
En los procesos de selección los entrevistados son, usualmente, denominados *candidatos* o *postulantes,* entre otras variantes.

Entrevistador. Persona que conduce una entrevista laboral. La entrevista puede ser dentro de un proceso de selección o por otro motivo.
En los procesos de selección los entrevistadores, usualmente, son: un profesional del área de Recursos Humanos, el cliente interno o futuro jefe. A estos pueden adicionarse como entrevistadores: un consultor externo, el jefe del jefe, pares del nuevo colaborador, etcétera.

Como se desprende de la figura de la página siguiente, el entrevistado es la persona objeto de la evaluación en una entrevista (laboral). En los procesos de selección los entrevistados son, usualmente, denominados *candidatos* o *postulantes,* entre otras variantes. Por otra parte, el entrevistador es la persona que conduce una entrevista laboral.

En esta obra se tratará la entrevista en un proceso de selección. Sin embargo, podrá llevarse a cabo por otro motivo. Muchos criterios también serán de aplicación aun cuando no sea nuestro propósito referirnos a entrevistas en contextos diferentes. Por ejemplo, en una entrevista realizada por un periodista, éste podrá indagar sobre comportamientos (pasados) para conocer mejor al entrevistado en cuestión.

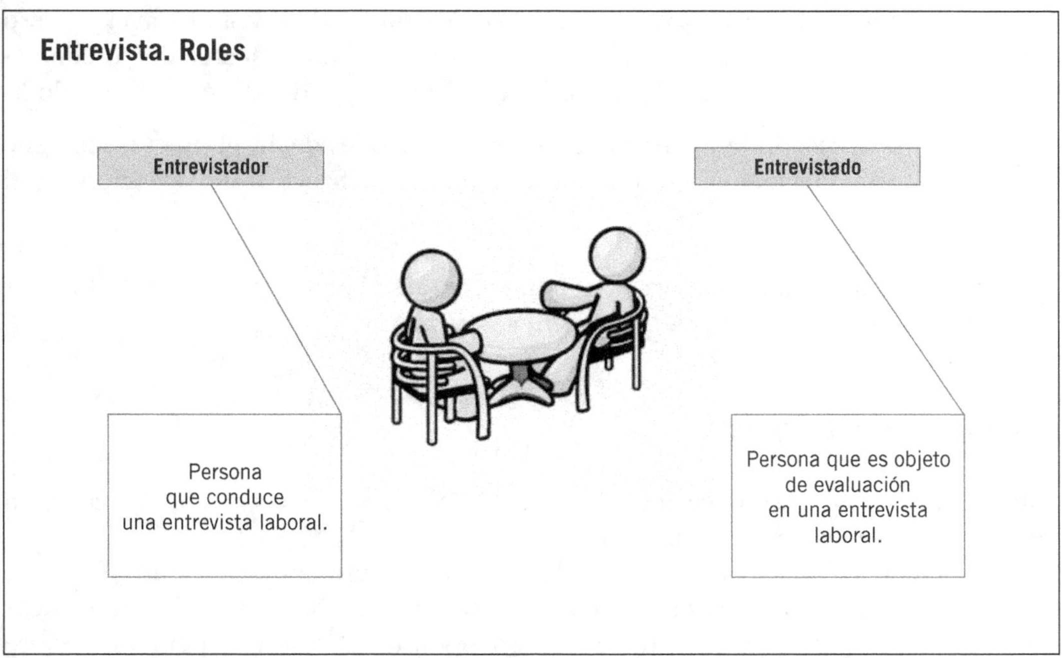

En los procesos de selección los entrevistadores usualmente son el selector –un profesional del área de Recursos Humanos– y el futuro jefe (o cliente interno). A estos pueden adicionarse como entrevistadores: un consultor externo, el jefe del jefe, potenciales pares del nuevo colaborador, etcétera.

Momentos de la entrevista

Una entrevista de selección debe ser planificada, de este modo será más sencillo alcanzar los resultados esperados. Este tema se verá con mayor detalle en el Capítulo 2, *Antes de la entrevista. Cómo planearla.*

En la entrevista se pueden identificar los siguientes momentos o partes: inicio, desarrollo y cierre.

- *Inicio.* Es un período breve en el cual el entrevistador "rompe el hielo" de la situación y logra tranquilizar al entrevistado, para que la reunión se desarrolle de manera adecuada y se obtengan resultados certeros.

- *Desarrollo.* Se denomina *desarrollo de la entrevista* a la entrevista en sí misma. En su transcurso el entrevistador deberá obtener toda la información necesaria para tomar una decisión sobre la participación del entrevistado en el proceso de selección. Es durante el "desarrollo" que se explora acerca de las competencias del postulante. Se verá este tema con mayor detalle en el Capítulo 5.

- *Cierre.* El cierre de la entrevista debe ser claro, es decir, el postulante debe recibir información sobre cómo continuará el proceso de selección en el cual está participando.

Una vez finalizada la entrevista, deben registrarse los resultados obtenidos. Ver Capítulo 6, *Después de la entrevista. Registro y análisis.*

Esquema de una entrevista

Sobre la base de las instancias mencionadas (inicio, desarrollo y cierre), el esquema de una entrevista se expone en la figura siguiente.

Las entrevistas podrían realizarse de otro modo, siguiendo un estilo diferente. El esquema aquí expuesto es el de uso más frecuente. También es posible identificar otros tipos de entrevistas que pueden utilizarse en la selección de personas. Sobre ellas se hará una referencia al final del capítulo.

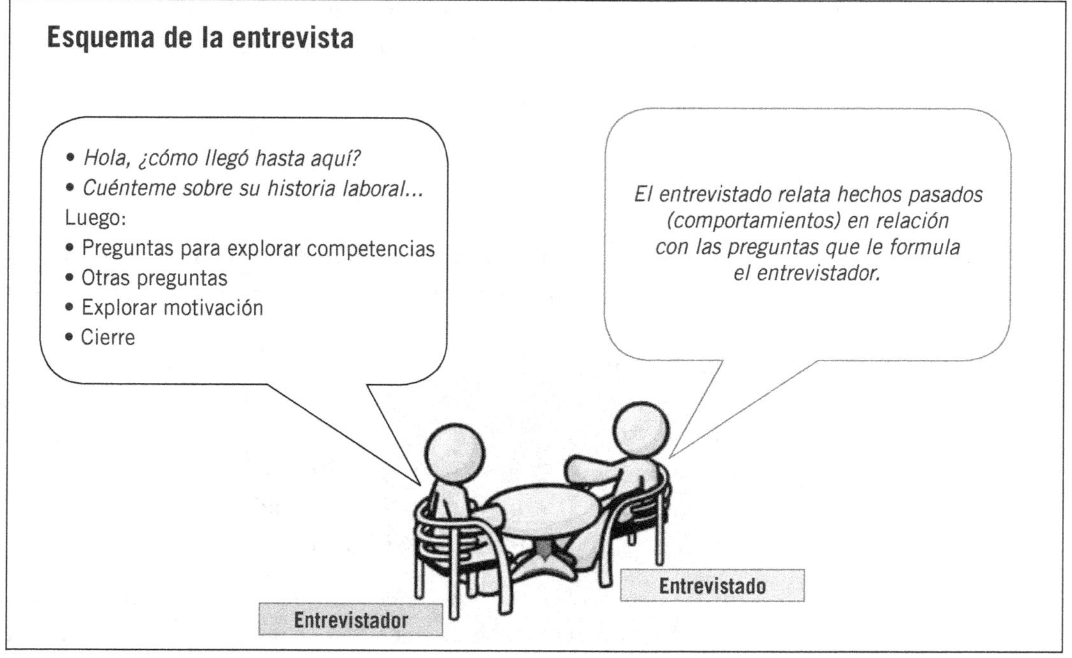

A continuación se analiza el gráfico *Esquema de la entrevista* en relación con las etapas de la entrevista, ya mencionadas.

Inicio de la entrevista

Como puede apreciarse en la figura precedente, el entrevistador formula una pregunta inicial, a modo de bienvenida, para luego comenzar de lleno la entrevista con una pregunta abierta (*Cuénteme sobre su historia laboral*).

Desarrollo de la entrevista

A partir de una pregunta simple, como la mencionada (*Cuénteme sobre su historia laboral*), se inicia el desarrollo de la entrevista.

En el lado derecho de la figura se indica que el entrevistado relata hechos del pasado (comportamientos), en relación con las preguntas formuladas.

El entrevistador deberá obtener (del relato del entrevistado) hechos pasados para evaluar los diferentes aspectos de la historia laboral de la persona, tanto su experiencia como, también, conocimientos (por ejemplo, dónde los aplicó).

El entrevistador continúa la entrevista orientando sus preguntas a explorar competencias, motivación y, según sea necesario, otros aspectos del entrevistado. Para, por último, darle un cierre.

En la Parte II de esta obra, se verá en forma detallada la entrevista por competencias, las preguntas para evaluar competencias y cómo interpretar las respuestas obtenidas.

En resumen, el esquema es similar para las distintas entrevistas. Sin embargo, en unas y otras se hará foco en ciertos temas particulares.

Este esquema podrá ser utilizado tanto por un especialista de Recursos Humanos como por el futuro jefe de la persona que asumirá el puesto.

Cierre de la entrevista

Me he referido en párrafos previos al cierre de la entrevista. Darla por terminada en el momento justo es un arte que se aprende con la experiencia.

Antes de finalizar, se sugiere preguntarse si se ha obtenido toda la información necesaria en relación con el perfil buscado.

Cuando se utilizan formularios de registro, estos pueden ser de ayuda para no olvidar detalles importantes. Algunas formas de cierre:

- *¿Tiene alguna pregunta?* o *¿Tiene otra pregunta?*, según corresponda.

- *El paso siguiente es...*

Será importante crear un clima de cierre, dar la sensación de que se han cubierto todos los puntos que se pretendía explorar y que la tarea ha sido cumplimentada satisfactoriamente; también indicar los próximos pasos del proceso, y comprobar que esté disponible para próximas entrevistas y que se cuenta con los datos necesarios para localizar al entrevistado.

En los capítulos siguientes retomaremos estos temas con mayor detalle y ejemplos ilustrativos.

El arte de preguntar. Saber escuchar y observar

Un entrevistador será exitoso en su tarea (es decir, llegar a conocer al postulante que desea evaluar) por medio de dos recursos fundamentales: preguntar y escuchar/observar. Aprender a preguntar es relativamente sencillo, aprender a repreguntar es un poco más difícil, y saber escuchar es una competencia que solo algunas personas poseen naturalmente. Las que no tengan desarrollada esta capacidad, deberán trabajar en ello y aplicar los comportamientos relacionados en su tarea diaria.

Preguntar y repreguntar

Algunas definiciones necesarias:

Pregunta. Interrogación que se formula a una persona para que responda lo que sabe acerca de un tema o cuestión, para que revele una opinión, o para que manifieste algún aspecto de su personalidad.

Preguntas. Selección. En una entrevista de selección se formulan preguntas a través de las cuales se desea conocer si la persona entrevistada posee las capacidades (conocimientos, experiencia y competencias) que el puesto a ocupar requiere (perfil de la búsqueda).

Preguntas. Variantes que pueden ser utilizadas en una entrevista de selección. Las preguntas en selección pueden ser de diferente tipo. Entre las usuales se pueden mencionar:

* Preguntas abiertas.
* Preguntas cerradas.
* Preguntas de sondeo.
* Preguntas hipotéticas.
* Preguntas intencionadas.

* Preguntas para evaluar competencias.
* Preguntas provocadoras.
* Preguntas que sugieren la respuesta esperada.

Se retoma el tema de las preguntas y cómo utilizarlas en el Capítulo 3, y los respectivos ejemplos pueden verse en el Capítulo 4.

Saber escuchar y observar

Con frecuencia, cuando se hace referencia a *comunicación* se utiliza el término para destacar la capacidad para hablar claramente, saber expresarse y otras cualidades interesantes e importantes.

No obstante, en relación con la temática de esta obra, creo esencial comenzar por la siguiente definición del término[8] para, a continuación, referirme concretamente a la competencia *Comunicación* (Comunicación eficaz):

Comunicación. Transferencia de información de una persona a otra. Es un medio de contacto con los demás a través de la transmisión de ideas, datos, reflexiones, opiniones y valores.

Como surge de la figura ubicada en la página siguiente, en la comunicación existen un emisor, un mensaje y un receptor. El propósito de la comunicación será una adecuada recepción del mensaje emitido.

En el contexto del tema aquí tratado, el mensaje que emitirá el entrevistador será la pregunta. La cual debe llegar al receptor de la forma más fidedigna posible. Es decir, deberá ser formulada en correcto idioma (español u otro, si la entrevista fuese en otra lengua) y, además, en un lenguaje que comprenda el interlocutor. Adicionalmente, el entrevistador deberá hablar de manera clara, despacio, como para que la pregunta sea comprendida adecuadamente.

Continuando con el entrevistador, este deberá poseer –también– la capacidad de *escuchar*. Por lo cual me parece importante compartir la siguiente definición de la competencia:

Comunicación eficaz. Capacidad para escuchar y entender al otro, para transmitir en forma clara y oportuna la información requerida por los demás a fin de alcanzar los objetivos organizacionales, y para mantener canales de comunicación abiertos y redes de contacto formales e informales, que abarquen los diferentes niveles de la organización.

---

8 *Diccionario de términos de Recursos Humanos.* Ediciones Granica, Buenos Aires, 2011.

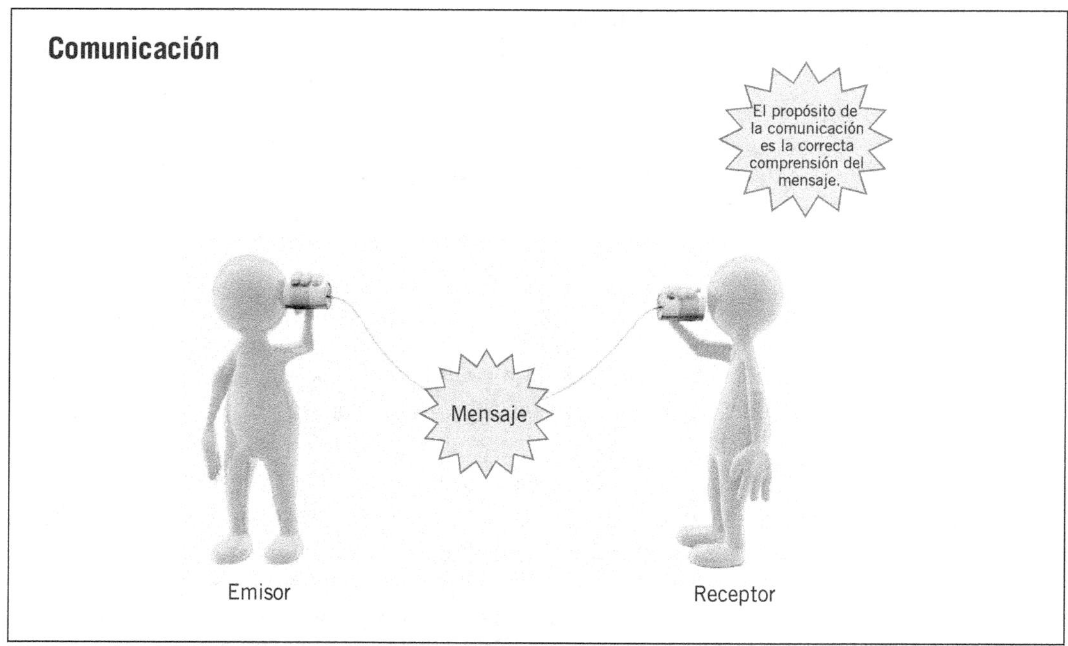

Una competencia se abre en grados o niveles. La apertura en grados de esta competencia la encontrará en la obra *Diccionario de competencias. La trilogía. Tomo 1.* Asimismo, para cada competencia que conforma un modelo de competencias deben elaborarse ejemplos de comportamientos observables siguiendo la misma apertura en grados o niveles utilizada en el diseño del diccionario de competencias. Ejemplos de comportamientos en relación con esta competencia los encontrará en la obra *Diccionario de comportamientos. La trilogía. Tomo 2.*

Por último, para todas las competencias del modelo, y con vistas a facilitar la evaluación de una persona respecto de cada competencia en particular, se sugiere la preparación de preguntas. Ejemplos de preguntas en relación con esta competencia los podrá encontrar en la obra *Diccionario de preguntas. La trilogía. Tomo 3.*

La competencia *Comunicación eficaz* es una de las elegidas para la elaboración de los ejemplos de los capítulos 9, 10 y 11.

Si prestamos atención a la primera parte de la definición de la competencia, allí se indica, primero, "capacidad para escuchar y entender al otro", y luego se hace referencia a la "capacidad para transmitir en forma clara y oportuna la información requerida". En el contexto de esta obra, esto debe entenderse como *transmitir en forma clara y oportuna las preguntas que el entrevistador formula al entrevistado.*

Luego, la definición dice "(requerida) por los demás" (o sea, los postulantes o entrevistados), para concluir con "a fin de alcanzar los objetivos", y en este caso podríamos agregar: "de la entrevista" (*a fin de alcanzar los objetivos de la entrevista*).

En resumen, la definición de la competencia (aplicada a la entrevista) establece que un entrevistador debe poseer "la capacidad para escuchar y entender al postulante/entrevistado" junto con la "capacidad para transmitir en forma clara y oportuna las preguntas (y otra información) a los postulantes/entrevistados a fin de alcanzar los objetivos de cada entrevista".

Una competencia es una capacidad que puede desarrollarse. Por lo tanto, todo entrevistador podrá mejorar su capacidad de comunicación, tanto en la forma de expresarse como –y muy especialmente– en la manera de escuchar y comprender al otro.

Otro aprendizaje importante será aprender a observar comportamientos en el relato de los entrevistados.

Definiciones[9] a tener en cuenta:

Comportamiento. Aquello que una persona hace (acción física) o dice (discurso). Sinónimo: conducta.

Observable. Que se puede ver (observar) con claridad y sin lugar a dudas. El concepto implica, en el observador, prestar atención, es decir, tener la intención de fijar en algo o alguien la atención de modo de fundamentar una evaluación o juicio respecto de lo observado.

Comportamiento observable. Aquel comportamiento que puede ser visto (acción física) u oído (en un discurso).

Se verá en la segunda parte de la obra cómo realizar una entrevista por competencias y, en esa circunstancia, cómo observar comportamientos. Nuestra sugerencia es que, aun si no se utiliza un modelo de competencias, se aplique siempre la forma allí expuesta para preguntar y analizar las respuestas, como una adecuada manera de entrevistar y evaluar candidatos.

---

9 *Diccionario de términos de Recursos Humanos*. Ediciones Granica, Buenos Aires, 2011.

El entrevistador durante la entrevista

La actitud del entrevistador

Como surge de la definición, el entrevistador es quien conduce la entrevista; por lo tanto, se espera que asuma un rol de guía. Por un lado, debe permitir que la persona entrevistada exponga los hechos a su modo y luego ayudarlo a salvar las omisiones. Por otra parte, su tarea implica además ajustarse al tema central de la entrevista; de lo contrario, el entrevistado puede sentir desinterés.

El entrevistador debe asumir un rol profesional, evitar las posturas dogmáticas y, sobre todo, las agresivas o poco amables. Por ejemplo, a nadie le gusta que le indiquen, en una entrevista, cómo debe hacer su trabajo; se debe tratar de no polemizar.

Adicionalmente, el entrevistador tiene que mostrar sinceridad y franqueza en lugar de astucia y sagacidad, ya que estas actitudes pueden ser inconducentes, sobre todo si el entrevistado recurre a las mismas armas. En todo momento la consigna será ayudar a la persona entrevistada a percibir su responsabilidad en cuanto a la veracidad de los hechos referidos.

A veces no son convenientes las preguntas muy categóricas que solo admiten un "sí" o un "no". En este tipo de situaciones, el entrevistado puede querer condicionar o explicar su respuesta.

Como comentáramos –y se verá con mayor detalle en el Capítulo 2 al referirnos a los pasos previos a la entrevista–, será conveniente llegar a dicha entrevista familiarizado con el perfil de la búsqueda y conocer toda la información disponible sobre la persona a entrevistar.

El entrevistado esperará del entrevistador cordialidad y que se le formulen preguntas sobre sus estudios y trayectoria laboral, o sea, acerca de aspectos relacionados con la búsqueda en la cual está participando.

Muchos entrevistadores creen que lo mejor es comenzar la reunión suministrándole al candidato la información disponible sobre el puesto y la compañía antes de empezar a formular las preguntas. Los que así lo hacen esgrimen las siguientes razones.

1. Si el entrevistador da esta información desde el principio, es menos probable que se le olvide algo.

2. Si espera hasta el final de la entrevista para brindar esta información, es posible que no le alcance el tiempo.

3. Cuando el entrevistador habla más que el entrevistado al principio de la entrevista, el candidato siente más confianza.

Actuar de este modo tiene sus pros y contras, ya que es posible que si le describimos al entrevistado el ideal que estamos buscando, este se puede sentir condicionado y expresar aquello que intuye que su interlocutor espera oír.

A continuación, algunas frases o preguntas amables para iniciar la entrevista:

¿Le costó llegar hasta aquí?

¿Encontró fácilmente estacionamiento?

¿Cómo estaba el tránsito?

¿Le sirvieron las indicaciones que le dieron para llegar?

¡Qué hermoso día tenemos hoy! ¿No le parece?

¿No acabará nunca de llover?

¡Qué calor hace hoy!

Bastarán unos pocos segundos para crear un clima amable. Después se podrá dirigir la conversación hacia los temas de interés. Por ejemplo, continuar con frases similares a las siguientes.

1. *Me alegro mucho de que no le haya costado trabajo llegar, porque me gustaría que empezáramos a hablar sobre el interés que tiene usted en nuestra vacante.*

2. *Siento mucho que le haya costado trabajo encontrar dónde dejar su automóvil... Si le parece, empecemos la entrevista así lo puede ir a buscar pronto...* (por ejemplo, si el automóvil no quedó en un lugar seguro o bien estacionado, etc.).

3. *Con este tiempo tan hermoso, es mejor no demorarse, así que comencemos.*

Estas expresiones tienden un puente entre una etapa de la entrevista y la siguiente, eliminando silencios incómodos que podrían llegar a presentarse.

Algunos consejos para entrevistadores noveles

- Hablar menos y escuchar más. La mayoría de los entrevistadores hablan demasiado.

- Tomar notas durante la entrevista. Se sugiere registrar información objetiva. Además, no escribir opiniones u otra información que pueda, de un modo u otro, ser vista por el entrevistado. Para más información sobre el punto, ver el Capítulo 6.

- Evitar las distracciones. Indicar a quien corresponda que no recibirá llamadas durante la entrevista y apagar el teléfono celular.

- Tener en cuenta toda la información disponible. Pequeños comentarios, en apariencia intrascendentes, pueden ser de utilidad.

- No proyectar en el otro opiniones o situaciones personales.

Mientras el entrevistado habla, el entrevistador, sin distraerse, podría:

- Preparar la pregunta siguiente.

- Analizar lo que está diciendo el aspirante.

- Relacionar lo que el entrevistado está diciendo con algo que expresó al comienzo de la entrevista.

- Mirar discretamente los antecedentes para verificar alguna información.

- Observar los detalles, el lenguaje corporal.

- Considerar los requisitos del perfil de la búsqueda en relación con la persona entrevistada.

Como hemos señalado, es importante observar los detalles, entre otros aspectos los cambios súbitos del lenguaje corporal. Por ejemplo, si el aspirante ha estado sentado muy tranquilo y de pronto empieza a moverse nerviosamente en el asiento cuando se le pregunta por qué dejó su último empleo, es un indicio de que algo anda mal, aun cuando la respuesta a dicha pregunta no lo especifique.

Estimular el diálogo de manera efectiva

En páginas previas se expuso la definición de la competencia *Comunicación eficaz* en relación con el rol del entrevistador. Estimular el diálogo es una capacidad necesaria en todo entrevistador y que, además, se debería ejercitar. ¿Cómo hacerlo? Con pequeñas acciones, desde repetir parte de lo que el entrevistado dijo hasta hacer resúmenes de lo hablado hasta el momento, como base para seguir avanzando. Estas son algunas de las técnicas que se recomiendan para que el entrevistado perciba que se lo escucha con atención y es comprendido en su exposición; un simple *sí* o un gesto también pueden ser útiles.

Otra capacidad a ejercitar es el adecuado manejo de los silencios. Si el entrevistador considera que una respuesta es insuficiente, puede quedarse callado mirando a los ojos a la otra persona, lo cual le indicará que espera que continúe hablando.

Otro aspecto que debe considerar el entrevistador es la forma de preguntar y/o los comentarios a formular: uno a la vez, a través de frases cortas. Un ejemplo de lo que no debería hacerse es comenzar la entrevista con una frase como la siguiente: "Me gustaría que me comentara acerca de su formación, luego sobre su experiencia profesional y por último respecto de sus motivaciones para aspirar a este puesto". Los temas son adecuados, pero deberán ser presentados uno por vez.

Los postulantes y la entrevista

Como decíamos con anterioridad, el entrevistador conduce la entrevista y el entrevistado es la persona objeto de evaluación en dicha entrevista (laboral). En los procesos de selección los entrevistados son, usualmente, denominados *candidatos* o *postulantes,* entre otras variantes.

Los selectores reciben diversa cantidad y calidad de postulaciones, de las cuales, luego de ser evaluadas en una primera instancia, algunas pasarán a una instancia posterior: la entrevista.

Algunas definiciones:

Postulaciones. Conjunto de presentaciones de personas que han manifestado su interés en un determinado puesto o cargo.

Postulante es la persona que pretende o aspira a un determinado puesto o cargo. Otras denominaciones: aspirante, candidato, participante. También muchos utilizan el término "aplicante" en una suerte de castellanización del término en inglés "applicant".

Los postulantes/entrevistados asumen diferentes actitudes y comportamientos durante la entrevista. La mayoría de ellos intentan ofrecer su mejor aspecto y perfil. Otros, sin embargo, aun estando interesados, pueden originar situaciones difíciles de resolver por parte de los entrevistadores, en especial cuando estos no poseen mucha experiencia.

La falta de experiencia del entrevistador podrá devenir de un especialista en Recursos Humanos que no ha culminado su etapa de formación o, muy frecuentemente, un directivo/alto ejecutivo con poca experiencia en realizar entrevistas en el marco de un proceso de selección de personas.

Algunos consejos para generar una buena relación con el entrevistado

Qué sugerimos hacer durante la entrevista:

- Presentarse y tranquilizar al postulante.

- Explicar la forma en que se llevará a cabo la entrevista: primero el entrevistador formula las preguntas y luego el entrevistado responde.

- Utilizar preguntas adecuadas (se verá con mayor detalle en los capítulos siguientes).

- Tomar notas cuando sea necesario.

- Sobre el final, ofrecer al candidato la oportunidad de formular preguntas.

- Explicar los pasos futuros.

Qué sugerimos evitar durante la entrevista:

- Hablar de uno mismo.

- Demostrar superioridad producto de la situación.

- Demostrar acuerdo o desacuerdo con lo que el entrevistado diga.

- Comparar durante la entrevista al candidato con otro entrevistado o con el actual ocupante de la posición a cubrir.

- Interrumpir al candidato sin razón (la interrupción solo debería hacerse con algún fin específico).

- Usar terminología de difícil comprensión por parte del entrevistado.

- Hablar de cosas irrelevantes o no relacionadas con la búsqueda que se está llevando a cabo.

Cómo resolver situaciones difíciles. Los postulantes problemáticos

Nos referimos al término "postulante" en párrafos previos. La expresión "postulantes problemáticos" se utiliza de modo amplio, para hacer referencia a situaciones especiales en el marco de una entrevista.

Las situaciones que se mencionarán a continuación y otras asimilables podrán presentarse en entrevistas de selección y también en otros tipos de reuniones (por ejemplo, durante la retroalimentación relativa al desempeño) que no se analizarán en este libro.

Como decíamos, la mayor parte de los candidatos ansían producir una buena impresión en el entrevistador, tratan de contestar todas las preguntas de la manera más completa posible, de proyectar un lenguaje corporal positivo y de hacer, a su vez, preguntas apropiadas. Sin embargo, en muchas ocasiones un entrevistador puede encontrarse con situaciones problemáticas durante la entrevista, que se analizarán a continuación. Las más comunes son:

- Postulantes agresivos.

- Postulantes dominantes.

- Postulantes emotivos.

- Postulantes nerviosos.

- Postulantes que hablan demasiado.

En todos los casos el entrevistador debe mostrarse comprensivo y resolver la situación de la mejor forma posible, dentro de sus posibilidades. Frente a ciertos problemas, una buena salida será ofrecer una nueva entrevista para otro día.

También podría darse la situación inversa, un tratamiento hostil del entrevistador al entrevistado o cualquier otra incorrección por parte del primero. Como surge de las páginas previas y tal como veremos a lo largo de toda la obra, bajo ninguna circunstancia un entrevistador debe ser agresivo. Sin dejar de asumir su rol de entrevistador –por el cual conduce la entrevista–, deberá ser siempre amable. Más allá de la buena educación que esto implica, lograr un clima amable redundará en un mejor resultado de la entrevista.

A continuación, un breve comentario sobre cada uno de los tipos de postulantes mencionados.

Postulantes agresivos

En ciertas oportunidades los entrevistados demuestran algún grado de hostilidad hacia el entrevistador, puesto de manifiesto, generalmente, a través de leves agresiones.

Las personas desempleadas y las que están pasando un mal momento laboral son las que más incurren en este tipo de comportamientos, y se debe ser comprensivo al respecto. Si la situación es de difícil manejo, una salida amigable podría ser explicarle a la persona que, si no se siente bien, será preferible realizar la entrevista en otro momento en el que se encuentre mejor de ánimo, y coordinar una nueva reunión.

En un caso como el descrito, el entrevistador debe comprender que la agresión no es personal, sino dirigida a su rol de entrevistador.

Postulantes dominantes

En ocasiones, los postulantes intentan dirigir la entrevista. Muchas veces solo tratan de esconder sus propios temores o inseguridad.

En todos los casos, y como ya se comentara, el entrevistador debe conducir la entrevista. Para ello, una buena sugerencia será comenzar con las preguntas planificadas, ignorando las palabras iniciales del entrevistado.

Postulantes emotivos

En ocasiones, los postulantes manifiestan una emotividad excesiva. Si bien no es frecuente, entrevistar a una persona al borde del llanto es muy difícil. En estas situaciones, el entrevistador deberá mantenerse tranquilo, y evitar actuar él también de manera emocional.

Se sugiere ser amable; por ejemplo, ofrecer un vaso de agua o invitar a la persona a esperar fuera de la oficina unos minutos hasta que pueda recobrar su serenidad.

Al igual que en el caso de los *postulantes nerviosos o agresivos*, una opción es coordinar una nueva reunión para otro día.

Postulantes nerviosos

Uno de los "problemas" frecuentes en relación con los entrevistados se verifica cuando el postulante está más nervioso, estresado o tensionado que lo esperable en una situación de esta clase. Es decir, siempre una entrevista genera algún tipo de tensión, pero lo usual es que sea moderada. El comentario que aquí se ofrece es para aquellos casos en los que se considere un estado de nerviosismo que exceda lo razonable.

Para esas situaciones, una sugerencia es iniciar la entrevista con alguna pregunta sobre el colegio al que el entrevistado asistió, su época de estudios en la universidad, etc. Es decir, alguna pregunta sobre algún tema que no se relacione con el objetivo central de la entrevista y que podría distenderlo.

Muchas veces las personas guardan muy buenos recuerdos de sus épocas estudiantiles y remitirse a ellos puede ser útil para aplacar sus nervios.

Si la situación no mejora, la entrevista no debería continuar, y se podrá coordinar una nueva reunión para otro momento.

Postulantes que hablan demasiado

Los entrevistados que *hablan demasiado* suelen constituir uno de los problemas más serios y frecuentes, aun para aquellos entrevistadores con muchos años de experiencia.

Si bien es muy importante que el entrevistado se sienta bien durante la entrevista, el entrevistador de algún modo deberá encauzar, sin ser agresivo, al postulante excesivamente locuaz.

Cuando un postulante se explaya sobre temas carentes de interés y/o no relevantes en el contexto de la entrevista, el entrevistador podría decir una frase como "Volvamos a nuestro tema central" o "¿Por qué no me relata exactamente cuáles eran sus responsabilidades en…?".

Si el entrevistador ya ha obtenido la información relevante, puede finalizar la entrevista con una frase de cierre: "La conversación es muy interesante, ya tengo suficiente información sobre usted; lo llamaremos la semana próxima…".

Si todo lo anterior no da resultado, para concluir la entrevista se puede recurrir al lenguaje corporal, por ejemplo, ponerse de pie; estas son acciones posibles cuando las meras palabras no resultan suficientes.

Otras clases de entrevistas utilizadas en selección de personas

Me he referido en párrafos anteriores a la *preentrevista*, como una entrevista breve y, más detalladamente, a la entrevista, como aspecto fundamental –factor clave para el éxito– en un proceso de selección. En el Capítulo 2, a su vez, se verá con mayor detalle distintos pasos previos a la entrevista, para así darle a esta su adecuada relevancia.

En los distintos capítulos de esta obra se describirán pasos y aspectos en relación con la entrevista en su formato más frecuente, si bien las preguntas y otros aspectos tratados podrán ser aplicables a entrevistas, en principio, con un formato diferente.

A continuación se hará mención a distintos tipos de entrevistas, cada una de ellas con características específicas y que podrían ser utilizadas en la selección de personas.

- Entrevista de panel.

- Entrevistas en serie.

- Entrevista estructurada o entrevista dirigida.

- Entrevista grupal.

- Entrevista no dirigida.

- Entrevista por competencias.

- Entrevista por eventos conductuales. También conocida como *entrevista por incidentes críticos* o por su denominación en inglés, *Behavioral Event Interview* (BEI). Ver Capítulo 12.

- Entrevista situacional.

- Entrevista situacional basada en un caso real.

- Entrevista simulada.

En un proceso de selección las entrevistas se realizan con el propósito de elegir a una persona –o varias, según corresponda– para ocupar un puesto (o varios). En cada una de ellas deberán compararse las capacidades del candidato (conocimientos, experiencia, competencias) junto con su motivación en relación con la posición a ocupar.

A continuación presentamos algunas definiciones sobre diferentes tipos de entrevistas para, de este modo, completar la información sobre varios aspectos ya analizados y, además, poner en contexto la entrevista por competencias, a la que nos referiremos en este capítulo y en los siguientes.

Entrevista de panel

La entrevista de panel es aquella en la cual varios entrevistadores evalúan a un candidato o postulante.

En la actualidad no se considera un método adecuado, dado que dificulta la comunicación entre el entrevistador y el entrevistado.

Cuando un candidato deba ser entrevistado por varios entrevistadores, se sugiere implementar entrevistas individuales, en serie. Siempre que sea posible, nuestra sugerencia es no utilizar las entrevistas de panel.

Entrevistas en serie

Se utiliza la expresión "entrevistas en serie" cuando un candidato –usualmente finalista en un proceso de selección– es entrevistado secuencialmente por varios entrevistadores.

Cuando una persona debe ser entrevistada por varios funcionarios, este será el método más adecuado y no la modalidad mencionada en el punto anterior (entrevista de panel).

Entrevista estructurada o entrevista dirigida

La entrevista estructurada está usualmente basada en un conjunto de preguntas e indicaciones previamente definidas para indagar sobre una serie de aspectos determinados.

Los ejemplos más difundidos de entrevista estructurada, en relación con los subsistemas de Recursos Humanos, son:

- Entrevista estructurada – Selección.

- Entrevista estructurada aplicada a la *descripción de puestos.* (Este tema no forma parte de esta obra.)

Entrevista estructurada – Selección. Conjunto de preguntas e indicaciones para realizar una entrevista de selección. Usualmente se diseña por niveles y en función del modelo de competencias.
La entrevista estructurada[10] combina preguntas de diferentes tipos, entre ellas, las específicas para evaluar competencias.
Dado que los modelos de competencias difieren en cada organización, en todos los casos la entrevista estructurada se diseña a medida.

Esta denominación (Entrevista estructurada – Selección) se utiliza usualmente te en relación con la Gestión por competencias, que se verá en la Parte II de esta obra.

Entrevista grupal

Si bien la entrevista individual es la más frecuente, también se pueden realizar entrevistas grupales, que presentan algunas características diferenciales.

La administración de una entrevista grupal requiere entrevistadores muy experimentados. Esta clase de entrevistas se utilizan –fundamentalmente– en procesos de selección masivos; por ejemplo, búsquedas de jóvenes profesionales. En estos casos la entrevista grupal inicial tiene por objeto informar sobre el programa. También, a través de preguntas adecuadas, se realiza una primera selección de postulantes.

---

10 La entrevista estructurada es la herramienta N° 21 descrita en la obra *Las 50 herramientas de Recursos Humanos que todo profesional debe conocer.*

La evaluación de los candidatos podrá ser también de tipo grupal, por ejemplo, en el caso de los *Assessment Center Method* (ACM)[11].

En resumen, la expresión "entrevista grupal" hace referencia a una entrevista en la cual el entrevistador reúne a varios postulantes para informarles y formularles preguntas en conjunto. Cada pregunta podrá ser dirigida a una persona en particular –el entrevistador elige quién debe responder–, o bien formulada sin un destinatario específico.

Usualmente esta herramienta se utiliza para evaluar personas de niveles iniciales cuando, frente a una convocatoria, se presentan muchos interesados. Con frecuencia –y es lo recomendable–, luego de una entrevista grupal se aplican a los preseleccionados otras entrevistas o pruebas adicionales para completar el proceso de selección.

Entrevista no dirigida

El entrevistador no sigue una estructura determinada y sobre la base de la conversación detecta aspectos positivos y negativos del postulante.

En general, se recomienda trabajar con un esquema determinado previamente, como se verá en los capítulos siguientes, y, de ese modo, planear cómo se desarrollará la entrevista. No obstante, en algunos casos puede ser de utilidad usar la entrevista de manera más libre, sin un planeamiento previo.

Muchos entrevistadores, en especial los que cuentan con mucha experiencia, obtienen resultados altamente satisfactorios utilizando entrevistas no dirigidas.

Entrevista por competencias

Se trata de una entrevista estructurada que permite evaluar a un candidato que participa en el proceso de selección, considerando especialmente sus competencias, a través de preguntas específicas.

---

11 *Assessment Center Method* (ACM). Método o herramienta situacional para evaluar competencias mediante el cual, a través de la administración de casos y ejercicios, se plantea a los participantes la resolución práctica de situaciones conflictivas similares a las que deberán enfrentar en sus puestos de trabajo. El *Assessment Center Method* (ACM) es la herramienta N° 3 descrita en la obra *Las 50 herramientas de Recursos Humanos que todo profesional debe conocer*.

La entrevista por competencias[12] puede ser utilizada tanto por un especialista de Recursos Humanos como por el futuro jefe de la persona que asumirá el puesto.

Para que una entrevista por competencias sea eficaz es conveniente realizarla tomando como base tanto el *diccionario de comportamientos* como el *diccionario de preguntas,* ambos confeccionados a medida de la organización, en función de su modelo de competencias. Este tema se verá con mayor detalle en la Parte II de esta obra.

Entrevista por eventos conductuales o Entrevista por incidentes críticos

Entrevista estructurada que evalúa competencias en profundidad explorando los incidentes críticos y los comportamientos de cada persona.

También conocida por su denominación en inglés, *Behavioral Event Interview* (BEI), se verá con mayor detalle en el Capítulo 12.

Entrevista situacional

Entrevista en la cual se le plantea al entrevistado una situación hipotética con el propósito de analizar el modo en que la resuelve. Según su diseño, puede medir conocimientos, valores, etcétera.

Una vez que el entrevistado resolvió la situación hipotética planteada, se le puede solicitar que comente si alguna vez le sucedió algo similar. De este modo se pueden conocer, además, comportamientos pasados.

Entrevista situacional basada en un caso real

Esta entrevista es similar a la anterior (entrevista situacional), pero a diferencia de esta se le plantea al entrevistado un caso real, un problema concreto que ha sucedido en relación con la especialidad y el puesto a ocupar.

Este tipo de entrevista podría ser utilizada por el futuro jefe, a fin de presentar un problema ya resuelto o bien una situación que pueda estar sucediendo en ese momento y para la cual quizás él mismo no conozca aún la solución.

---

12 La entrevista por competencias es la herramienta N° 22 descrita en la obra *Las 50 herramientas de Recursos Humanos que todo profesional debe conocer.* Se relaciona también con las obras *Diccionario de preguntas. La trilogía. Tomo 3* y *Diccionario de comportamientos. La trilogía. Tomo 2.*

Para que se transforme en una medición efectiva de las capacidades del postulante, el entrevistador se debe asegurar que el entrevistado ha comprendido la situación planteada y que está (en principio) en condiciones de resolverla, por ejemplo, por la experiencia que posee.

El entrevistador podrá evaluar si el candidato resuelve la cuestión de acuerdo al estilo de conducción de la organización y, entre otros aspectos, considerar el grado de innovación y el valor agregado en la solución planteada. Con frecuencia, en estas entrevistas surgen comportamientos relacionados con valores.

Los futuros jefes también podrán inferir, así, cómo será la relación futura con ese posible nuevo colaborador.

Entrevista simulada

La *entrevista simulada* es un ejercicio en el cual dos personas asumirán roles previamente asignados. Uno de ellos será un actor que seguirá un guión preestablecido y, la otra, el evaluado, quien deberá responder, según su criterio, a las cuestiones que le planteará el primero de los mencionados. Para su mayor eficacia, los que participan en ella deben seguir instrucciones preestablecidas.

En la entrevista simulada, una persona –que no será evaluada– actúa un rol determinado en base a un guión, con el propósito de observar la reacción/respuesta de la otra persona (a ser evaluada), quien no conoce el argumento de la representación que el primero llevará a cabo.

Usualmente, quien hace la evaluación solo observa la situación descrita. Los evaluados, en este tipo de entrevista, serán los que deberán responder a la simulación planteada, por ejemplo, los entrevistado/s, candidato/s o postulante/s de un proceso de selección o colaboradores que participan en otro tipo de programas internos de desarrollo que requieran medición de competencias. El rol simulado podrá llevarlo a cabo un especialista de Recursos Humanos u otra persona, lo cual dependerá de las circunstancias.

Este tipo de ejercicios se utiliza tanto en actividades formativas como para evaluar competencias y/o valores.

Las entrevistas simuladas usualmente forman parte de una evaluación más completa, por ejemplo, en un *Assessment* (ACM), herramienta mencionada precedentemente. De esta manera (formando parte de una evaluación más amplia) se utilizan en procesos de selección. Su aplicación en forma aislada no la considero una opción recomendable en procesos de selección. La entrevista simulada es utilizada, sobre todo, en actividades de formación[13].

---

13 *Codesarrollo. Una nueva forma de aprendizaje.* Ediciones Granica, Buenos Aires, 2009.

¡TOME NOTA!

Elija al mejor. Para leer y releer:

- Conceptos generales sobre selección y entrevista: Capítulo 1
- Gestión por competencias y entrevistas para evaluar competencias: capítulos 7, 8 y 12
- Planear la entrevista: Capítulo 2
- Cómo utilizar *Elija al mejor*: Capítulo 3
- Si desea encontrar preguntas: capítulos 4, 9, 10 y 11
- La motivación y cómo evaluarla: Capítulo 5
- Analizar los resultados de la entrevista y registrarla: Capítulo 6
- Para fijar conceptos: anexos I y II

Muchos de los temas tratados en la Parte I se relacionan, también, con la Parte II. La entrevista, cómo planearla, cómo analizar la motivación y los aspectos a tener en cuenta una vez finalizada la entrevista son temas comunes a ambas secciones de la obra.

Capítulo 2

Antes de la entrevista. Cómo planearla

Temas del capítulo:

- Planificación de un proceso de selección
- Pasos previos a la entrevista. Qué indagar. Cuestionarios
- Preparativos de la entrevista
- Planear la entrevista paso a paso

En este capítulo se tratarán todos los aspectos previos a la entrevista. Un proceso de selección tendrá un planeamiento completo, es decir que abarcará una diversidad de temas mayor. Comenzaremos el capítulo con una breve reseña al respecto.

Luego se verán los aquí denominados "pasos previos", un conjunto de acciones para obtener mejores resultados en la entrevista, factor clave para el éxito en el mencionado proceso de selección.

Adicionalmente, se harán algunas consideraciones necesarias previas a dicha instancia. Si el lector es un entrevistador frecuente, probablemente ya tenga definido un lugar para hacer las entrevistas y algunas rutinas al respecto. Por el contrario, si el lector es un futuro jefe y/o un entrevistador ocasional, deberá comenzar por considerar todos los factores, incluyendo el lugar de la reunión y su extensión, entre otros.

En el capítulo anterior vimos, entre otros temas, cómo elegir al/a los postulante/s a entrevistar. Una vez que se cuenta con casos para evaluar –aquellos que en una primera instancia parecen responder al perfil de la búsqueda–, se deberán planear diferentes aspectos: cuántas evaluaciones realizar, con qué alcance y orden/secuencia.

En resumen, primero los pasos previos y, luego, la entrevista; ambos aspectos deberán ser planeados cuidadosamente para alcanzar los resultados esperados.

Los temas que se verán en este capítulo, así como los de algunos capítulos siguientes, por ejemplo los tratados en los capítulos 5 y 6, se relacionan tanto con la Parte I como con la Parte II de esta obra.

Planificación de un proceso de selección

La planificación de un proceso de selección usualmente se realiza cuando se ha tomado la decisión de cubrir una vacante. Para realizar dicha planificación se deberá determinar cómo se realizará la búsqueda.

- Búsqueda externa: acciones y procedimientos específicos tendientes a cubrir una vacante con postulaciones de personas ajenas a la organización.

- Búsqueda interna: acciones y procedimientos específicos tendientes a cubrir una vacante con un integrante de la propia organización.

El planeamiento es la acción y el efecto de confeccionar un plan de acción en relación con un determinado objetivo. En el ámbito de las organizaciones, el planeamiento implica la consideración de todos los elementos necesarios para que un determinado proyecto, función, área, unidad de negocios o la empresa en su conjunto alcance una meta determinada.

En nuestra disciplina se debe distinguir entre la planificación de los recursos humanos[1] de la organización y la de alguna de las funciones de RRHH en particular. Aquí nos referiremos a la mejor forma de realizar el planeamiento de un conjunto de tareas del área para llevar a cabo la selección de personas. También este concepto se confunde con uno de tipo macroeconómico, como la *planeación o planificación del empleo*[2].

Planificación de una búsqueda/selección

Las organizaciones están conformadas por un conjunto de personas, cada una de las cuales posee sus particulares conocimientos y competencias. Si esta información está debidamente registrada se podrá contar con un *inventario*[3] referido a estas características.

En algunos casos, la planificación podrá incluir varias posiciones. Siempre se partirá de la demanda, es decir, del perfil de la búsqueda (o perfiles, si se trata de procesos de selección múltiple).

Para satisfacer la demanda se realizan diversas acciones, bajo la palabra aglutinadora de "aprovisionamiento": se podrá promover candidatos internos, realizar búsquedas internas, o bien salir al mercado y realizar un reclutamiento externo. Por lo tanto, el aprovisionamiento podrá ser tanto interno como externo. El de tipo externo (en el mercado laboral) está basado en personas que trabajan en otras organizaciones o que eventualmente se encuentran sin empleo y que pueden interesarse en la posición o las posiciones a cubrir. Estos potenciales nuevos colaboradores podrán estar o no al alcance de la organización requirente en cuanto a los ofrecimientos económicos que se realicen.

---

1 *Planificación de Recursos Humanos*. La planificación del capital humano de una empresa es una de las responsabilidades del área de Recursos Humanos. Dicha planificación es uno de los aspectos a ser considerados dentro de la planificación económico-financiera de la organización en su conjunto. Para llevarla adelante deberá considerarse la estrategia organizacional junto con los objetivos generales de corto, mediano y largo plazo. En función de estos aspectos, se deben analizar, en colaboradores de todos los niveles, las capacidades necesarias para alcanzarlos: conocimientos, experiencia y competencias. Fuente: *Diccionario de términos de Recursos Humanos*, Ediciones Granica, Buenos Aires, 2011.

2 La expresión "planificación del empleo" podría ser considerada desde una perspectiva macroeconómica, en cuyo caso se trataría de uno de los elementos a considerar dentro de las políticas del gobierno central de un país. Fuente: *Diccionario de términos de Recursos Humanos*, Ediciones Granica, Buenos Aires, 2011.

3 El lector encontrará mayor información sobre el planeamiento e inventario de los recursos humanos en la obra *Dirección estratégica de Recursos Humanos. Volumen 1*. Nueva edición, Ediciones Granica, Buenos Aires, 2015.

De este análisis surge un "pronóstico" sobre la posibilidad de satisfacer la demanda. Si el pronóstico no es positivo, es decir, si se advierte que con ninguno de los caminos posibles para el aprovisionamiento –externos e internos– se puede satisfacer la demanda, se deberá, eventualmente, redefinirla.

Esta relación o influencia se denomina "interacción del aprovisionamiento con la demanda".

Una forma de modificar los términos de la demanda podrá ser, por ejemplo, analizar con el futuro jefe/cliente interno la viabilidad de considerar otras opciones para cubrir la posición.

La descripción anterior se expone en la figura al pie.

Llevando el análisis conceptual de la figura a aspectos concretos a tener en cuenta en la planificación, se podrían identificar los siguientes pasos a seguir para *atraer, seleccionar e incorporar* una o varias personas para cubrir uno o varios puestos en el ámbito de una organización, los cuales deberán ser identificados y analizados antes de comenzar el proceso.

Una búsqueda debe ser planeada en todos sus detalles, determinando en cada caso tiempos y costos involucrados:

- Inicio del proceso de selección: Desde la necesidad de cubrir una posición, su aprobación, hasta recolectar la información sobre el perfil.

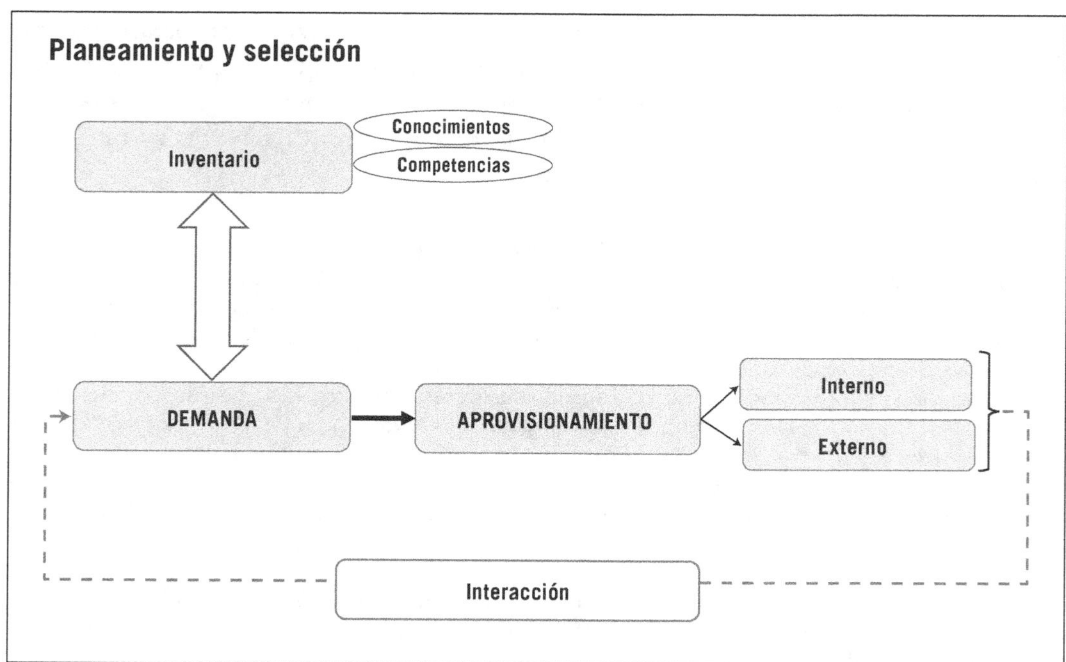

- Análisis sobre eventuales candidatos internos y decisión de realizar una búsqueda interna/externa. Para el ejemplo, se ha decidido que la búsqueda será externa.

- Definición de las fuentes de reclutamiento:

  - Publicar la búsqueda en el sitio web o intranet de la organización (según corresponda).

  - Publicar anuncios en otras fuentes (web laborales, redes sociales, periódicos).

  - Headhunting 2.0.

- Recepción de candidaturas.

- Preselección de candidaturas.

  - Análisis de antecedentes.

  - Cuestionarios de preentrevista.

- Entrevista / Entrevista por competencias.

- Evaluación psicológica. Otra evaluación específica.

- Formación de candidaturas, confección de informes y presentación al futuro jefe/cliente interno.

- Selección del finalista, negociación y oferta por escrito.

- Comunicación a los postulantes que no fueron seleccionados.

- Proceso de admisión e inducción.

En la obra *Selección por competencias* (Nueva edición 2016) el lector podrá encontrar un análisis detallado de la mayoría de los ítems mencionados. En el momento de la planificación se deberá decidir cuáles pasos habrá que llevar a cabo en cada caso. A continuación, algunos breves comentarios.

Todo proceso de selección comienza por la *definición del perfil*. Este aspecto será la base de todos los pasos siguientes. Una vez definido el perfil, se realiza el *reclutamiento,* término que se utiliza para designar el conjunto de procedimientos destinados a atraer e identificar a candidatos potencialmente calificados y capaces para ocupar el puesto vacante, a fin de seleccionar a alguno/s de ellos para que reciba/n el ofrecimiento de empleo. Para el reclutamiento se deberán elegir las fuentes más adecuadas, tanto internas como externas.

En cuanto al reclutamiento, para llevar a cabo el planeamiento habrá que tener en cuenta las diferentes opciones que, de considerarse adecuadas, podrán ser utilizadas de manera conjunta y combinada. Por ejemplo, reclutamiento al estilo tradicional, publicando un anuncio en un periódico u otros medios. O reclutamiento 1.0, es decir, a través de procedimientos para atraer e identificar candidatos utilizando las posibilidades de la Web 1.0 (ejemplos: sitios o páginas web organizacionales, web laborales y los sitios de consultoras de Recursos Humanos). Por último, en adición a los anteriores, también podrá utilizarse –y cada día se emplea más– el reclutamiento a través de la Web 2.0 (*social media*). En este último caso se denomina *reclutamiento 2.0*.

En ocasiones, el reclutamiento se hace a través de *headhunting*, método basado en la realización de una investigación acerca de los mejores profesionales del mercado que ocupan puestos similares al que se desea cubrir, a los que luego se contacta para ofrecerles participar en el proceso de selección. También se utiliza el *headhunting 2.0*, el cual se realiza a través de los *social media* (Web 2.0).

Por último, a todo lo anterior podría sumarse el denominado "programa de referidos". Este es un programa mediante el cual los colaboradores de la propia organización presentan candidatos que ellos consideran interesantes por sus capacidades, ya sea en relación con una búsqueda concreta o no.

Como parte del planeamiento se fijan fechas para la recepción y evaluación de antecedentes. Para estas instancias será preciso definir la cantidad y el tipo de entrevistas a realizar, así como si se efectuarán evaluaciones específicas (y cuáles).

Para completar la planificación, se estimarán fechas y, eventualmente, algunas precisiones adicionales sobre la presentación de finalistas (armado de la carpeta de finalistas), y una vez elegido el candidato a incorporar, la negociación y oferta.

Al concluir el proceso de selección, los pasos pendientes serán los trámites de incorporación y la inducción.

Para planificar instancias a cargo del área de Recursos Humanos y del futuro jefe

Retomando un esquema del capítulo anterior, se advierte que, luego de la atracción, en la primera selección o preselección se deben realizar acciones que permitan evaluar la mayor cantidad posibles de ítems del perfil buscado. Uno de los sugeridos para esta etapa son los *conocimientos*.

Después, en una instancia posterior (denominada *selección*), tendrá lugar la *evaluación de competencias*. A medida que se supere cada etapa, la cantidad de postulantes será menor. Es decir, habrá una mayor cantidad de postulaciones en la primera parte

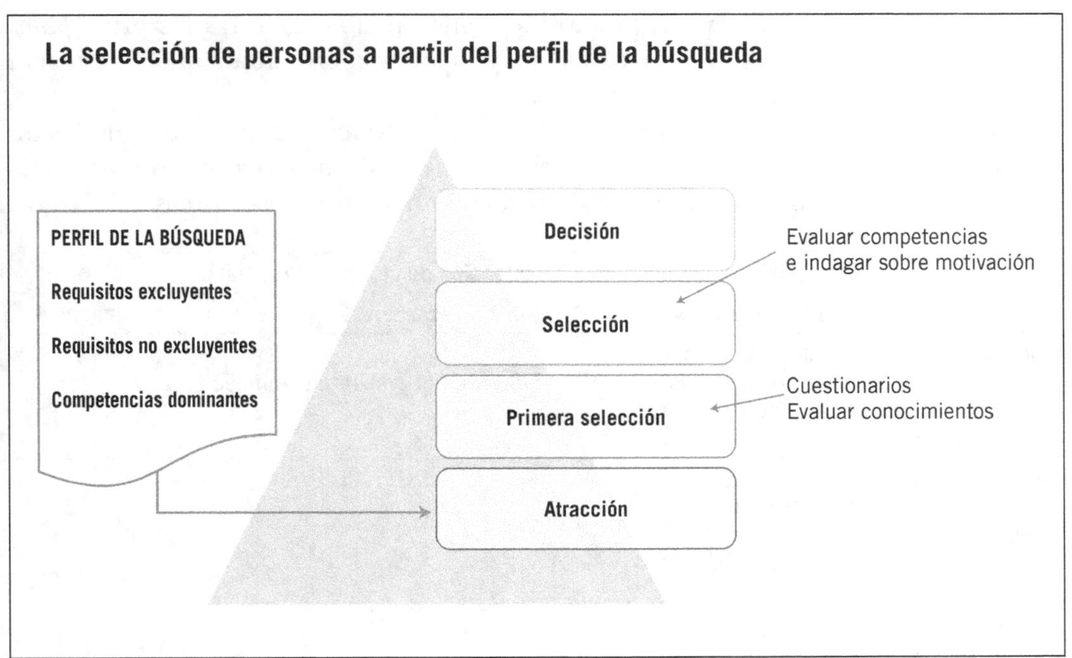

y, luego de los *pasos previos* (que veremos más adelante), el número de postulantes en carrera se reducirá, hasta alcanzar un número muy acotado en las instancias finales del proceso. En el gráfico, la pirámide de fondo representa la cantidad de personas involucradas en las distintas etapas: mayor número en la base de la pirámide (primeras etapas), y una menor cantidad a medida que se va avanzando en el proceso de selección.

Ejemplo de la planificación de un proceso de selección

Las características de la planificación de un proceso de selección dependerán, en cierta medida, de cada situación. Cada una de las instancias que conforman un proceso de selección deberá ser considerada, si bien unas podrán tener una extensión mayor que otras, según el caso. Para el ejemplo que se expondrá a continuación se ha considerado la realización de una búsqueda externa para un nivel gerencial. La planificación mostrará los pasos a seguir, luego de la definición del perfil de la búsqueda.

El primer aspecto a tener en cuenta serán los requisitos excluyentes y no excluyentes, tanto en conocimientos como en experiencia, para diseñar los cuestionarios de preentrevista que se aplican al inicio. Luego, considerando el perfil de la búsqueda, se definirán las entrevistas y evaluaciones a realizar.

El esquema de planificación preparado como ejemplo muestra los principales aspectos de un proceso de selección, hasta el armado y la presentación de la carpeta de finalistas al futuro jefe/cliente interno.

En la planificación se han incluido plazos de realización de cada una de las diferentes tareas o partes del proceso de selección. Estos son solo a modo ilustrativo; como se expresara, en unos casos los tiempos serán más cortos, y en otros más largos.

Planificación de un proceso de selección de un nivel gerencial					
Distintos aspectos considerados		**Semana 1**	**Semana 2**	**Semana 3**	**Semana 4**
Inicio del proceso de selección: desde la necesidad de cubrir una posición hasta recolectar la información sobre el perfil del puesto a cubrir		No incluidos en la presente planificación			
Análisis sobre eventuales candidatos internos y decisión de realizar una búsqueda interna/externa. Para el ejemplo, se ha decidido que la búsqueda será externa					
Definición de las fuentes de reclutamiento	Publicar la búsqueda en el sitio web de la organización/ intranet (según corresponda)				
	Publicar anuncios en otras fuentes (webs laborales, redes sociales, periódicos)				
	Headhunting 2.0				
Recepción de candidaturas					
Preselección de candidaturas	Análisis de antecedentes				
	Cuestionarios de preentrevista				
Entrevista por competencias					
Evaluación psicológica Otra evaluación específica					
Formación de candidaturas, confección de informes y presentación al futuro jefe/ cliente interno					

Planificación de un proceso de selección de un nivel gerencial				
Distintos aspectos considerados	Semana 1	Semana 2	Semana 3	Semana 4
Selección del finalista, negociación y oferta por escrito	No incluidos en la presente planificación			
Comunicación a los postulantes que no fueron seleccionados	No incluido en la presente planificación			
Proceso de admisión e inducción	No incluidos en la presente planificación			

Varios aspectos son clave para el éxito de un proceso de selección; uno de ellos es la planificación. Usualmente los futuros jefes solicitan precisión respecto de cuándo podrán contar con el nuevo colaborador. Sin embargo, para alcanzar los plazos deseados, el futuro jefe deberá disponer de tiempo para entrevistas, para responder consultas, etc. La planificación será de utilidad para todos los involucrados.

Por último, hay que recordar que el buen selector deberá cuidar el equilibrio entre contemplar muchos pasos e instancias de evaluación para minimizar los riesgos, y reducir los pasos para acortar los plazos, lo cual se logra con la adecuada planificación de cada proceso.

Más adelante, en este mismo capítulo se verá cómo *planear la entrevista paso a paso*, donde el lector podrá seguir, de manera detallada y utilizando a modo de guía un formulario, un esquema completo para planear una entrevista de selección.

Pasos previos a la entrevista. Qué indagar. Cuestionarios

Para un análisis en detalle de los pasos previos y cuáles elegir según las circunstancias, creo importante introducir algunos conceptos explicativos que ayudarán a hacerlo. Por otra parte, otro factor de ayuda en la elección de los referidos pasos previos será la utilización de herramientas tecnológicas y redes sociales.

Algunas definiciones antes de continuar.

Preselección. Dentro de un proceso de selección de personas, usualmente se realiza un paso preliminar con el propósito de detectar de manera temprana aspectos de la persona que harán que, más adelante, esta no sea seleccionada como finalista.

Dentro de la preselección se pueden considerar los siguientes pasos: recepción de candidaturas, lectura de antecedentes y/o aplicación de filtros informáticos, análisis de eventuales candidatos internos, utilización de preentrevista (en sus diferentes variantes, según corresponda), aplicación de alguna evaluación de conocimientos.

Todas las instancias que se llevan a cabo en la preselección se definen según el tipo de búsqueda.

Selección. En esta etapa, a lo descrito en *Preselección* se adicionan los siguientes pasos: entrevistas por competencias, evaluaciones profundas de conocimientos, evaluaciones psicológicas.
La selección culmina con la formación de candidaturas y la carpeta de finalistas. En todo proceso de selección los pasos se definen según el tipo de búsqueda.

Primera selección y *social media*

La primera selección es la primera etapa de un proceso completo de selección de personas, en el cual se llevan a cabo una serie de acciones para dejar fuera de manera temprana a aquellos postulantes que, de todos modos, no integrarán la carpeta de finalistas.

Según el tipo de posición a cubrir, se pueden administrar cuestionarios y tests on line, por ejemplo, para evaluar conocimientos, pruebas sobre valores personales y otros cuestionarios específicos, entre otras buenas prácticas, que podrían aplicarse a través de algunas de las tecnologías sociales de la web.

La primera selección no es una consecuencia de las nuevas tecnologías, siempre fue un paso a realizar; y, según la habilidad del selector y su experiencia, las acciones que se realizan en esta parte del proceso permiten acortar tiempos, así como los costos relacionados.

A partir de Internet y del uso intensivo del correo electrónico, los especialistas utilizaron este medio para realizar la primera selección, y las empresas y consultoras de mayor tamaño incorporaron pasos previos a las entrevistas a través de sus sitios web. Lo descrito en este párrafo se inscribe dentro de la Web 1.0.

Sin embargo, también será posible aplicar instancias correspondientes a la primera selección en el ámbito de la Web 2.0.

Ciertas redes sociales –por ejemplo, LinkedIn– ofrecen posibilidades muy interesantes. Al contactar a un candidato potencial es posible conocer acerca de su historia profesional y, además, tener información sobre sus conocimientos, competencias, proyectos personales y preferencias. A través de esta red social –cuando los primeros datos sobre la persona en cuestión son de interés y el individuo, *a priori*, podría interesarse en participar en un proceso de selección–, se puede realizar algún tipo de ejercicio teórico para indagar más sobre sus conocimientos, o proponer un caso a resolver, por ejemplo, a fin de analizar su capacidad para resolver problemas, o su capacidad estratégica, o bien formularle preguntas adicionales a través de cuestionarios.

Cómo dividir las instancias de evaluación entre la preselección y la selección

En el capítulo anterior se vio la lectura de antecedentes, los cuales forman parte de esta etapa que llamamos "primera selección", que incluye, además, la realización de las primeras evaluaciones y entrevistas.

En una primera instancia se analizará un mayor número de casos y, luego, estos irán disminuyendo en la medida que se vaya avanzando en dicho proceso. Como veremos a continuación, en nuestra metodología se hace una diferenciación entre conocimientos, competencias y experiencia, facilitando de este modo la evaluación de las postulaciones recibidas.

En el gráfico al pie se muestra la relación entre conocimientos y competencias. Si bien los primeros son necesarios y constituyen la base del desempeño de las personas, las competencias serán las que permitirán un desempeño exitoso.

El lector podrá encontrar las definiciones de los términos *conocimientos, competencias* y, también, *experiencia* en el Capítulo 1.

La evaluación y medición de cada uno de estos factores se realizará de manera particular y específica, por lo tanto, esta diferenciación de conceptos será la base

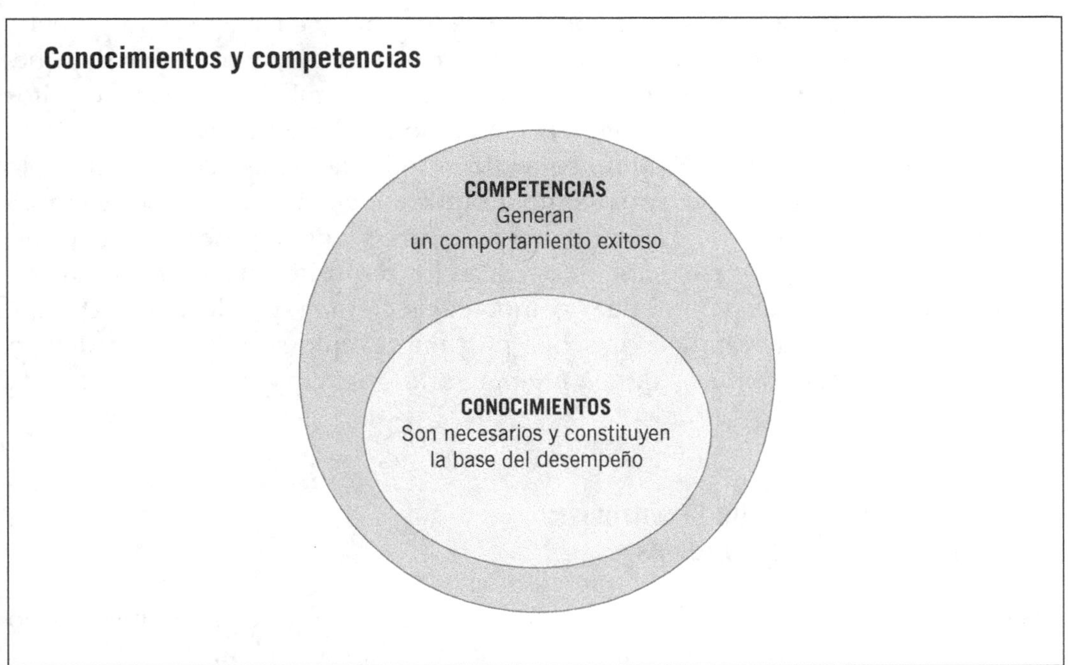

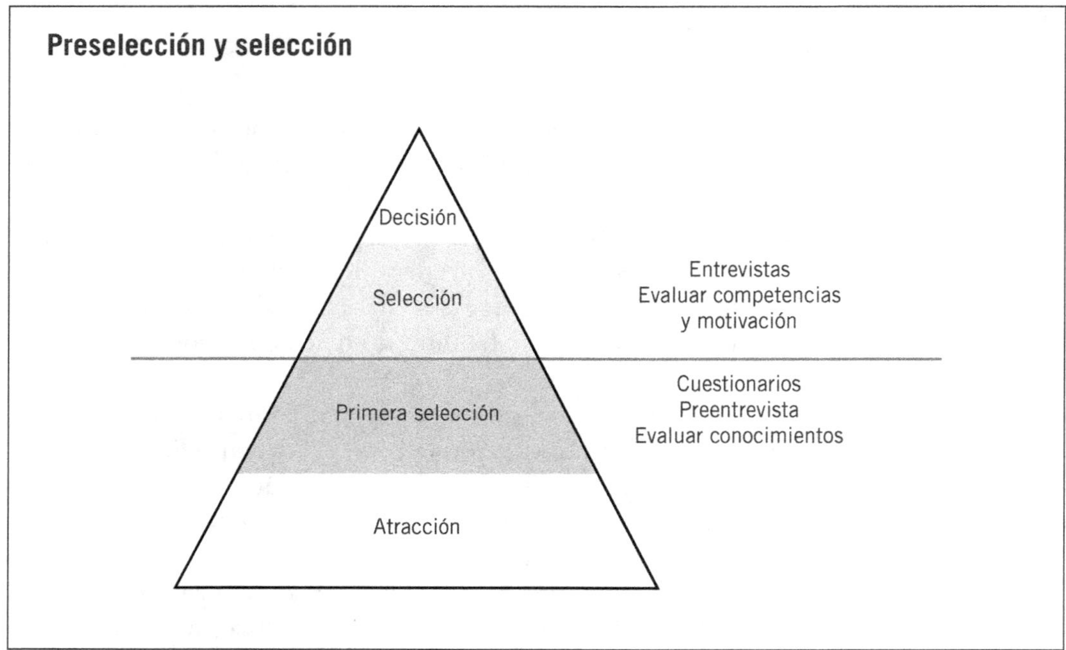

para diseñar y definir las distintas instancias, mediciones, entrevistas, etc., a realizar en las etapas de preselección y selección. La idea se expresa en la figura precedente.

El resultado a obtener en la etapa de preselección será la identificación de aquellos postulantes que posean los requisitos excluyentes –y también algunos requisitos no excluyentes–, para luego proceder a la realización de las entrevistas.

En resumen, en primer término se realizan todas aquellas acciones que –de algún modo– podrían considerarse como de aplicación más sencilla, por ejemplo y según el tipo de búsqueda, evaluar conocimientos y/u otros aspectos concretos, para así determinar si los participantes poseen los requisitos excluyentes. Luego, llevar a cabo entrevistas para evaluar competencias (etapa de selección). De este modo llegarán a esta instancia aquellos postulantes que se encuadren dentro de los requisitos excluyentes y que, *a priori*, cubran los requisitos del perfil de la búsqueda.

Las evaluaciones antes de la entrevista como parte de los *pasos previos*

Las evaluaciones en la etapa de preselección se definen en función del nivel y tipo de búsqueda, entre otras circunstancias. No hay una única opción.

Una vez que se hizo la primera revisión de antecedentes (Capítulo 1) y se eligieron aquellos candidatos que poseen los requisitos excluyentes, se pueden realizar acciones adicionales, tales como las mencionadas a continuación. La evaluación de conocimientos de manera temprana y la confirmación de otros aspectos al inicio del proceso de selección simplifican los pasos posteriores y son, además, beneficiosas para ambas partes intervinientes en la selección. Desde la mirada del selector, mejora la efectividad del proceso y gana en términos de eficiencia. Desde la mirada del postulante, cuando no responde a algunos de los requisitos excluyentes no invierte tiempo en procesos de selección en los cuales, de todos modos, no será elegido por no contar con lo requerido.

Algunas acciones recomendadas:

- Evaluaciones a través de Internet.

- Cuestionarios de preselección.

- Cuestionarios de preentrevista.

- Herramientas para detectar valores personales previo al ingreso a la organización.

- Preentrevistas o entrevistas breves (algunas podrán ser telefónicas).

- Exámenes de conocimientos.

Un cuestionario es un documento estructurado con preguntas que obedece a un propósito definido. En selección de personas podremos encontrar, entre otros, los que veremos en este capítulo: los cuestionarios de preselección y los cuestionarios de preentrevista. También algunos exámenes de conocimientos y otras evaluaciones que se realizan a través de Internet se llevan a cabo utilizando cuestionarios.

A continuación una breve explicación de cada una de las herramientas mencionadas.

Evaluaciones a través de Internet

Con frecuencia se utilizan diversas evaluaciones administradas a través de la web, pruebas de conocimientos y cuestionarios de variados formatos. En todos los casos se pretende explorar más profundamente sobre conocimientos y experiencias laborales previas y/u otras características personales. Dichas evaluaciones no reemplazan las instancias posteriores de tipo presencial y aportan información previa interesante, para conocer mejor al postulante.

Con frecuencia, cuando una persona se muestra interesada por un anuncio e ingresa sus datos incorporándolos directamente a través de Internet en la base de datos de la organización o consultora que ha publicado el anuncio, se le pide, adicionalmente, que responda cuestionarios complementarios, como los que se describen a continuación.

Cuestionarios de preselección

Los *cuestionarios de preselección* son una herramienta que usualmente se implementa en el sitio web de la organización de manera conjunta con la aplicación que se haya diseñado a los efectos de recolectar datos básicos del perfil del postulante. Por ejemplo, se solicitan diversos tipos de información acerca de las preferencias del postulante respecto de diferentes tareas y características de los puestos de trabajo.

Las preguntas de este cuestionario, así como los parámetros fijados para las respuestas que pueden elegir los postulantes, contemplan la distinción entre preguntas para niveles iniciales, niveles con experiencia en la conducción de personas y niveles profesionales, entre otras variantes.

Los cuestionarios de preselección se diseñan a medida de cada organización y deben ser revisados periódicamente para garantizar que respondan a las necesidades del momento.

Cuestionarios de preentrevista

Antes de una entrevista es posible obtener información adicional al currículum o perfil en la web u otra vía por la cual el postulante presentó sus antecedentes. De este modo, la entrevista será más fructífera, dado que el entrevistador podrá direccionar sus preguntas a aspectos concretos, de acuerdo con la complejidad y el perfil de la búsqueda. Estos cuestionarios son de aplicación incluso en el caso de que se hayan utilizado los cuestionarios de preselección mencionados en el punto anterior.

Los cuestionarios denominados de "preentrevista" –como surge de su propio nombre– reemplazan a la preentrevista, que se explica más adelante.

La información de los antecedentes, en cualquiera de sus formatos, los mencionados u otros, podrá ser completada por acciones realizadas por el selector o responsable del proceso de selección a través de indagaciones previas a la entrevista.

Estos cuestionarios (de preentrevista) son documentos estructurados con preguntas. Desde esta perspectiva, podría parecer una herramienta similar a los cuestionarios de preselección ya mencionados. Sin embargo, son distintos, se administran en momentos distintos, unos cuando un postulante carga sus datos en un sitio web y los otros como paso previo a una entrevista de un candidato preseleccionado. Sus propósitos también son diferentes. En el primero, se trata de preguntas estándar –en el contexto de una organización– que complementan los antecedentes. En el segundo caso, se administran preguntas concretas en función de un perfil de búsqueda determinado.

Los cuestionarios de preentrevista usualmente se diseñan para cada búsqueda (o tipo de búsqueda, según corresponda) y solo se envían a aquellos postulantes que, *a priori*, cumplen con los requisitos del puesto y que fueron elegidos en la primera revisión de antecedentes, como se vio en el Capítulo 1. Estos cuestionarios indagan acerca de información complementaria y específica, según el perfil de la búsqueda.

Ejemplo: años de experiencia en algún puesto en particular, otras características relacionadas, como cantidad y tipo de personas a cargo, niveles de responsabilidad, nivel de reporte, detalles sobre algún conocimiento específico (normas de algún tipo, un software determinado), etc. Adicionalmente, es posible preguntar sobre otras cuestiones, si podría trabajar horas adicionales en determinados días, en fechas no laborables o en horarios nocturnos, etc.; dependerá de las circunstancias de cada caso en particular.

Con los cuestionarios de preentrevista se complementa la información de cada postulante, previo a la entrevista.

Adicionalmente, y como en todos los casos en que se utiliza una planeación de preguntas, al plantearse a todos los participantes de un proceso de selección las mismas cuestiones, la información obtenida estará relacionada con los mismos ítems, lo cual facilita la comparación y evaluación de cada uno y del conjunto.

En los mencionados cuestionarios de preentrevista se solicita –además– información referida a, por ejemplo, disponibilidad para comenzar a trabajar y aspectos económicos relacionados.

También pueden hacerse otras preguntas, si fuese pertinente, referidas, por ejemplo, a disponibilidad para un traslado o para realizar viajes frecuentes, según lo que requiera la posición a cubrir.

Para la preparación de los cuestionarios de preentrevista el lector podrá inspirarse en las preguntas del Capítulo 4.

Herramientas para detectar valores personales previo al ingreso a la organización

Los valores de una persona se observan en sus comportamientos, en cualquier momento o circunstancia. Las buenas prácticas indican que estos pueden ser medidos antes de que las personas ingresen a la organización y así detectar en forma temprana comportamientos no deseados en postulantes, previo al ingreso en la organización.

Manual para detectar valores personales en selección[4]. Este manual representa un conjunto de teoría, casos, ejercicios y formularios que permiten la aplicación práctica de las distintas herramientas necesarias para la detección de valores personales en selección de personas.

Los manuales usualmente contienen documentos e instructivos específicos y detallados que, en este caso en particular, permitirán al selector o futuro jefe detectar de manera temprana comportamientos no deseados en postulantes, previo al ingreso en la organización.

Algunas definiciones necesarias:

Valores. Aquellos principios que representan el sentir de la organización, sus objetivos y prioridades estratégicas.

Esta definición también engloba la forma habitual para denominarlos, "valores organizacionales".

Valores personales. Principios básicos inherentes a cada individuo en particular. Se relacionan con las creencias más profundas del individuo, con la forma en que cada uno ve las cosas y, además, con los proyectos personales.

Los valores de una persona se observan en sus comportamientos, en cualquier momento o circunstancia.

El concepto *valores personales* engloba aspectos como *integridad* y *ética,* y también otros, como, por ejemplo, *calidad* o e*xcelencia,* según la manera en que estos diferentes elementos integran las creencias profundas de cada persona.

El manual para detectar valores personales en selección podrá diseñarse a la medida de la organización. En ese caso será posible confeccionar las distintas herramientas en función de los valores personales que la organización seleccione y, muy especialmente, relacionarlas con sus valores organizacionales.

Preentrevista

Las denominadas "preentrevistas" o también "entrevistas breves" son, como su nombre lo indica, entrevistas cortas, cuyo objetivo principal es confirmar información de los antecedentes, en relación con el perfil de la búsqueda. Los cuestionarios de

---

4 *Manual para detectar valores personales en selección. Metodología* MAI. Conjunto de teoría, casos, ejercicios y formularios que permiten la aplicación práctica de las distintas herramientas necesarias para la detección de valores personales en selección de personas, diseñados de acuerdo con la Metodología Martha Alles International (MAI).

Existe una versión estándar donde se ofrecen herramientas diseñadas en función de cinco valores personales elegidos sobre la base de una investigación realizada previamente. Las herramientas a su vez se complementan con indicadores para medir dichos valores.

preentrevista, descritos más arriba, reemplazan a la preentrevista, es decir, se utiliza una opción u otra.

Como se expresara, en la preselección se confirman y/o despejan dudas sobre el candidato, considerando la mayor cantidad posible de aspectos en función de la posición a cubrir, con especial foco en los requisitos excluyentes.

Los ejemplos de cuestiones que se mencionaron en relación con el cuestionario de preentrevista son de aplicación en este caso, ya que la preentrevista cumple el mismo propósito.

En resumen, la preentrevista es una entrevista breve que se realiza como paso previo a una entrevista de selección más profunda, que usualmente indaga sobre las competencias del postulante (tema que se verá en la Parte II de la obra).

La preentrevista podría realizarse de diferentes maneras, entre otras:

- Entrevista breve presencial.

- Entrevista telefónica. También podrá ser vía Skype u otra herramienta similar, las cuales permiten incluso realizar videoconferencias.

- Cuestionario detallado administrado por medio de correo electrónico, que se vio en párrafos previos y que hemos denominado "cuestionario de preentrevista". Esta herramienta reemplaza a la preentrevista o entrevista breve presencial.

La *preentrevista* procura ampliar la información sobre los antecedentes del postulante: estudios, conocimientos específicos, experiencia, etc., y, también, despejar algunas dudas, como disponibilidad para hacer viajes frecuentes cuando esto sea necesario, y cuestiones similares.

Exámenes de conocimientos

En todos aquellos casos en que sea factible, por el nivel y tipo de posición a cubrir, serán aconsejables los tests o exámenes de conocimientos. Por ejemplo, para profesionales recién graduados, sobre algún tema en relación con los estudios y el perfil de la búsqueda. En los casos de empleados de cualquier tipo y según lo requerido, exámenes sobre utilitarios de computación, de idioma, etcétera.

En ciertos niveles, en especial en procesos de selección de altos ejecutivos, no siempre será posible administrar exámenes sobre conocimientos, por lo cual se suelen utilizar otros formatos para evaluarlos, por ejemplo, dentro de la entrevista.

Si fuese necesario, los conocimientos podrán ser evaluados de manera específica y una vez que ya se evaluaron competencias, por ejemplo, a través de una entrevista adicional con un experto.

En la preselección se pueden incluir preguntas tendientes a determinar el grado y tipo de experiencia en relación con lo requerido y, luego, en la entrevista, se podrán formular preguntas específicas para evaluar conocimientos.

El mejor camino a seguir dependerá de cada circunstancia en particular.

La entrevista es el corazón de un proceso de selección de personas. Cuando se llevan a cabo los *pasos previos* ya mencionados, durante la entrevista se podrá hacer foco en los aspectos fundamentales para un buen desempeño del futuro colaborador: analizar su experiencia y comportamientos (competencias).

A modo de resumen de lo expuesto hasta aquí, el lector puede analizar la figura al pie. Allí se exponen los pasos previos que se pueden llevar a cabo antes de la entrevista. No será necesario realizar la totalidad de los mencionados. Solo se recomienda elegir los más convenientes en cada caso, siempre en relación con el perfil de la búsqueda.

Una primera conclusión a la cual se puede arribar es que siempre será una buena idea realizar pasos previos antes de la entrevista, ya sea que la lleva a cabo un especialista en Recursos Humanos / selector o un futuro jefe que está realizando un proceso de selección sin asistencia de un área específica.

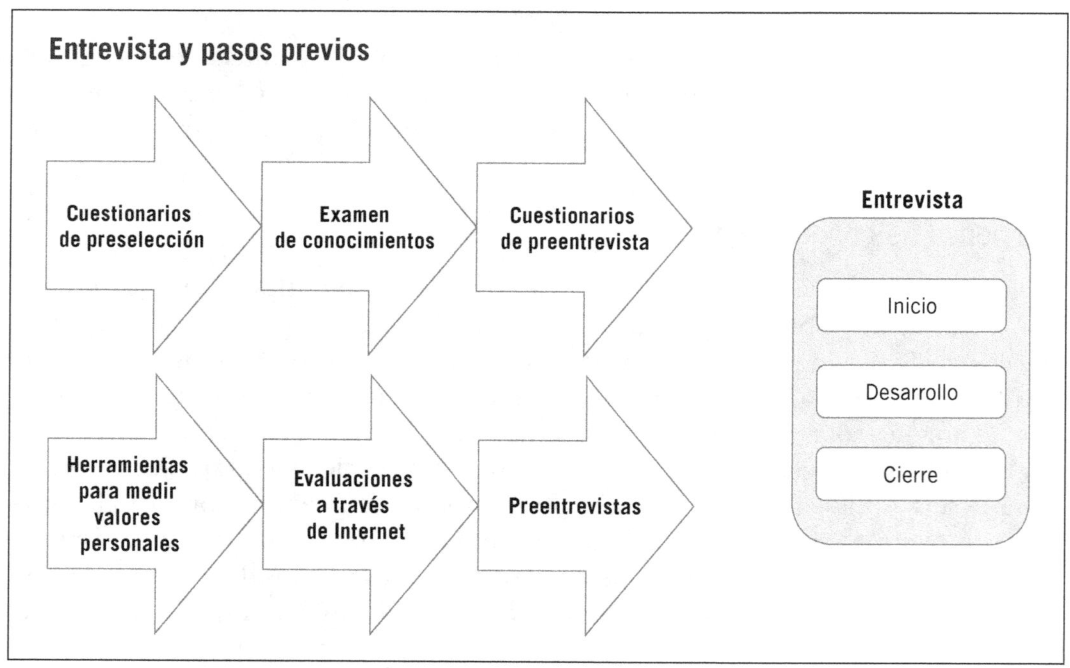

Algunos de los pasos previos mencionados requieren un diseño experto. Otros son muy sencillos y están al alcance de todo tipo de organización, en cualquier circunstancia.

En el Capítulo 3 le daremos algunas ideas para preguntar sobre determinados aspectos antes de la entrevista y, otros, durante la entrevista.

Preparativos de la entrevista

Una entrevista, como cualquier otra reunión, debe ser planificada, tal como veremos en las páginas siguientes. El entrevistador podrá contar con una planificación de entrevista según el perfil de la búsqueda y, luego, en relación con cada candidato, detectar algunos temas específicos sobre los cuales desea indagar, ya sea para ampliar la información o despejar dudas sobre su postulación.

Preparar un ambiente apropiado es otra buena sugerencia, cerciorándose de que el aspirante se encuentre cómodo. También sería ideal realizar la entrevista en una oficina con un escritorio y sillas donde uno se siente frente al otro. Estar cara a cara facilita la comunicación.

Se recomienda destinar tiempo suficiente para la entrevista, por lo cual no se deberían coordinar reuniones con postulantes con estrecho margen entre una y otra.

El comportamiento del entrevistador determinará en gran parte el resultado de la entrevista. Si el entrevistado se siente cómodo, la entrevista será más productiva.

Todo entrevistador deberá tener en claro los objetivos, conocer el perfil buscado en todos sus detalles: la descripción del puesto, los requisitos excluyentes y no excluyentes, la asignación de competencias al puesto y las competencias dominantes, así como los distintos comentarios y opiniones del cliente interno o futuro jefe sobre el particular. Otra buena sugerencia será consultar los documentos organizacionales disponibles: diccionario de competencias, diccionario de preguntas y diccionario de comportamientos, entrevista estructurada, estructura de puestos, solo por mencionar los más importantes.

En cuanto al candidato a entrevistar, hay que conocer sus antecedentes y, como ya se mencionara, la información adicional recolectada hasta el momento en los que hemos denominado *pasos previos*, según las distintas opciones y posibilidades que se expusieron en las páginas anteriores.

En todo tipo de entrevista, si el selector se muestra bien dispuesto, expresa interés por el candidato y se concentra en la entrevista, evita las interrupciones, etc., lo más probable es que el entrevistado también se sienta bien, tranquilo, más seguro de sí mismo. Cuando se logra un clima de tranquilidad, usualmente la entrevista es más productiva, y el entrevistador logra conocer mejor a su entrevistado.

En casos especiales, por ejemplo, cuando el postulante está desempleado, se deberá estar especialmente atento a cómo se siente.

Dejar de lado los juicios previos

El término "prejuicios" hace referencia a las opiniones o juicios previos sobre un determinado tema, usualmente de connotación negativa y carentes de fundamentación. Por ello aquí estoy refiriéndome a juicios previos, los cuales podrán ser positivos o negativos.

En relación con la temática de Recursos Humanos, la existencia de prejuicios representa una tendencia, bastante difundida, por la cual una evaluación se ve afectada de manera negativa al considerar aspectos tales como edad, sexo y religión, sin que tengan relación con lo requerido por el puesto de trabajo en cuestión.

Si bien los entrevistadores se forman una idea sobre los postulantes a partir de la lectura de los antecedentes, en especial si se utilizaron algunas de las instancias sugeridas de preentrevista, se recomienda no formarse juicios previos, conclusiones *a priori* sobre el entrevistado, ya sean buenas o malas. Si el candidato ha llegado a la instancia de la entrevista es porque sus antecedentes cumplen con los requisitos excluyentes.

Un caso frecuente de incidencia de juicio previo es cuando el entrevistador tiene una mirada favorable o desfavorable sobre la institución educativa de la cual el entrevistado es graduado o de una empresa en la que ha trabajado, transfiriéndole a la persona este juicio previo sobre la institución, sin conocer al individuo en cuestión.

Si bien desde una mirada macro podría darse la situación de que sea verificable una opinión, positiva o negativa, sobre un conjunto de individuos, por estadísticas u otra información disponible, siempre se deberá analizar a la persona que se está entrevistando prescindiendo de esa opinión de tipo general.

Entre los posibles prejuicios, uno de ellos se relaciona con la apariencia de la persona. La entrevista basada en obtener hechos reales en relación con la experiencia y, en especial, la entrevista por competencias, forman parte de las buenas prácticas a tener en cuenta, también, en relación con la igualdad de oportunidades.

Mucho se habla de la primera impresión y su importancia. Nuestra sugerencia será considerarla como parte de la evaluación y sumarla al resultado integral del proceso, conformando así una opinión integral sobre el entrevistado. Si bien la apariencia y los primeros contactos son importantes, es un error formarse una opinión solo a partir de unas pocas impresiones.

Antes de la entrevista deberá tener preparados los siguientes elementos:

1. Los antecedentes de la persona a entrevistar. Dependerá de cada caso, pero entre estos se deberán considerar los antecedentes propiamente dichos (currículum vítae), cuestionarios, preentrevistas y todo el material disponible sobre el entrevistado. Relacionar con los "pasos previos".

2. El perfil de la búsqueda.

3. Un esquema o guía para la entrevista, con las principales preguntas a formular. Con relación a este punto, sugerimos la lectura del Capítulo 3.

4. Otros elementos a utilizar, como materiales de escritura o para tomar notas.

Estos elementos de apoyo podrán ser digitales o en papel. Eventualmente, se puede tener a mano dos vasos y una jarra de agua.

Adicionalmente:

1. Disponer de un lugar adecuado para la entrevista. Que sea privado, para que los entrevistados puedan hablar con tranquilidad y sin temor a ser escuchados por otras personas.

2. Dar indicaciones acerca de llamados o interrupciones y apagar los teléfonos celulares u otros dispositivos que puedan distraer la atención del entrevistado y del entrevistador.

Nos hemos referido en el Capítulo 1 a la mayoría de los aspectos mencionados precedentemente. En los capítulos siguientes el lector podrá encontrar preguntas a utilizar, como se verá a continuación. Luego, en el Capítulo 3 se abordará la forma de usar esta obra para cubrir todos los aspectos aquí señalados.

La objetividad deberá ser la guía a seguir durante todo el proceso.

Aspectos a tener en cuenta

La entrevista es uno de los pasos fundamentales del proceso de selección. Por ello será muy importante indagar todo lo necesario, para así tomar una decisión sobre la base de datos objetivos y fiables. La experiencia nos indica que la administración de los denominados pasos previos, como los descritos, será fundamental para el proceso de selección de personas y, en especial, para el éxito de la entrevista.

Por ejemplo, si se utilizó un cuestionario de preentrevista y allí se formularon las preguntas adecuadas, en el momento de la entrevista el selector contará con mucha información sobre el entrevistado aun antes de conocerlo. Por lo tanto, durante la entrevista podrá profundizar en algunos temas y despejar dudas sobre otros. Y, por sobre todas las cosas, podrá obtener (del relato del entrevistado) comportamientos pasados para poder evaluar competencias.

Las buenas prácticas indican que el planeamiento de la entrevista debe hacerse por cada búsqueda, en función del perfil requerido. Luego, y antes de la entrevista a cada candidato en particular, a la planificación de la entrevista se le podrán adicionar preguntas o comentarios específicos para el candidato en cuestión. En ocasiones, un señalamiento que se realiza para un candidato en particular luego es utilizado en los restantes casos.

La uniformidad de criterios aplicados es uno de los mejores secretos de los buenos entrevistadores.

Una de las sugerencias que le daremos en el Capítulo 3 es diseñar preguntas por búsqueda a realizar; de esta manera indagará a todos los postulantes sobre los mismos temas.

En cuanto al tiempo a utilizar en cada entrevista, se deberá partir de un estimado de referencia de 30-35 minutos. La duración podrá disminuir o extenderse, según las circunstancias.

Planear la entrevista paso a paso

En este mismo capítulo se ha visto cómo abordar la *planificación de un proceso de selección*. A continuación se expondrá una guía detallada para planear solo el momento de la entrevista. Instancia que, si se aplicaron las buenas prácticas, se llevará a cabo luego de realizar una serie de pasos previos, que se han descrito hasta aquí.

Planeamiento integral de la entrevista

El foco principal de este trabajo es la entrevista, por lo tanto, se verá una planificación detallada y *paso a paso* de la entrevista para –como lo anticipa el título de la obra– *elegir al mejor*. La idea se expresa en la figura de la página siguiente.

De esta se desprende que antes de la entrevista se realizan algunas acciones y luego otras.

Para que la entrevista se transforme en la herramienta fundamental del proceso de selección deberá ser planeada en todos sus aspectos, incluyendo los pasos previos, como se viera en la parte inicial del capítulo.

Planificación de un proceso de selección de un nivel gerencial					
Distintos aspectos considerado		**Semana 1**	**Semana 2**	**Semana 3**	**Semana 4**
Inicio del proceso de selección: Desde la necesidad de cubrir una posición hasta recolectar la información sobre el perfil del puesto a cubrir		No incluidos en la presente planificación			
Análisis sobre eventuales candidatos internos y decisión de realizar una búsqueda interna/externa. Para el ejemplo, se ha decidido que la búsqueda será externa					
Definición de las fuentes de reclutamiento	Publicar la búsqueda en el sitio web de la organización/ intranet (según corresponda)				
	Publicar anuncios en otras fuentes (webs laborales, redes sociales, periódicos)				
	Headhunting 2.0				
Recepción de candidaturas					
Preselección de candidaturas	Análisis de antecedentes				
	Cuestionarios de preentrevista				
Entrevista/Entrevista por competencias					
Evaluación psicológica Otra evaluación específica					
Formación de candidaturas, confección de informes y presentación al futuro jefe/ cliente interno					
Selección del finalista, negociación y oferta por escrito		No incluidos en la presente planificación			
Comunicación a los postulantes que no fueron seleccionados		No incluidos en la presente planificación			
Proceso de admisión e inducción		No incluidos en la presente planificación			

Entrevista/ Entrevista por competencias

El planeamiento detallado de la entrevista podrá hacerse al inicio del proceso de selección, aplicable al conjunto de candidatos y, eventualmente, adicionar algún detalle para algún postulante en particular, cuando se considere necesario.

En este capítulo se verá cómo planear la entrevista para el conjunto de posibles candidatos. Luego de que el entrevistador cuente con esta planificación, en 6 pasos, podrá realizar pequeños ajustes para cada postulante a entrevistar.

Comencemos por analizar el gráfico de la página siguiente.

Para realizar un proceso de selección se debe tomar como punto de partida el perfil de la búsqueda. Allí se pondrá especial atención a los requisitos excluyentes y las competencias dominantes, conceptos ya expuestos en el capítulo anterior.

En función del perfil de la búsqueda, se deben tomar las primeras decisiones, entre otras, cuáles serán los pasos previos a la entrevista. Por un lado, la adecuada elección de este procedimiento previo permitirá llevar a cabo un proceso completo más eficiente y eficaz; por otro lado, de cuáles hayan sido los pasos seleccionados dependerá el planeamiento que se realice de la entrevista en sí.

La elección de pasos previos no deberá ser ni arbitraria ni producto de la rutina, sino, por el contrario, analizada y definida para cada proceso de selección. Se podrán definir lineamientos generales en los procedimientos que se confeccionen para los pro-

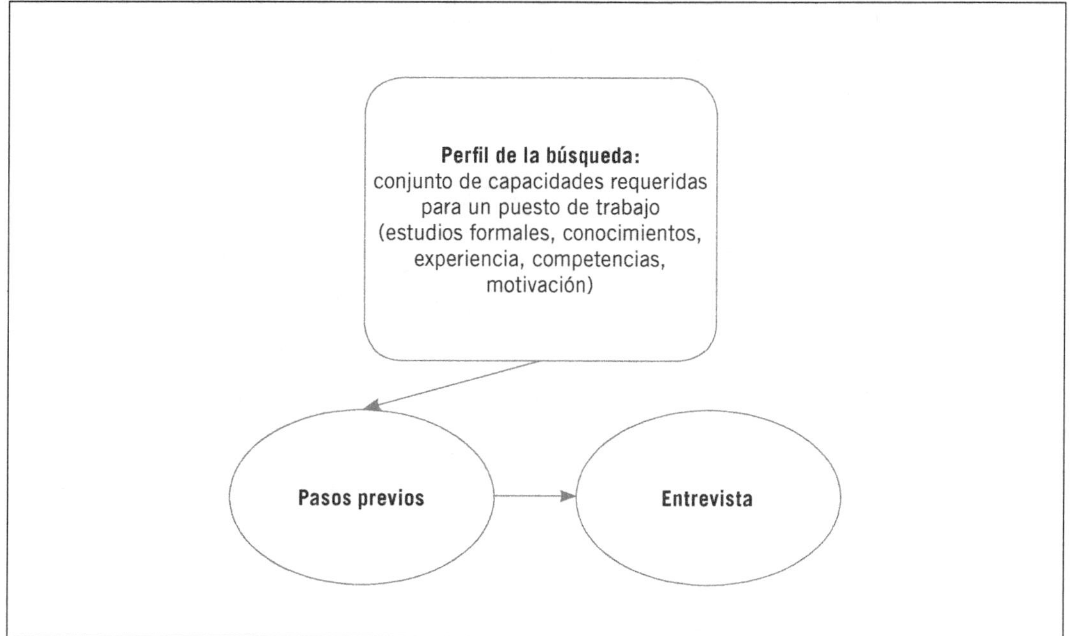

cesos de selección. Por ejemplo, para los perfiles de búsqueda de ciertas características los pasos previos serán unos, y para otros perfiles de búsqueda los pasos podrán variar.

Los criterios para decidir qué evaluaciones se realizarán en cada caso dependerán del tipo de puesto y de los requisitos que se definan para cubrirlo.

Al inicio del capítulo hemos visto el *planeamiento de un proceso de selección* a través del cual, como su nombre lo indica, se lleva a cabo el planeamiento completo, es decir que incluye los pasos preliminares. Tanto esta instancia previa como la entrevista son momentos del proceso de selección que se aplican a los candidatos que responden a ciertas características, es decir, que *a priori* poseen los requisitos excluyentes definidos en el perfil de la búsqueda (ver Capítulo 1, *Primera revisión de antecedentes*). A continuación se verá cómo planear la entrevista misma.

Cómo planear la entrevista *paso a paso*

Como surge del gráfico siguiente, la planificación de la entrevista incluye los minutos anteriores a la misma, es decir –utilizando una imagen ilustrativa–, qué debería hacerse antes de saludar al entrevistado y de ingresar a la entrevista o comenzarla.

Para realizar cualquier acción dentro de un proceso de selección de personas siempre se deberá partir del perfil de la búsqueda (ver Capítulo 1) y compararlo con

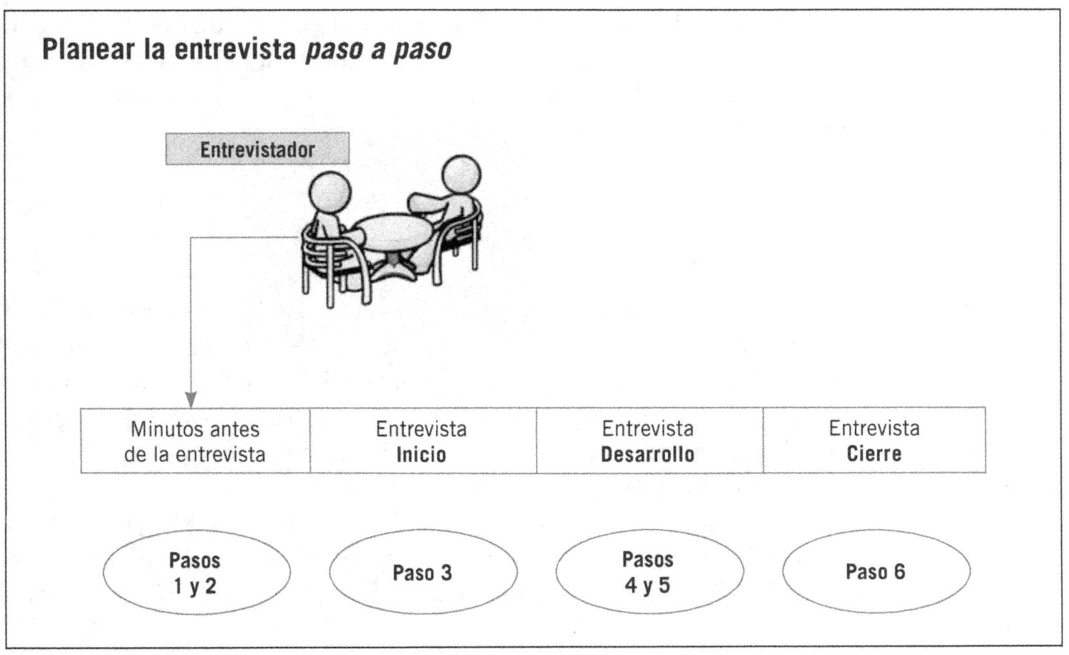

los antecedentes del candidato a entrevistar, incluyendo la información recolectada durante la etapa de preselección.

Por lo tanto, hasta aquí se presume que el candidato a entrevistar cumple una serie de requisitos que el puesto a cubrir requiere.

La planificación que se verá a continuación se ha dividido en pasos, numerados del 1 al 6, los dos primeros de los cuales se llevarán a cabo antes de la entrevista presencial (como decíamos, unos minutos antes). Luego, ya con el candidato presente, el paso 3 será muy breve y marcará el inicio de la entrevista.

En los pasos 4 y 5 se llevará a cabo el desarrollo de la entrevista, a la cual se dedica la mayor cantidad de tiempo. Y, por último, el paso 6, breve, pero unos minutos más extenso que el inicio, marcará el cierre de la reunión.

Para la confección del gráfico precedente se ha considerado que en una entrevista de selección se identifican distintos momentos, partes o etapas, que deberán ser considerados en el planeamiento (Capítulo 1). Son los siguientes:

- *Inicio de la entrevista.*

- *Desarrollo de la entrevista.*

- *Cierre de la entrevista.*

El inicio será muy breve. El desarrollo es la entrevista en sí misma, y el cierre será también breve (y preciso a la vez). Cada uno de los ítems mencionados será considerado a continuación. Luego de la entrevista, deberán registrarse los resultados obtenidos, aspecto tratado en el Capítulo 6.

Paso 1

En todo proceso de selección se entrevista a varios postulantes. Por lo tanto, siempre será una buena idea planear las entrevistas en términos generales, es decir, establecer criterios para todas las relacionadas con ese proceso de selección y luego, antes de cada entrevista, hacer una revisión para confirmar si es necesario agregar alguna pregunta o comentario adicional. Por esta razón en el gráfico precedente se ha consignado que este paso se realiza minutos antes de cada entrevista.

Para comenzar a planear la entrevista y, luego, llevarla a cabo, el primer paso será releer el perfil de la búsqueda y determinar los aspectos más importantes, entre ellos, los requisitos excluyentes. La idea se expresa en la figura *Planear la entrevista – PASO 1*.

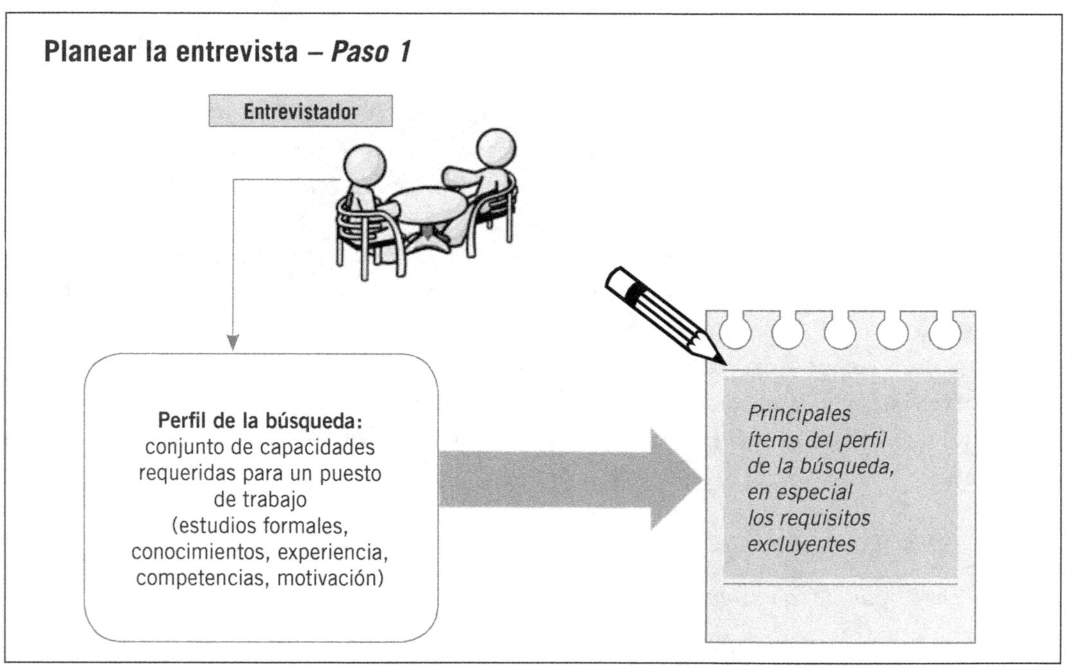

Antes de cada entrevista, adicionalmente, será importante –como ya se explicara– contar con todos los antecedentes disponibles del entrevistado.

Recordemos algunos conceptos básicos vistos en el Capítulo 1:

Perfil de la búsqueda. Conjunto de capacidades requeridas para un puesto de trabajo; su definición es necesaria para realizar la selección del futuro ocupante. Puede incluir, además, factores adicionales.

Requisitos excluyentes. Conjunto de características imprescindibles para desempeñar un determinado puesto con eficacia, que serán tomadas en cuenta –especialmente– en los procesos de selección de nuevos colaboradores. Implica que, si una persona no las posee, no será considerada para cubrir esa posición.

A partir del paso 2 y hasta el paso 6, el lector podrá apreciar que en los gráficos se utiliza un esquema estructurado o formulario. Como es usual en mis libros, los gráficos, esquemas y formularios siempre tienen el propósito principal de expresar una idea. El entrevistador podrá utilizar un formulario o bien seguir otro estilo de guía y posterior registro. No considero que el tipo de soporte elegido sea un aspecto importante a resaltar. En mi opinión, lo que es importante tener en cuenta es no olvidar ninguno de los pasos que se describirán a continuación.

El esquema estructurado (formulario) que se expone a continuación será utilizado en capítulos posteriores, para explicar otros temas relacionados con la entrevista.

Paso 2

En la figura superior de la página siguiente, y como anticipáramos, siguiendo una guía similar a un formulario, se consigna una serie de datos que, usualmente, ya se encuentran disponibles al momento de la entrevista. En especial si se efectuaron algunos de los pasos previos ya mencionados. Por esta razón es que el paso 2 fue incluido entre las acciones a realizar minutos antes de la entrevista. Algunos aspectos allí mencionados, como los temas económicos, serán retomados en la descripción del paso 4.

Si por alguna circunstancia no se posee la información mencionada en la figura precedente, deberá ser obtenida durante la entrevista.

Paso 3

A partir de este paso comienza efectivamente la entrevista. El entrevistador y el entrevistado ya están frente a frente y así será hasta el paso 6.

Planear la entrevista – *Paso 2*

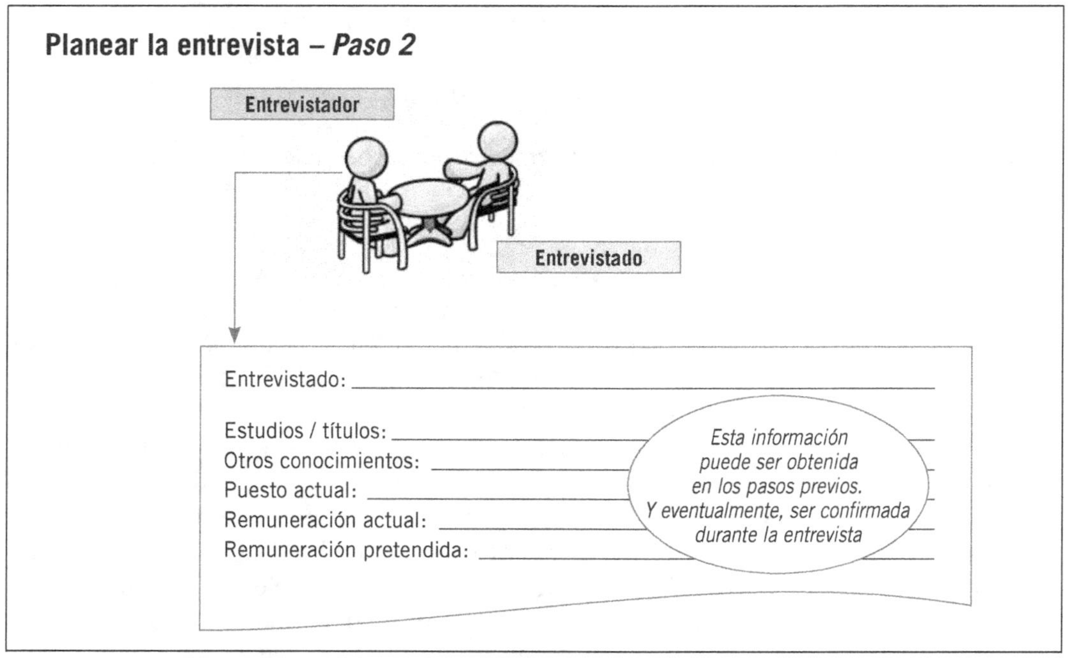

Planear la entrevista – *Paso 3*

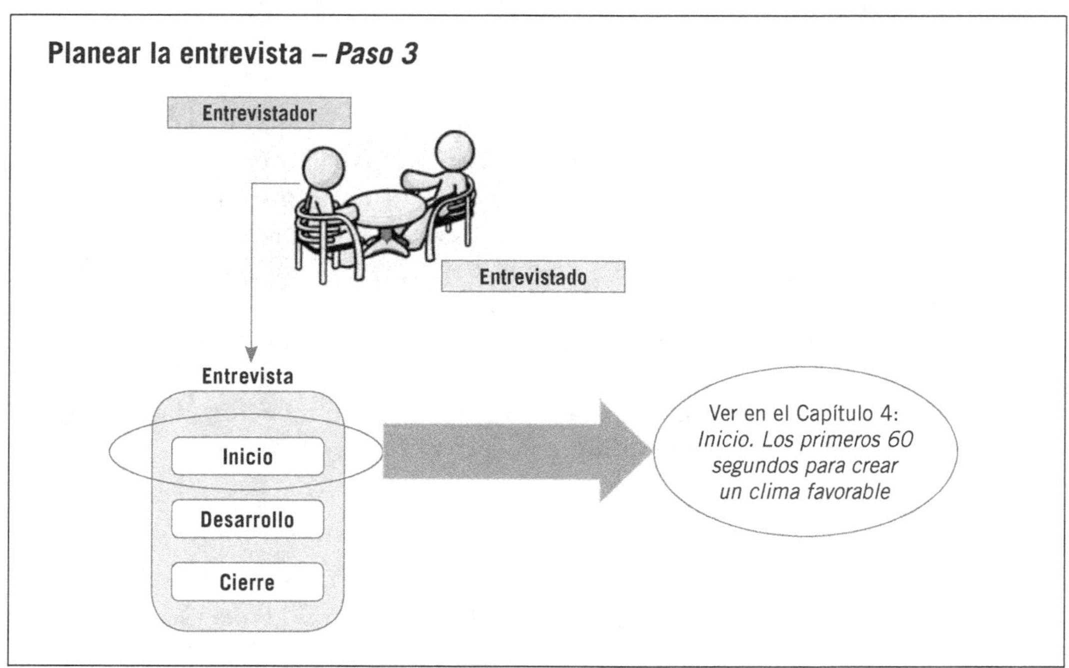

Como ya se explicara, el paso 3 es muy breve. Se lo incluye en la planificación no por su extensión sino por su importancia. Estos pocos segundos iniciales podrán marcar la diferencia durante el transcurso de la entrevista en su conjunto.

Paso 4

El paso 4 junto con el siguiente (paso 5) son los de mayor extensión dentro de la entrevista. Es el desarrollo de la entrevista entre el inicio y el cierre. Producto de esta circunstancia, la explicación también será más extensa y me valdré para ello de varios gráficos. La idea que se desea enfatizar es que se debe elaborar el perfil del postulante durante esta etapa de la entrevista.

Se tratarán por separado –en el paso 5– los aspectos relacionados con la Gestión por competencias, porque muchas empresas no cuentan con un modelo de competencias, lo cual no impide que puedan elaborar el perfil del postulante sin considerar esta variante.

No obstante, todo aquel que desee utilizar la entrevista por competencias, aunque su organización no cuente con el mencionado modelo, podrá hacerlo, como se explicará con mayor detalle en la Parte II.

En resumen, el entrevistador podrá elegir diferentes caminos para lograr un resultado efectivo durante la entrevista.

Es importante destacar que si una entrevista dura 35 minutos, por poner un ejemplo, los pasos 4 y 5 llevarán aproximadamente 30 minutos, porque constituyen el corazón de la entrevista y demandan casi la totalidad del tiempo invertido en ella.

Como surge del cuadro superior de la página siguiente, con la información recolectada en el paso 4 se debería estar en condiciones de definir el *perfil del postulante.*

Recordemos el significado de este concepto, visto en el Capítulo 1:

Perfil del postulante. Conjunto de capacidades de una persona, incluyendo sus estudios formales, conocimientos, competencias y experiencia, así como su motivación tanto en relación con su carrera como para el cambio laboral.

En el Capítulo 3 se verá, siguiendo este mismo esquema, también paso por paso, cómo utilizar las preguntas de los distintos capítulos de esta obra, de manera detallada. Además, para mayor claridad se presentará un ejemplo ilustrativo.

Como surge del gráfico siguiente, la planificación de la entrevista debe cubrir todos los aspectos necesarios para elaborar el perfil del postulante. Luego, alguna pregunta podrá no ser aplicable a un candidato en particular, o la situación requerir otra pregunta o una forma distinta de expresarla. En este capítulo se está describiendo la forma de realizar un planeamiento de entrevista de acuerdo a un determinado perfil de búsqueda.

Planear la entrevista – *Paso 4*

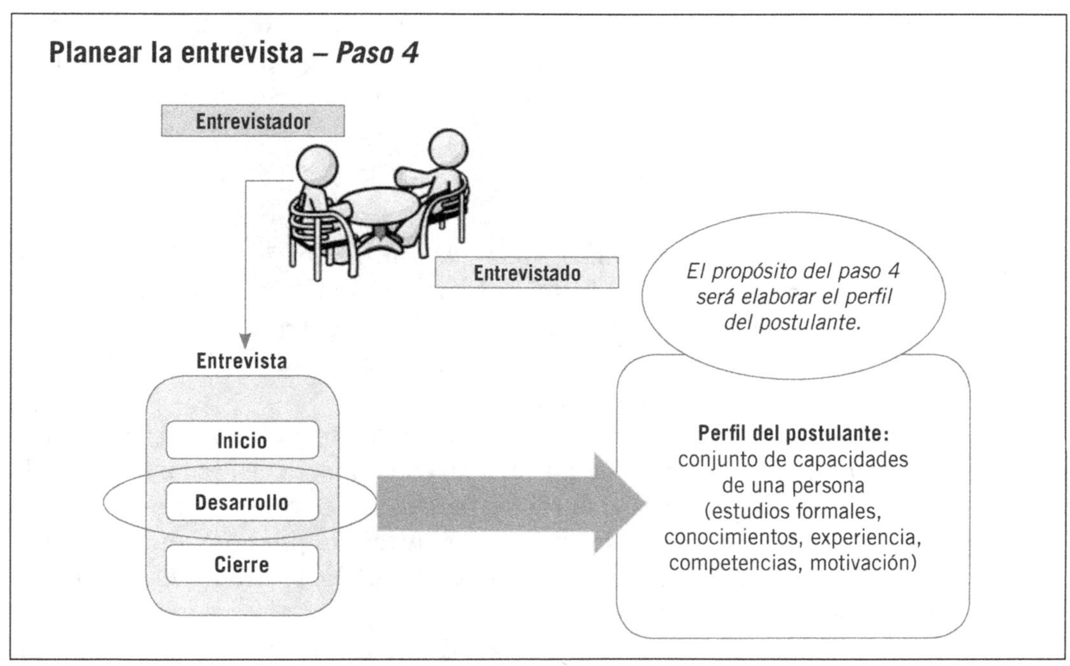

Planear la entrevista – *Paso 4* (Continuación)

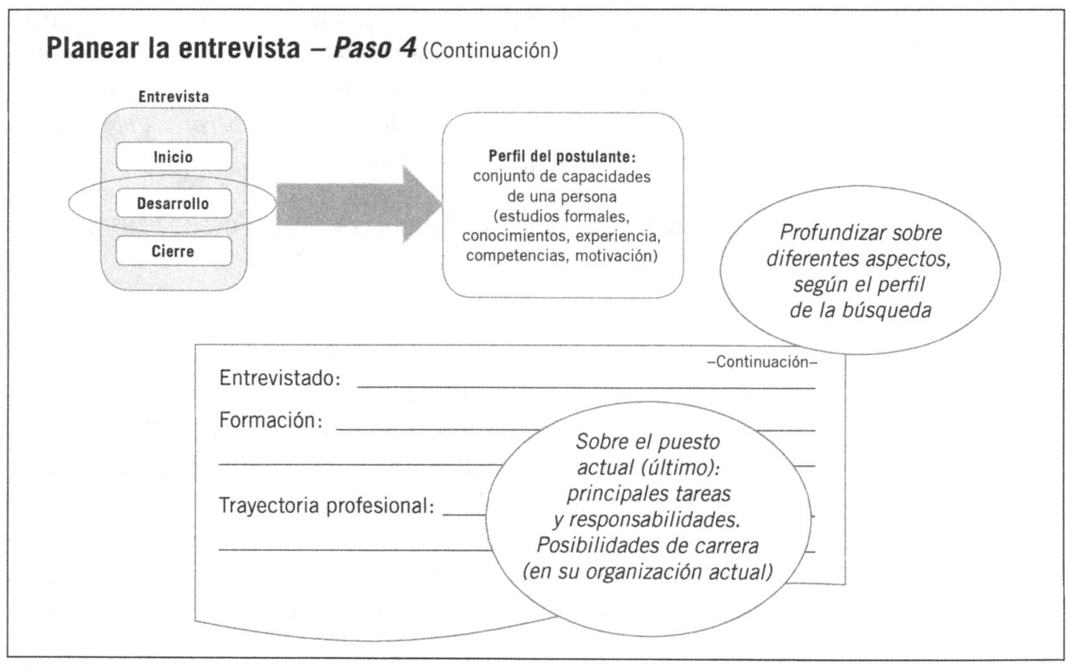

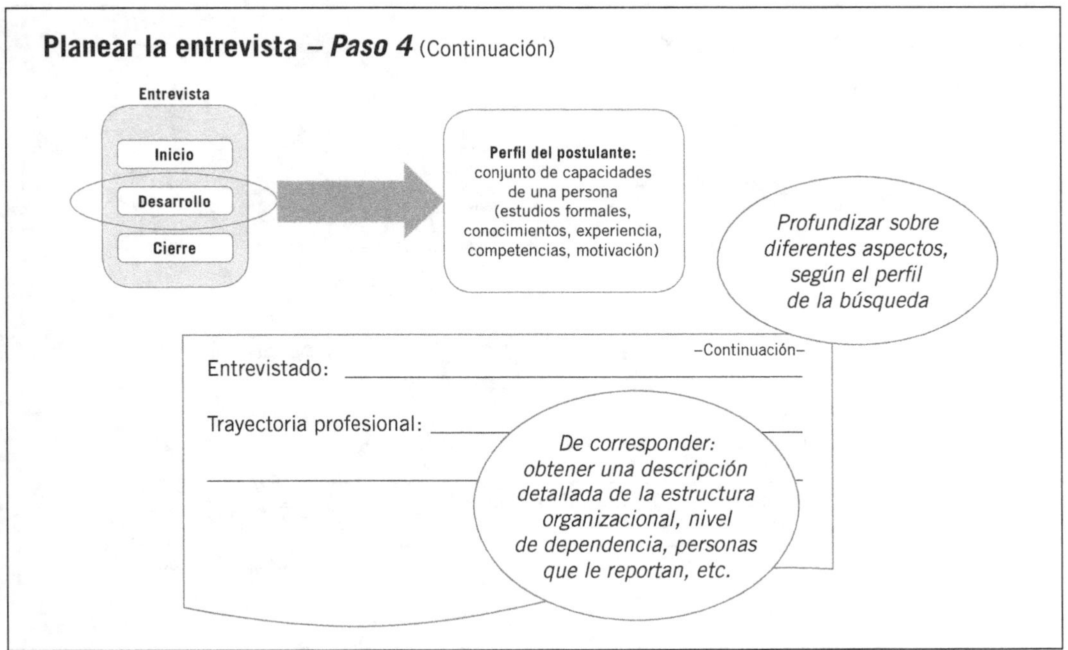

Uno de los aspectos a considerar será en relación con la formación y la trayectoria laboral del entrevistado.

En el caso de entrevistar a personas para cubrir niveles ejecutivos, será importante obtener una descripción de la estructura organizacional, nivel de dependencia y responsabilidad, cantidad de personas a su cargo y niveles de responsabilidad, y otra información relacionada. La idea se expresa en la figura precedente.

Otras cuestiones serán de interés, según el perfil de la búsqueda, por ejemplo, la mirada del entrevistado sobre sí mismo (ver figura superior de página siguiente).

En el grupo de temas a continuación, casi con seguridad, estará el foco principal del perfil de la búsqueda. Desde ya, esto dependerá de cada puesto, de cada proceso de selección.

Las motivaciones de una persona para trabajar, cambiar de empleo, sobre su carrera y otros intereses, son factores de gran relevancia a todas las edades, en todas las personas y circunstancias. Si bien es un tema de gran transcendencia, con frecuencia los entrevistadores no indagan todo lo necesario al respecto.

Las preguntas más adecuadas para indagar sobre todos los aspectos tratados hasta aquí podrán encontrarse en los capítulos 4 y 5.

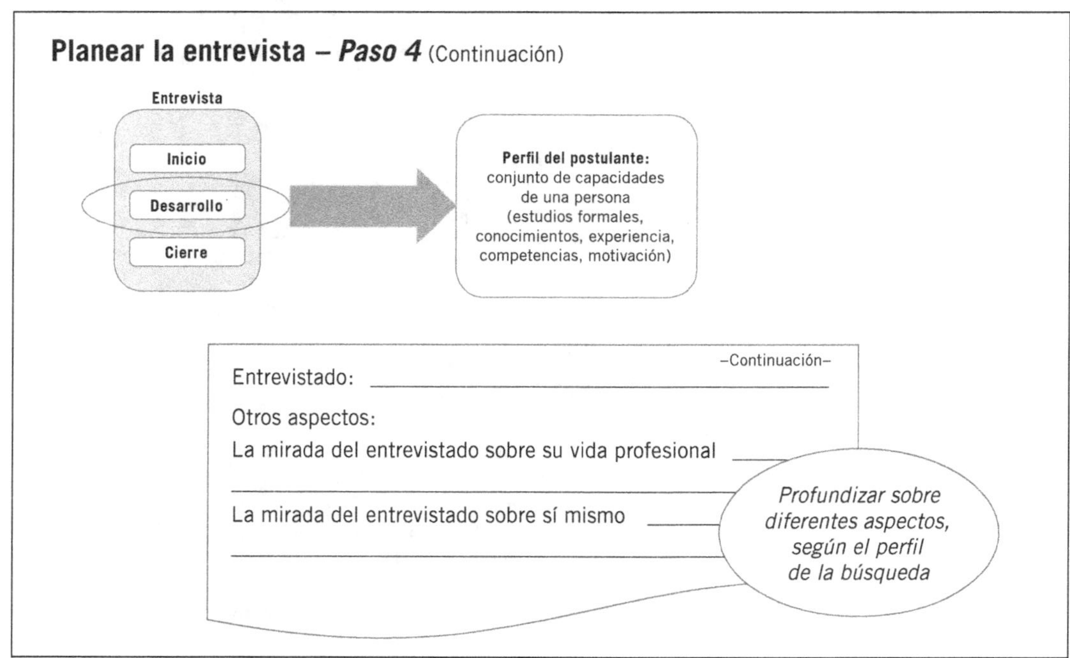

Planear la entrevista – Paso 4 (Continuación)
Entrevista
Inicio
Desarrollo
Cierre
Perfil del postulante:
conjunto de capacidades
de una persona
(estudios formales,
conocimientos, experiencia,
competencias, motivación)
Entrevistado:
–Continuación–
Otros aspectos:
La mirada del entrevistado sobre su vida profesional
La mirada del entrevistado sobre sí mismo
Profundizar sobre
diferentes aspectos,
según el perfil
de la búsqueda

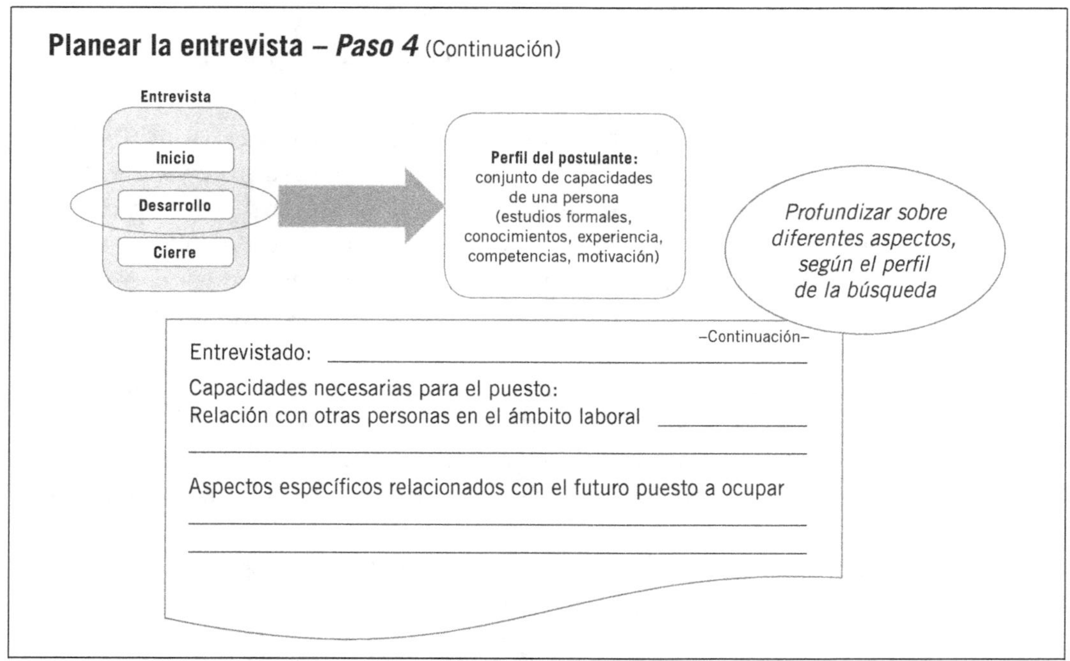

Planear la entrevista – Paso 4 (Continuación)
Entrevista
Inicio
Desarrollo
Cierre
Perfil del postulante:
conjunto de capacidades
de una persona
(estudios formales,
conocimientos, experiencia,
competencias, motivación)
Profundizar sobre
diferentes aspectos,
según el perfil
de la búsqueda
Entrevistado:
–Continuación–
Capacidades necesarias para el puesto:
Relación con otras personas en el ámbito laboral
Aspectos específicos relacionados con el futuro puesto a ocupar

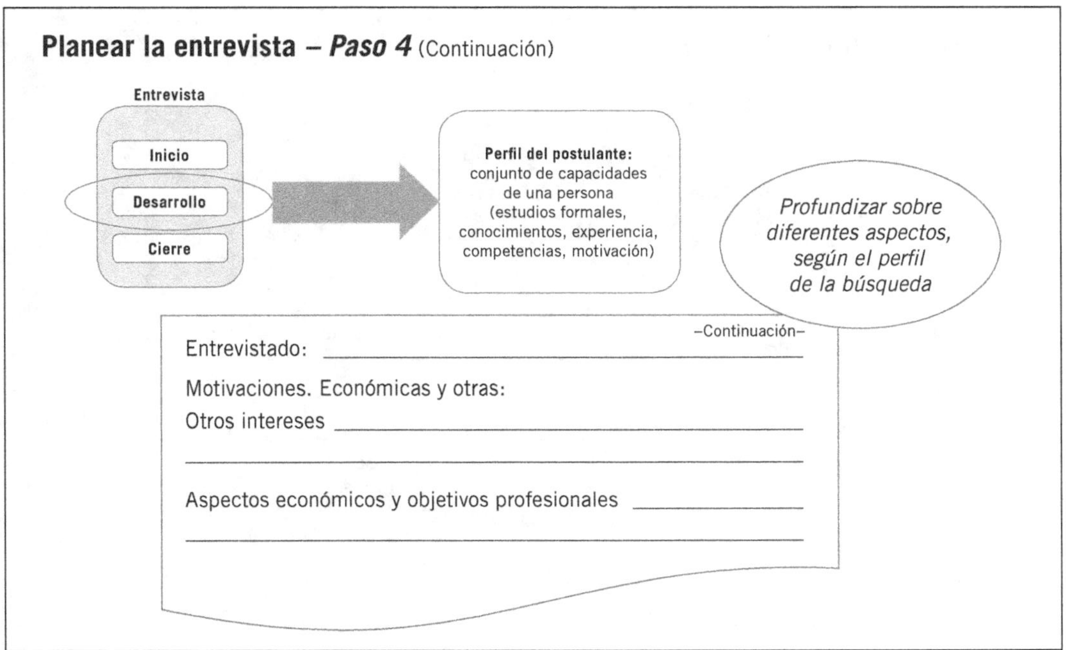

Paso 5

Como explicamos, he considerado la evaluación de las competencias por separado, en el paso 5. No obstante, algunas de las competencias que se desee evaluar podrán tener relación con temas que ya fueron considerados en el paso 4.

Si una organización ha definido su modelo de competencias, será en función de este que realizará sus entrevistas de selección de personas; en ese caso, el entrevistador puede evitar superponer temáticas y por eso dejar de lado alguno de los temas mencionados en el paso 4. La decisión es de la persona a cargo de la entrevista.

En esta obra la temática de competencias es tratada en la Parte II, y las preguntas relacionadas se exponen en los capítulos 9, 10 y 11. Para la preparación de este libro hemos considerado un grupo definido de competencias. El lector encontrará mayor información al respecto en las obras *Diccionario de preguntas. La trilogía. Tomo 3* y –para analizar las respuestas– *Diccionario de comportamientos. La trilogía. Tomo 2.*

Llegado este punto, el entrevistador deberá reflexionar sobre si posee toda la información necesaria para definir el perfil del postulante en función del perfil de la búsqueda.

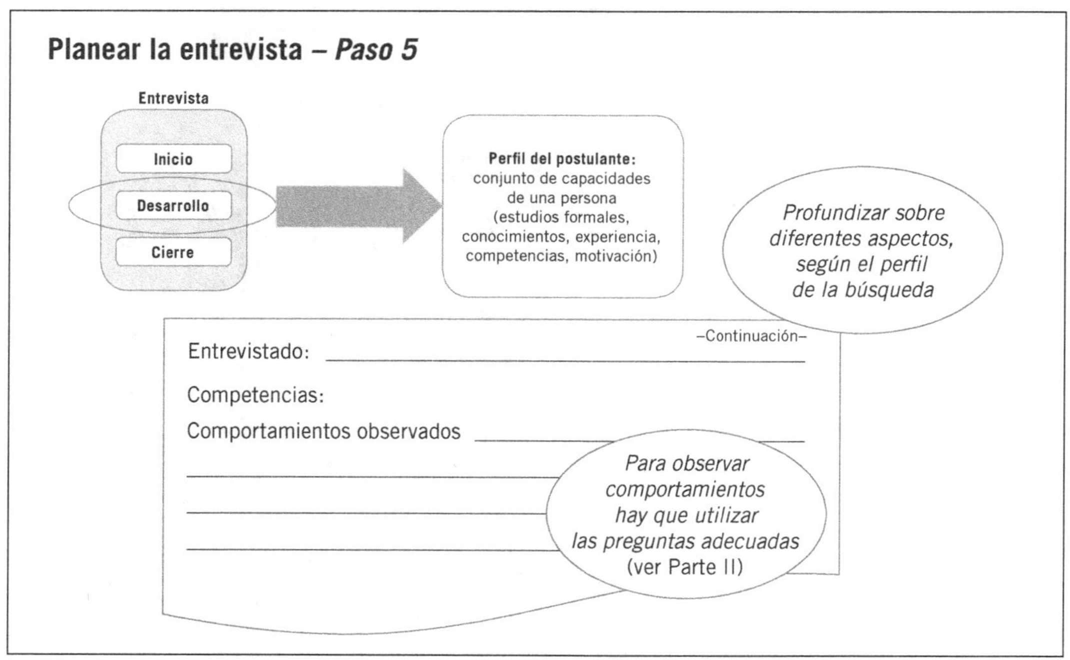

Planear la entrevista – Paso 5
Entrevista
Inicio
Desarrollo
Cierre
Perfil del postulante: conjunto de capacidades de una persona (estudios formales, conocimientos, experiencia, competencias, motivación)
Profundizar sobre diferentes aspectos, según el perfil de la búsqueda
–Continuación–
Entrevistado:
Competencias:
Comportamientos observados
Para observar comportamientos hay que utilizar las preguntas adecuadas (ver Parte II)

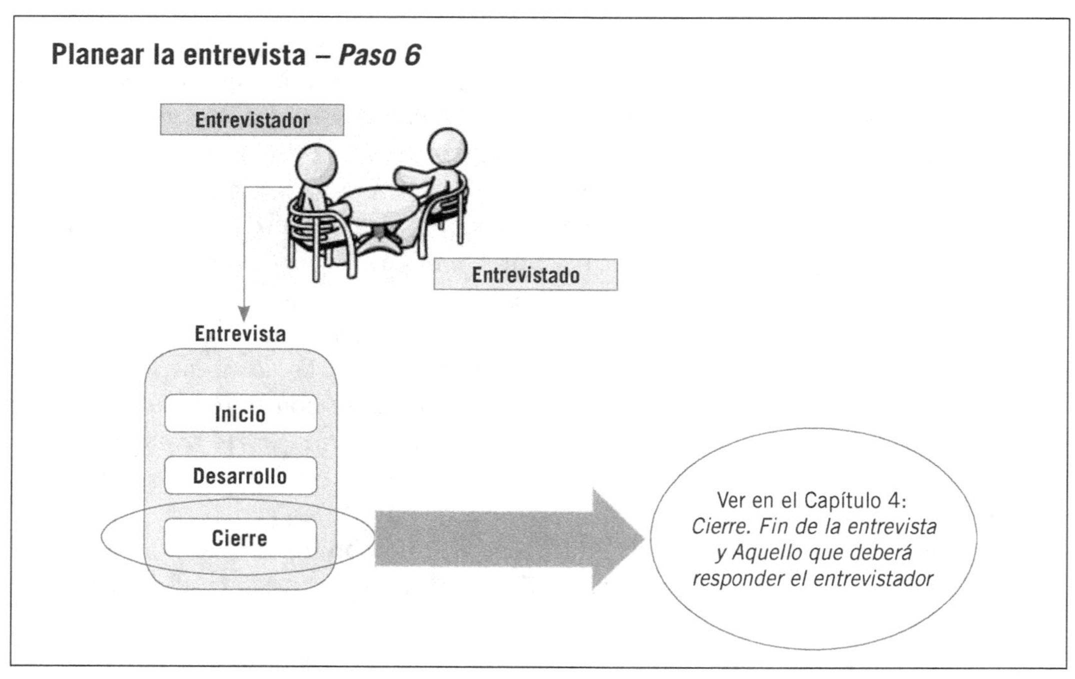

Planear la entrevista – Paso 6
Entrevistador
Entrevistado
Entrevista
Inicio
Desarrollo
Cierre
Ver en el Capítulo 4: Cierre. Fin de la entrevista y Aquello que deberá responder el entrevistador

Paso 6

La entrevista llega a su fin, y es muy importante darle el cierre adecuado.

En los capítulos siguientes el lector encontrará las preguntas a utilizar en cada caso, e información adicional para realizar el planeamiento de la entrevista.

A modo de breve resumen

Nuestra sugerencia es, en todos los casos, planificar la entrevista, como ya hemos visto al inicio del capítulo, primero realizando un *planeamiento del proceso de selección* que incluye, entre otros, los *pasos previos*. En ese momento se decide qué se indagará en cada uno de ellos. Luego, se planifica la entrevista en sí misma.

Las buenas prácticas indican que se podrá contar con una planificación por tipo de búsqueda a realizar y luego adicionar algunas cuestiones específicas según el entrevistado.

En los capítulos siguientes el lector encontrará una guía sobre cómo utilizar *Elija al mejor*. Esta obra ofrece una amplia variedad de preguntas y en el curso de una entrevista solo se formulan unas pocas. Para dar un número de referencia, según la planificación que se ha descrito en este capítulo –en 6 pasos–, la guía de la entrevista podría incluir alrededor de 30 preguntas. Quizá no sea necesario usarlas todas. Alguna pregunta puede ser resuelta por el entrevistado en una respuesta anterior; por ejemplo, una pregunta sobre el estilo de liderazgo podría brindar información adicional sobre visión estratégica, etc. En otros casos, el entrevistador deberá agregar preguntas o repreguntar (es decir, volver sobre el punto para dejar en claro algún concepto que ha quedado confuso, por ejemplo). No hay una única manera de llevar adelante la entrevista; el entrevistador deberá adaptarse a las necesidades informativas que vayan surgiendo.

Al realizar la planificación deberán recordarse las políticas y los procedimientos organizacionales junto con aquellas preguntas que, en nuestra opinión, no deberían utilizarse en una entrevista y que hemos denominado *preguntas reñidas con el buen gusto*.

¡TOME NOTA!

Elija al mejor. Para leer y releer:

- Conceptos generales sobre selección y entrevista: Capítulo 1
- Gestión por competencias y entrevistas para evaluar competencias: capítulos 7, 8 y 12
- Planear la entrevista: Capítulo 2
- Cómo utilizar *Elija al mejor*: Capítulo 3
- Si desea encontrar preguntas: capítulos 4, 9, 10 y 11
- La motivación y cómo evaluarla: Capítulo 5
- Analizar los resultados de la entrevista y registrarla: Capítulo 6
- Para fijar conceptos: anexos I y II

Muchos de los temas tratados en la Parte I se relacionan, también, con la Parte II. La entrevista, cómo planearla, cómo analizar la motivación y los aspectos a tener en cuenta una vez finalizada la entrevista son temas comunes a ambas secciones de la obra.

Capítulo 3

Preguntas. Cómo utilizarlas en una entrevista

Temas del capítulo:

- El rol de las preguntas y la entrevista en un proceso de selección

- Cómo utilizar las preguntas de esta obra

- Cómo planear la entrevista utilizando las preguntas de *Elija al mejor*. Ejemplo práctico

- La entrevista debe permitir confeccionar el perfil del postulante

El planeamiento de la entrevista, que vimos en el capítulo anterior, y la entrevista en sí misma, son factores clave para llevar adelante un exitoso proceso de selección. Esta obra, en su conjunto, está destinada a analizar y describir todos los aspectos relacionados con la entrevista, cuestión central para la selección de un nuevo colaborador, desde la mirada tanto del futuro jefe como de un especialista de Recursos Humanos.

A lo largo de los 12 capítulos que conforman este libro se presentan muchas preguntas sugeridas para llevar adelante una entrevista. ¿Qué hacer con ellas? ¿Cómo utilizar esta obra y, en especial, las preguntas que se brindan?

En el momento de planear la entrevista se podrá preparar un cuestionario, como se explicara en el Capítulo 2. En el presente capítulo, a través de un ejemplo, recorreremos con el lector todas las secciones o partes de una entrevista y las preguntas aconsejadas para confeccionar el mencionado cuestionario, en este caso, para una posición específica que se utilizará a modo de ejemplo. La expresión "cuestionario" tiene aquí un significado amplio: podrá ser volcado a un papel, a una versión digital, o constituir solo una guía para tener en cuenta y registrarla de otro modo, tal vez como esquema. Lo importante no será el formato adoptado, sino la idea en su conjunto.

Las preguntas aquí expuestas podrán ser consideradas, también, para la confección de otras herramientas, por ejemplo, los cuestionarios de preentrevista, o para la realización de una preentrevista telefónica. Adicionalmente, para el diseño de otras entrevistas, como se vio en el final del Capítulo 1, y para la preparación de una BEI −Entrevista por eventos conductuales−, temática que analizaremos en el Capítulo 12.

Nuestra sugerencia es planear la entrevista al inicio del proceso de selección junto con la elaboración de un cuestionario estándar que se utilizará en todas las entrevistas a todos los postulantes a una misma vacante. Luego, se podrán considerar preguntas adicionales para algún postulante en particular, producto del análisis de la información recolectada previamente.

Contar con un esquema uniforme para la entrevista de postulantes que participan en un mismo proceso de selección implica una serie de ventajas. La más importante es que permite comparar los candidatos sobre la base de parámetros similares, logrando de este modo que la decisión a tomar se base en criterios que cuenten con un mayor grado de objetividad.

El rol de las preguntas[1] y la entrevista en un proceso de selección

Como ya se expresara, la entrevista es un aspecto fundamental en un proceso de selección. A su vez, la forma de preguntar será un factor determinante para lograr una buena entrevista. La diferencia entre buenos y malos resultados reside justamente en ese punto. La razón: la manera de preguntar puede afectar profundamente las respuestas que se reciban.

Algunos aspectos a tener en cuenta tanto en la preparación como en la entrevista en sí misma serán, entre otros:

- *Manejo adecuado de los tiempos verbales* –presente, pasado, condicional–. Idealmente las preguntas deberían formularse en pasado, de ese modo las respuestas revelarán comportamientos. Este aspecto debe ser considerado en la preparación de las preguntas y, luego, observado en el relato del entrevistado.

- *Utilización de artículos definidos o indefinidos.* Al preguntar es importante considerar los detalles –en la forma de plantear una pregunta o situación–. Por ejemplo: se podría decir "cuénteme sobre el mejor jefe que haya tenido" o "cuénteme sobre un buen jefe...". En la respuesta, prestar atención al modo en el cual se expresa el entrevistado.

- *Preguntas específicas, dirigidas a un entrevistado en particular, en función de sus antecedentes u otra información de la cual se disponga.* Deben utilizarse cuidadosamente, por varias razones. Primero, para no incomodar al postulante, que puede sentirse de algún modo juzgado en su accionar. Por otro, con frecuencia el entrevistador induce al entrevistado según las expectativas que puso en él o el preconcepto (juicio previo) que se formuló –tanto positivo como negativo–, ya sea por referencias o por haber leído sus antecedentes.

El entrevistador deberá mantener siempre una posición neutral, no emitir juicio alguno durante la entrevista para obtener así mejores resultados. El entrevistado debe sentirse cómodo y tranquilo para relatar los hechos a su modo.

El éxito de la entrevista dependerá –fundamentalmente– de cómo se pregunta, y de saber escuchar. Para ello es importante:

---

1 La autora ha publicado otra obra donde el lector podrá encontrar preguntas para ser utilizadas en la entrevista de selección: *Diccionario de preguntas. La trilogía. Tomo 3*, Ediciones Granica, Buenos Aires, 2015.

- Tratar de formular las preguntas de modo que puedan comprenderse fácilmente.

- Efectuar una sola pregunta por vez.

- Evitar que las preguntas condicionen las respuestas.

- No hacer preguntas directas hasta tener la convicción de que la persona entrevistada está dispuesta a brindar, con exactitud, la información deseada.

- Realizar inicialmente preguntas que no induzcan a eludir la respuesta o puedan provocar una actitud negativa del entrevistado.

Recordemos algunos aspectos básicos vistos en el Capítulo 1:

Pregunta. Interrogación que se formula a una persona para que responda lo que sabe acerca de un tema o cuestión, para que revele una opinión, o para que manifieste algún aspecto de su personalidad.

Preguntas en selección. En una entrevista de selección se formulan preguntas a través de las cuales se desea conocer si la persona entrevistada posee las capacidades (conocimientos, experiencia y competencias) que el puesto a ocupar requiere (perfil de la búsqueda).

Como vimos en el Capítulo 2, la entrevista tiene tres momentos: inicio, desarrollo y cierre. Para comenzar se sugiere realizar las denominadas preguntas "para romper el hielo" y preguntas abiertas, las cuales suelen tranquilizar al entrevistado y permiten obtener información. Luego deberán formularse las preguntas específicas necesarias para completar la información requerida. A continuación, explorar las razones por las cuales la persona se postula, junto con el cierre de la entrevista. Lo aquí sintetizado en un solo párrafo será visto en detalle a continuación.

Variantes de preguntas que pueden ser utilizadas en una entrevista de selección

Las preguntas en selección pueden ser de diferente tipo. Entre las usuales, como ya definimos, se pueden mencionar:

- Preguntas abiertas.

- Preguntas cerradas.

- Preguntas de sondeo.

- Preguntas hipotéticas.

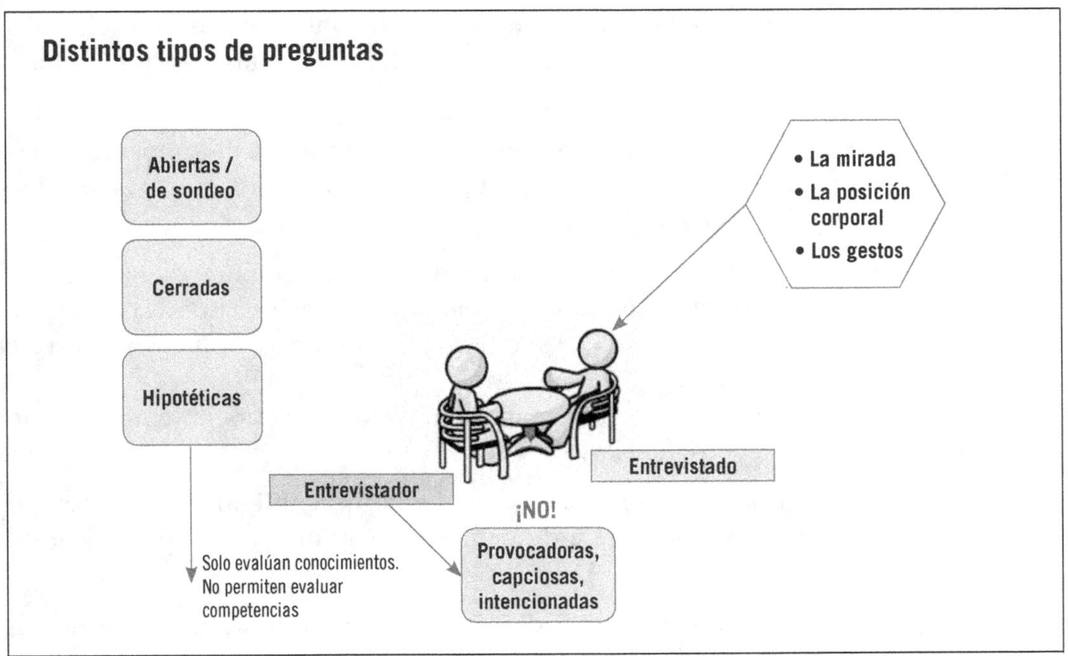

- Preguntas intencionadas.

- Preguntas para evaluar competencias.

- Preguntas provocadoras.

- Preguntas que sugieren la respuesta esperada.

A continuación una breve explicación sobre los diversos tipos de preguntas.

- *Preguntas abiertas.* Son aquellas que permiten que el entrevistado se explaye sobre un tema. Este tipo de preguntas posibilita –además– obtener mucha información y evaluar otros aspectos del candidato: modalidad de expresión y contacto, utilización del lenguaje, capacidad de síntesis, lógica de la exposición, expresión corporal, etc. Si se trabaja bajo la metodología de Gestión por competencias, también es posible observar comportamientos en el relato ofrecido.
Si el aspirante es muy locuaz y se desvía del foco de la entrevista, el entrevistador puede introducir una frase tal como: "Nos estamos desviando del objetivo de esta reunión, ¿por qué no volvemos a…?", e indicar un aspecto que desea evaluar (conocimientos específicos, experiencia laboral, etcétera).
Un ejemplo de pregunta abierta es: *Cuénteme sobre su experiencia en….*

- *Preguntas cerradas.* Son aquellas que se pueden contestar con una sola palabra; luego se pueden complementar con otras preguntas según cuál haya sido la respuesta obtenida inicialmente.

- *Preguntas de sondeo.* Preguntas breves y sencillas, que permiten profundizar sobre un relato más extenso, por ejemplo: *¿Por qué sucedió eso?*, *¿Cuál fue su actitud?*, *¿Qué pasó después?*, etcétera.

- *Preguntas hipotéticas.* A través de una pregunta se le presenta al entrevistado una situación hipotética, un caso, un ejemplo que se relacione con la posición o el trabajo, para que lo resuelva; por ejemplo: *¿Qué haría usted si...?*; *¿Cómo manejaría usted...?*; *¿Cómo resolvería usted...?*
  Este tipo de preguntas son adecuadas para evaluar conocimientos y no lo son para medir competencias.

- *Preguntas intencionadas, capciosas.* Son aquellas que obligan al entrevistado a escoger entre dos opciones indeseables. No son útiles y tampoco aconsejables.

- *Preguntas para evaluar competencias.* En una entrevista de selección se deben evaluar las competencias requeridas por el puesto según el modelo de competencias organizacional. Para ello se formulan las preguntas sugeridas en los documentos internos, como pueden ser el *diccionario de preguntas* y la *entrevista estructurada*[2]. Luego se analizan las respuestas del entrevistado, para lo cual se utiliza el *diccionario de comportamientos.*
  Por último, se debe comparar lo observado con los niveles de competencias requeridos según el *descriptivo de puestos* y la *asignación de competencias a puestos.*
  Sobre este tipo de preguntas se hará una breve mención en este mismo capítulo al referirnos a los distintos tipos de entrevistas; y especialmente serán tratadas en el Capítulo 5, junto con la forma adecuada de interpretar las respuestas obtenidas.

- *Preguntas provocadoras.* A través de una pregunta inconveniente, sobre la intimidad de la persona o temas análogos, se analiza la reacción del entrevistado.
  No se recomienda en ningún caso formular este tipo de preguntas.

---

2 La implementación de las entrevistas como herramientas permitirá que sean utilizadas tanto por el selector como por el futuro jefe. Ver la obra *Las 50 herramientas de Recursos Humanos que todo profesional debe conocer*, y más precisamente las herramientas números 21 y 22.

- *Preguntas que sugieren la respuesta esperada.* Son aquellas que el entrevistador formula sugiriendo qué se espera que el entrevistado responda; por ejemplo: *Usted se propone terminar su carrera, ¿verdad?*
  No se recomiendan en ningún caso. También se denominan *preguntas capciosas.*

Sobre *preguntas provocadoras,* los que proponen su utilización argumentan que la sociedad actual es agresiva y, por esta razón, evaluar la capacidad de reacción del entrevistado frente a este tipo de circunstancias es pertinente. Coincido con la parte final de la frase; sin embargo, sugiero utilizar otro tipo de preguntas, por ejemplo, las preguntas orientadas a evaluar la competencia *Tolerancia a la presión,* en lugar de formular preguntas provocadoras que, en mi opinión, no son adecuadas.

- *Preguntas aceptables – Preguntas no aceptables.* Estas expresiones hacen referencia a aquellas preguntas permitidas o no, en una entrevista de selección, según las leyes vigentes en el país en materia de discriminación. Por extensión, estas expresiones también se utilizan si la organización posee políticas en esa materia.

- *Preguntas personales reñidas con el buen gusto.* Se trata de aquellas preguntas que se refieren a la intimidad de la persona entrevistada y que no tienen relación con el perfil de la búsqueda. En muchos países estas preguntas se consideran discriminatorias y no pueden ser utilizadas en un proceso de selección. Aun sin normas o leyes sobre discriminación, no se recomienda utilizar este tipo de preguntas.
  Sobre el final del Capítulo 4 se expondrán preguntas que corresponden a esta categoría.

Cómo utilizar las preguntas de esta obra

En el Capítulo 2, *Antes de la entrevista. Cómo planearla,* vimos cómo planear la entrevista en 6 pasos, desde los minutos previos a la entrevista hasta el cierre. En los minutos previos es aconsejable dar una última mirada al perfil de la búsqueda y sus conceptos más relevantes, como, por ejemplo, los requisitos excluyentes, respecto del proceso de selección que se está realizando.

En este capítulo, y siguiendo la misma secuencia utilizada en el anterior, a continuación se vincula cada uno de los pasos planeados con distintos capítulos de esta obra, como una suerte de manual de uso para el lector. Es nuestro propósito facilitar, de este modo, el planeamiento de la entrevista y la elección de las preguntas más adecuadas en cada caso en particular.

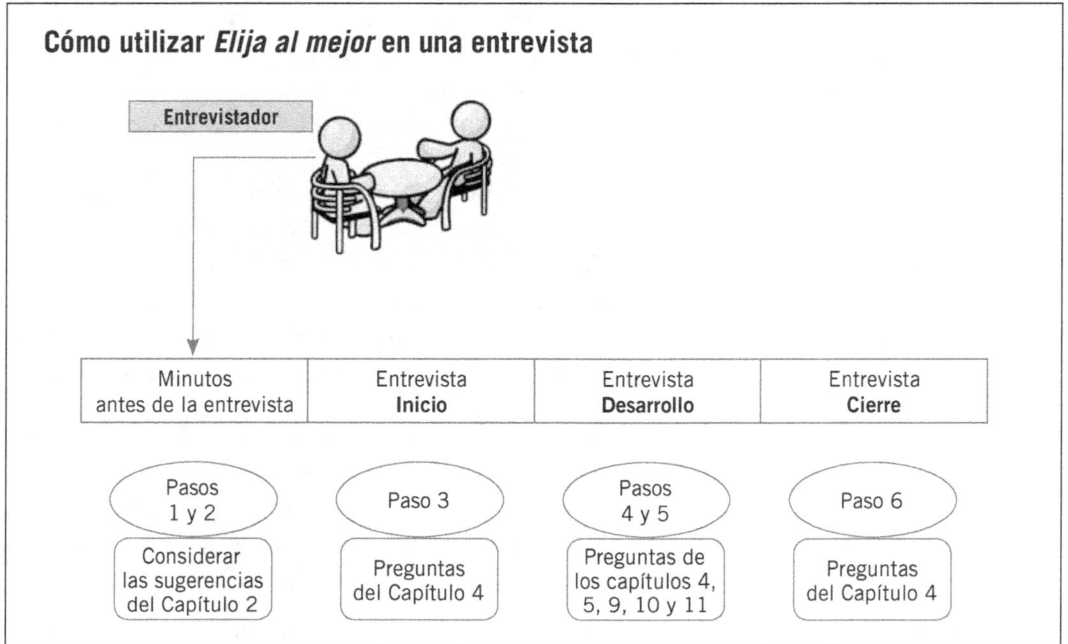

En la figura precedente se exponen los pasos definidos en el Capítulo 2 y su relación con los demás capítulos de la obra. A continuación se verán en forma detallada las preguntas que se ofrecen a lo largo de toda esta obra y, además, un ejemplo práctico.

Para una mejor explicación de los temas del capítulo, se ha diseñado un esquema estructurado (formulario), que podrá ser utilizado en formato papel o digital o simplemente como una guía para recordar todos los aspectos a tener en cuenta.

En el formato estructurado expuesto en las figuras de la página siguiente se pueden apreciar los pasos mencionados en el Capítulo 2, en un solo esquema.

En la parte superior se ha dibujado un recuadro, para identificar cierta información que podría, eventualmente, completarse antes de la entrevista, en función de la información recolectada en los pasos previos –aplicación de herramientas específicas, según el tipo de búsqueda y las circunstancias–, como es nuestra sugerencia (ver figura precedente).

Por debajo del recuadro, los distintos aspectos que componen la entrevista en sí, a través de una serie de ítems que deberán ser considerados (durante la entrevista), en los tres momentos en los cuales la hemos dividido: inicio, desarrollo y cierre.

En la figura inferior se relacionan los ítems mencionados con los distintos capítulos de esta obra, en los cuales se podrán obtener preguntas para ser utilizadas primero en el planeamiento y, luego, durante la entrevista.

Entrevista

Inicio

Desarrollo

Cierre

Entrevistado: _______________________________
Estudios / títulos: ___________________________
Otros conocimientos: _________________________
Puesto actual: _______________________________
Remuneración actual: ________________________
Remuneración pretendida: ____________________

Formación: _________________________________
Trayectoria profesional: ______________________
____

Otros aspectos:
La mirada del entrevistado sobre su vida profesional ______________
La mirada del entrevistado sobre sí mismo ______________________

Capacidades necesarias para el puesto:
Relación con otras personas en el ámbito laboral ________________
Aspectos específicos relacionados con el futuro puesto a ocupar _______
Competencias:
Comportamientos observados __________________________________

Motivaciones. Económicas y otras:
Otros intereses ______________________________
Aspectos económicos y objetivos profesionales _________________

Cierre _____________________________________

Entrevista

Inicio

Desarrollo

Cierre

Entrevistado: _______________________________
Estudios / títulos: _________ Capítulo 2 _________
Otros conocimientos: _________________________
Puesto actual: _______________________________
Remuneración actual: ________________________
Remuneración pretendida: ____________________

Formación: _________ Capítulo 4 _________
Trayectoria profesional: _________ Capítulo 4 _________
____

Otros aspectos:
La mirada del entrevistado sobre su vida profesional ______________
La mirada del entrevistado sobre sí mismo ______ Capítulo 4 ______

Capacidades necesarias para el puesto:
Relación con otras personas en el ámbito laboral ___ Capítulo 4 ___
Aspectos específicos relacionados con el futuro puesto a ocupar
Competencias:
Comportamientos observados ___ Capítulos 9, 10 y 11 ___

Motivaciones. Económicas y otras:
Otros interesés ______________________________
Aspectos económicos y objetivos profesionales ___ Capítulos 4 y 5 ___

Cierre _________ Capítulo 4 _________

En la parte superior de la figura, y como ya se comentara, cierta información podrá ser obtenida en los "pasos previos" (Capítulo 2).

Al inicio de la entrevista se podrán utilizar preguntas que se exponen en el Capítulo 4. En ese mismo capítulo se encontrarán también preguntas sobre otros aspectos, mencionados asimismo en el formato estructurado expuesto en el gráfico.

Se verá a continuación cómo elegir preguntas para cada uno de los temas referidos en la figura precedente. A fin de lograr una mejor comprensión se utilizará un ejemplo práctico.

Cómo planear la entrevista utilizando las preguntas de *Elija al mejor*. Ejemplo práctico

Las preguntas a utilizar serán, en todos los casos, aquellas que permitan detectar a los postulantes que cubran el perfil de la búsqueda.

Recordemos algunos conceptos vistos en el Capítulo 1:

Perfil de la búsqueda. Conjunto de capacidades requeridas para un puesto de trabajo; su definición es necesaria para realizar la selección del futuro ocupante. Puede incluir, además, factores adicionales. Si el *descriptivo de puestos* está actualizado, se partirá de ese documento interno. Luego, y en función de los requisitos planteados por el mencionado futuro jefe, se definirán aspectos adicionales a tener en cuenta.

La elaboración del perfil de la búsqueda es, en general, responsabilidad de la persona que llevará a cabo el proceso de selección, con sus etapas de *reclutamiento* y *selección*. Si la selección está a cargo del área de Recursos Humanos, en todos los casos, sin embargo, deberá participar el cliente interno, futuro jefe del nuevo colaborador.

Requisitos excluyentes. Conjunto de características imprescindibles para desempeñar un determinado puesto con eficacia, que serán tomadas en cuenta –especialmente– en los procesos de selección de nuevos colaboradores. Implica que, si una persona no las posee, no será considerada para cubrir esa posición.

Por último, y antes de continuar con los temas del presente capítulo, se le recuerda al lector que debe tener en cuenta las preguntas que no es adecuado formular en una entrevista, y que se presentan sobre el final del Capítulo 4.

Para la preparación del siguiente ejemplo práctico se utilizará el mismo formato empleado en la confección de los gráficos del Capítulo 2 y, además, supondremos el siguiente *perfil de la búsqueda*.

- Puesto a cubrir: Jefe de Presupuestos.

- El ocupante del puesto reportará al Gerente del área y tendrá un grupo de colaboradores a su cargo.

- Experiencia requerida: en el puesto que se desea cubrir, es decir, Jefe de Presupuestos.

- Estudios formales: graduado universitario en carreras afines, por ejemplo, Administración de Empresas, Contador Público.

- Conocimientos específicos sobre presupuestos y control de gestión.

- Capacidad para dirigir un equipo de colaboradores.

- Competencias más importantes: *Visión estratégica* y *Comunicación eficaz*.

En un breve resumen, el perfil de la búsqueda se expone en el gráfico siguiente.

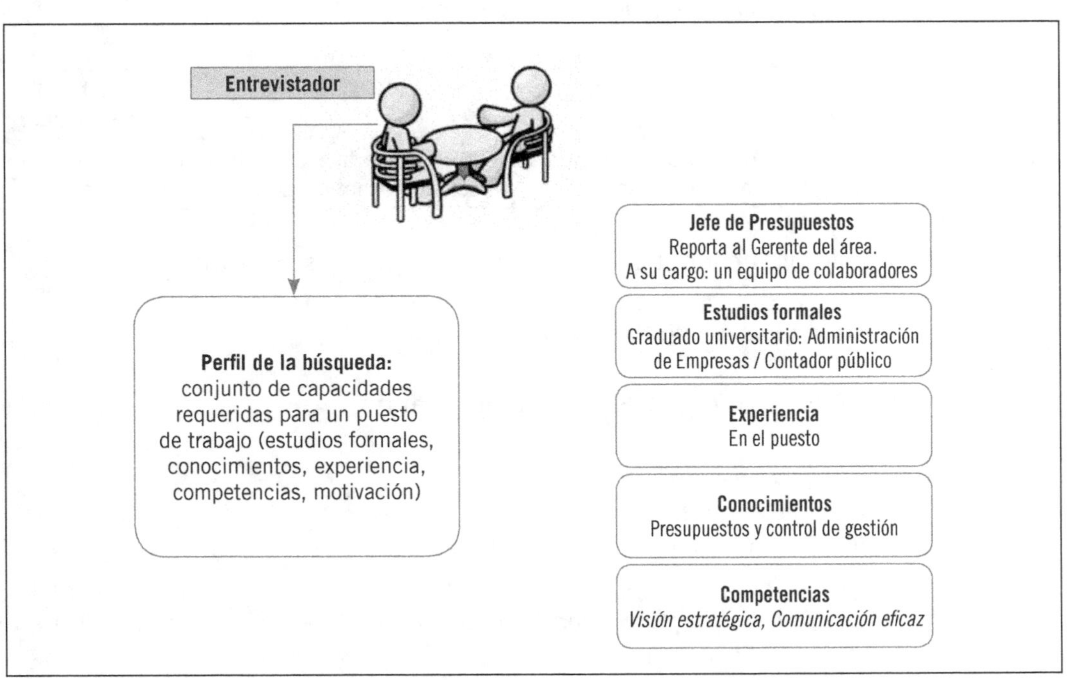

La información sobre el entrevistado inicia con los datos personales. En muchos países, en este conjunto de datos se incluye la edad o fecha de nacimiento, domicilio e información de contacto (teléfono, correo electrónico, etc.). Aquí no se han consignado; será información que se obtenga de los antecedentes.

Entrevistado: ____
Estudios / títulos: ____
Otros conocimientos: ____
Puesto actual: ____
Remuneración actual: ____
Remuneración pretendida: ______________________________________

Como ya se comentara, la información relativa a la mayoría de los ítems aquí expuestos se podrá obtener en los pasos previos, por ejemplo, si se utilizan *cuestionarios de preentrevista*.

A partir de aquí comienza la entrevista propiamente dicha. Por lo cual a continuación se expondrán diversas preguntas para su planeamiento.

Para el inicio de la entrevista, en el Capítulo 4 el lector encontrará sugerencias en las 20 preguntas expuestas, de las cuales podrá elegir una o varias. Ver la sección *Los primeros 60 segundos para crear un clima favorable.*

Etapa	Tema	Cantidad de preguntas
Inicio	Los primeros 60 segundos para crear un clima favorable. Incluye preguntas de inicio y sobre datos personales y familiares	20

Para el ejemplo planteado, hemos elegido las siguientes preguntas:

- *¿Le costó llegar hasta aquí?* o: *¿Cómo llegó hasta aquí?*

De corresponder, se agrega la siguiente pregunta:

- *¿A qué distancia vive (de la compañía)?*

Junto con algún comentario similar a:

- *¡Qué lindo día de sol!* o *¡Cómo llovió esta mañana (llueve ahora, etc.)!*, según corresponda a las circunstancias.

Formación: ____

Para indagar sobre la formación de la persona, además de contar con la información recolectada en los antecedentes (currículum vítae, perfil en la web, etc.) y otra adicional obtenida en los pasos previos, en varios apartados del Capítulo 4 encontrará preguntas adecuadas.

Etapa	Tema	Cantidad de preguntas
Desarrollo	Formación. Sobre nivel educacional - Si el entrevistado es universitario. Otras preguntas sobre formación	40

Para el ejemplo planteado, hemos elegido la siguiente pregunta:

* *Coménteme sobre alguna formación específica en relación con el puesto de* ....?

Trayectoria profesional: ____

Para indagar sobre trayectoria profesional, en el Capítulo 4 encontrará varias preguntas relacionadas. Al preguntar sobre la historia laboral se podrán evaluar una serie de aspectos: las principales responsabilidades que ha asumido, características específicas de las tareas realizadas, conocimientos específicos producto de la experiencia profesional, junto con comportamientos observables que permitirán medir competencias.

Etapa	Tema	Cantidad de preguntas
Desarrollo	Trayectoria laboral. Experiencia y entrenamiento	72

Para el ejemplo planteado, hemos elegido las siguientes preguntas:

* *En su cargo como* .... *en la compañía* ...., *¿cuáles son / fueron sus principales responsabilidades? Bríndeme ejemplos.*

* *¿Cuáles fueron los proyectos más importantes en los que ha trabajado (en el empleo actual o último, según corresponda)?*

- *¿Qué evaluación acerca de su gestión han hecho sus jefes en los últimos tres años?*

- *¿Cuáles son los logros más importantes que puede mencionar de sus empleos previos?*

- *¿Cuál considera que fue el logro más importante en su carrera?*

Otros aspectos:

La mirada del entrevistado sobre su vida profesional ______________________________

La mirada del entrevistado sobre sí mismo ______________________________

El lector encontrará preguntas que complementan la evaluación del entrevistado en el Capítulo 4, en tres secciones, como se explica en el siguiente cuadro.

Etapa	Tema	Cantidad de preguntas
Desarrollo	La mirada del entrevistado sobre su vida profesional. Preguntas para postulantes que cambian de empleo con frecuencia. Preguntas para los postulantes que han trabajado mucho tiempo en una organización. Preguntas que allanan las respuestas	57
Desarrollo	Grado de involucramiento del entrevistado con relación a un nuevo puesto. Preguntas acerca de investigación sobre el puesto	30
Desarrollo	La mirada del entrevistado sobre sí mismo. Aspectos específicos de la personalidad. Preguntas difíciles	80

Para el ejemplo planteado hemos elegido las siguientes preguntas:

Sobre la sección *La mirada del entrevistado sobre su vida profesional* (Capítulo 4):

- *Usted se dedica a .... Cuénteme cómo se inició en esa especialidad. Por qué le gusta (o no).*

Según el candidato a entrevistar se podría sumar una pregunta para los que cambian de trabajo con frecuencia. O bien, para el caso opuesto, para los que han trabajado mucho tiempo en una misma organización.

Sobre la sección *Grado de involucramiento del entrevistado en relación con el nuevo puesto* (Capítulo 4):

- *Si le ofrecemos el cargo y usted acepta, ¿cuándo podría comenzar a trabajar?*

También se podría indagar acerca de cuánto investigó sobre el puesto para el cual se postula.

- *¿Qué sabe sobre nuestra compañía?*

Sobre la sección *La mirada del entrevistado sobre sí mismo* (Capítulo 4):

- *¿Cómo encara usted las tareas que le disgustan, esas que preferiría no hacer...?*

En cuanto a preguntas sobre otras capacidades necesarias para el puesto, en el Capítulo 4 encontrará preguntas en dos secciones, como se explica en el siguiente cuadro.

Etapa	Tema	Cantidad de preguntas
Desarrollo	Relación con otras personas en el ámbito laboral	30
Desarrollo	Aspectos específicos relacionados con el futuro puesto a ocupar. Cómo gerenciar / rol del jefe. Manejo de proyectos y toma de decisiones. Comunicación. Manejo de los recursos humanos / rol del jefe. Presupuestos y control de gestión. Marketing / mercadeo, ventas y servicio al cliente. Informática y tecnología. Redes sociales y conectividad. Jóvenes aspirantes a su primer empleo	200

Para el ejemplo planteado, hemos elegido las siguientes preguntas:

De la sección *Relación con otras personas* (Capítulo 4):

- *Como gerente o responsable (según corresponda) de un departamento, ¿cómo ha logrado la armonía entre los miembros de su equipo?*

- *¿Sus colaboradores recurren a usted para plantearle problemas, ya sean relacionados con su vida profesional y/o personal?*

En cuanto a los aspectos específicos, dentro de la sección respectiva hemos elegido preguntas sobre cómo desempeña el entrevistado su rol de jefe y sobre su experiencia en presupuestos y control de gestión (las preguntas del Capítulo 4 hacen referencia a la participación en la confección del presupuesto de cualquier área de una organización).

- *Describa un problema importante que haya resuelto con el aporte de su equipo de colaboradores.*

- *Cuénteme paso a paso cómo se confecciona el presupuesto anual (en la organización donde el entrevistado se desempeña actualmente o en un trabajo anterior) y sus responsabilidades en cada uno de dichos pasos.*

- *Especifique la diferencia entre los siguientes conceptos: planificación a corto, a medio y a largo plazo. Bríndeme un ejemplo de cada uno, relacionado con su tarea actual (o última, según corresponda).*

Competencias:

Comportamientos observados ____

____

Para conocer más acerca de cómo observar comportamientos, le sugerimos la lectura de los capítulos *Breve introducción a la Gestión por competencias* y *Entrevista por competencias*, números 7 y 8, respectivamente.

En los capítulos 9, 10 y 11 encontrará preguntas para evaluar competencias según los distintos niveles organizacionales. Adicionalmente, podrá consultar la obra *Diccionario de preguntas. La trilogía. Tomo 3* y, para analizar las respuestas, *Diccionario de comportamientos. La trilogía. Tomo 2.*

Para el ejemplo planteado, hemos elegido las siguientes preguntas:

- *¿Qué fuentes de información consulta habitualmente para mantenerse actualizado en las tendencias mundiales en materia de economía, política y fenómenos socioculturales? ¿Relaciona la información que usted consulta con la estrategia de la organización, y la aplica en consecuencia? Bríndeme un ejemplo.*

La anterior pregunta permite evaluar la competencia *Visión estratégica* (ver Capítulo 10. *Entrevista por competencias. Preguntas para niveles intermedios*).

- *Cuénteme de algún caso en el que, estando en una reunión con otras personas, usted no haya entendido algo, por distracción, falta de conocimiento o bien porque el disertante no fue claro. ¿Qué hizo?*

La anterior pregunta permite evaluar la competencia *Comunicación eficaz* (ver Capítulo 10. *Entrevista por competencias. Preguntas para niveles intermedios*).

Motivaciones. Económicas y otras:

Otros intereses ____

Aspectos económicos y objetivos profesionales ______________________

En el Capítulo 4 encontrará las siguientes secciones relacionadas con las motivaciones y temas vinculados a ellas.

Etapa	Tema	Cantidad de preguntas
Desarrollo	Otros intereses. La manera de pensar (sentido común)	24
Desarrollo	La mirada del entrevistado sobre aspectos económicos y objetivos profesionales. Aspectos económicos. Objetivos profesionales	32

Adicionalmente, en el Capítulo 5 podrá encontrar el análisis de la motivación junto con preguntas específicas.

Para el ejemplo planteado hemos elegido del Capítulo 4 las siguientes preguntas.

Sobre otros intereses y modo de pensar:

- *¿Qué hace en su tiempo libre? ¿Qué actividades realiza (deportes, hobbies, etc.)?*

- *Si usted piensa que tiene una idea genial, ¿cómo la plantea? Bríndeme un ejemplo.* (Esta pregunta podría relacionarse tanto con la vida profesional como con otros intereses del entrevistado –vida personal–.)

Sobre aspectos económicos:

- Para altos ejecutivos, cuya remuneración usualmente incluye salario fijo, conceptos variables y beneficios: *¿Cuál es su compensación anual?* Para otros niveles de postulantes, simplemente: *¿Cuál es su remuneración actual (o última)?*

- *¿Qué tipo de mejora espera alcanzar con un cambio?*

Sobre objetivos profesionales:

- *¿Cómo imagina su desarrollo profesional?* (Según el caso se puede hablar de un futuro más o menos próximo.)

En cuanto a las preguntas del Capítulo 5, hemos elegido algunas relacionadas con los niveles intermedios.

Expectativas de desarrollo profesional:

- *¿Por qué quiere ingresar a ....?*

Motivaciones para el cambio:

- *¿Qué elementos consideraría para un cambio de empleo? ¿En qué orden de importancia?*

- En caso de tratarse de la respuesta a un anuncio, indague si el entrevistado está seriamente en la búsqueda o si contestó a este porque le interesó algo en particular. *¿En cuántas búsquedas está participando? ¿Qué expectativas tiene respecto de ellas?*

Cierre ____

Sobre el cierre de la entrevista, algunos aspectos a tener en cuenta se exponen en el Capítulo 4:

Etapa	Tema	Cantidad de preguntas
Cierre	Fin de la entrevista	10
Cierre	Aquello que deberá responder el entrevistador. Preguntas que los postulantes podrían formular a sus entrevistadores	50

Para el ejemplo planteado, hemos elegido las siguientes preguntas:

- *¿Hay algo más que debería saber sobre usted?*

- *Basándose en lo que hemos conversado, ¿el puesto le interesa?*

- *Hasta aquí hemos conversado mucho sobre usted, ¿tiene alguna pregunta? o ¿tiene otra pregunta?, según corresponda.*

La entrevista debe permitir confeccionar el perfil del postulante

En el momento de planear la entrevista se debe contemplar que las respuestas a las preguntas elegidas permitirán la elaboración del perfil del postulante.

El planeamiento de la entrevista para el perfil de la búsqueda *Jefe de Presupuestos*, utilizando las preguntas de los capítulos 4, 5 y las respectivas de la Parte II, para el ejemplo, específicamente las del Capítulo 10, se ve reflejado en la figura siguiente.

Entrevista

Inicio

Desarrollo

- ¿Le costó llegar hasta aquí?

- Coménteme sobre alguna formación específica en relación con el puesto de ....?
- En su cargo como .... en la compañía..................., ¿cuáles son/fueron sus principales responsabilidades? Bríndeme ejemplos.
- ¿Cuáles fueron los proyectos más importantes en los que ha trabajado (en empleo actual o último, según corresponda)?
- ¿Qué evaluación han hecho sus jefes de su gestión en los últimos tres años?
- ¿Cuáles son los logros más importantes que puede mencionar de sus empleos previos?
- ¿Cuál de sus logros considera que fue el más importante en su carrera?
- Usted se dedica a .... Cuénteme cómo se inició en esa especialidad. ¿Por qué le gusta (o no)?
- Si le ofrecemos el cargo y usted acepta, ¿cuándo podría comenzar a trabajar?
- ¿Qué sabe sobre nuestra compañía?
- ¿Cómo encara usted las tareas que le disgustan, esas que preferiría no hacer?
- Como gerente, responsable (según corresponda) de un departamento, ¿cómo ha logrado la armonía entre los miembros de su equipo?
- ¿Sus colaboradores recurren a usted para plantearle problemas, ya sean relacionados con su vida profesional y/o personal?
- Describa un problema importante que haya resuelto con el aporte de su equipo de colaboradores.
- Cuénteme paso a paso cómo se confecciona el presupuesto anual (en la organización donde el entrevistado se desempeña actualmente o en un trabajo anterior) y sus responsabilidades en cada uno de dichos pasos.
- Especifique la diferencia entre los siguientes conceptos: planificación a corto, a medio y a largo plazo. Bríndeme un ejemplo de cada uno, relacionado con su tarea actual (o última, según corresponda).
- ¿Qué fuentes de información consulta habitualmente para mantenerse actualizado en las tendencias mundiales en materia de economía, política y fenómenos socioculturales? ¿Relaciona la información que usted consulta con la estrategia de la organización, y la aplica en consecuencia? Bríndeme un ejemplo.
- Cuénteme de algún caso en el que, estando en una reunión con otras personas, usted no haya entendido algo, por distracción, falta de conocimiento o bien porque el disertante no fue claro. ¿Qué hizo?
- ¿Qué hace en su tiempo libre? ¿Qué actividades realiza (deportes, hobbies, etc.)?
- Si usted piensa que tiene una idea genial ¿Cómo la plantea? Bríndeme un ejemplo. (Esta pregunta podría relacionarse tanto con la vida profesional como con otros intereses del entrevistado [vida personal]).
- ¿Cuál es su compensación anual?
- ¿Qué tipo de mejora espera alcanzar con un cambio?
- ¿Cómo imagina su desarrollo profesional? (Según el caso se puede hablar de un futuro más o menos próximo.)
- ¿Por qué quiere ingresar a ....?
- ¿Qué elementos consideraría para un cambio de empleo?
- ¿En qué orden de importancia?
- ¿En cuántas búsquedas está participando? ¿Qué expectativas tiene respecto de ellas?

Cierre

- ¿Hay algo más que debería saber sobre usted?
- Basándose en lo que hemos conversado, ¿el puesto le interesa?
- Hasta aquí hemos conversado mucho sobre usted, ¿tiene alguna pregunta?

Como se desprende del gráfico, se trata de una sola pregunta inicial y unas muy pocas para el cierre; el foco principal de la entrevista se agrupa en el segmento denominado "Desarrollo".

A través de estas preguntas se deberá obtener del entrevistado toda la información necesaria según los requisitos del perfil de la búsqueda (concepto expuesto al inicio del capítulo) para, luego, elaborar el perfil del postulante y poder así realizar una comparación entre ambos perfiles.

Recordemos el concepto:

Perfil del postulante. Conjunto de capacidades de una persona, incluyendo sus estudios formales, conocimientos, competencias y experiencia, así como su motivación tanto en relación con su carrera como para el cambio laboral.

Nuestra sugerencia: planificar la entrevista para la búsqueda de un determinado puesto, como ya hemos visto en el Capítulo 2 y, luego, adicionar algunas preguntas específicas según el entrevistado.

La planificación de la entrevista aquí realizada incluye casi 30 preguntas. Durante el transcurso de la entrevista quizá no se utilicen en su totalidad y, eventualmente, se adicionen otras.

En ocasiones, durante la entrevista, la respuesta a una pregunta permite obtener información sobre diversos aspectos, además del que se ha planteado específicamente.

En esta obra se ofrece una amplia variedad de preguntas pero, como vimos en este capítulo, para planeamiento de la entrevista se utiliza un número sensiblemente menor. La mayoría de las preguntas el lector las encontrará en el Capítulo 4, *Las mejores preguntas. Desde el inicio al fin de la entrevista.* Quizás este título parezca un poco pretencioso, pero la idea es presentar una suerte de catálogo de preguntas. Muchas de ellas *no me pertenecen*, las he recolectado en mis muchos años de experiencia. En ese capítulo se incluyen, además, preguntas que el entrevistado podría llegar a hacerle al entrevistador y que este debería responder y, en otro orden de cosas, 40 preguntas no aconsejables en todas las etapas de la entrevista, sección que hemos denominado *Preguntas reñidas con el buen gusto. Las preguntas que no deberían formularse.*

Luego –continuando con el ejemplo práctico–, hemos tomado en consideración preguntas del Capítulo 5, y otras más específicas para evaluar competencias, del Capítulo 10, ya que el perfil de la búsqueda del ejemplo práctico se podría encuadrar en los aquí denominados *niveles intermedios.*

Para cerrar este capítulo, no deseo dejar al lector la idea de que este ejemplo práctico representa las preguntas que el autor haría si tuviese que planear una entrevista. Tiene un único propósito: explicar cómo utilizar una obra que ofrece una amplia variedad de temas y preguntas. Cada caso es diferente y por lo tanto debe ser analizado con detalle.

¡TOME NOTA!

Elija al mejor. Para leer y releer:

- Conceptos generales sobre selección y entrevista: Capítulo 1
- Gestión por competencias y entrevistas para evaluar competencias: capítulos 7, 8 y 12
- Planear la entrevista: Capítulo 2
- Cómo utilizar *Elija al mejor*: Capítulo 3
- Si desea encontrar preguntas: capítulos 4, 9, 10 y 11
- La motivación y cómo evaluarla: Capítulo 5
- Analizar los resultados de la entrevista y registrarla: Capítulo 6
- Para fijar conceptos: anexos I y II

Muchos de los temas tratados en la Parte I se relacionan, también, con la Parte II. La entrevista, cómo planearla, cómo analizar la motivación y los aspectos a tener en cuenta una vez finalizada la entrevista son temas comunes a ambas secciones de la obra.

Capítulo 4

Las mejores preguntas. Desde el inicio al fin de la entrevista

Temas del capítulo:

- Preguntas para la entrevista desde el inicio al cierre
- Inicio. Los primeros 60 segundos para crear un clima favorable
- Desarrollo. Formación
- Desarrollo. Trayectoria laboral
- Desarrollo. La mirada del entrevistado sobre su vida profesional
- Desarrollo. Grado de involucramiento del entrevistado con relación a un nuevo puesto
- Desarrollo. La mirada del entrevistado sobre sí mismo
- Desarrollo. Relación con otras personas en el ámbito laboral
- Desarrollo. Aspectos específicos relacionados con el futuro puesto a ocupar
- Desarrollo. Otros intereses. La manera de pensar (sentido común)
- Desarrollo. La mirada del entrevistado sobre aspectos económicos y objetivos profesionales
- Cierre. Fin de la entrevista
- Cierre. Aquello que deberá responder el entrevistador
- Preguntas reñidas con el buen gusto

Preguntas para la entrevista desde el inicio al cierre

Como decía sobre el final del capítulo anterior, quizás el título del capítulo –*Las mejores preguntas…*– parezca un poco pretencioso. Déjenme aclararles que muchas de ellas no me pertenecen, las he recolectado en mis muchos años de trabajo en la materia. Otras sí surgieron de mi propia experiencia como entrevistadora. Todo ese material ha sido compilado aquí, como una suerte de catálogo de preguntas. La mayoría de ellas, incluso, formaron parte de ediciones anteriores de esta misma obra.

En total, se trata de 600 preguntas que pueden utilizarse en una entrevista, en sus tres etapas: inicio, desarrollo y cierre. Sobre el final del capítulo también he incluido 40 preguntas no aconsejables y que no deberían formularse. Y allí también el lector encontrará una tabla resumen de la cantidad de preguntas por tema.

En el Capítulo 1 me he referido tanto a los momentos o partes de la entrevista como a un esquema de la misma.

Los momentos de la entrevista son inicio, desarrollo y cierre. A grandes rasgos, el esquema de una entrevista se expone en la figura siguiente (similar al gráfico del Capítulo 1). En función de este esquema se presentan preguntas que abarcan

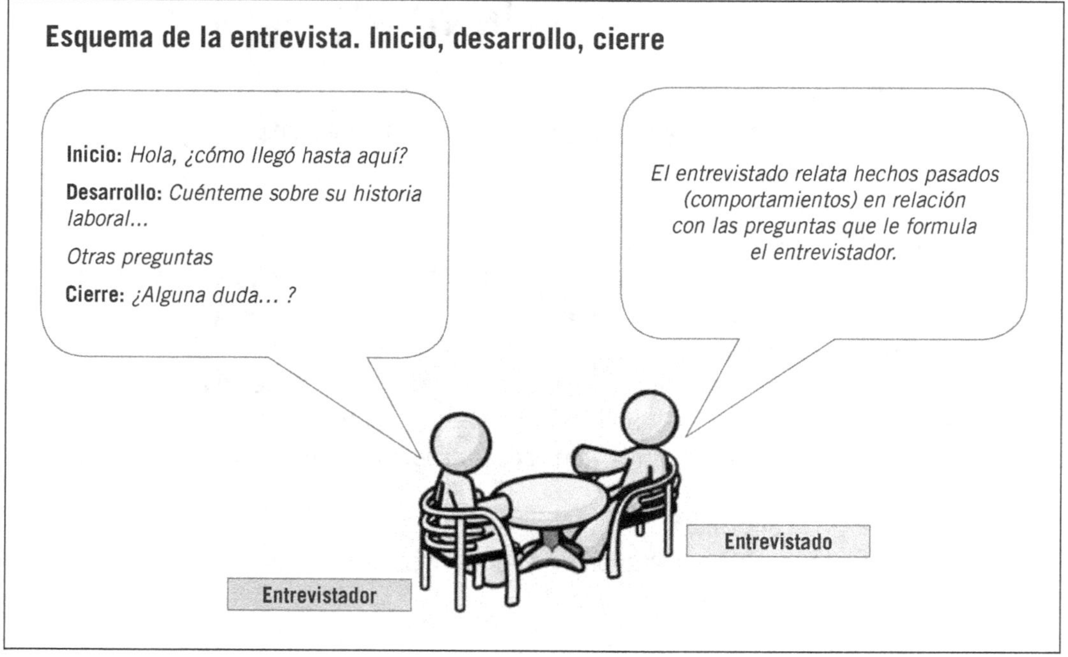

diferentes temáticas, con el propósito de ofrecer una muy amplia gama de opciones. El entrevistador elegirá las más adecuadas al perfil de la búsqueda que se esté llevando a cabo y a las circunstancias particulares de cada caso.

Como puede apreciarse en la figura precedente, el entrevistador formula una pregunta inicial, a modo de bienvenida, para luego comenzar de lleno la entrevista con una pregunta abierta: *Cuénteme sobre su historia laboral...* En el ejemplo, a partir de dicha pregunta, comienza la etapa que se denomina *desarrollo de la entrevista.*

Continuando con el gráfico, el entrevistador formulará otras preguntas (etapa de desarrollo) para, por último, darle un *cierre.*

Este esquema podrá ser utilizado tanto por un especialista de Recursos Humanos como por el futuro jefe de la persona que asumirá el puesto.

En este capítulo, siguiendo la idea expuesta, se presentan preguntas para formular en cada uno de los momentos o etapas mencionados.

Para el desarrollo de la entrevista, he realizado una apertura amplia de temas a indagar, agrupando posibles cuestiones. Luego, sobre esta base, se exponen diferentes tipos de preguntas. La idea es ofrecer muchas opciones y utilizar la pregunta más conveniente en cada caso en particular.

- Inicio. Los primeros 60 segundos para crear un clima favorable

- Desarrollo. Formación

- Desarrollo. Trayectoria laboral

- Desarrollo. La mirada del entrevistado sobre su vida profesional

- Desarrollo. Grado de involucramiento del entrevistado con relación a un nuevo puesto

- Desarrollo. La mirada del entrevistado sobre sí mismo

- Desarrollo. Relación con otras personas en el ámbito laboral

- Desarrollo. Aspectos específicos relacionados con el puesto a ocupar

- Desarrollo. Otros intereses. La manera de pensar (sentido común)

- Desarrollo. La mirada del entrevistado sobre aspectos económicos y objetivos profesionales

- Cierre. Fin de la entrevista

- Cierre. Aquello que deberá responder el entrevistador

Todos estos puntos incluyen preguntas que podrán formularse durante una entrevista. En cambio, otras no son aconsejables y las hemos denominado:

- Preguntas reñidas con el buen gusto

A continuación, el lector encontrará un gran número de preguntas. Como ya se dijera, no estamos sugiriendo que las formule todas. Se exponen como propuestas para que el entrevistador elija las que considere más adecuadas a la organización, a su propio estilo de entrevistar, a las necesidades y/o dificultades del perfil de la búsqueda, entre otras posibilidades.

También las preguntas sugeridas podrán transformarse en una fuente de inspiración para que cada entrevistador formule las propias.

Inicio. Los primeros 60 segundos para crear un clima favorable

Incluye preguntas introductorias y sobre datos personales y familiares

Los mejores resultados en una entrevista se alcanzan cuando el entrevistador logra conocer al candidato, y para ello el primer paso será crear un clima favorable, tranquilizar al entrevistado. En ocasiones, las preguntas familiares y personales serenan a un postulante nervioso. También suelen ser tranquilizadoras las preguntas que se verán en la sección siguiente, sobre formación; por ejemplo, la primera de las allí mencionadas: *¿A qué universidad asistió?*

Si el entrevistador advirtiera un cierto nerviosismo por parte del postulante, estas preguntas podrán serle de gran ayuda. Se vio este tema en el Capítulo 1.

Se sugiere saludar al entrevistado con una sonrisa, mirándolo a los ojos. Las primeras palabras del entrevistador deberán ser una presentación, nombre y puesto que ocupa (el entrevistador), acompañadas de un apretón de manos firme y gentil al mismo tiempo.

Para completar el saludo inicial podrá agregar algún otro comentario o pregunta. Por ejemplo:

1. *¿Le costó llegar hasta aquí?* o *¿Cómo llegó hasta aquí?*

También comentarios generales como:

¡Qué lindo día de sol! O: *¡Cómo llovió esta mañana! (llueve ahora,* etc., según corresponda a las circunstancias).

A continuación, algunas preguntas sobre datos personales y familiares. Sobre el particular tener en cuenta la vigencia –en cada país/región– de las preguntas aceptables o no aceptables y, además, los comentarios incluidos sobre el final de este capítulo y que hemos denominado *Preguntas reñidas con el buen gusto.*

2. *¿A qué se dedican sus padres?*

3. *¿Vive con sus padres?,* o *Coménteme sobre su familia.*

4. *¿Cuál es el modelo y año de su coche?*

5. *¿Tiene casa propia o alquila?*

6. *¿A qué distancia vive (de la compañía)?*

7. *¿Habla algún otro idioma?*

8. *¿Cuánto tiempo pasa con su familia?*

9. *¿Su cónyuge tiene empleo? ¿Esto puede originar algún conflicto con el puesto al cual se postula?*

10. *¿Por qué motivos se divorció? ¿Qué ha aprendido de esta experiencia?*

11. *Describa la relación con sus hijos.*

12. *¿Cómo se arregla con la atención de los niños?*

13. *¿Confecciona un presupuesto para sus gastos personales?*

14. *¿Posee seguro de vida o plan de retiro?* Si la respuesta es positiva: *¿A través de su empleador?*

15. *¿Está endeudado?* Si la respuesta es positiva: *¿Es con su empleador actual?*

16. *¿Tiene licencia de conducir válida?*

17. *¿Alguna vez le han revocado la licencia de conducir? ¿Por qué?*

18. *¿Cuándo fue su último examen físico?*

19. *¿Tiene algún problema de salud que debamos considerar?*

20. *¿Cuál es su estado de salud?*

Desarrollo. Formación

A continuación, preguntas para evaluar la formación general y el nivel educacional del postulante.

Sobre nivel educacional -
Si el entrevistado es universitario

1. *¿A qué universidad/casa de altos estudios asistió?*

2. *¿Por qué razón asistió a esa universidad en particular?*

3. *¿Su familia tuvo influencia en la elección de la universidad?*

4. *¿En cuánto tiempo cursó la carrera? Cuénteme sobre sus notas, aplazos...*

5. *¿En qué temas/materias se destacó en la universidad?*

6. *¿Por qué eligió .... como especialización?*

7. *¿Cree que tomó la decisión adecuada?*

8. *¿Qué aspectos (estudios, materias, experiencias) de su formación lo han preparado para este puesto?*

9. *Coménteme sobre alguna formación específica en relación con el puesto que deseamos cubrir.*

10. Si abandonó los estudios: *¿Por qué no continuó con su educación formal?*

11. *¿Cómo financió sus estudios?*

12. *¿Asiste actualmente –o planea hacerlo– a algún curso de capacitación o especialización?*

13. *¿Está suscripto a revistas profesionales o publicaciones digitales especializadas? ¿Cuáles?*

14. *¿El año pasado asistió a seminarios, talleres, conferencias? ¿A cuáles? ¿Por su propia cuenta?*

15. *¿Cuáles son sus objetivos profesionales futuros?*

16. *¿El promedio de sus notas refleja su capacidad para desempeñarse en el puesto?*

17. *Mencione tres temas sobre los que haya aprendido en la universidad y que sean de aplicación en este puesto.*

18. *¿Cuál era su materia preferida en la universidad?*

19. *¿Desarrolla o desarrolló algún tipo de actividad extracurricular en la universidad? ¿De qué tipo?*

20. *¿Alguna vez necesitó clases particulares?* Si la respuesta es afirmativa: *¿Para cuáles asignaturas?*

21. *¿Qué objetivos tenía cuando empezó sus estudios universitarios?*

22. *¿En qué forma lo prepararon sus estudios para el mundo real?*

23. *Describa los empleos de medio tiempo que haya desempeñado mientras asistía al colegio secundario y/o a la universidad. ¿A qué se dedicaba durante las vacaciones cuando era estudiante?*

24. *¿Qué consejo le daría usted a una persona que quiere estudiar y trabajar simultáneamente?*

Otras preguntas sobre formación

25. *¿Se propone niveles de desempeño a alcanzar (para sí mismo)?*

26. *¿Cómo maneja el estrés laboral?*

27. *¿Cómo se da cuenta si está haciendo un buen trabajo?*

28. *¿Cómo expresaría una frustración?*

29. *¿Cuál fue el último libro de negocios o de management que leyó, y qué aprendió de él?*

30. *¿Lee habitualmente revistas o publicaciones digitales de negocios o de management? ¿Cuáles?*

31. *¿Posee una biblioteca con libros de su especialidad?*

32. *Cuando necesita asesoramiento profesional sobre un tema de su especialidad, ¿a quién recurre?*

33. *¿Cómo reacciona cuando alguien lo critica?*

34. *¿Cómo reacciona si alguien lo imita?*

35. *¿Qué significa para usted la palabra "éxito"?*

36. *¿Qué significa para usted la palabra "fracaso"?*

37. *¿Qué opina sobre trabajar bajo presión?* Si trabajar bajo presión fuese un requisito del perfil, sugerimos al lector la lectura de los temas tratados en la Parte II de esta obra.

38. *Coménteme sobre alguna ocasión en que se anticipó a un problema.*

39. *Coménteme sobre alguna vez que debió asumir un riesgo importante. ¿Cómo se sintió? ¿Cómo se resolvió la situación?*

40. *Califíquese con una escala del uno al diez.*

Desarrollo. Trayectoria laboral

La mejor manera de predecir el éxito del candidato en el puesto a cubrir es mediante su desempeño en el/los último/s empleo/s. Conocer la historia laboral de cada postulante es la base de la mayoría de las entrevistas. La manera en que un postulante ha enfrentado una situación específica pasada es un buen indicador para proyectar cómo se desempeñará en una situación similar en el futuro.

Se tratará este tema nuevamente en la Parte II, *La entrevista en Gestión por competencias.*

El entrevistador debe conocer y comprender los requisitos del puesto a cubrir (perfil de la búsqueda) para formularle al postulante preguntas pertinentes.

1. *Cuénteme sobre su último (o actual) empleo.* En esta pregunta se deberá indagar, además, a quién reporta/reportaba y otros detalles relacionados con el puesto último o actual, según corresponda.

2. *En su cargo como .... en la compañía ...., ¿cuáles son/ fueron sus principales responsabilidades? Bríndeme ejemplos.*

3. *¿En cuánto tiempo podrá hacer aportes concretos al nuevo cargo?*

4. *¿Por qué se ha retirado de su último empleo? (O: ¿Por qué desea retirarse de su empleo actual?)*

5. *¿Cuáles fueron los proyectos más importantes en los que ha trabajado en su actual/ último empleo?*

6. *¿En qué proporción (de tiempo) ha trabajado solo en comparación con el tiempo que ha trabajado con otras personas?*

7. *¿Qué evaluación han hecho sus jefes de su gestión en los últimos tres años?*

8. *¿En qué áreas/tareas/responsabilidades recibió felicitaciones/elogios de sus superiores?*

9. *¿Cuántas horas por semana, en promedio, le requiere su puesto actual o le requería su último puesto de trabajo?*

10. En el caso de que esté empleado: *¿Cómo se siente con respecto a su actual trabajo?*

11. En el caso de que esté desempleado: *¿De qué manera contribuyó su jefe (gerente, etc.) para que usted eligiera retirarse de su último empleo?*

12. En el caso de que esté empleado: *¿Cómo cree que su jefe reaccionará cuando reciba su renuncia, si se produce?*

13. *¿Qué idea creativa o innovadora ha desarrollado e implementado?*

14. *Cuénteme sobre un proyecto donde haya demostrado sus habilidades en el área de su especialidad.*

15. *Cuénteme sobre un proyecto realizado en equipo del que se siente orgulloso y describa su contribución específica.*

16. *Cuénteme sobre una decisión compleja que haya tomado. ¿Qué la hizo difícil? ¿Qué ha aprendido? ¿Cuál ha sido la decisión más difícil que tuvo que tomar y cómo manejó la situación?*

17. *Describa cómo organiza su departamento/sector/puesto de trabajo (según corresponda).*

18. *¿Cuáles son los aspectos más difíciles/desafiantes de su actual empleo y cómo los enfrenta?*

19. *¿Cómo organiza y planea los proyectos más importantes?*

20. *¿Cuáles son los factores más relevantes que lo motivan en su trabajo? ¿Le gusta/gustaba trabajar para su actual/último jefe?*

21. *En su puesto actual /último, ¿ha realizado el mejor trabajo del que es capaz?*

22. *Mencione las tres áreas que más le gustan de su puesto actual (o último).*

23. *Mencione las tres áreas que menos le gustan de su puesto actual (o último).*

24. *Describa la mejor compañía para la cual haya trabajado.*

25. *Describa el mejor puesto/empleo que haya tenido.*

26. *¿Qué referencias puede darme (actual/último empleador, empleos anteriores)?*

27. *¿Cómo compararía la calidad de su trabajo con la de los demás?*

28. *¿Qué aspectos específicos considera importantes para esta posición?*

29. *Posee una experiencia menor a la requerida para el puesto al que se postula... ¿Cómo piensa que podría cerrar esa brecha? ¿Cómo podría aprender aquello que necesita saber para desempeñarse en este puesto?*

Experiencia y entrenamiento

30. *¿Cómo se inició en la especialidad o tipo de trabajo que realiza en la actualidad?*

31. *¿Cuáles fueron los aspectos no positivos más importantes en su gestión?*

32. *¿Cuáles son los logros más importantes que puede mencionar de sus empleos previos?*

33. *¿Cuál de sus logros considera que fue el más importante en su carrera?*

34. *¿Qué tipos de riesgos ha asumido en su actual/último empleo y cuáles fueron los resultados?*

35. *Describa al mejor jefe que haya tenido.*

36. *¿En qué áreas de su actual empleo se destaca?*

37. *¿En qué áreas de su actual empleo no se destaca?*

38. *¿Cuáles son el título, cargo y tareas específicas de su jefe?*

39. *Describa un típico día en su trabajo (actual/último).*

40. *¿Cómo instalaría un sistema de .... / un procedimiento de ....?*

41. *¿Qué aspectos de su último/actual empleo son determinantes o definen su nivel profesional?*

42. *¿Cómo se mantiene informado de los cambios relevantes en su campo profesional?*

43. *¿Recomendaría su último/actual empleo (puesto de trabajo, compañía) a otros?*

44. *¿Puede explicar los intervalos en su historia laboral?*

45. *¿Cuál fue su primer empleo y cómo lo obtuvo?*

46. Si la organización realiza publicaciones de diverso tipo: *¿Ha contribuido en las publicaciones de su área/sector?*

47. *¿Alguno de sus empleadores (anteriores) se negó a brindarle buenas referencias?*

48. *¿Tuvo la oportunidad de mejorar el nivel de sus capacidades (conocimientos, competencias)?*

49. *¿Su actual empleador sabe que está participando en un proceso de selección?*

50. *¿Por qué tuvo tantos empleos (cambios de trabajo) en tan poco tiempo?*

51. *¿Aumentaron las ventas/los beneficios en su compañía este año?*

52. *¿Alguna vez lo despidieron?*

53. *¿Alguna vez le solicitaron que renunciara?*

54. *¿Cómo tiene que ser un jefe para obtener lo mejor de usted?*

55. *¿Alguna vez tuvo un negocio propio?*

56. *¿Cómo se sintió en la entrevista?*

57. *¿Cómo es para usted un gerente/jefe ideal? ¿Un colaborador ideal? ¿Un compañero ideal?*

58. *¿Qué factores hacen de usted un jefe/colaborador eficiente?*

59. *¿Qué obligaciones, en su opinión, tiene un empleador en relación con sus empleados?*

60. *¿Qué piensa de los puestos de trabajo que implican viajar con una cierta frecuencia?*

61. *Esta es una organización con diferentes localizaciones geográficas... (si esa fuese la situación). ¿Qué piensa de las reubicaciones de colaboradores? ¿Hay algunos lugares en los cuales no le gustaría que lo reubicaran?*

62. *¿Qué perspectivas le plantea esta oportunidad (de empleo) que no le ofrece el actual o que no le presentó el último?*

63. *¿Qué busca en una compañía?*

64. *¿Cómo enfoca usted las tareas que no le gustan?*

65. *¿Cómo describiría su capacidad para delegar? Bríndeme ejemplos.*

66. *¿Cómo describiría sus normas/procedimientos/criterios de desempeño, tanto para usted mismo como para sus colaboradores o equipo a su cargo?*

67. *¿Qué relación tiene este puesto de trabajo con los objetivos de carrera que se ha fijado?*

68. *¿Qué opina sobre trabajar tiempo extra?*

69. *¿Qué lo llevaría a renunciar a un cargo en esta compañía?*

70. *Si se le pidiera ejecutar una tarea que no consta en la descripción de su puesto, ¿cómo reaccionaría?*

71. *¿Cómo define la lealtad a la empresa? ¿Hasta dónde podría llegar?* (En relación con si hay límites para la lealtad.)

72. *¿Hay algo más que yo debería saber acerca de sus antecedentes y preparación, que me ayude a tomar una decisión?*

Desarrollo. La mirada del entrevistado sobre su vida profesional

Uno de los aspectos clave es la adaptación del nuevo colaborador a la organización y al puesto de trabajo. Se verán más adelante, en este mismo capítulo, preguntas específicas sobre aspectos relacionados con el puesto y respecto del nivel de preparación según las diferentes áreas de trabajo (por ejemplo, presupuestos y control, marketing y ventas, o informática y tecnología).

1. *Usted se dedica a .... Cuénteme cómo se inició en esta especialidad. ¿Por qué le gusta (o no)?*

2. *En su especialidad, ¿quién o quiénes cree usted son profesionales destacados? ¿Admira a alguno de ellos? ¿Por qué?*

3. *¿Cuáles son sus objetivos de largo plazo?*

4. *¿Qué podría hacer por nosotros si lo contratásemos?*

5. *¿Qué clase de líder/jefe[1] es? Por favor, brinde ejemplos.*

6. *¿Quién es su jefe[2]? ¿Qué cargo tiene? ¿Él a quién reporta?*

7. *¿Qué clase de líder/jefe es su jefe? Bríndeme ejemplos.*

8. *¿Cuál es el estilo de la gerencia en su empleo actual/último?*

---

1 La manera en la cual se formula la pregunta hace referencia a lo que en nuestra metodología denominamos "Rol del jefe", concepto integrador de las diversas facetas de la actividad de todo jefe, que enfoca su papel dentro de la organización, agregando a sus funciones tradicionales las responsabilidades y tareas inherentes a esta condición, por ejemplo: seleccionar colaboradores, evaluar su desempeño y entrenarlos, solo por nombrar algunas. Fuente: *Diccionario de términos de Recursos Humanos,* Ediciones Granica, Buenos Aires, 2011.

2 Recordar que el término "jefe" es un concepto amplio, que se utiliza para designar a la persona que tiene a otras a su cargo dentro de una estructura jerárquica. Los jefes pueden tener niveles muy diversos, desde el número 1 de la organización hasta otro con pocos colaboradores a su cargo. Fuente: *Diccionario de términos de Recursos Humanos,* Ediciones Granica, Buenos Aires, 2011.

9. *¿Cómo se delegan tareas/responsabilidades en su compañía actual (o última)? ¿Cuál es su opinión al respecto?*

10. *Cuénteme un día típico en su trabajo actual/último...*

11. *Describa alguna situación donde no haya cumplido los plazos prefijados. ¿Por qué ocurrió?*

12. *Cuénteme alguna situación donde no pudo superar un obstáculo. ¿Cómo se sintió? ¿Por qué cree que no pudo hacerlo?*

13. *¿Qué piensa de las personas adictas al trabajo (workaholic)?*

14. *¿Qué me diría si le dijese que esta compañía no tiene la cultura de 8 a 17 horas (9 a 18 horas, según corresponda)?* U otra frase similar que exprese el cumplimiento estricto de los horarios de entrada y salida.

15. *Cuénteme sobre su estilo de relacionamiento con su equipo... ¿Usted prefiere una relación formal o informal con su/s equipo/colaboradores?*

16. *¿Prefiere hablar cara a cara con las otras personas o, por el contrario, enviar mensajes por escrito, por ejemplo, a través del correo electrónico, etcétera?*

17. *¿Cómo motiva a las/los personas/equipos a su cargo?*

18. *Describa una situación donde haya cometido un error y cómo manejó dicha situación.*

19. *¿Qué características son las más importantes para ser un buen jefe? ¿Las tiene usted?*

20. *Usted es/fue jefe/gerente en .... Describa su estilo de liderazgo allí. Bríndeme ejemplos.*

21. *¿Cuáles son/eran sus atribuciones (para la toma de decisiones) en su actual trabajo/último?*

22. *¿Qué resultados obtuvo en ....? ¿Cómo midió los resultados?*

23. *¿Qué tipo de referencias cree que dará acerca de usted su último empleador? ¿Por qué?*

24. *Si no le gustan sus empleadores actuales, y ellos lo consideran un colaborador excelente, ¿por qué piensa que esto es así?*

25. *El candidato que obtenga este puesto trabajará con personas altamente capacitadas que han estado en esta compañía mucho tiempo. ¿Cómo cree usted que se adaptará a ellos?*

26. *¿Puede describir alguna vez que tuvo que presentar un proyecto y le haya resultado especialmente difícil, debido a que otras personas tenían un juicio previo no favorable?*

27. *Brinde ejemplos de los distintos recursos que ha utilizado cuando ha tenido que convencer a alguien para que coopere con usted.*

28. *Reláteme alguna situación no positiva que usted considere como un fracaso.*

29. *Cuénteme sobre alguna situación no positiva que usted considere como un fracaso de su jefe, de una política de su compañía u otra situación similar. ¿Cómo se sintió? ¿Usted piensa que podría haber aportado algo para que no ocurriera? Si la respuesta es afirmativa: ¿por qué no lo hizo?*

Preguntas para postulantes que cambian de empleo con frecuencia

La rotación laboral podrá ser un aspecto positivo o negativo, según las circunstancias. Dependerá, entre otros factores, de la edad de la persona, la especialidad, el contexto. Sobre el particular se podrá preguntar:

30. *Usted ha cambiado de empleo con frecuencia, ¿podría decirme las razones/causas?*

31. *Hace poco tiempo que trabaja para su empleador actual. ¿Por qué desea cambiar?*

32. *Su alta rotación laboral ¿es un indicio de que cambiará de empleo con frecuencia a lo largo de su carrera?*

33. *¿Cómo explica la diversidad de empleos que ha tenido? ¿Cuánto tiempo cree que permanecerá en esta compañía?*

Preguntas para los postulantes que han trabajado mucho tiempo en una organización

Desde una perspectiva opuesta a la anterior, para algunos especialistas en Recursos Humanos y/o futuros jefes la excesiva permanencia en un empleo es un indicador negativo o, al menos, no positivo. Deberá analizarse esta situación en cada caso.

Primero se deberá solicitar al postulante que describa su historia laboral para luego formular alguna pregunta al respecto, por ejemplo, acerca del grado de desafío que para él implicaba el cargo después de un número de años en el mismo puesto, etc. Es decir, a través del relato del entrevistado ir despejando eventuales dudas sobre esta cuestión.

Algunas preguntas adicionales que se podrían formular:

34. *¿Cuáles son las ventajas de permanecer mucho tiempo en un mismo puesto/una misma organización (según corresponda)?*

35. *Algunas personas creen que permanecer mucho tiempo en un mismo puesto/una misma organización (según corresponda) demuestra falta de iniciativa. ¿Qué piensa usted al respecto?*

36. *Después de haber permanecido en la misma compañía por tanto tiempo, ¿cree que le será fácil adaptarse a una nueva organización?*

Preguntas que allanan las respuestas

A continuación, y a modo de ejemplo, sugerimos un conjunto de preguntas que invitan al entrevistado a hablar y relatar experiencias. Esta forma de preguntar se relaciona con la Parte II del libro, ya que de las respuestas será posible obtener comportamientos pasados.

Todas las preguntas siguientes se inician con la frase "Cuénteme sobre alguna vez en que…"

37. *…trabajó eficientemente bajo presión.*

38. *…manejó una situación difícil con un compañero de trabajo.*

39. *…fue creativo al resolver un problema.*

40. *…no pudo terminar un proyecto a tiempo.*

41. *…convenció a los miembros de su equipo de que hicieran las cosas a su manera.*

42. *…debió tomar una medida no popular, o sucedió que su puesto se volviera impopular por alguna circunstancia.* (Por ejemplo, un Gerente de Fábrica durante una huelga.)

43. *…escribió un programa (o informe o plan estratégico) y este fue bien recibido.*

44. *…anticipó problemas potenciales y desarrolló una solución efectiva.*

45. *…tuvo que tomar una decisión importante con información insuficiente.*

46. *…se vio forzado a tomar una decisión poco popular.*

47. *…fue tolerante con una opinión radicalmente diferente de la suya.*

48. *...no lo satisfizo su propio comportamiento.*

49. *...se valió de la diplomacia (simpatía, etc.) para introducir un programa o un nuevo procedimiento, etcétera*

50. *...tuvo que tratar con un cliente irritable.*

51. *...delegó un proyecto eficientemente.*

52. *...superó un obstáculo importante.*

53. *...le fijaron (o se los fijó usted mismo) objetivos muy pretenciosos, muy difíciles de lograr o prácticamente inalcanzables.*

54. *...le fijaron (o se fijó usted mismo) objetivos poco significativos, es decir, no desafiantes en función de sus capacidades, experiencia, etc. (sintéticamente, muy fáciles de alcanzar).*

55. *...les dio prioridad a unos factores con relación a otros, en un proyecto complicado.*

56. *...perdió (u obtuvo) un contrato de venta/compra importante.*

57. *...contrató (o despidió) erróneamente a alguien.*

Desarrollo. Grado de involucramiento del entrevistado con relación a un nuevo puesto

En la sección anterior se brindaron preguntas orientadas a evaluar la mirada del entrevistado sobre su vida profesional y, de ese modo, inferir la futura adaptación al puesto y a la organización. A continuación se verán preguntas complementarias.

Es importante, como ya se expresó, que el entrevistador conozca en profundidad el perfil de la búsqueda, los requisitos excluyentes y no excluyentes, entre otros aspectos.

1. *Si le ofrecemos el cargo y usted acepta, ¿cuándo podría comenzar a trabajar?*

2. *¿Estaría dispuesto a trabajar horas extras/tiempo extra si fuese necesario?*

Preguntas acerca de la investigación sobre el puesto

Las preguntas 3 a 9 sirven para evaluar cuánto sabe el candidato sobre la organización y el puesto para el cual se están llevando a cabo la entrevista y el proceso de selección.

3. *¿Qué sabe sobre nuestra organización?*

4. *¿Qué sabe sobre el puesto a cubrir?*

5. *¿Sabe quiénes son los competidores más importantes de nuestra organización?*

6. *¿Piensa que tienen alguna ventaja frente a nosotros (por sus capacidades, por su experiencia, etcétera)?*

7. *¿Puede mencionar tres tendencias para el rubro de negocios de nuestra organización?*

8. *¿Qué aspectos de nuestra organización le parecen más interesantes? ¿Por qué?*

9. *¿Qué aspectos le parecen más interesantes de nuestro/s producto/s?*

10. *¿Algún amigo o familiar suyo trabaja para nuestra compañía?*

11. *¿Por qué está interesado en este empleo/puesto?*

12. *¿Por qué le gustaría realizar este tipo de trabajo/tarea/responsabilidades?*

13. *¿En qué aspectos específicos cree que se beneficiará nuestra compañía si lo contratamos?*

14. *¿Cómo se enteró de esta vacante?*

15. *¿Cuáles son sus mejores cualidades/capacidades (conocimientos, competencias, experiencia) para desempeñar este puesto?*

16. *¿Tiene confianza en su capacidad para desempeñarse en él?*

17. *¿Cómo se maneja con las entrevistas mientras tiene empleo? En relación con sus horarios.*

18. *¿Cómo beneficiaría a nuestra compañía el hecho de que se graduó en la universidad recientemente?*

19. *¿Se siente preparado para un puesto con más responsabilidades? Cuénteme por qué.*

20. *¿Posee alguna característica (conocimientos, competencias, experiencia) para que lo consideremos mejor que otros candidatos?*

21. *¿Nos permite contactarnos con su actual empleador?*

22. *Coménteme sus conocimientos sobre .... (con relación a algún tema que no se haya hablado, eventualmente que no figure en sus antecedentes pero que tengan alguna relación con el puesto a ocupar).*

23. *¿Está dispuesto a empezar como aprendiz?* (Dependiendo del caso, la pregunta también podría indagar la posibilidad de ser "aprendiz" acerca de un cierto tema, aunque el entrevistado sea una persona con experiencia.)

24. *¿Busca empleo permanente o temporario?*

25. *Explíqueme brevemente qué razones tendría esta compañía para contratarlo.*

26. *¿Qué diferencias encuentra entre este puesto y el último que ocupó (o el actual, según corresponda)?*

27. *¿Por qué desea entrar en este campo/rubro?*

28. *¿Qué piensa de la forma en que manejamos nuestra organización?*

29. *¿Considera que su falta de .... (título universitario, experiencia, etc.) puede afectar de algún modo su desempeño futuro?*

30. *¿No se considera demasiado calificado para este empleo?*

No todas las preguntas serán pertinentes, dependerá de las circunstancias y del entrevistado. El entrevistador deberá elegir cuáles utilizar en cada caso.

En el Capítulo 5 se tratará específicamente la motivación de una persona ante un cambio de empleo. Allí se incluyen preguntas para indagar sobre este aspecto. Es un tema relevante que deberá ser evaluado y, en la mayoría de los casos, podrá marcar la diferencia entre una contratación exitosa y una fallida.

Con frecuencia, personas sin motivaciones concretas para el cambio participan en procesos de selección por razones diversas, desde el mero halago personal (sentirse valioso, buscado, requerido), hasta para conocer los niveles de remuneración en otras organizaciones, entre otros motivos. En ocasiones, la postulación es una forma de mejorar sus condiciones actuales, al recibir una oferta de otra compañía y exhibirla a sus actuales empleadores.

Desarrollo. La mirada del entrevistado sobre sí mismo

Para conocer la personalidad de las personas existen diferentes herramientas; entre ellas, la más tradicional y difundida es la *evaluación psicológica*[3]. Las preguntas que se proponen en esta sección no reemplazan este tipo de evaluaciones.

---

3 *Evaluación psicológica.* Conjunto de tests y entrevistas administrado por un profesional psicólogo, con el propósito de analizar la personalidad de una persona en el ámbito laboral.
La evaluación psicológica implica la aplicación de tests (psicológicos) y siempre debe estar a cargo de un psicólogo titulado con preparación específica en este tipo de técnicas.

La personalidad se ve reflejada en las competencias[4] (Parte II) que una persona utiliza en su vida diaria, no solo en los aspectos profesionales. Por lo tanto, el entrevistador podrá preguntar acerca de los aspectos de su interés utilizando las sugerencias que se plantean en esta obra sobre la entrevista por competencias.

Ofrecemos a continuación preguntas para conocer más acabadamente al entrevistado y que pueden formularse en el marco de una entrevista de selección.

Aspectos específicos de la personalidad

1. *¿Se considera una persona inteligente?*

2. *¿Cree que es importante tener un empleo estable?*

3. *¿Le aburre hacer el mismo trabajo una y otra vez?*

4. *¿Le gusta trabajar con objetos?*

5. *¿Le interesa trabajar con hechos y cifras?*

6. *¿Le gusta trabajar con otras personas?*

7. *¿Se ausenta del trabajo con frecuencia?*

8. *¿Se aburre con los detalles?*

9. *¿Cómo encara usted las tareas que le disgustan, esas que preferiría no hacer?*

10. *¿Qué carrera o negocio consideraría si tuviera que comenzar otra vez?*

11. *¿Cómo reacciona a las críticas si cree que son injustificadas?*

12. *¿Tiene temor a viajar en avión?*

13. *Mencione tres libros que haya leído en los últimos seis meses.*

14. *¿Posee una personalidad competitiva?*

La evaluación psicológica tiene una amplia difusión en relación con los procesos de selección de personas. Es muy importante destacar que para esta aplicación específica (selección de personas) deben utilizarse aquellos tests que permitan evaluar las características necesarias para lograr un adecuado desempeño organizacional. Fuente: *Diccionario de términos de Recursos Humanos*, Ediciones Granica, Buenos Aires, 2011.

4 *Competencia.* Hace referencia a las características de personalidad, devenidas en comportamientos, que generan un desempeño exitoso en un puesto de trabajo. Fuente: *Diccionario de términos de Recursos Humanos*, Ediciones Granica, Buenos Aires, 2011.

15. *¿Cuál es su idea sobre el éxito?*

16. Si es varón: *¿Cómo se sentiría si tuviera que trabajar con una jefa mujer y/o la organización fuese conducida por una mujer?*

17. *¿Qué tipo de personas le desagradan?*

18. *¿Cuál es el problema más difícil de comunicación que haya tenido con pares/colegas?*

19. *¿Cómo se maneja con el estrés?*

20. *¿Cómo acepta los códigos de vestimenta?*

21. *¿Cómo reacciona a las objeciones sobre sus ideas/proyectos?*

22. *¿Es usted una persona innovadora?*

23. *¿Qué beneficios obtuvo de sus desilusiones? Deme un ejemplo.*

24. *¿Cómo se siente cuando debe enfrentarse a un grupo o a una audiencia? Reláteme alguna experiencia al respecto.*

25. *¿Cree que la única manera de hacer bien un trabajo es hacerlo usted mismo?*

26. *Si pudiera hacer cualquier cosa, ¿qué haría?*

27. *Si sorpresivamente recibiese una cifra millonaria de dinero, por una herencia o porque ganó en un juego de azar, ¿qué haría?*

28. *¿Tiene una buena relación con sus compañeros de trabajo? Bríndeme un ejemplo.*

29. *¿Qué hace mejor?*

30. *¿Qué ha aprendido de sus errores?*

31. *Cuénteme alguna situación en que haya sentido una presión del entorno muy intensa y prolongada.*

32. *¿Qué cree que piensan las otras personas sobre la manera en que usted hace las cosas/resuelve los problemas?*

33. *Describa el empleo perfecto para usted.*

34. *¿Qué figuras públicas son sus modelos? ¿Por qué?*

35. *Mencione cinco factores que lo motivan.*

36. *¿Cómo le gustaría que lo recordaran?*

37. *¿Cree usted que es un buen amigo?*

38. *¿Cómo lo describiría un amigo suyo?*

39. *¿Prefiere trabajar con números, o con palabras?*

40. *¿Cree que podría tener una buena relación con ....?*

41. *¿Cómo piensa que enfrentará un cambio laboral después de haber trabajado .... años en su último empleo?*

42. *¿Qué piensa de las políticas de la compañía* (de la actual donde el entrevistado se desempeña en el presente o de la futura, en el caso de que el entrevistado las conozca, según corresponda)?

43. *¿Se considera una persona con iniciativa propia?*

44. *¿Trabajaría si no necesitara dinero para mantenerse?*

45. *¿Se considera una persona sensible a la crítica constructiva?*

46. *¿Posee una mente analítica?*

47. *¿Le interesa la investigación?*

48. *¿Se considera una persona puntual?*

49. *¿Qué hace cuando tiene dificultades para resolver un problema?*

50. *¿Cuál es la tarea más aburrida que ha realizado? Cuénteme la experiencia, cómo la llevo a cabo, cómo se sintió.*

51. *¿Cuál es la tarea más interesante que ha realizado? Cuénteme la experiencia, cómo la llevo a cabo, cómo se sintió.*

52. *¿Se siente presionado en su actual empleo?*

53. *¿Cuáles son los requisitos para que una persona tenga éxito en .... (especialidad del puesto a cubrir)?*

54. *¿Cómo se maneja al tomar decisiones importantes?*

55. *¿Hay alguien que ha sido una inspiración para usted en su profesión?*

56. *¿Es capaz de trabajar sin supervisión directa?*

57. *¿Cómo manejó la decisión más difícil que haya tomado? Cuénteme la experiencia, cómo la llevo a cabo, cómo se sintió.*

58. *Si estuviera en mi posición, ¿se contrataría?*

59. *¿Qué haría si viera a un compañero de trabajo llevándose objetos de la oficina a su casa?*

Preguntas difíciles

Las preguntas más difíciles –para el postulante– suelen estar relacionadas con despidos o desvinculaciones traumáticas. En estos casos se deberá ser especialmente cuidadoso, tanto en la forma de preguntar como en el tono de voz que se emplee.

Las preguntas difíciles pueden confundirse con las provocadoras (ver Capítulo 1). Pero no son lo mismo. La entrevista provocadora, usualmente, no es eficaz, además de ser inapropiada. El objeto de las preguntas provocadoras es observar cómo reacciona el postulante bajo tensión.

Las preguntas difíciles no tienen esta intención. La mayoría de las entrevistas incluyen una cierta cantidad de estrés por su propia naturaleza.

También puede parecer que algunas de las preguntas siguientes pertenecen a la categoría de hipotéticas, que ya hemos advertido que no permiten evaluar competencias (Capítulo 1), ya que su propósito es plantear situaciones teóricas.

En todos los casos, luego de una pregunta o situación hipotética será conveniente complementarla con una frase o repregunta como la siguiente: "Descríbame una situación similar que le haya ocurrido", o "¿Tiene alguna anécdota para contar sobre una situación similar?". De este modo, se cubren varios aspectos a partir de una misma pregunta.

60. *Usted está sin trabajo, ¿puede explicarme qué pasó?*

61. Si fue despedido, *¿fue un despido propiamente dicho, o una solicitud de renuncia?*

62. Si fue despedido, *¿qué tipo de indemnización recibió?*

63. *Cuénteme sobre alguna vez cuando su empleador no estaba satisfecho con su desempeño.*

64. *En su trayectoria laboral, ¿le pasó alguna vez tener la necesidad de renunciar a ciertos principios para poder ascender, mantener su puesto de trabajo u otra situación similar? De ser así, cuénteme la experiencia y cómo se sintió.*

65. *¿Cuál fue el empleador más difícil que tuvo y por qué?*

66. *¿Cómo ha cambiado su tolerancia para aceptar errores de sus subordinados a lo largo de los años?*

67. *¿Quién piensa usted que tiene el máximo poder en su organización? ¿Cómo se trasmite ese poder dentro de la misma? ¿Por qué?*

68. *Cuando tiene que hacer cosas que no le gustan, ¿las hace primero o las deja para el final?*

69. *¿Alguna vez oyó algo de la compañía o del departamento que no le haya gustado?*

70. *Si estuviera a punto de ser despedido, ¿cómo le gustaría que su supervisor manejase la situación?*

71. *Cuénteme qué ha aprendido de sus errores.*

72. *¿Qué piensa de la ética en el mundo actual?*

73. *¿Cómo influyó usted, o su gestión, en el cambio en su actual (o último) puesto?*

74. *Si su supervisor le dice que realice algo de una manera que usted sabe que es errónea, ¿qué haría? ¿Tiene alguna anécdota para contar sobre una situación similar?*

75. *¿Qué haría si en un momento todas las personas de su departamento se reportaran enfermas?*

76. *Su jefe le ha asignado una tarea y se ha marchado de la ciudad por una semana. No lo puede localizar y no comprende totalmente las consignas. ¿Qué haría? ¿Tiene alguna anécdota para contar sobre una situación similar?*

77. *Tiene dos postulantes para un mismo puesto. Poseen capacidades idénticas (conocimientos, competencias, experiencia). ¿Cómo decidiría?*

78. *¿Qué prefiere escuchar primero: las buenas noticias o las malas?*

79. *¿Qué cosas hizo su jefe que a usted no le han gustado?*

80. *¿Todas las relaciones de negocios deberían tener plazos establecidos, es decir, fechas de expiración?*

Desarrollo. Relación con otras personas en el ámbito laboral

Liderazgo, Trabajo en equipo, Comunicación eficaz... son competencias y como tales serán tratadas en la Parte II de esta obra. No obstante, a continuación, el lector encontrará preguntas para indagar sobre estas capacidades, necesarias para ocupar la mayoría de los puestos en una organización.

Como se verá al tratar la temática de Gestión de competencias (Parte II) y se ha sugerido, además, en otras secciones de esta obra, la forma más adecuada de evaluar a un entrevistado será obtener –a través de las preguntas– comportamientos pasados. De este modo, la evaluación a realizar se tornará objetiva. Un criterio análogo se podrá utilizar en relación con las preguntas siguientes.

1. *Como gerente, responsable (según corresponda) de un departamento, ¿cómo ha logrado la armonía entre los miembros de su equipo?*

2. *¿Qué piensa que debe hacerse para ser un buen gerente/jefe?*

3. *¿Cuáles son sus virtudes, según sus colaboradores?*

4. *¿Cuáles son sus debilidades, según sus colaboradores?*

5. *Cuénteme sobre las personas que ha contratado en su actual/último empleo. ¿Cómo fue la experiencia? ¿Cómo ha sido el resultado?*

6. *¿De qué manera se comunica con sus colaboradores? ¿Y con sus superiores?*

7. *¿Cómo despediría a un empleado que no se desempeña adecuadamente?*

8. *¿De qué manera actúa cuando debe enfrentar un problema?*

9. *Después de tomar una decisión, ¿la mantiene?*

10. *En su equipo de trabajo (actual o pasado), ¿ha tenido a su cargo profesionales y/o personas con un perfil destacado? Reláteme la experiencia.*

11. *¿Sus colaboradores recurren a usted para plantearle problemas, ya sean relacionados con su vida profesional y/o personal?*

12. *¿Cómo incentiva usted el crecimiento de sus colaboradores?*

13. *¿Suele manejar su departamento o sector con el criterio de "hagamos lo justo", o con el de "mejor no destacarse demasiado para no llamar la atención o tener problemas"?*

14. *Coménteme alguna experiencia en la cual haya delegado responsabilidades.*

15. *¿Alguna vez ha sido directamente responsable por alguna ganancia (o pérdida) de la empresa?*

16. *¿Cómo logra que las personas hagan lo que usted desea o aquello que usted entiende que es lo mejor en cada caso?*

17. *¿Cómo se logra ser un buen jefe en un departamento como el que usted tiene a su cargo ahora?*

18. *¿Es responsable por la promoción del personal de su sector?*

19. *Defina qué es para usted trabajar en equipo.*

20. *¿Cómo se maneja como miembro de un equipo? ¿Qué tipo de rol se asigna (a usted mismo)?*

21. *¿Prefiere trabajar con otras personas, o solo?*

22. *¿Con qué tipo de personas prefiere trabajar?*

23. *¿Con qué tipo de personas le resulta difícil o no le gusta trabajar?*

24. *Cuénteme alguna situación en que haya trabajado con personas de nivel intelectual distinto del suyo.*

25. *Cuénteme sobre alguna vez en que un miembro de su equipo haya perdido su confianza.*

26. *Cuénteme si alguna vez un miembro de su equipo hizo algo incorrecto, ilegal o no ético. ¿Qué hizo usted?*

27. *¿Cómo describiría su relación con el nivel superior? ¿Y con sus compañeros de trabajo? ¿Y con sus colaboradores?*

28. *Como líder de un equipo, ¿cuánta tolerancia posee para las equivocaciones? Por ejemplo: si un miembro del equipo desea realizar una tarea de una forma que usted sabe que es errónea, ¿lo dejaría aprender de la experiencia? Cuénteme sobre una situación concreta relacionada con este punto.*

29. *¿Alguna vez usted esperaba ser el líder del equipo y otro ocupó ese lugar? ¿Cómo se sintió?*

30. *Cuénteme sobre algún enfrentamiento que haya tenido con un miembro de su equipo.*

Desarrollo. Aspectos específicos relacionados con el futuro puesto a ocupar

A continuación se exponen preguntas orientadas a indagar sobre temas diversos. No todas serán aplicables, deben utilizarse aquellas que se relacionen con el perfil de la búsqueda y el postulante a entrevistar.

Algunas preguntas pueden ser similares a otras ya expuestas. Los temas seleccionados en esta sección son los siguientes:

- Cómo gerenciar/rol del jefe

- Manejo de proyectos y toma de decisiones

- Comunicación

- Manejo de los recursos humanos / rol del jefe

- Presupuestos y control de gestión

- Marketing/mercadeo, ventas y servicio al cliente

- Informática y tecnología

- Redes sociales y conectividad

- Jóvenes aspirantes a su primer empleo

En la Parte II de esta obra, *La entrevista en Gestión por competencias,* el lector también podrá encontrar preguntas relacionadas con algunos de los temas mencionados precedentemente.

Cómo gerenciar/rol del jefe[5]

1. *¿Qué es para usted un líder?*

2. *¿Cómo describiría su estilo de liderazgo?*

3. *¿Qué significa para usted la palabra "éxito"?*

4. *¿Qué significa para usted la palabra "fracaso"?*

5. Si el entrevistado trabaja o trabajó en una empresa que utilizaba entre sus prácticas de RRHH *mentoring*[6]: *¿Es usted tutor de alguien? ¿De quién? Cuénteme la experiencia, cómo la llevo a cabo, cómo se sintió.*

---

5 *Rol del jefe.* Concepto integrador de las diversas facetas de la actividad de todo jefe. Enfoca su papel dentro de la organización, agregando a sus funciones tradicionales las responsabilidades y tareas inherentes a esta condición, por ejemplo: seleccionar colaboradores, evaluar su desempeño y entrenarlos, solo por nombrar algunas. Fuente: *Diccionario de términos de Recursos Humanos,* Ediciones Granica, Buenos Aires, 2011.

6 *Mentoring.* Acción por la cual una persona de mayor experiencia ayuda y aconseja a otros, con menos experiencia, por un período.

El *mentoring* puede ser:

- Estructurado dentro de los métodos de trabajo de una organización, en cuyo caso se denomina programa de *mentoring.*

- Informal.

Se utiliza la denominación en inglés dado que es de uso frecuente y se la menciona en muchas obras sobre, por ejemplo, Recursos Humanos y desarrollo, en diferentes lenguas.

La definición de *mentoring* como programa organizacional es la siguiente: programa organizacional estructurado, de varios años de duración, mediante el cual un ejecutivo de mayor nivel y experiencia ayuda a otro en su crecimiento. El término "ejecutivo", por extensión, puede aplicarse a

6. *Describa un problema importante que haya resuelto con el aporte de su equipo de colaboradores.*

7. *¿Cuáles son sus objetivos a largo plazo más importantes?*

8. *Describa a las personas que contrató en su último empleo. ¿Tuvieron éxito? ¿Cuánto tiempo permanecieron en la compañía?*

9. *Cuénteme sobre un colaborador que haya tenido una carrera exitosa, desde su mirada como jefe (rol del jefe).*

10. *Cuénteme si le ha tocado vivir alguna situación de reducción significativa de personal. ¿Cómo fue dicha experiencia? ¿Cómo la manejó?*

11. *¿A cuántos subordinados directos ha seleccionado en los últimos dos años? ¿Cómo le fue?*

12. *¿A cuántos subordinados directos ha despedido en los últimos años?*

13. *¿Cómo cree que sus subordinados lo describirían a usted como jefe?*

14. *¿Cuáles son las principales dificultades a afrontar como líder de un grupo?*

15. *Hablemos sobre su desempeño. ¿Cómo describiría su propio rendimiento? ¿Qué dirían sus colaboradores? ¿Qué diría su jefe?*

16. *¿Puede mencionar algunas ideas, proyectos y/u otras innovaciones de las que se siente orgulloso?*

17. *¿Cómo manejaría a un subordinado que ha desobedecido deliberadamente sus instrucciones, pero que ha tenido éxito?*

18. *Su jefe se va de vacaciones por un mes, y aunque a usted no le corresponda, le pide que trabaje para otro gerente en su ausencia: ¿qué diría y qué haría? Deme un ejemplo.*

19. *Describa si alguna vez se encontró injustamente tratado por causa de una política de la compañía.*

---

diferentes relaciones laborales y profesionales. Un programa de *mentoring* puede aplicarse en todo tipo de organización.

Fuente: *Diccionario de términos de Recursos Humanos*, Ediciones Granica, Buenos Aires, 2011.

Manejo de proyectos y toma de decisiones

20. *¿Qué organizaciones considera como las competidoras más importantes de esta compañía? ¿Puede realizar una comparación, identificar fortalezas y debilidades?*

21. *¿Cuáles son las decisiones más fáciles y cuáles las más difíciles?* (En relación con las decisiones que deba tomar el entrevistado en su puesto de trabajo actual o último.)

22. *La mayoría de las personas pueden identificar una decisión importante que han tomado y que, si existiese la posibilidad, cambiarían. ¿Tiene algún ejemplo de su propia experiencia?*

23. *¿Cómo cree que su experiencia ha influido en su forma de tomar decisiones?*

24. *¿Ha tenido que aplicar su habilidad analítica y deductiva para aclarar alguna situación?*

25. *Cuénteme sobre un problema complejo que tuvo que resolver. Cuénteme la experiencia, cómo se sintió.*

26. *Cuénteme si alguna vez no pudo alcanzar un objetivo. Cómo se sintió.*

27. *¿Cuántos proyectos puede manejar al mismo tiempo?*

28. *Piense en una situación de crisis. ¿Por qué sucedió y cuál fue su función en la cadena de los hechos?*

29. *Brinde un ejemplo de alguna vez que sus superiores hayan cambiado un plan con el que usted estaba comprometido. ¿Cómo se sintió? ¿Cómo le explicó el cambio al equipo?*

30. *Me interesa saber cómo realiza una planificación. ¿Cuáles son los procedimientos más útiles para usted y cómo los implementa?*

31. *¿De qué manera ha mejorado su capacidad de planificación?*

32. *Cuénteme sobre un puesto o proyecto donde tuvo que reunir información de diferentes fuentes y luego diseñar algo en base a la misma.*

33. *Cuénteme sobre alguna vez que, en lugar de seguir las instrucciones, decidió realizar una tarea según su propio criterio. ¿Qué sucedió? ¿Lo volvería a hacer si tuviese que realizar la tarea otra vez?*

34. *¿Puede pensar en una situación específica en la que se haya anticipado a un problema?*

Comunicación

35. *¿Posee experiencia en presentaciones, por ejemplo, al grupo directivo, a pares, etc.? ¿Cómo calificaría sus habilidades al respecto? ¿Cómo prepara sus intervenciones? ¿Qué recursos utiliza (elementos de apoyo como proyectores, data show u otros)?*

36. *¿En qué circunstancias no se siente cómodo en la comunicación con otras personas (o tiene problemas)?*

37. *¿Cuál prefiere, la comunicación oral o la escrita? ¿Usted piensa que es más hábil en una que en otra?*

38. *Cuando debe trabajar por primera vez con alguien ¿cómo averigua su estilo de trabajo, sus virtudes y defectos?*

39. *Cuénteme sobre una situación laboral que requirió un buen manejo de la comunicación.*

40. *¿Qué cree que nunca debe comunicarse mediante una comunicación escrita, correo electrónico u otra variante?*

Manejo de los recursos humanos / rol del jefe[7]

41. *¿Cómo les da la bienvenida y orienta a los nuevos colaboradores en su departamento o equipo?*

42. *Si debiera contratar a alguien para el puesto al que usted se postula, ¿qué cualidades buscaría?*

43. *¿A cuántas personas ha contratado en los últimos dos años? ¿Para qué puestos?*

44. *¿Posee alguna pregunta favorita para formular en las entrevistas de selección?*

45. *¿Qué es lo primero que busca en un currículum o solicitud de empleo?*

46. *¿Cómo comprueba las referencias?*

47. *Cuénteme sobre su éxito más destacado, en contratación de colaboradores.*

48. *Cuénteme sobre el error más importante, en contratación de colaboradores, que haya cometido. ¿Cómo fue la experiencia? ¿Qué aprendió?*

---

7 *Rol del jefe.* Ver referencia anterior.

49. *¿Cómo podríamos mejorar el proceso de selección para este puesto?*

50. *¿Qué provoca el excesivo cambio de personal en una organización?*

51. *¿La rotación del personal es perjudicial o beneficiosa para la organización?*

52. *¿Cómo maneja las evaluaciones de personal?*

53. *Cuénteme si debió comunicar alguna evaluación negativa.*

54. *¿Cuál es su concepción de la disciplina?*

55. *¿Cuáles son los problemas y las quejas más comunes que surgen de parte de su personal? ¿Cómo los maneja?*

56. *¿Cómo mantiene la disciplina en su departamento o equipo?*

57. *Cuénteme cómo resolvió algún problema de indisciplina de un subordinado.*

58. *Cuénteme sobre alguna vez en que haya tenido que armar un equipo rápidamente.*

59. *¿Cómo, específicamente, contribuye usted para un buen clima de trabajo en equipo?*

60. *¿Cómo definiría el comportamiento ético del empleado?*

61. *¿Qué programas ha implementado usted o la compañía para mejorar la ética entre las personas que le reportan?*

62. *¿Cómo mantiene informado a su personal sobre nuevos negocios y actividades organizacionales y acerca de las decisiones corporativas, en general?*

63. *Describa el tipo de relación que considera debe existir entre un jefe y sus colaboradores.*

64. *Cuando le asignan un nuevo proyecto, ¿cómo maneja la asignación de colaboradores y la organización del proyecto?*

65. *¿Cómo determina quiénes necesitan capacitación adicional?*

66. *¿Qué tipo de capacitación les ha ofrecido a sus colaboradores? ¿Cómo evaluó los resultados?*

67. *Si lo contratamos para este empleo, ¿cómo encararía los primeros treinta días?*

68. *¿Cuál es el mayor desafío intelectual que busca en un puesto y por qué?*

69. *¿Qué hace cuando sabe que tiene razón y los demás no concuerdan con usted?*

70. *Además del dinero, ¿qué otros factores considera importantes para motivar a las personas?*

71. *¿Cuáles fueron sus logros más importantes en su último empleo?*

72. *¿Ha implementado políticas o sistemas nuevos o diferentes en algún puesto actual o anterior?*

73. *¿Cuál fue el problema más difícil que enfrentó? ¿Cómo lo solucionó?*

74. *¿Cuál es el trabajo más monótono que ha tenido?*

75. *Cuénteme qué enfoques serían apropiados para desarrollar mercados internacionales en los próximos tres años, en especial considerando la situación financiera y de los mercados internacionales de la actualidad.* (Según el momento en que esta pregunta se formule se puede relacionar la misma con situaciones a nivel mundial o regional, tanto en lo político como en lo económico.)

Presupuestos y control de gestión

76. *Describa el defecto de control interno más importante que haya identificado y qué hizo para remediarlo. ¿Cuáles fueron los resultados?*

77. *Describa el proyecto de reingeniería/reestructuración más importante que haya conducido. ¿Cuáles fueron los resultados?* O la misma pregunta en relación con un proyecto nuevo, por ejemplo, una nueva fábrica, una nueva maquinaria, una nueva sucursal, etc., según corresponda con el puesto de trabajo y el entrevistado en cuestión.

78. *¿Realiza revisiones salariales de empleados? Si así es, ¿cómo?*

79. *Cuénteme paso a paso cómo se confecciona el presupuesto anual* (en la organización donde el entrevistado se desempeña actualmente o en un trabajo anterior) *y sus responsabilidades en cada uno de dichos pasos.*

80. *¿Tiene problemas para manejarse dentro de un presupuesto?*

81. *Especifique la diferencia entre los siguientes conceptos: planificación a corto, a mediano y a largo plazo. Bríndeme un ejemplo de cada uno, relacionado con su tarea actual (o última, según corresponda).*

82. *Cuénteme si ha realizado cálculos de retorno de inversión en una inversión estratégica. Por favor, mencione ejemplos.*

83. *¿Cómo se maneja con los anticipos de gastos? ¿Puede dar un ejemplo?*

84. *Cuénteme sobre alguna vez en que haya subestimado un presupuesto y haya tenido que solicitar dinero adicional.*

85. *¿Alguna vez debió reestructurar su presupuesto en medio del año fiscal? ¿Cómo lo manejó?*

86. *¿Cómo confeccionaría el presupuesto de .... (en relación con el puesto por el cual se está entrevistando al postulante)?*

Marketing/mercadeo, ventas y servicio al cliente

87. *¿Cómo vendería nuestro producto/servicio?*

88. *¿Qué estrategias emplea para encontrar un tema de interés común con sus clientes?*

89. *¿Puede darme un ejemplo de cómo ser positivo respecto de un producto, incluso cuando se mencionan aspectos negativos del mismo?*

90. *Si yo fuera un posible cliente, ¿qué indicios sobre la mejor forma de obtener resultados positivos le brinda la oficina?*

91. *¿Qué estrategias utiliza durante una venta para repetirle al cliente los conceptos clave del producto (servicio)?*

92. *¿Tiene algún recurso para convertir a un comprador ocasional en un cliente regular?*

93. *Para un candidato a fuerza de ventas, ¿cuál era el volumen de ventas cuando comenzó? ¿Cuál es el actual o cómo quedó cuando se retiró?*

94. *¿Qué ha aprendido sobre el uso de técnicas de ventas para promoverlas?*

95. *¿Qué estrategias utiliza para que sus preguntas o comentarios se fijen en la mente del cliente?*

96. *Cuénteme sobre alguna vez en que a pesar de intentar con decisión realizar una venta no pudo lograrlo.*

97. *Cuénteme sobre alguna vez en que tuvo que olvidar sus propios prejuicios para realizar una venta.*

98. *¿Puede contarme sobre un programa de incentivo de venta que lo motiva?*

99. *¿Qué modelos de motivación le resultan más interesantes?*

100. *¿Cuándo fue la última vez que envió una nota (correo electrónico, mensaje) de agradecimiento a un cliente?*

101. *¿Cómo le demuestra a un cliente que es importante?*

102. *El puesto requiere una gran cantidad de viajes. ¿Cree que posee la capacidad y la disponibilidad para resistirlos durante largos períodos, y en ocasiones, quizás en condiciones extenuantes?*

103.   *Cuando desea hablar con un cliente, ¿qué estrategias utiliza si lo atiende otra persona (asistente, telefonista)?*

104.   *¿Cómo maneja o demuestra su iniciativa en las ventas telefónicas?*

105.   *¿Qué le gusta menos de las ventas telefónicas?*

106.   *¿Cómo califica a un cliente?*

107.   *¿Cuánto tiempo suele pasar desde el contacto inicial hasta el cierre de una venta?*

108.   *¿Qué porcentaje de sus contactos iniciales se convierte en verdaderas presentaciones de ventas/ oportunidades de negocios?*

109.   *¿Qué porcentaje de sus llamadas con el propósito de vender se concretan en ventas?*

110.   *¿Cómo identificaría clientes potenciales en un mercado nuevo?*

111.   *¿Qué piensa acerca de la búsqueda de clientes o el desarrollo de nuevos mercados o regiones geográficas?*

112.   *Cuénteme sobre alguna vez en que haya estado a punto de perder una venta y logró recuperarla.*

113.   *¿Cuáles son las cinco objeciones más comunes que enfrenta y cómo las resuelve?*

114.   *¿Cuál fue la objeción más inesperada que haya recibido y cómo la manejó?*

115.   *¿Cómo define "servicio al cliente"?*

116.   *¿Puede contarme sobre alguna vez en que tuvo que resolver un problema que no era de su responsabilidad?*

117.   *Cuente un ejemplo donde usted sienta que ha brindado un servicio excelente a un cliente.*

118.   *Describa una situación en que tuvo que trabajar tiempo extra para un cliente.*

119.   *Dé un ejemplo sobre alguna vez en que tuvo que modificar sus métodos para alcanzar un acuerdo.*

120.   *¿Quiénes son sus clientes en su actual empleo?*

121.   *Si un cliente plantea una queja/reclamo por la atención recibida, ¿cómo lo manejaría? Cuénteme alguna anécdota al respecto.*

122.   *En su último empleo, ¿con qué frecuencia realizaba encuestas sobre la satisfacción de sus clientes?*

123.   *Cuénteme su peor dilema en torno al servicio y cómo lo resolvió.*

124.   *¿Qué estrategia ha aprendido para alentar a los clientes a que paguen a tiempo?*

125.   *¿Qué estrategias ha implementado para no involucrarse en los estados de ánimo de los clientes?*

126.   *¿Cómo trata a aquellos clientes que creen saberlo todo, que sienten que tienen la razón aun cuando están equivocados?*

127.   *¿Cuál es la valoración del servicio al cliente en su actual organización?*

128.   *¿Cómo maneja a los clientes que sacan ventaja del personal de soporte de ventas?*

129.   *¿Cuál es la mejora más importante en servicios al cliente que haya alcanzado el año pasado?*

130.   *¿Qué podemos hacer en esta compañía para satisfacer más a nuestros clientes?*

Informática y tecnología

131.   *¿Cómo se mantiene al tanto de los nuevos desarrollos en informática?*

132.   *Describa una situación en la que logró incrementar la utilidad/calidad de información y la productividad en un sistema cuya estructura principal existía.*

133.   *¿Cómo ha evolucionado su concepción respecto de la calidad de los sistemas informáticos a lo largo de los años?*

134.   *Describa las estrategias que emplea para la evaluación de un software.*

135.   *¿Qué parámetro puede utilizarse para medir la conveniencia de los distintos sistemas informáticos? ¿Qué parámetros para medir la satisfacción del usuario?*

136.   *¿Cómo reorganizaría el soporte informático de nuestra empresa con pocos recursos?*

137.   *Describa detalladamente los utilitarios que utiliza en su puesto actual/último.*

138.   Si se relaciona con el puesto: *Describa los lenguajes utilizados u otras herramientas para el diseño de páginas web. Bríndeme ejemplos de trabajos realizados.*

139.   Si el puesto de trabajo implica la utilización de algún software específico –por ejemplo, de diseño–, se podría indagar sobre el conocimiento de las distintas opciones en el mercado y sus beneficios. Y, a continuación, solicitar una comparación de los softwares mencionados con la correspondiente fundamentación.

140. *¿En qué diferencia un buen programa de uno malo?*

141. *En algunos ámbitos se piensa que relación cliente-servidor tiende a desaparecer, ¿está de acuerdo? ¿Por qué cree que es así?*

142. *¿Cuál es el futuro de los servidores centrales en un contexto que privilegia los ordenadores personales?*

143. *Describa un proyecto de reingeniería que haya conducido. ¿Cuáles fueron los resultados?*

144. *Explique la diferencia entre Internet e intranet.*

145. *Describa los distintos formatos para el almacenamiento de la información y el resguardo de la misma. En cada caso, defina sus pros y contras.*

146. *Describa un proyecto de migración de datos que haya realizado. ¿Cuáles fueron los resultados?*

147. *Reláteme la última experiencia de cambio de ordenador personal. ¿Cómo realizó el traspaso de información? ¿Recibió ayuda?*

148. *Mencione la tarea más difícil que haya desempeñado utilizando la/s herramienta/s .... y cómo la realizó.*

149. *¿A qué exposiciones (ferias, conferencias, etc.) de informática y tecnología asiste? ¿Qué beneficios obtiene al concurrir a ellas?*

150. *¿Ha hecho alguna presentación en congresos o eventos similares sobre temas relacionados con su especialidad?*

151. *¿Alguna vez realizó alguna publicación sobre informática?*

152. *Describa su participación en grupos de estudio relacionados con informática y tecnología. ¿Cuáles son los temas específicos? ¿Cuál fue su función y cuál fue el resultado?*

153. *¿Posee experiencia en ....? Hábleme detalladamente al respecto.*

154. *¿Conoce el sitio web de nuestra organización? ¿Cuál es su opinión al respecto? ¿Piensa que está actualizado en cuanto al diseño y otras características, como la navegabilidad?*

Redes sociales y conectividad

155. *¿Posee un perfil en Twitter?*
Si la respuesta es sí: *¿Utiliza un avatar[8]?*

156. *¿Posee un perfil en Facebook?*
Si la respuesta es sí: *¿Utiliza un avatar?*

157. *¿Posee un perfil en LinkedIn?*
Si la respuesta es sí: *¿Con qué frecuencia lo actualiza y/o responde a consultas que le formulan?*

158. *¿Utiliza las redes sociales en su trabajo?*
Si la respuesta es sí: *Bríndeme un ejemplo.*

159. *¿Posee teléfono con conectividad web (smartphone, teléfono inteligente)?*
Si la respuesta es sí: *¿Es de su propiedad o de la empresa para la cual trabaja?*

160. Si el entrevistado posee un smartphone y, además, posee un perfil en Twitter y/o Facebook: *¿En su teléfono inteligente ha incluido los perfiles mencionados?* (Twitter/Facebook, etc., según lo haya expresado el entrevistado en las respuestas a las preguntas anteriores).

161. Si el entrevistado posee teléfono inteligente: *¿Con qué frecuencia consulta sus mensajes/comunicaciones?* Opciones: *Todo el tiempo. Cada hora (aproximadamente). En los períodos de descanso (refrigerio, almuerzo, etc.).*

162. Si el entrevistado posee teléfono inteligente: *¿Utiliza su teléfono para buscar información en Internet (buscadores como Google, noticias en periódicos, etc.)?*

163. *Coménteme qué tipo de información busca en la web, ya sea para uso personal o laboral y con qué frecuencia lo realiza.*

164. Si fuese pertinente según el trabajo que realiza el entrevistado: *Coménteme qué tipo de información en su tarea cotidiana busca en la web, por ejemplo, en Google, Wikipedia y otros.*

---

8 *Avatar:* representación gráfica de una persona en un ambiente virtual como si se tratase de una "segunda vida". Esta representación puede ser consistente con la realidad actual o bien tratarse de un agradable y mítico alter ego. Fuente: *Diccionario de términos de Recursos Humanos,* Ediciones Granica, Buenos Aires, 2011.

Jóvenes aspirantes a su primer empleo

165. *Cuénteme sobre su familia, con quiénes vive, qué hace cada uno de ellos.*

166. *¿Por qué decidió ir a la universidad?*

167. *¿En qué se basó su educación universitaria?*

168. *¿Cómo financió sus estudios?*

169. *¿Por qué eligió su especialidad? O: ¿Por qué estudió ....?*

170. *¿Sus padres influenciaron en su elección?*

171. *¿Qué materias le gustaron más y cuáles menos?*

172. *¿Hubo algún curso que le pareció particularmente difícil?*

173. *Si mañana pudiera comenzar sus estudios otra vez, ¿qué carrera elegiría? ¿Por qué?*

174. *En la universidad, ¿qué recursos utilizaba para convencer a alguien de sus ideas?*

175. *Basándose en lo que sabe sobre el mercado laboral, ¿qué asignaturas le fueron más útiles?*

176. *¿Qué consejo le daría a un estudiante que proyecta ingresar a su especialidad?*

177. *¿Cuáles son sus experiencias más memorables de la universidad?*

178. *¿En qué actividades extracurriculares participó? ¿Por qué las eligió? ¿Cuál fue la que más disfrutó y por qué?*

179. En el caso en que la persona haya trabajado durante sus estudios: *¿Qué aprendió de su experiencia laboral cuando era estudiante?*

180. *¿En qué asignaturas obtuvo sus mejores notas? ¿Por qué? ¿Cómo considera que eso influirá en su desempeño en el puesto?*

181. *¿Y las notas más bajas? ¿Alguna materia debió ser cursada más de una vez? ¿Reprobó algún examen?*

182. Si el entrevistado utilizó más años que el estándar para cursar sus estudios puede preguntar acerca de las causas, por ejemplo, si dejó un período los estudios y luego los retomó. El entrevistado no debe sentir que usted lo juzga por una mala elección de carrera o por su interrupción. Usted sólo desea conocer sus motivaciones en cada caso.

183. *Cuénteme sobre actividades extracurriculares; ¿cuáles llevó a cabo durante sus estudios? ¿Cree que lo pueden ayudar en el desempeño laboral y/o en el puesto para el cual se lo está entrevistando?*

184. Pregunta aplicable en el caso de que una persona no trabaje en temas relacionados con sus estudios universitarios: *¿Por qué trabaja en este campo?*

185. *¿Se esfuerza por mantenerse actualizado?*

186. *¿Se siente satisfecho con las calificaciones que obtuvo en la universidad?*

187. *¿Considera que sus calificaciones reflejan su dedicación y/o el aprendizaje obtenido?*

188. *¿Alguna vez recibió una calificación menor a la que esperaba? Si ocurrió, ¿qué hizo al respecto?*

189. *¿En qué actividades competitivas participó? ¿Qué aprendió de esas experiencias?*

190. *¿La competencia ha tenido un impacto positivo o negativo en sus logros? ¿Cómo?*

191. *¿Qué experiencias de liderazgo y trabajo en equipo ha vivido/aprendido en la universidad?*

192. *¿Por qué desea ingresar en esta especialidad?*

193. *Su currículum no menciona ninguna experiencia laboral en los últimos años. ¿Por qué?*

194. *¿Por qué desea retirarse de una carrera consolidada para ingresar a una posición de menor nivel?*

195. *Cuénteme alguna experiencia donde usted haya demostrado su iniciativa.*

196. *¿Qué lo pone de mal humor, irritado?*

197. *¿Qué aspectos suyos piensa que debería mejorar?*

198. *¿Quién (o qué) ha sido de mayor influencia en su vida?*

199. *¿Es usted una persona innovadora, que propone ideas con frecuencia? Mencione un ejemplo.*

200. *¿Recuerda algún desafío que haya enfrentado? ¿Cómo lo manejó?*

Desarrollo. Otros intereses.
La manera de pensar (sentido común)

Las personas, en general, poseen múltiples intereses[9]. Indagar al respecto siempre será una buena idea; cómo hacerlo adecuadamente es lo que se verá a continuación.

Adicionalmente, se podrán formular preguntas sobre otros aspectos; por ejemplo, una capacidad altamente requerida es el sentido común; también la cultura general y la comunicación con otras personas de diferentes niveles, desde la prensa y los medios de comunicación hasta funcionarios gubernamentales o empleados de otras compañías, del propio país o del exterior. Por lo antedicho, a continuación se presentan preguntas para evaluar ciertos aspectos del postulante más allá de los específicos del puesto.

Antes de elegir las preguntas a utilizar de esta sección, le sugerimos consultar también las preguntas de la Parte II y, por un motivo diferente, también considerar las *preguntas reñidas con el buen gusto*.

Como ya se comentó, si bien algunas de las preguntas siguientes hacen referencia a competencias, esta temática se trata particularmente, con detalle, en la Parte II.

1. *¿Le interesan los deportes?*

2. *¿Qué hace en su tiempo libre? ¿Qué actividades realiza (deportes, hobbies, etc.)?*

3. *Coménteme acerca de sus actividades extracurriculares cuando era estudiante.*

4. *¿Qué sección del periódico lee primero?*

5. *¿Qué revistas lee frecuentemente? (En papel o digitales).*

6. *¿Cuál es su programa de televisión favorito?*

7. *¿Qué personaje público le atrae? ¿Por qué?*

8. *¿Puede nombrar a los ministros de nuestro gobierno actual (o secretarios de Estado u otros funcionarios que puedan relacionarse con su tarea, como gobernadores, legisladores, jueces, etc.)?*[10]

---

9 *Intereses personales.* Esta expresión se utiliza para designar al conjunto de los diferentes planos de acción en la vida de una persona. Fuente: *Diccionario de términos de Recursos Humanos*, Ediciones Granica, Buenos Aires, 2011.

10 Algunas preguntas como esta, por ejemplo, tendrán que ver con posiciones gerenciales, de relaciones públicas, etc., que requieran que el responsable del cargo maneje este tipo de información sobre el contexto político y económico.

9. *¿Alguna vez fue líder (o participó de algún modo) de una agrupación política, gremial, estudiantil, etcétera?*

10. *¿Se considera experto en vinos (cigarros, coches, etcétera)?*

11. *En la organización no se permite fumar[11]. ¿Cómo se sentiría si trabajara con nosotros?*

12. *¿Su vida social incluye compañeros de trabajo?*

13. *¿Qué clase de empleos tuvo cuando era adolescente?*

14. *¿Qué hace para progresar?*

15. *¿Cuáles son sus planes (visión desde la perspectiva individual[12]) y/o proyectos personales[13], en relación con su carrera laboral/profesional?*

16. *¿Cuál fue el viaje más interesante que realizó?*

17. Una técnica interesante para evaluar el sentido común es comentar cualquier noticia de actualidad y ver cómo el postulante la analiza. No estará preparado para ello y a usted le permitirá considerar sus puntos de vista, planteados en forma espontánea.

18. También con este objetivo se puede preguntar sobre un programa de televisión muy conocido, o un servicio nuevo, o algo que esté de moda en el momento de la entrevista.

19. *¿Qué tipo de elogios recibe de sus amigos/jefes/compañeros? ¿Qué piensa usted al respecto?*

20. *Analizando su carrera desde sus inicios hasta el presente, ¿cómo la ve en perspectiva?*

21. *¿Ha cambiado su tolerancia para aceptar errores de sus colaboradores a lo largo de los años?*

22. *Describa una situación en la que objetaron su trabajo o una idea suya.*

---

11 Cada día son más frecuentes las compañías, los edificios y medios de transporte donde no está permitido fumar. Esta es una forma discreta de preguntar si la persona fuma o no y cómo se relaciona con la prohibición de hacerlo en el lugar de trabajo.

12 *Visión individual* o *Visión desde la perspectiva individual*. La imagen del futuro deseado para uno mismo. Implica fijarse retos y objetivos a alcanzar en un futuro. Fuente: *Diccionario de términos de Recursos Humanos*, Ediciones Granica, Buenos Aires, 2011.

13 *Proyectos personales*. Aquello que una persona desea ser y hacer en el marco de lo posible. Se relaciona con la visión o imagen del futuro deseado para sí mismo. Fuente: *Diccionario de términos de Recursos Humanos*, Ediciones Granica, Buenos Aires, 2011.

23. *Imagine que usted es un consultor contratado para evaluarme a mí y a la organización. Basándose en sus observaciones en esta entrevista, describa mi estilo (de gestión) y el de todas las otras personas que conoce de la organización (por ejemplo, si ya fue entrevistado por otros). Por último, cuénteme cómo podría mejorar algunos aspectos de la organización.*

24. *Si usted piensa que tiene una idea genial, ¿cómo la plantea? Bríndeme un ejemplo.* (Esta pregunta podría relacionarse tanto con el aspecto profesional como con otros intereses del entrevistado –vida personal–.)

Desarrollo. La mirada del entrevistado sobre aspectos económicos y objetivos profesionales

El entrevistador podrá encontrar elementos para evaluar la motivación del entrevistado en las respuestas a varias de las preguntas que se expusieron anteriormente. Un entrevistador experimentado recogerá información valiosa a lo largo de toda la entrevista. La mayoría de las veces se formula una pregunta con un propósito específico e, indirectamente, se obtiene información sobre otros aspectos.

En el Capítulo 5, *Cómo analizar la motivación en una entrevista,* se analizarán los diferentes elementos que, desde la mirada del selector, el responsable de la búsqueda y/o el futuro jefe, deberían considerarse para analizar la motivación, tanto para el cambio laboral como en relación con la carrera laboral. A continuación se brindan preguntas referidas a ambos temas, divididos en dos aspectos de la motivación: económicos y los referidos a los objetivos profesionales.

Aspectos económicos

Los aspectos económicos en un proceso de selección deben ser considerados desde diferentes ángulos. En algunos casos serán una restricción, es decir, un elemento a tomar en cuenta como una limitación, por el cual se deja fuera de un proceso de selección a ciertos candidatos o postulantes que presenten ese factor limitante. Por ejemplo, pretensiones salariales muy superiores a lo ofrecido, considerando que los potenciales ocupantes del puesto deben encuadrarse en un determinado rango de remuneración mensual o anual y beneficios relacionados.

Según las buenas prácticas, será fundamental realizar este tipo de indagación al inicio del proceso de selección, para dejar de lado de manera temprana postulaciones que, de todos modos, finalmente no serán consideradas. En capítulos previos nos hemos referido a esta cuestión.

Para indagar sobre aspectos económicos, se sugiere administrar las siguientes preguntas.

1. Para altos ejecutivos, para quienes usualmente los aspectos económicos incluyen remuneración, conceptos variables y beneficios: *¿Cuál es su compensación anual?* Para otros niveles de postulantes, simplemente: *¿Cuál es su remuneración actual (o última)?*

2. Si no desea ser tan directo puede preguntar por la historia laboral: *¿Puede contarme su historia salarial?*

3. Si no quedase en claro cómo se compone la remuneración del postulante usted deberá preguntar: *¿Cuál es su salario mensual/anual, excluyendo beneficios?*

4. *¿Qué tipo de mejora espera alcanzar con un cambio?*

5. *Según su opinión profesional, ¿cuál sería la remuneración adecuada para el puesto?*

6. *¿Estaría dispuesto a adaptarse al salario que ofrecemos para este puesto aunque no coincida con sus expectativas?*

7. *¿Cuál ha sido el último aumento que tuvo? ¿Se sintió satisfecho?*

8. *¿Cómo justificaría una solicitud de aumento a su actual empleador?*

9. *¿Cómo se sentiría si un colaborador –del equipo a su cargo– ganara más que usted?*

10. *¿Considera que el dinero es el aspecto más importante en la relación laboral?*

11. *¿Qué piensa de un procedimiento/esquema mediante el cual los colaboradores puedan opinar sobre la remuneración de su superior?*

12. *¿Alguna vez ha trabajado percibiendo solo comisión o remuneración variable, por ejemplo, que incluyera un porcentaje sobre ventas y/o cobranzas? Cuénteme esa experiencia.*

13. *¿Considera importantes los planes de* stock options *(opciones de acciones)?*

14. *¿Qué aspectos no remunerativos de su compensación son importantes para usted?*

15. *Si su desempeño es superior al promedio ¿esperaría ser recompensado monetariamente por esa circunstancia?*

16. *¿Alguna vez le han negado un aumento de sueldo?*

17. *¿Tiene algún ingreso extra?*

Objetivos profesionales

Los objetivos profesionales del entrevistado deberán estar relacionados, de alguna manera, con el puesto a cubrir. Si bien las motivaciones económicas son importantes, usualmente las personas cambian de trabajo por otros motivos. En ocasiones, lo económico no es la principal razón para el cambio. Por lo tanto, conocer al respecto antes de la entrevista, como ya se comentó, será de gran ayuda. Para el momento de la entrevista le sugerimos las siguientes preguntas.

18. *¿Es importante para usted la oportunidad de alcanzar un mejor nivel?*

19. *¿Por qué está interesado en este empleo?*

20. *¿Cuánto tiempo permanecerá en la compañía?*

21. *¿Cómo se imagina dentro de tres/cinco/diez años?*

22. *¿Cuáles son sus objetivos profesionales?* (Visión individual. Proyectos personales. Ver notas sobre las respectivas definiciones en páginas previas.)

23. *¿Sus actuales objetivos profesionales son diferentes de los originales?* (Según la edad del entrevistado se puede preguntar acerca de los diferentes objetivos profesionales en distintas etapas de su historia laboral.)

24. *¿Está pensando actualmente en hacer algún cambio en su carrera?*

25. *¿Consideraría la posibilidad de mudarse a otra ciudad u otro país?*

26. *¿Le gustaría ser presidente de esta compañía?*

27. *¿Le hubiera gustado ser el presidente de su actual/anterior compañía?*

28. *¿Le hubiera gustado tener el puesto de su actual/anterior jefe?*

29. *¿Le gustaría tener un negocio propio? ¿Cuál? ¿De qué tipo?*

30. *¿Cuándo espera una promoción?*

31. *¿Cómo imagina su desarrollo profesional?* (Según el caso se puede hablar de un futuro más o menos próximo.)

32. *¿Cuáles son sus objetivos de capacitación a corto plazo?*

Cierre. Fin de la entrevista

Muchos entrevistadores no saben cómo comenzar una entrevista y otros, cómo finalizarla. Antes de comenzar el cierre, el entrevistador debería reflexionar acerca de si preguntó (y obtuvo respuesta) en relación con los diferentes aspectos que componen el perfil de la búsqueda –en especial, los requisitos excluyentes– y si con la información recolectada podrá elaborar el perfil del postulante.

Para comenzar el cierre de la entrevista, se podría anunciar el paso siguiente, por ejemplo, decir: "Evaluaremos estos datos y lo llamaremos", o preguntar al entrevistado si tiene alguna duda pendiente. A continuación de las preguntas de cierre expondremos las que formulan los postulantes más usualmente.

Adicionalmente, el entrevistador podrá crear un clima de cierre, dar la sensación de que se han cubierto todos los puntos que se pretendía explorar y que la tarea ha sido cumplimentada satisfactoriamente, por ejemplo, acomodando algunos papeles que utilizó para la entrevista. Por otra parte, debe indicar cómo sigue el proceso, comprobar la disponibilidad del aspirante para futuras entrevistas y verificar los datos para localizarlo.

Cuando el tiempo disponible se acaba y/o cuando se ha obtenido toda la información que se considera necesaria para tomar una decisión, la entrevista debe finalizar.

Las siguientes preguntas pueden utilizarse para finalizar la entrevista.

1. *¿Hay algo más que debería saber sobre usted?*

2. *¿Qué conclusiones ha obtenido de la información brindada?*

3. *Basándose en lo que hemos conversado, ¿el puesto le interesa?*

4. *Cuénteme cuál piensa usted que sería la principal razón por la que deberíamos seleccionarlo a usted.*

5. *Hasta aquí hemos conversado mucho sobre usted, ¿tiene alguna pregunta?* (O: *¿Tiene otra pregunta?*, según corresponda.)

6. *Hemos entrevistado a un gran número de candidatos. ¿Hay algún aspecto o elemento que deba considerar para convencerme de que usted es la persona a la que deberíamos contratar?*

7. *¿Cómo piensa que se desempeñó en esta entrevista?*

8. *¿Cuándo podría comenzar a trabajar?*

9. *¿Puedo contactarme con su empleador actual/último para solicitarle referencias?*

10. *¿Cómo se sintió en la entrevista?*

Cierre. Aquello que deberá responder el entrevistador

En libros destinados a buscadores de empleo hemos sugerido preguntas para que los postulantes realicen durante las entrevistas, especialmente al final.

Según los gerentes de Recursos Humanos de las empresas, la mayoría de los postulantes desean averiguar sobre aspectos económicos: remuneración/salario, beneficios, etc. También sobre las posibilidades de crecimiento laboral, entre otros. Los buenos candidatos usualmente hacen preguntas. Cuando dichas preguntas son pertinentes, será un aspecto positivo a considerar.

¿Hasta qué punto debe responder el entrevistador? Dependerá de cada situación. La amplitud de los temas a responder podrá variar según se trate de una entrevista preliminar o, por el contrario, una realizada en las últimas instancias, por ejemplo, con el futuro jefe. En el primer caso se podrá decir que como se trata de *una primera entrevista, el entrevistador no está autorizado para brindar toda la información,* y en el segundo, el entrevistador debería contar con la mayor información posible o bien indicar cuándo podrá dar una respuesta, según el tipo de cuestión planteada.

En todos los casos se debe ser amable y responder de modo tal que el participante se sienta tranquilo y desee continuar con el proceso de selección.

Preguntas que los postulantes podrían formular a sus entrevistadores

1. *¿Le importaría si tomo notas durante la entrevista?*

2. *¿Cuándo puedo esperar noticias suyas sobre la próxima etapa del proceso de búsqueda?*

3. *¿Qué tipo de personas buscan?*

4. *¿En cuánto tiempo se tomará la decisión de contratar al nuevo colaborador?*

5. *¿Cuáles son los planes de expansión de la compañía?*

6. *¿Cuál es el estilo de management predominante en esta organización?*

7. *¿Qué le gusta más a usted de su trabajo en esta compañía?*

8. *¿Esta organización posee alguna estrategia especial para solucionar los problemas?*

9. *¿Cuáles son los planes de la organización para los próximos cinco años?*

10. *¿Cómo describiría la cultura de la organización?*

11. *¿Qué procedimientos de evaluación de desempeño utilizan?*

12. *¿Esta compañía suele promover a su personal para posiciones jerárquicas/ejecutivas o, por el contrario, cuando se produce una vacante de cierto nivel se realiza una búsqueda en el mercado?*

13. *¿Cuándo se promovió a la última persona en la compañía?*

14. *¿Cómo es el clima laboral dentro de la organización?*

15. *¿Cuántos empleados tiene la compañía?*

16. *¿Cuáles son los planes (de la compañía) de expansión? ¿Considera que debo saber algo más con respecto a esta compañía?*

17. *¿Es un puesto nuevo?*

18. *¿Por qué el puesto está disponible? ¿Qué sucedió con la persona que lo ocupaba? ¿Cuánto hace que está vacante?*

19. *¿Cuántas personas han ocupado este puesto en los últimos tres años?*

20. *¿Por qué no se cubre este puesto con una persona de la propia organización?*

21. *¿Existe una descripción del puesto? ¿Puedo verla?*

22. *¿El empleo requiere viajar?*

23. *¿Cómo se relaciona este puesto/departamento con la estructura organizacional?*

24. *¿Con qué criterio se seleccionará a la persona que están buscando?*

25. *¿Qué tareas y responsabilidades requiere el puesto?*

26. *¿Qué experiencia y capacitación son ideales para este puesto?*

27. *¿Cuál es el salario base para este empleo?*

28. *¿Cuáles son los tres objetivos más importantes para el primer año (del puesto a ocupar) y cuáles son las dificultades?*

29. *¿Quiénes tienen la última palabra en la decisión de contratación?*

30. *¿Cuántos empleados tendría a mi cargo?*

31. *¿Cómo son los colaboradores que tendría a mi cargo?*

32. *¿Cuánta supervisión tendría como nuevo colaborador?*

33. *¿Puede contarme algo sobre las personas con las que yo trabajaría?*

34. *Supongamos que me destaco en este puesto, ¿cómo será mi carrera?*

35. *¿Qué tareas realizaría la mayor parte del tiempo?*

36. *¿Qué desafíos considera que enfrentaría?*

37. *¿Cuál sería mi primera tarea?*

38. *Usted dijo que puedo esperar un mejor salario más adelante. ¿Cuándo me realizarán una revisión y qué necesitaré exactamente para tener éxito?*

39. *¿Quién sería mi superior?*

40. *¿Existen algunos aspectos de mis conocimientos de los que le gustaría saber más?*

41. *¿Tendré libertad como para determinar mis objetivos laborales?*

42. *¿Qué tipo de apoyo tendría en términos de recursos, tanto humanos como materiales?*

43. *¿Cuál es el estilo de gerencia/management del que sería mi superior directo?*

44. *¿Qué cargo tiene el que sería mi jefe?*

45. *¿De quién depende el que sería mi jefe?*

46. *¿Cuáles son los planes de desarrollo del puesto?*

47. *¿Cuántos empleados posee el departamento?*

48. *¿El departamento es una unidad de negocios?*

49. *¿El departamento trabaja en forma independiente?*

50. *¿Las funciones del departamento son importantes para la dirección superior (o número 1 de la organización, según corresponda)?*

Preguntas reñidas con el buen gusto

Hasta aquí se han expuesto preguntas sugeridas, es decir que el lector podrá utilizar según las circunstancias. A continuación señalaremos algunas preguntas que no deberían ser utilizadas en situación alguna.

Adicionalmente, se deberá considerar las normativas vigentes al respecto y, además, las políticas organizacionales. Usualmente se denominan *preguntas inaceptables*. Por ejemplo, en los EE.UU. se le puede preguntar a un joven si es mayor de 18 años, pero no está permitido preguntarle a un adulto si es mayor de 40.

En general, las preguntas relacionadas con la vida, con la historia familiar y las conductas íntimas son algunas de las que solo por respeto al otro no deberían formularse. A continuación, un listado con algunas de ellas, al que cada uno podrá agregar otras, según su propio criterio.

Si por determinada circunstancia fuese importante conocer acerca de alguno de los aspectos a los que estas preguntas hacen referencia, se deberá formular la consulta de la manera más cuidadosa que sea posible y, llegado el caso, ofrecer al entrevistado la opción de no responder.

Por último, es importante recordar que todas las preguntas que se formulen en la entrevista deberán relacionarse con el perfil de la búsqueda.

Las preguntas que no deberían formularse

1. *¿Le molesta trabajar con un jefe más joven que usted?*

2. *¿Alguna vez lo condenaron por un delito?*

3. *¿Alguna vez lo arrestaron?*

4. *¿Tiene discapacidades físicas?*

5. *¿Tiene, o ha tenido, problemas con el alcohol y/o las drogas?*

6. *¿Tiene VIH/sida?*

7. *¿Cuáles son sus problemas de salud?*

8. *¿Es usted saludable y fuerte físicamente?*

9. *¿Tiene buen oído?*

10. *¿Puede leer letras pequeñas?*

11. *¿Tiene problemas de espalda?*

12. *¿Alguna vez le negaron el seguro médico?*

13. *¿Cuándo fue la última vez que lo hospitalizaron?*

14. *¿Algún miembro de su familia es discapacitado?*

15. *¿Alguna vez solicitó licencia por enfermedad?*

16. *¿Visita al médico con frecuencia?*

17. *¿Toma a diario muchos medicamentos?*

18. *Esta es una compañía cristiana (o judía, o musulmana). ¿Considera que sería feliz trabajando aquí?*

19. *¿Es un problema para usted trabajar con personas de otra raza (o religión, ideología, etcétera)?*

20. *¿Piensa casarse pronto?*

21. *¿Es usted un padre/una madre soltero/a?*

22. *¿Qué hace para controlar la natalidad en sus relaciones de pareja?*

23. *¿Cuáles son sus planes en materia de familia? ¿Proyecta tener más hijos?*

24. *¿Su apellido es judío (o cualquier otro origen)?*

25. *¿Hay algún día de la semana que no pueda trabajar (en referencia a cuestiones religiosas)?*

26. *¿Es miembro de alguna iglesia, congregación o similar?*

27. *¿Sus hijos asisten a catequesis?*

28. *¿Qué hace los domingos?*

29. *¿Asiste a la iglesia?*

30. *¿Es miembro de algún grupo religioso?*

31. *¿Cuál es su orientación sexual?*

32. *¿Es miembro de algún grupo de gays y/o lesbianas?*

33. *¿Es usted heterosexual?*

34. *¿Hace citas con miembros del sexo opuesto, o del mismo sexo?*

35. *¿Quién pagó su educación formal?*

36. *¿Tiene deudas?*

37. *¿Cuánto vale su red de contactos?*

38. *¿Pertenece a organizaciones gremiales?*

39. *¿Está afiliado a algún partido político?*

40. *¿Por quién votó en la última elección?*

En resumen

Nuestra sugerencia fundamental es, en todos los casos, planificar la entrevista, como ya hemos visto en el Capítulo 2. Se podrá contar con una planificación por tipo de búsqueda a realizar y, luego, adicionar algunas preguntas específicas según el entrevistado.

Como se vio en capítulos anteriores, la planificación de la entrevista debería incluir entre 20 y 30 preguntas, pero sabiendo que durante la entrevista podrá formular la mayoría de ellas, pero no todas, ya que en ocasiones de la respuesta a una pregunta se obtiene información sobre diversos aspectos, por lo que algunas preguntas no serán ya necesarias.

En el capítulo anterior le hemos sugerido cómo utilizar esta obra, dado que ofrece una amplia variedad de preguntas y en el curso de una entrevista solo se formulan unas pocas. En este capítulo hemos presentado un gran número de preguntas. Otras, el lector las encontrará en la *Parte II. La entrevista en Gestión por competencias.*

A continuación se observan dos tablas que le servirán como esquema explicativo de las diversas preguntas presentadas en este capítulo.

Preguntas sugeridas en el *Capítulo 4. Las mejores preguntas. Desde el inicio al fin de la entrevista*		
Etapa	**Tema**	**Cantidad de preguntas**
Inicio	Los primeros 60 segundos para crear un clima favorable. Incluye preguntas de inicio y sobre datos personales y familiares	20
Desarrollo	Formación. • Sobre nivel educacional - Si el entrevistado es universitario • Otras preguntas sobre formación	40
Desarrollo	Trayectoria laboral. • Experiencia y entrenamiento	72
Desarrollo	La mirada del entrevistado sobre su vida profesional. • Preguntas para postulantes que cambian de empleo con frecuencia. Preguntas para los postulantes que han trabajado mucho tiempo en una organización • Preguntas que allanan las respuestas	57
Desarrollo	Grado de involucramiento del entrevistado con relación a un nuevo puesto. • Preguntas acerca de la investigación sobre el puesto	30
Desarrollo	La mirada del entrevistado sobre sí mismo. • Aspectos específicos de la personalidad • Preguntas difíciles	80

Preguntas sugeridas en el *Capítulo 4. Las mejores preguntas. Desde el inicio al fin de la entrevista*		
Etapa	**Tema**	**Cantidad de preguntas**
Desarrollo	Relación con otras personas en el ámbito laboral	30
Desarrollo	Aspectos específicos relacionados con el futuro puesto a ocupar. • Cómo gerenciar/rol del jefe • Manejo de proyectos y toma de decisiones • Comunicación • Manejo de los recursos humanos/rol del jefe • Presupuestos y control de gestión • Marketing/mercadeo, ventas y servicio al cliente • Informática y tecnología • Redes sociales y conectividad • Jóvenes aspirantes a su primer empleo	200
Desarrollo	Otros intereses. • La manera de pensar (sentido común)	24
Desarrollo	La mirada del entrevistado sobre aspectos económicos y objetivos profesionales. • Aspectos económicos • Objetivos profesionales	32
Cierre	Fin de la entrevista	10
Cierre	Aquello que deberá responder el entrevistador. Preguntas que los postulantes podrían formular a sus entrevistadores	50
Total de preguntas que pueden elegirse para una entrevista		**600**

A continuación, preguntas que no deberían utilizarse en una entrevista en ocasión alguna.

Preguntas no aconsejables		
Etapa	**Tema**	**Cantidad de preguntas**
Todas	Preguntas reñidas con el buen gusto. Las preguntas que no deberían formularse	40

Sumando las dos tablas precedentes, el total de preguntas expuestas en este capítulo asciende a 640.

¡TOME NOTA!

Elija al mejor. Para leer y releer:

- Conceptos generales sobre selección y entrevista: Capítulo 1
- Gestión por competencias y entrevistas para evaluar competencias: capítulos 7, 8 y 12
- Planear la entrevista: Capítulo 2
- Cómo utilizar *Elija al mejor*: Capítulo 3
- Si desea encontrar preguntas: capítulos 4, 9, 10 y 11
- La motivación y cómo evaluarla: Capítulo 5
- Analizar los resultados de la entrevista y registrarla: Capítulo 6
- Para fijar conceptos: anexos I y II

Muchos de los temas tratados en la Parte I se relacionan, también, con la Parte II. La entrevista, cómo planearla, cómo analizar la motivación y los aspectos a tener en cuenta una vez finalizada la entrevista son temas comunes a ambas secciones de la obra.

Capítulo 5

Cómo analizar la motivación en una entrevista

Temas del capítulo:

- La motivación y el trabajo
- Remuneración y algunos conceptos relacionados
- El análisis de la motivación en un proceso de selección
- Cómo observar la motivación para el cambio en una entrevista de selección
- Preguntas a formular sobre el final de la entrevista para explorar la motivación
- Un último comentario sobre la importancia de explorar la motivación

La motivación y el trabajo

La motivación es la razón, causa o motivo para hacer algo: trabajar, cambiar de empleo, de carrera, etc. También viajar, pasear, o cualquier otra actividad que se realice.

El estudio de las motivaciones de las personas en relación con la disciplina de Recursos Humanos es un tema complejo, dado que dichas motivaciones pueden obedecer a causas diversas y abarcar otras razones que van más allá de los aspectos económicos inherentes a toda relación laboral. A su vez, las motivaciones de una persona cambian (o pueden llegar a hacerlo) según las diferentes etapas de la vida.

El análisis de la motivación puede ser abordado desde distintos enfoques; en este caso será en relación con el trabajo, entendiendo por trabajo una actividad remunerada de cualquier tipo que constituya para una persona el medio de ganarse la vida. Sin embargo, el análisis motivacional puede aplicarse a otros ámbitos.

A continuación, puntualmente, se analizará la motivación de una persona para cambiar de empleo, tanto dentro de su misma organización (búsquedas internas) como cuando implica el cambio de empleador.

Si bien de lo que expondremos se podrá inferir, de manera indirecta, cómo motivar a los colaboradores, este aspecto no será aquí considerado.

Los temas que se verán en este capítulo y el siguiente se relacionan tanto con la Parte I como con la Parte II de esta obra.

Motivación y aspectos económicos

Una persona puede tener aspiraciones económicas tanto actuales como futuras, de mediano y largo plazo. Este tipo de motivación podrá reflejarse de diferente modo en todas sus actividades, desde los estudios que encara hasta su relación con el trabajo y perspectivas en torno a él.

Las pretensiones económicas de una persona frente a un cambio laboral podrán ser solo aspiraciones de corto plazo o inscribirse en un horizonte más amplio. Por ejemplo, una persona puede aceptar con entusiasmo una remuneración considerada baja en un nivel inicial frente a las perspectivas futuras –prometidas o no por la organización– de crecimiento profesional y/o crecimiento económico. Por caso, un profesional joven que inicia sus actividades en un estudio u organización y lo hace con el convencimiento de que allí podrá desarrollar una carrera exitosa, ya que así ha ocurrido con otras personas anteriormente o cualquier otra razón similar. En este ejemplo, el término "carrera" incluye una remuneración acorde a dicho éxito futuro.

Motivación y diversidad de intereses. Valores personales y visión individual

Los individuos poseen diferentes intereses personales[1]. Esta expresión (intereses personales) se utiliza para designar al conjunto de los diferentes planos de acción en la vida de una persona.

Los varones y mujeres de todas las edades –incluidas las nuevas generaciones– asumen diferentes roles, los cuales podrán ir modificándose a lo largo de la vida.

Los que se detallan a continuación pueden ser de aplicación a personas de ambos sexos que, a su vez, lleven a cabo actividades diversas.

- Vida profesional: actividad remunerada mediante la cual la persona se gana la vida.

- Otros intereses profesionales, complementarios o no de la actividad principal.

- Aspectos relacionados con la familia: esposo/esposa, madre/padre, administrador/a del hogar, hijo/hija. Esta categoría puede incluir al grupo familiar más cercano o, en una concepción más amplia, otros vínculos familiares y relaciones de amistad.

- Intereses espirituales, religión.

- Intereses culturales. En este grupo se puede incluir cualquier manifestación cultural, desde la música hasta las artes plásticas, tanto en el rol de artista como en el de espectador.

- Deportes o hobbies personales. Cuidado personal (desde lo estético).

- Actividades comunitarias o intereses comunitarios, como política.

- Tiempo libre. Actividades recreativas no incluidas en otras categorías.

- Otros.

El poseer múltiples intereses es una situación que se presenta tanto en varones como en mujeres, y esa multiplicidad de tópicos debe ser administrada adecuadamente. Más allá de que en el caso de los varones ciertos roles o intereses pueden ser menos exigentes que los profesionales, y que en las mujeres algunas de

---

1 La autora trató el tema de los intereses personales y su conciliación con los de tipo profesional en las obras *Conciliar vida profesional y personal*, Ediciones Granica, Buenos Aires, 2016, y *12 pasos para conciliar vida profesional y personal*, Ediciones Granica, Buenos Aires, 2013.

las actividades personales se viven como "más obligatorias", toda persona posee diferentes intereses que, a su vez, pueden variar a lo largo de la vida.

Al mismo tiempo, es cierto que muchos de los roles o intereses mencionados pueden no darse todos juntos y simultáneamente.

La enumeración realizada puede ser incompleta y no implica un orden de prioridad. Además, cada ítem puede abrirse en otros; por ejemplo, en lo que respecta a *familia*, una persona puede tener su "familia directa" y luego otros familiares menos cercanos. Del mismo modo, pueden abrirse los otros ítems mencionados en categorías adicionales o intermedias.

Completando la idea del párrafo anterior, la referencia a la familia no solo implica la ya mencionada familia directa, denominación que usualmente se utiliza para referirse a aquella formada por una persona al contraer matrimonio. La familia próxima (o directa) puede estar también conformada por padres, hermanos u otros parientes. Cada persona tiene constituidas sus relaciones familiares de una manera particular. En un caso determinado, el vínculo con un tío puede ser lejano y en otro, esta figura ser de gran importancia para la persona en cuestión.

Además, entre los intereses personales expresamente no se han mencionado aquellas otras tareas que las personas realizan y son necesarias, como asistir a controles médicos o la reparación de desperfectos en el hogar, por brindar solo dos ejemplos.

La diversidad de intereses puede variar entre una persona que se desempeñe en una organización de cualquier tipo, un político, un religioso, un deportista profesional, solo por mencionar algunas variantes.

Por otra parte, las personas también tienen sus valores y creencias, los cuales resultan fundamentales para determinar el modo de conducirse y las decisiones que las personas toman en todos los ámbitos. Tales valores y creencias pueden tener relación con los intereses personales descritos precedentemente y con las motivaciones para el cambio laboral que se analizarán en este capítulo.

Una persona probablemente pueda modificar con el tiempo sus valores y creencias, pero el cambio requiere un proceso difícil y personal, sobre el que las organizaciones solo pueden tener una influencia limitada.

Las personas tienen (o pueden tener) una visión de sí mismas, una meta a alcanzar, sus propios valores. Sin embargo, lo más frecuente es que no sepan llevarlos a palabras, que no sepan expresarlos.

A menudo es posible observar que muchos no saben muy bien cómo seguir adelante con sus propias vidas, desean cambiar el rumbo de sus carreras o dudan al respecto, etc., sin poder expresarlo claramente.

Más allá de lo antedicho, las personas tienen una visión individual y proyectos relacionados.

Las personas en general, los colaboradores de una organización, de todos los niveles, poseen proyectos de diferente índole, tanto profesionales como personales. Estos últimos pueden abarcar desde hobbies hasta cuestiones familiares o cualquier otro interés.

Correlación entre visión y valores organizacionales y visión y valores individuales

En el marco de una organización debe lograrse una armonía de conceptos. Para que este conjunto de necesidades funcione acompasadamente y se logre una conjunción de intereses positiva, deben darse una serie de correlaciones entre ciertos factores. Los más importantes son:

- *Valores.* Correlación entre los valores de la organización y los de las personas que la integran, a todos los niveles (la definición de *valores personales* fue expuesta en el Capítulo 2).

- *Proyectos.* Correlación entre los planes estratégicos de la organización y los objetivos personales de los individuos que la integran.

Si estas primeras correspondencias (valores y proyectos) no se verifican, es posible que el funcionamiento organizacional no sea para ambas partes todo lo provechoso que podría resultar.

A estos dos elementos deben agregarse los conocimientos, competencias y experiencia necesarios para llevar a cabo las funciones de los respectivos puestos de trabajo.

Cuando la correspondencia integral se verifica, esta situación es buena para ambas partes. Estudiar, analizar, conocer si esta correspondencia existe o no, también es muy importante, partiendo de cualquiera de las dos posiciones desde donde se puede evaluar la situación: la perspectiva de la organización y la individual, es decir, de cada persona en particular que integre la organización o un futuro colaborador, como se está analizando en este capítulo.

La idea se expresa en los dos gráficos siguientes.

Como se desprende del gráfico superior de la página siguiente, a la correlación entre visión y valores, tanto organizacional como individual, la hemos denominado *correlación necesaria I.*

En un proceso de selección, el primer análisis a realizar sobre este aspecto será si existe correspondencia o no entre los valores y objetivos personales del futuro

Correlación necesaria - I

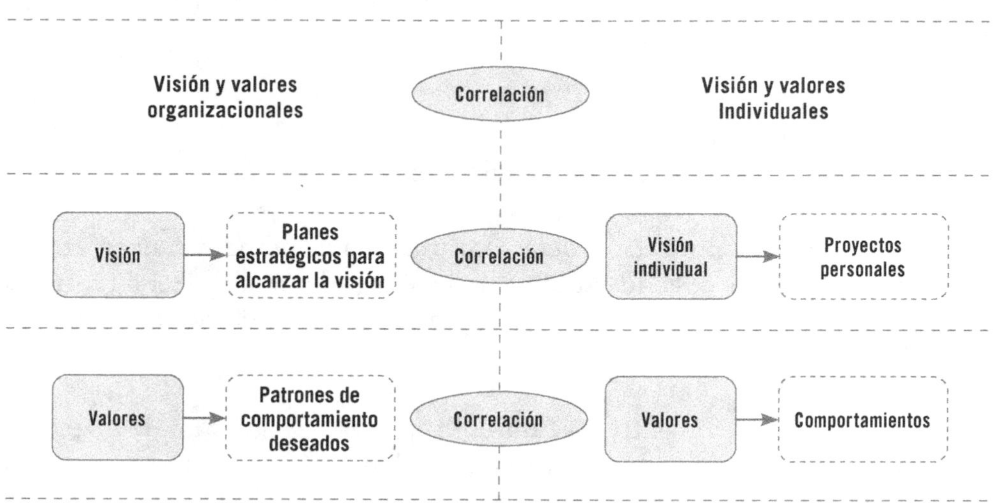

Correlación necesaria - II

colaborador y los de la organización. Si esta relación es positiva, y existiera –por ejemplo– una brecha a cubrir en materia de capacidades (conocimientos, competencias, experiencia), si bien estas pueden ser difíciles de adquirir o desarrollar, siempre será posible encarar vías de mejora para lograr la correspondencia deseada. Cuando esta brecha fuera de valores o proyectos será más dificultoso eliminarla o reducirla.

Continuando con el análisis de este tema desde un proceso de selección, el responsable de dicho proceso, selector y/o futuro jefe, deberá saber que la modificación de valores y objetivos personales refiere a dos temas de incumbencia personal sobre los cuales es muy difícil que una organización pueda tener injerencia. Del mismo modo, desde la perspectiva de los individuos (en este caso, el entrevistado o futuro colaborador), también será poco factible que una persona pueda influir en el cambio de valores o de la estrategia organizacional.

Como se dijo anteriormente, a esta correlación necesaria debe sumarse otra: *correlación necesaria II,* entre capacidades, conocimientos y competencias requeridos por la organización y el puesto de trabajo, por un lado, y las capacidades que las personas poseen, por el otro. Sugiero analizar el gráfico al pie de la página anterior.

Si la correlación entre unos y otros se verifica, es decir, si los diferentes aspectos mencionados están en sintonía, habría una correlación positiva, beneficiosa para ambas partes.

En síntesis, nuestra sugerencia será primero analizar/determinar las correlaciones entre valores y proyectos tanto organizacionales como de los diversos postulantes, y luego, en función de dicho análisis, hacer un diagnóstico de las brechas detectadas tomando conciencia de que algunas serán más fáciles de solucionar que otras: será más fácil actuar en relación con las capacidades (en algunos casos), y más difícil cuando la divergencia se produzca en torno a valores y/o proyectos (en todos los casos).

Talento. Competencias. Motivación

Considerar los aspectos que conforman el talento y evaluarlo adecuadamente es un tema de fundamental importancia en la atracción, selección e incorporación de personas. En otras obras me he referido al talento, en especial al tratar temáticas de desarrollo[2]; aquí, si bien el enfoque podrá parecer similar, se verá la temática desde otra perspectiva.

---

2 Obras de la autora sobre desarrollo de personas: *Desarrollo del talento humano. Basado en competencias,* Ediciones Granica, Buenos Aires, 2004 y nueva edición 2008; *Codesarrollo. Una nueva forma de aprendizaje,* Ediciones Granica, Buenos Aires, 2009; *Construyendo talento,* Ediciones Granica, Buenos Aires, 2016.

El término "talento" hace referencia al conjunto de competencias y conocimientos de la persona, quien puede poseer conocimientos y tener desarrolladas competencias que van más allá de lo requerido por su puesto de trabajo.

En el ámbito de las organizaciones se considera el talento en relación con un puesto, sea este el que la persona ocupa en la actualidad o uno distinto, que se espera que la persona asuma más adelante. En un proceso de selección la evaluación del talento será en relación con el puesto a ocupar al ingreso a la organización o con uno futuro, es decir que se prevé que podría ocupar a mediano plazo (por ejemplo, a los 6 meses o un año luego de su incorporación).

A partir de la definición de talento, y vinculando este concepto con descripciones de puestos y otras buenas prácticas de Recursos Humanos, se puede decir que para tener talento hacen falta conocimientos y competencias. Una persona que trabaja posee, aun sin proponérselo, un conjunto de conocimientos y una serie de competencias. Entre los conocimientos se pueden mencionar desde aquellos específicos relacionados con los estudios de la persona (por ejemplo, sobre leyes, si es abogado), hasta otros que podrán o no ser necesarios en su tarea cotidiana (por ejemplo, conocer acerca de las calles de su ciudad o de vinos). Lo mismo sucede con las competencias: cada persona posee un conjunto de ellas, algunas de las cuales usará para su trabajo y otras que no le serán necesarias en sus tareas.

En resumen, cuando esta persona ocupa un puesto de trabajo aplica una parte de sus conocimientos y algunas de sus competencias, según lo requerido por la función a desempeñar. Los conocimientos, por supuesto, son importantes y necesarios. Sin embargo, se llegará a evidenciar un desempeño exitoso, superior, por el nivel de las competencias que se posea. Por ejemplo, para ser un buen profesor no será suficiente conocer sobre la temática a enseñar, sino que, además, se deberá contar con las competencias necesarias para lograr una buena enseñanza: *Comunicación eficaz, Credibilidad técnica, Ética y sencillez, Justicia, Gestión y logro de objetivos*, solo por citar algunas.

Este concepto se tendrá también en cuenta al tratar, en este capítulo, el análisis de la motivación en los postulantes, particularmente en la entrevista, tanto en el caso de búsquedas externas (personas que buscan un nuevo empleo) como en el de búsquedas internas (personas que se han autopostulado o que han recibido una propuesta de cambio a una posición diferente dentro de una misma organización).

El rol de la motivación

Para el desempeño de una persona en un puesto de trabajo, poseer conocimientos, competencias y experiencia podría no ser suficiente. Debe considerarse otro factor: la motivación.

Como se expresó al inicio del capítulo, la motivación es un concepto amplio. Incluye desde la motivación para desarrollar la propia tarea, para la conducción de un equipo, a fin de brindar, a su vez, motivación a otras personas, para alcanzar objetivos difíciles, para alcanzar algún grado de poder sobre otras personas, sobre negocios o actividades diversas... hasta motivaciones más personales, tales como su propia carrera, su perspectiva personal de carrera futura, la conciliación con otros intereses, etcétera.

En esta obra nos referiremos a la motivación en los procesos de selección, donde el análisis se focaliza en la relación de una persona con un futuro puesto de trabajo o nueva posición, que quizás incluya cambios de roles y tareas.

Con frecuencia, tanto especialistas en Recursos Humanos como futuros jefes confunden el análisis de la motivación para el cambio de una persona con sus pretensiones económicas. Si bien son conceptos relacionados, se trata de aspectos diferentes y deben ser analizados por separado.

En un proceso de selección de personas la remuneración es un tema de suma relevancia. En el momento de definir el perfil de la búsqueda, el nivel de remuneración será una información necesaria a considerar, ya que, en ocasiones, puede ser un condicionante en la elección de postulaciones y candidaturas.

Luego, la remuneración deberá ser nuevamente considerada y analizada en el momento del armado de la carpeta de finalistas.

En todos los casos, es necesario una adecuada diferenciación de conceptos.

Como ya se expresó, las personas tienen motivación para la realización de diferentes cosas, unas en relación con el trabajo y otras en relación con actividades diversas; también podremos encontrar personas con intereses compartidos que, si bien tienen fuerte inclinación por temas extralaborales, poseen también un adecuado caudal de motivación en su trabajo.

Por último, una reflexión sobre la ubicación de una persona en un puesto de trabajo y su relación con la motivación: si una persona se siente "bien" o, eventualmente, "no tan bien" con las tareas que realiza, este será un factor que incidirá de manera directa sobre su mayor o menor motivación en relación con su trabajo.

Al analizar la motivación de una persona en una entrevista habrá que tener en cuenta que si no se verifica una razonable adecuación persona-puesto[3] el individuo

---

3 *Adecuación persona-puesto. Diagnóstico.* Conjunto de evaluaciones necesarias para determinar la relación que se establece entre los conocimientos, la experiencia y las competencias que un puesto requiere, y los del ocupante de esa posición. Para la determinación de la *adecuación persona-puesto* deberán primero establecerse los requisitos del puesto y luego habrá que evaluar a su ocupante, considerando como mínimo tres elementos: conocimientos, experiencia, competencias. Fuente: *Diccionario de términos de Recursos Humanos,* Ediciones Granica, Buenos Aires, 2011.

en cuestión quizá pueda sentirse desmotivado. Esta situación puede modificarse en un nuevo empleo (o no). El entrevistador debe tener en cuenta que ubicar en cada puesto a la persona que tiene las mejores capacidades para llevar adelante las tareas respectivas es bueno para la organización y –es importante destacarlo– también lo es para la persona que ocupa dicho puesto. Esta ecuación, del tipo ganar-ganar, incrementa la motivación.

Remuneración y algunos conceptos relacionados

Una persona puede tener aspiraciones económicas tanto actuales como futuras, de mediano y largo plazo, como se viera en párrafos precedentes. En el ámbito de las organizaciones, las buenas prácticas indican la fijación de una política retributiva, la cual incluye el cuidado de la equidad interna y externa respecto de las remuneraciones, que deben fijarse en función de los puestos de trabajo y las capacidades necesarias para alcanzar un desempeño exitoso en ellos.

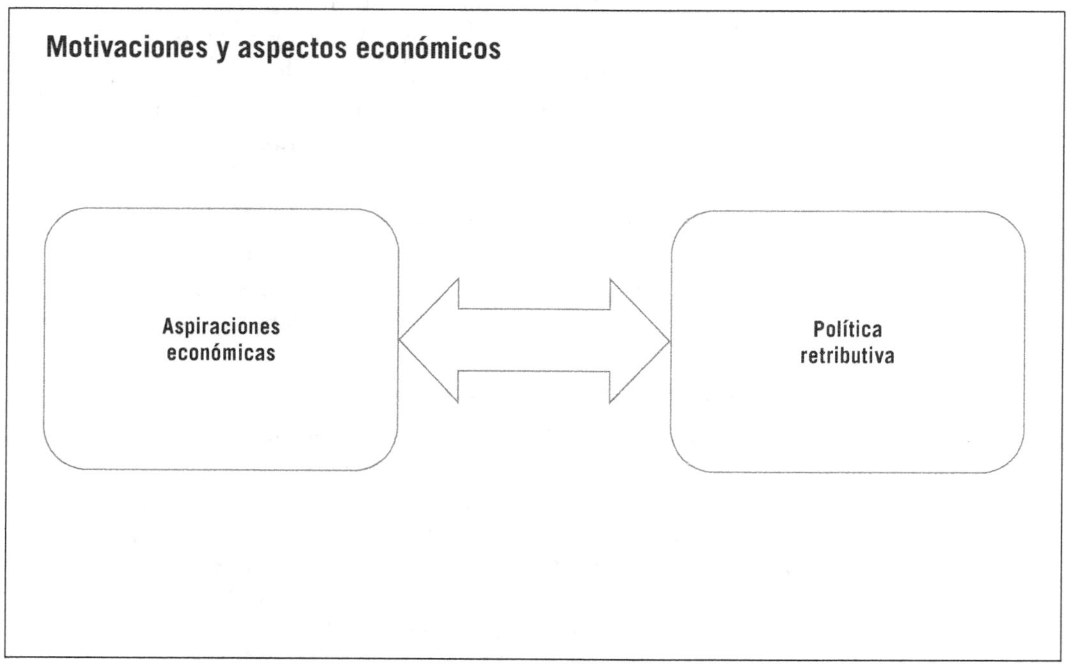

Definición[4] del concepto:

Política retributiva. Conjunto de normas internas en relación con la retribución de todos los integrantes de una organización; incluye *remuneraciones* y *beneficios*.
La política retributiva debe ser objetiva. Para ello deben implementarse criterios cuantificables que garanticen la equidad de las compensaciones.
Los *descriptivos de puestos* deben ser la base de la política de remuneraciones. A partir de ellos será posible valorar y clasificar cada puesto o cargo.
Remuneraciones es uno de los subsistemas que pueden ser auditados. La política retributiva se complementa con una comparación con el mercado, dando como resultado final el diseño de una estructura de remuneraciones.

Con respecto a los procesos de selección y, particularmente, a la entrevista, se deberá tener en claro la política retributiva organizacional junto con los aspectos económicos referidos al perfil buscado.

En ocasiones, la retribución puede ser una restricción y deberá ser considerada, tanto en el momento de definir el perfil de la búsqueda como en la entrevista y, posteriormente, en las etapas finales del proceso de selección. Será una información necesaria a considerar durante los diferentes pasos del proceso ya que el nivel de remuneración puede ser un condicionante en la elección de postulaciones y candidaturas.

Otra cuestión de importancia a considerar en el momento de analizar los aspectos económicos será una adecuada diferenciación de conceptos; el entrevistador y el entrevistado deberán hablar un lenguaje común. A continuación, algunas definiciones importantes.

La *remuneración* es un valor compuesto por la sumatoria del salario mensual o quincenal, según corresponda, y otros beneficios que recibe el trabajador como retribución por su trabajo.

El término *salario* hace referencia a la paga o remuneración regular que recibe el trabajador. Generalmente es una cifra fija por un período laboral de un mes o quincena. El término se utiliza, usualmente, para designar el pago a trabajadores en relación de dependencia. En otras palabras, también podría decirse que el salario es el monto de dinero que la organización abona a un colaborador como retribución por su trabajo.

En ocasiones, en los procesos de selección se toma como parámetro de negociación la *remuneración anual*. Como se infiere de su denominación, se trata del salario anual, el cual surge de la sumatoria de las remuneraciones/salarios correspondientes a un año de trabajo.

---

4 Fuente: *Diccionario de términos de Recursos Humanos*, Ediciones Granica, Buenos Aires, 2011.

Otros conceptos que es importante conocer, para evitar eventuales confusiones tanto en postulantes como selectores y futuros jefes, son los siguientes:

Remuneración bruta. Salario bruto. Valor nominal de la paga que recibe el colaborador y que se toma de base tanto para el cálculo de las contribuciones fiscales a cargo del empleado como las que debe abonar el empleador.

Remuneración neta. Salario de bolsillo o Salario neto. Importe realmente percibido por el trabajador. El monto surge de restarle al salario bruto o nominal los descuentos e impuestos a cargo del empleado.

Esta clara separación de conceptos deberá ser analizada en el área de Recursos Humanos junto con el futuro jefe de la persona a seleccionar, y, luego, el entrevistador deberá corroborar qué tipo de aspectos económicos considera el entrevistado, tanto al informar sobre su remuneración actual como de la pretendida para la nueva posición.

En lo que hace al tema de esta obra, en adición a los conceptos anteriores se deben considerar otras definiciones, que se verán a continuación.

Remuneración pretendida. Monto de dinero que una persona desea percibir en relación con un determinado puesto de trabajo. Puede ser complementado con beneficios.

Remuneración ofrecida. Monto de dinero que se le ofrece a una persona en relación con un determinado puesto de trabajo. Puede ser complementado con beneficios.

La remuneración puede expresarse por períodos (semanal, quincenal, mensual) o bien como un valor anual. Usualmente tanto la remuneración ofrecida como la remuneración pretendida se expresan en valores brutos, es decir, antes de descontar los impuestos a cargo del empleado.

Como se expuso al inicio del capítulo, la motivación se relaciona, entre otros factores, con los aspectos económicos, pero no son los únicos, según veremos a continuación.

El análisis de la motivación
en un proceso de selección

En función de todo lo expuesto hasta aquí, se verá a continuación el análisis de la motivación en la entrevista, dentro de un proceso de selección.

Como se expuso en párrafos previos, la motivación es un factor ampliamente relacionado con el talento y, como tal, ha jugado un rol en el desempeño pasado de la persona y, también, lo jugará en el futuro. La motivación para el cambio y las pretensiones económicas son dos aspectos diferentes, relacionados entre sí, que deberán ser analizados por separado.

Con frecuencia, tanto especialistas en Recursos Humanos como futuros jefes confunden el análisis de la motivación para el cambio con las pretensiones económicas de una persona, y no es lo adecuado.

Motivación. Diferentes aspectos que la conforman

El término "motivación" hace referencia a la razón, causa o motivo para hacer algo: trabajar, cambiar de empleo, de carrera, etc. El entrevistador deberá averiguar cuáles son las motivaciones que impulsan al postulante.

Los entrevistados callan muchas más cosas que las que dicen. Difícilmente comenten sus proyectos de tener un negocio propio o un trabajo independiente, por ejemplo. Entre los motivos que quizás el entrevistado no manifiesta (al menos abiertamente) se pueden mencionar aquellos que impliquen conflictos de relación (en especial cuando se trata de mala relación) con otras personas, desde jefes hasta colaboradores o compañeros. Quizá la razón de esto se encuentre en el temor de ser considerado por el entrevistador como la causa.

Otro de los motivos que, en ocasiones, no se comentan en las entrevistas, es el de los problemas financieros de la empresa en la cual se desempeña el entrevistado. Aquí las causas pueden ser diversas. Desde confidencialidad sobre los temas que atañen a su actual empleador hasta inferir que dicha circunstancia pueda perjudicarlo de algún modo en su búsqueda laboral.

La motivación del postulante. Su análisis

A continuación se hará una síntesis de los distintos aspectos mencionados en este capítulo, en relación con la selección de personas y la entrevista.

En la entrevista con el postulante se deberá indagar las motivaciones para el cambio laboral y las expectativas del entrevistado en relación con su carrera profesional.

La motivación para el cambio laboral –tanto frente a un empleo nuevo como a cambios de funciones dentro de la propia organización– puede obedecer a causas diversas y abarcar otras razones o motivos más allá de los aspectos económicos, inherentes a toda relación laboral.

En la motivación tiene incidencia tanto la visión de futuro –una meta a alcanzar– que cada individuo tenga para sí mismo, como los proyectos personales y los valores personales.

Las personas en general poseen proyectos de diferente índole, tanto profesionales como personales. Estos últimos pueden abarcar desde hobbies hasta cuestiones familiares o cualquier otro interés.

La correspondencia entre valores y objetivos personales se puede considerar desde dos miradas. En la perspectiva de las personas, el primer análisis a realizar será si existe correspondencia entre sus propios valores y objetivos personales y los de la organización. El mismo análisis será posible realizarlo desde la mirada de la organización, y esta deberá ser la óptica del entrevistador. En un caso o en otro, la no correspondencia entre estos aspectos será una cuestión más difícil de resolver que eventuales brechas relativas a las capacidades de la persona (conocimientos, competencias, experiencia).

A continuación, y como una síntesis de los temas hasta aquí planteados, se analizará una secuencia de cuatro gráficos para explicar de manera detallada la motivación de los postulantes, considerando una serie de factores que, con frecuencia, forman parte de las motivaciones de las personas para iniciar una búsqueda laboral y, luego, decidir un cambio.

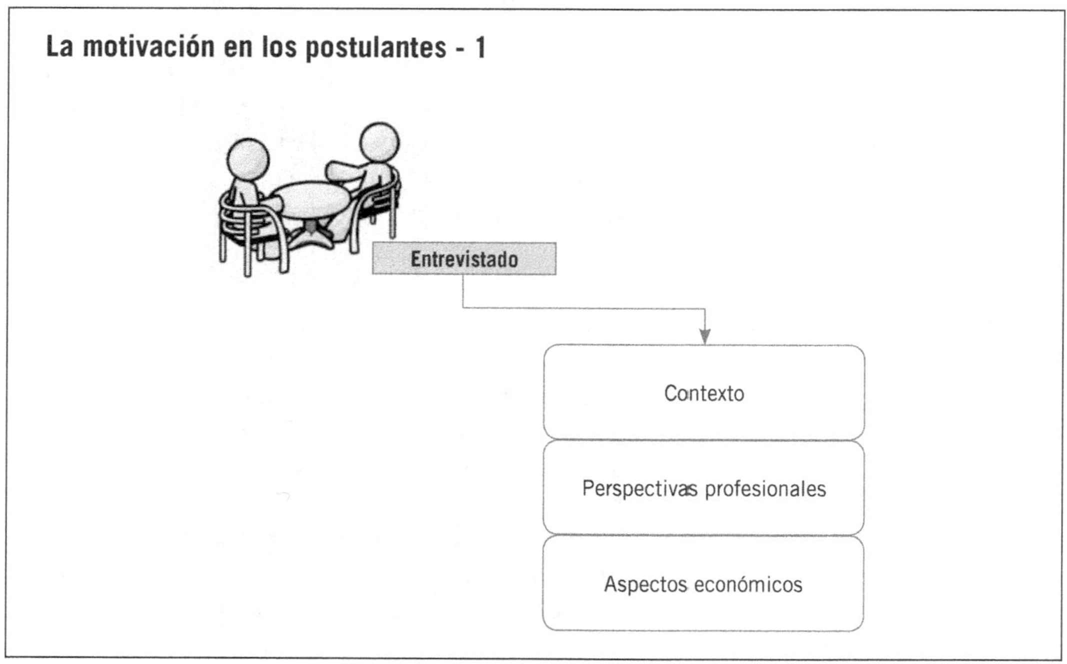

La figura precedente expone los principales elementos que conforman la motivación de una persona frente a un cambio, tanto dentro de la organización actual como frente a una posibilidad de empleo en otra empresa: el contexto en el cual se está desempeñando en el presente, las perspectivas profesionales que desearía alcanzar para sí mismo en un futuro y los aspectos económicos involucrados. Cada uno a su vez se abre en otros ítems. Según el postulante y las circunstancias, los distintos factores identificados podrán tener diferente importancia, aun en una misma persona.

La mayoría de las veces los postulantes manifiestan como motivo para el cambio la perspectiva de aumentar su remuneración, pero llegan a esta conclusión producto de otros factores. De allí la importancia de realizar un análisis completo.

El contexto actual (y sus perspectivas) en el cual una persona trabaja es un factor que incide en la motivación para el cambio y en la búsqueda de nuevas oportunidades profesionales. Por ejemplo, el entorno laboral y social, la cultura, los jefes y compañeros, las tareas y responsabilidades (actuales y futuras)… son factores de importancia que pueden llevar a la satisfacción o insatisfacción de una persona en un puesto de trabajo. Según las características de dicho contexto el cambio deseado podrá ser en la misma organización o en otra diferente.

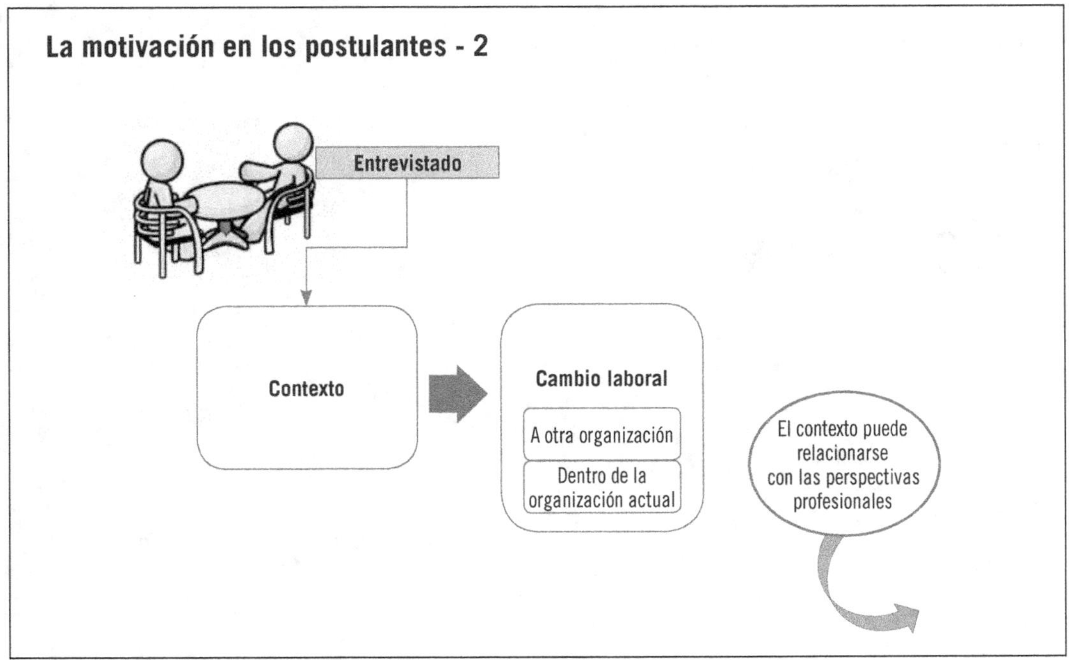

Las posibilidades de crecimiento y otras circunstancias, ya sea a favor o en contra de realizar un cambio de trabajo, podrían también tener relación con el aspecto que se analizará a continuación.

En páginas previas se hizo un análisis detallado de algunos factores que se mencionan en la figura precedente. Todas las personas poseen una visión de futuro para sí mismas, así como sus propios valores y proyectos. Este conjunto de factores tiene una directa incidencia en la carrera profesional, y la mayoría de ellos están presentes en las decisiones que tomamos a diario, aun sin ser conscientes de las razones que las motivan. Las personas que participan en procesos de selección pueden o no verbalizar estas motivaciones, pero de un modo u otro son factores que están presentes al momento de buscar el cambio laboral.

Usualmente, el contexto (citado en la figura *La motivación en los postulantes – 2*) impulsa a tomar la decisión de iniciar una búsqueda de nuevas posibilidades laborales, en especial cuando ese contexto se percibe negativamente, por razones diversas. Sin embargo, los factores mencionados –carrera, visión de futuro, proyectos y valores personales– serán los que incidirán de manera directa en la opción a elegir.

Todo lo antedicho repercute de una manera u otra en los aspectos económicos. Quizá la razón clave para cambiar de empleo sea que la persona trabaja en una empresa con problemas, pero cuando llega el momento de pensar en sus pretensiones

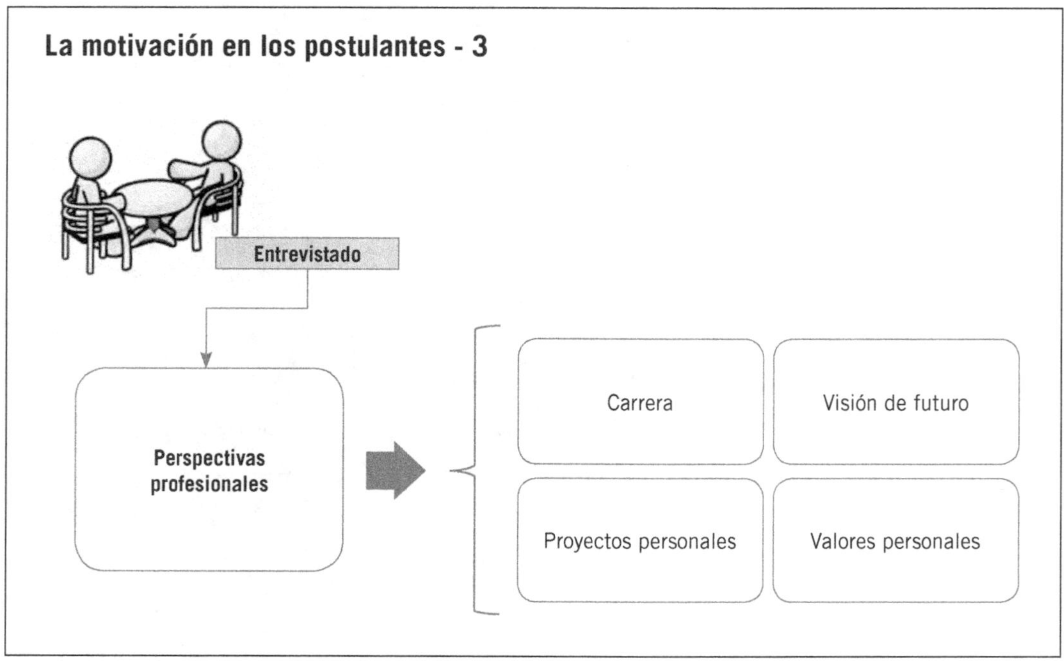

económicas, el número se eleva porque la persona en cuestión considera que su salario actual es bajo por los problemas de la organización. Quizá sea cierto. Quizá no. En cualquier caso, la idea jugará un rol en el pensamiento de esa persona y en sus motivaciones.

No obstante, los aspectos económicos deben ser considerados relevantes, tanto los que se refieren a la remuneración como los beneficios involucrados.

Al pie de página, el último gráfico de esta serie.

Como surge de la figura, todos los factores convergen en los aspectos económicos. Esta variable puede ser, además, una suerte de lenguaje que facilite la comunicación. Indicará el nivel de la posición dentro de la organización y el estatus social que conlleva, entre otros elementos a considerar.

En el gráfico podrán verse, dentro del óvalo que los enmarca, los siguientes aspectos: el contexto (que ya fue mencionado), así como las perspectivas profesionales; y se adicionaron otros dos. Bajo la denominación de "otros" pueden incluirse situaciones diversas, desde una persona que tiene una relación conflictiva con un jefe o superior; problemáticas graves, como acoso laboral, o intranscendentes, pero que a la persona en cuestión la incomodan por algún motivo, hasta otras situaciones meramente personales, como un cambio de domicilio del postulante.

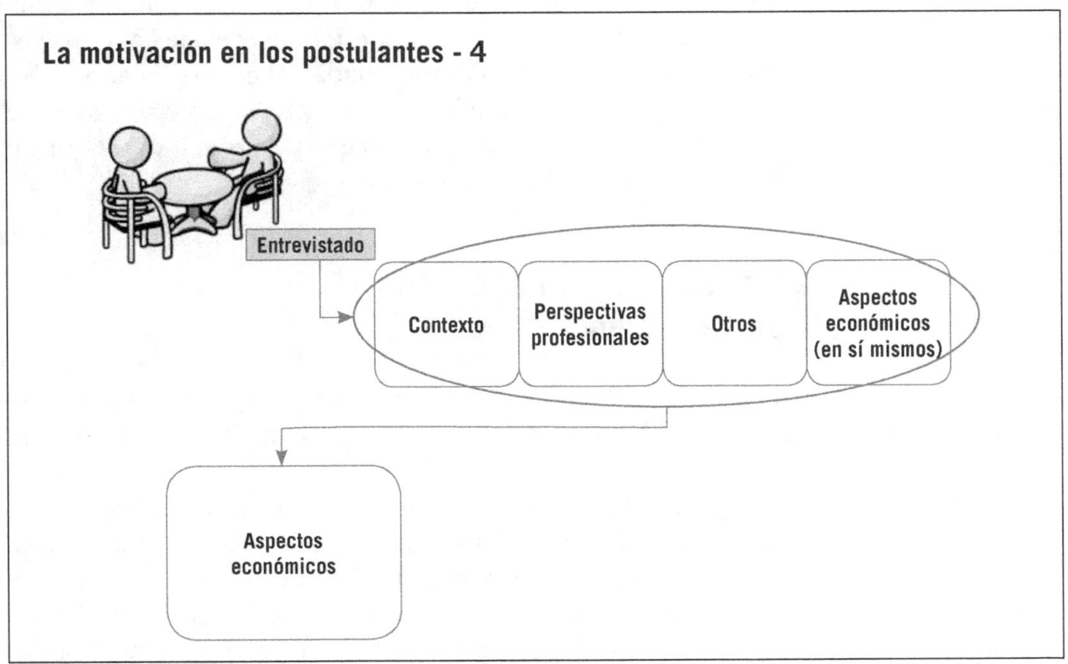

Como último factor del conjunto he incluido un casillero para destacar que también están las personas que cambian de trabajo solamente motivadas por aspectos económicos. Aunque la experiencia profesional indica que no es frecuente que los aspectos económicos sean el único elemento a considerar en el cambio laboral, excepto en aquellos niveles remuneratorios por los cuales la supervivencia o el mínimo bienestar de la familia estén en peligro. Usualmente, las motivaciones económicas se presentan en combinación con otras.

¿Por qué es importante detectar estos matices en la entrevista? Porque quizá los aspectos económicos fijados en el perfil de la búsqueda cubren las expectativas del postulante, lo cual lleva a que no se indague respecto de la posibilidad de que haya otras motivaciones, y así queda sin revelarse que entre esas motivaciones para el cambio había un factor que la empresa y la nueva posición no pueden satisfacer.

En síntesis, el análisis de la motivación para el cambio laboral de un futuro colaborador es una tarea compleja. De ser posible, nuestra sugerencia será primero analizar/determinar las correlaciones entre valores y proyectos tanto organizacionales como de la persona, y luego, en función de un análisis racional, hacer un diagnóstico de las brechas detectadas tomando conciencia de que algunas serán más fáciles de solucionar que otras: será más sencillo actuar en relación con las capacidades, y más complejo cuando la divergencia se produzca en torno a valores y/o proyectos.

En consonancia con lo aquí expuesto, sobre el final de este capítulo se presentarán algunas preguntas orientadas a conocer mejor las motivaciones de una persona en relación con un puesto a ocupar. Sobre la base de estas sugerencias el entrevistador podrá diseñar otras preguntas que considere atinadas, si así lo desea. No obstante lo antedicho, y como se verá a continuación, la motivación podrá apreciarse a lo largo de todo el transcurso de la entrevista. Las preguntas específicas serán un complemento para obtener mayores indicios al respecto.

Cómo observar la motivación para el cambio en una entrevista de selección

En una entrevista, además de la evaluación de conocimientos, experiencia y competencias, será de suma relevancia determinar las motivaciones que llevan a la persona a buscar un nuevo empleo.

Un análisis rápido de la motivación en el cambio laboral podría hacer suponer que el dinero es el principal factor; sin embargo, generalmente no lo es. La búsqueda de una mayor remuneración puede ser una motivación, pero no la única y, además, puede no ser la principal. Deberá analizarse caso a caso y no generalizar, y mucho menos deducir que las motivaciones del otro son las mismas que las propias.

Las personas con una fuerte motivación por el dinero suelen pensar que los otros ven las cosas del mismo modo, y lo mismo puede suceder con aquellos que tienen una fuerte motivación por temas diferentes a los laborales (deportes, hobbies, etc.) y priorizan, por ejemplo, la flexibilidad horaria. Estas ópticas particulares pueden incidir en el análisis que debe realizar el entrevistador, quien, en todos los casos, tiene que prescindir de sus propias preferencias y concentrarse en detectar la visión que sobre cada aspecto posea el entrevistado, sujeto de evaluación.

Observar aspectos relacionados con la motivación en respuestas dadas a otras preguntas

A lo largo de toda la entrevista se podrán observar detalles y comportamientos que brinden información sobre las motivaciones del entrevistado, tanto en relación con el cambio de trabajo como sobre su desarrollo profesional y perspectivas de carrera.

Será difícil preguntar sobre algunos aspectos si no se posee algún indicio previo. Por ejemplo, una pregunta como *¿La relación con su jefe es el motivo por el cual desea cambiar de trabajo?* podría ser percibida como agresiva y romper el buen clima de la entrevista. Sin embargo, esta es una motivación frecuente en los buscadores de empleo. Por lo cual el entrevistador deberá estar atento para detectar posibles situaciones como esta u otras de índole similar: compañeros de trabajo difíciles, mal clima entre jefes y colaboradores, jefes que evidencian comportamientos no éticos... u otras situaciones que pueden disgustar a la persona, lo suficiente como para motivarla a buscar otros horizontes.

Por lo antedicho, el entrevistador debe observar detalles –de índole diversa– en el transcurso de la entrevista, desde el saludo inicial hasta el momento de la despedida (saludo final). Estos detalles podrán ser circunstanciales, en relación con la situación de la entrevista, surgir de la respuesta del entrevistado a las diferentes preguntas y/o a la conversación en general e, incluso, estar relacionados con información que, eventualmente, podría estar disponible en los antecedentes del entrevistado. Ejemplo: el entrevistado vive en un lugar alejado de la compañía en la cual trabaja, o su empleo actual le requiere una dedicación horaria superior a lo usual, o debe trabajar en días feriados, etc. Al igual que en el ejemplo del párrafo anterior, estas situaciones podrían ser un indicador de malestar. Realizar una pregunta directa tal vez sea considerado improcedente por parte del entrevistado. No obstante, los motivos antedichos son usuales para generar el deseo de cambiar de empleo. ¿Cómo proceder? Continuando con el ejemplo, el entrevistador podría mencionar que el nuevo lugar de trabajo estaría a una distancia menor, o que el horario previsto es convencional, y aguardar algún comentario por parte del entrevistado. Estas son formas indirectas de hacer hablar a un entrevistado en relación con una eventual disconformidad en su empleo actual.

Observar detalles es una capacidad muy útil en relación con la entrevista de selección en su conjunto, y en especial para analizar la motivación del entrevistado, sobre la base de indicios que puedan parecer intrascendentes u otros que, en una primera instancia, pudieran parecer no relacionados con la entrevista y/o el perfil de la búsqueda. Un comentario que llame la atención del entrevistado podrá ser el disparador de una pregunta con el propósito de profundizar al respecto.

En resumen, las motivaciones para el cambio son diversas y no siempre se observan expresadas en palabras. Un entrevistador experto deberá detectar las verdaderas, en cada caso. Por otra parte, como se dijo en párrafos previos, el entrevistador no debe considerar ningún tema desde su perspectiva sino intentar analizar cada situación poniéndose en lugar del entrevistado. Debe aprender a considerar las cosas desde la mirada del otro.

Preguntas a formular sobre el final de la entrevista para explorar la motivación

Las preguntas para explorar la motivación son de diferente tipo, por ejemplo, en algunos casos se solicitará una opinión sobre algún aspecto y, en otros, se indagará sobre comportamientos pasados.

Siempre que sea posible, será conveniente obtener comportamientos; también en las respuestas que se reciben al explorar sobre motivación, realizando preguntas similares a las expuestas más adelante.

En todos los casos se sugiere tener en cuenta que, cuando se desea que el entrevistado relate comportamientos, deberán formularse las preguntas de modo tal que la persona comente acerca de cómo actuó concretamente en el pasado.

Cuando el entrevistado relata "aquello que haría" (hipotéticamente) no se obtienen comportamientos, dado que una cosa es lo que una persona imagina que haría llegado el caso, y otra lo que realmente hizo/hace/hará cuando la situación se presente. No obstante, en algunos casos, preguntar sobre lo que la persona haría (por ejemplo, frente a una oferta de empleo) podría dar pie a la repregunta, indagando si alguna vez le pasó algo similar. En la respuesta a la repregunta se obtendrían comportamientos.

Las personas (de todas las edades) poseen intereses diversos, además de los profesionales, como vimos en páginas previas. A continuación ofrecemos ejemplos de preguntas para indagar sobre *otros intereses personales*.

- *Su actividad laboral / estudios / docencia (según corresponda) le insumen un cierto número de horas al día. Cuénteme sobre otros intereses o actividades que usted esté llevando a cabo o que, por el contrario, no lo esté haciendo pero desearía realizar.*

En relación con la segunda parte de esta pregunta, surge una cuestión interesante que se podrá explorar según la situación y el entrevistado. Por ejemplo, si la persona dijera que desea practicar un deporte o un hobby y no lo está haciendo, se podría explorar por qué, si alguna vez lo intentó y las razones por las cuales no siguió adelante, etcétera.

En cuanto a los aspectos económicos, las personas tienden a repetir comportamientos, por lo cual conocer cómo manejó una determinada situación económica en el pasado permitirá al entrevistador obtener un pronóstico más certero sobre qué hará esta persona el día de mañana frente a una situación similar.

Una buena sugerencia sobre cómo preguntar acerca de aspectos económicos y motivación será separar dichas preguntas. En un momento de la entrevista se podrá inquirir sobre la remuneración actual y la pretendida, luego hablar sobre otros temas y, como algo totalmente desvinculado de lo económico o remunerativo, indagar sobre las expectativas profesionales y razones para el cambio laboral.

A continuación se expondrán algunos ejemplos de preguntas que sirven para explorar la motivación. Siempre será importante considerar el nivel de los entrevistados: ejecutivos, niveles intermedios e iniciales. También la edad de cada postulante. Una pregunta que es pertinente realizar a un joven puede no ser adecuada para una persona que posee una larga trayectoria o se encuentra próxima a la edad de retiro, entre otros casos.

El análisis de las respuestas también deberá realizarse correlacionando las respuestas con la historia de cada persona. La misma respuesta podrá tener un significado diferente según las circunstancias. En cualquier caso, el análisis del entrevistador deberá ser realizado en función del perfil de la búsqueda.

La motivación y los niveles ejecutivos

En los niveles altos de la organización las personas se sienten motivadas, especialmente, por las características del nuevo puesto, las responsabilidades que deben asumirse, las perspectivas que presenta, la posibilidad de manejar negocios y tomar decisiones, el prestigio, la valoración social de la posición, entre otros aspectos. Por lo tanto, para indagar sobre la motivación de altos ejecutivos se debe tener en cuenta que la remuneración es siempre un factor importante, pero tiene un peso diferente al que puede poseer en otros niveles. Cuando los directivos y gerentes (altos ejecutivos) reciben bonos u otro tipo de compensaciones variables, esta circunstancia es un motivador desde varias perspectivas; desde lo económico propiamente dicho, por supuesto; sin embargo, también pueden entrar en juego otras consideraciones, tales como identificación con la organización, adquisición de un mayor estatus social, entre otras. Una situación análoga podría darse con relación a otros beneficios, como el automóvil que se asigne a la persona. Si quien asuma el puesto tendrá adjudicado como beneficio un automóvil de alta gama, esto implicará, además de acceder a un objeto de lujo, cierto prestigio adicional en su comunidad.

Ejemplos de preguntas para indagar sobre *expectativas de desarrollo profesional.*

- *¿Por qué quiere ingresar a ....?*

- *¿Qué posición desearía alcanzar más adelante en ....?*

- *En su experiencia/carrera, ¿ha vivido experiencias no positivas que de algún modo hayan retrasado su carrera o no le permitieron alcanzar el desarrollo que usted esperaba?*

- *Sobre la base de su experiencia y, además, considerando sus intereses personales, ¿qué se imagina estar haciendo dentro de tres años?*

- *Hemos hablado de la organización, de la nueva posición y sus características. ¿Dónde podría estar haciendo un mejor aporte?*

Ejemplos de preguntas para indagar sobre *motivaciones para el cambio:*

- *¿Qué elementos consideraría a la hora de decidir realizar un cambio de empleo? ¿En qué orden de importancia?*

- En caso de que el entrevistado haya respondido a un anuncio, indague si está en una búsqueda intensa o si contestó a ese anuncio porque le interesó algo en particular.

- *¿En cuántas búsquedas está participando? ¿Qué expectativas tiene respecto de ellas?*

- *¿Alguna vez le hicieron una contraoferta (en sus empleos anteriores o en el actual) cuando usted presentó la renuncia? ¿Qué lo motivó a cambiar cuando se fue de ....?*

Si la persona ha realizado varios cambios de empleo en los últimos años:

- *Ha cambiado varias veces de trabajo en el último período. ¿Qué experiencia le ha dejado esta situación? Si pudiese volver el tiempo atrás ¿realizaría los mismos cambios laborales?*

La motivación y los niveles intermedios

Las personas que ocupan niveles intermedios, al igual que las de niveles ejecutivos, se sienten motivadas por las características del nuevo puesto, las responsabilidades que deben asumir, las perspectivas que ofrece la posición, la posibilidad de manejar negocios y tomar decisiones, el prestigio, la valoración social del cargo, etcétera.

Adicionalmente, debe tenerse en cuenta que la mayoría de los colaboradores de estos niveles cambian de trabajo por otros motivos, por ejemplo, una difícil relación con su jefe directo. Por lo tanto, se debe indagar la motivación considerando todas las opciones, incluso el aspecto monetario, sin presuponer que es siempre la principal causa del cambio.

Los ejemplos de preguntas para evaluar la motivación para el cambio y respecto de la posición para la cual se lo evalúa son similares a los expuestos para los niveles ejecutivos. Seguramente sus respuestas y motivaciones serán de diferente índole.

La motivación y los niveles iniciales

En la categoría "niveles iniciales" se han agrupado casos diferentes, desde personas que buscan su primer empleo hasta aquellos que ya cuentan con varios años de experiencia, pero aún no pueden ser considerados dentro de los niveles intermedios.

También se podrá encontrar a personas con carencias económicas que determinen que el nivel de remuneración sea su principal motivación a corto plazo. Sin embargo, podrán adicionalmente poseer otras motivaciones a mediano y largo plazo.

En todos los casos, las personas tienen motivaciones e intereses personales que trascienden lo económico. Por lo tanto, en un proceso de selección deberán indagarse siempre las motivaciones de todo tipo e identificar la escala de prioridades que se establece entre ellas.

Las preguntas que se expondrán a continuación son en buena medida similares a las destinadas a los niveles ejecutivos y/o intermedios. No obstante, las respuestas probablemente sean diferentes. A su vez, las motivaciones frente a los mismos ítems podrán ser opuestas si se trata una persona joven o de un individuo que se encuentra transitando los últimos años de su carrera.

Ejemplos de preguntas para indagar sobre *expectativas de desarrollo profesional:*

- *¿Por qué quiere ingresar a ....?*

- *Usted se está postulando para .... (nombre del puesto). ¿Qué posición/ nivel desearía alcanzar más adelante?*

- *¿Qué imagina estar haciendo dentro de tres años? ¿Cómo se prepara para ello?*

- *¿En qué áreas piensa que podría realizar un mejor aporte a nuestra organización?*

Si la persona aún está estudiando y/o no finalizó su carrera:

- *¿Cómo piensa compatibilizar las exigencias de sus estudios/carrera/clases con la posición a la cual se está postulando?*

- *Para cuando finalice sus estudios de ...., ¿se ha planteado otros objetivos/ planes futuros?*

Si la posición implica horarios diferentes a los habituales (trabajar en días feriados u otras cuestiones similares), se sugiere preguntar:

- *En nuestra organización los horarios habitualmente son* .... O, según corresponda: *En la posición a la cual usted se postula los horarios habituales son* .... *¿Estas características del puesto futuro se ajustan a sus intereses personales?*

Ejemplos de preguntas para indagar sobre *motivaciones para el cambio:*

- *¿Cuál o cuáles son las razones que lo inducirían a aceptar este puesto?*

Si se trata de la respuesta a un anuncio, indague si el entrevistado está seriamente en una búsqueda intensa o si respondió porque le interesó algo en particular.

- *¿En cuántas búsquedas está participando? ¿Qué expectativas tiene respecto de ellas?*

- *¿Qué elementos consideraría que podrían inducirlo a cambiar de empleo? O: ¿Qué lo motivó a cambiar cuando se fue de ....?*

Si la persona se postula a un primer empleo.

- *Cuénteme cómo imagina una relación laboral. Por ejemplo, ¿siente que es similar a la relación con sus profesores docentes o muy diferente...?*

- *En su grupo de amigos o compañeros de estudios, ¿alguno ya está trabajando? ¿Qué referencias le han comentado sobre la experiencia laboral? Positiva, negativa...*

Como se expresara, si bien algunas preguntas podrán parecer similares, el encuadre de la entrevista y la situación en su conjunto serán muy diferentes en cada caso.

Un último comentario sobre la importancia de explorar la motivación

Como reflexión de cierre sobre la importancia de la motivación, y haciendo un resumen de todo lo visto, en especial con respecto a las preguntas para indagar sobre este punto, tanto en relación con las expectativas de desarrollo como con las motivaciones para el cambio, diré que es necesario preguntar, escuchar la respuesta y, de ser necesario, repreguntar. El entrevistador no debe tener miedo a repreguntar sobre los temas clave, y la motivación es uno de los fundamentales.

Las respuestas a las preguntas sobre motivación suelen esconder los verdaderos motivos del deseo de cambio. Estas pueden ser estereotipadas, por lo que suelen ser engañosas. Siempre será mejor indagar en profundidad y no quedarse con la primera respuesta.

No siempre la motivación, con sus reales causas e implicancias, surge a primera vista. En ocasiones los entrevistados se esfuerzan para ocultarlas, en la creencia de que si expresan sus verdaderas motivaciones esto podría jugarles en contra de algún modo. En otros casos, el entrevistado se las oculta a sí mismo, identificando otra motivación como la principal. Llegar a percibir las verdaderas motivaciones permitirá una mejor relación futura, en el caso de que el entrevistado sea elegido para ocupar la posición vacante.

En el Capítulo 4, *Las mejores preguntas. Desde el inicio al fin de la entrevista*, hemos presentado, en la sección "Desarrollo. La mirada del entrevistado sobre aspectos económicos y objetivos profesionales", preguntas sobre varios de los temas aquí tratados. Podrán utilizarse de manera combinada con las brindadas en párrafos previos, en este capítulo.

En mi actividad profesional con frecuencia me ha tocado formar entrevistadores, tanto integrantes de los equipos de mi consultora como de organizaciones clientes, especialistas de Recursos Humanos, futuros jefes, etc., particularmente en Gestión por competencias, en entrevista por competencias, en medición de valores y proyectos personales.

Siempre enfatizo que, además de la medición y evaluación de las capacidades, conocimientos, experiencia y competencias, en las entrevistas de selección es muy importante determinar las motivaciones que llevan a la persona a buscar un nuevo empleo.

En los últimos años el tema se ha tornado más complejo aún, ya que se ha difundido la preparación de postulantes para entrevistas, por lo cual muchos de ellos concurren a las citas con posibles respuestas a las preguntas más frecuentes. Esta situación (postulantes preparados) no es ni buena ni mala en sí misma, dependerá de cada caso, de cada circunstancia. Un buen entrevistador deberá cerciorarse de que, con preparación previa del postulante o no, cada respuesta obtenida se corresponde con la realidad del entrevistado, particularmente en lo que respecta a su motivación.

¡TOME NOTA!

Elija al mejor. Para leer y releer:

- Conceptos generales sobre selección y entrevista: Capítulo 1
- Gestión por competencias y entrevistas para evaluar competencias: capítulos 7, 8 y 12
- Planear la entrevista: Capítulo 2
- Cómo utilizar *Elija al mejor*: Capítulo 3
- Si desea encontrar preguntas: capítulos 4, 9, 10 y 11
- La motivación y cómo evaluarla: Capítulo 5
- Analizar los resultados de la entrevista y registrarla: Capítulo 6
- Para fijar conceptos: anexos I y II

Muchos de los temas tratados en la Parte I se relacionan, también, con la Parte II. La entrevista, cómo planearla, cómo analizar la motivación y los aspectos a tener en cuenta una vez finalizada la entrevista son temas comunes a ambas secciones de la obra.

Capítulo 6

Después de la entrevista. Registro y análisis

Temas del capítulo:

- Elaborar el *perfil del postulante*
- Cuándo y cómo tomar notas
- Registro de la entrevista. Sugerencias y consejos
- Conclusiones sobre cada entrevistado
- Varias postulaciones. *Elija al mejor*

Elaborar el *perfil del postulante*

Una vez finalizada la entrevista, con toda la información recolectada durante la misma y el conjunto de antecedentes disponibles, incluido lo obtenido en los pasos previos (tema desarrollado en capítulos anteriores), el entrevistador estará en condiciones de elaborar el *perfil del postulante*.

Para elaborar el perfil del postulante (de los distintos candidatos), previamente se habrán evaluado conocimientos, experiencia y competencias de cada uno de los entrevistados, junto con otros aspectos, de acuerdo con el perfil de la búsqueda.

Luego, a partir de esta información y sobre la base de criterios preestablecidos (perfil de la búsqueda), se podrá elegir a aquellos postulantes que presentan mayor posibilidad de adaptarse exitosamente al puesto disponible, y acordes con los requerimientos del puesto y de la organización.

Los temas que se verán en este capítulo, así como los del precedente, se relacionan tanto con la Parte I como con la Parte II de esta obra.

La definición de algunos conceptos expuestos, así como la figura que se muestra a continuación, fueron tratados en el Capítulo 1.

Perfil del postulante. Conjunto de capacidades de una persona, incluyendo sus estudios formales, conocimientos, competencias y experiencia, así como su motivación tanto en relación con su carrera como para el cambio laboral.

Perfil de la búsqueda. Conjunto de capacidades requeridas para un puesto de trabajo; su definición es necesaria para realizar la selección del futuro ocupante. Puede incluir, además, factores adicionales.

Si el *descriptivo de puestos* está actualizado, se partirá de ese documento interno. Luego, y en función de los requisitos planteados por el futuro jefe, se definirán aspectos adicionales a tener en cuenta.

Una adecuada correlación entre ambos perfiles será la base de una buena relación con el nuevo colaborador.

A partir del perfil de la búsqueda se diseñan los distintos pasos de un proceso de selección, entre ellos el planeamiento de la entrevista. En este capítulo, dedicado al análisis y el registro de la entrevista, se seguirá el esquema que se expone en la figura siguiente y se considerarán los mismos aspectos utilizados para planear la entrevista (y en el mismo orden; ver Capítulo 2).

Como ya hemos visto, los ítems mencionados se podrán abrir en otros y/o tener algunas diferencias, según el perfil de la búsqueda y el entrevistado en cuestión.

Perfil de la búsqueda *versus* perfil del postulante

Perfil de la búsqueda:
conjunto de capacidades
requeridas para el puesto de trabajo
(estudios formales, conocimientos,
experiencia, competencias,
motivación)

Perfil del postulante:
conjunto de capacidades
de la persona (estudios formales,
conocimientos, experiencia,
competencias, motivación)

Entrevista

Inicio

Desarrollo

Cierre

Entrevistado: ____
Estudios / títulos: _______________________________________
Otros conocimientos: ____________________________________
Puesto actual: ____
Remuneración actual: ____________________________________
Remuneración pretendida: ________________________________

Formación: ____
Trayectoria profesional: __________________________________

Otros aspectos: ____

Capacidades necesarias para el puesto: ____________________

Motivaciones. Económicas y otras. Objetivos profesionales:_________

Competencias:
Comportamientos observados: _____________________________

Cierre _________________________________

Como ya hemos comentado, algunos aspectos podrán ser registrados antes de la entrevista, sobre la base de los antecedentes y otra información obtenida en los pasos previos. Durante la entrevista, y como veremos más adelante, se tomarán algunas notas. Luego, una vez finalizada la entrevista, se completarán las anotaciones necesarias según la información recolectada.

Si bien algunas notas podrán ser tomadas durante la entrevista, las conclusiones del entrevistador, en relación con el puesto a cubrir, se registrarán una vez finalizada la misma.

El esquema de la figura inferior de la página anterior, que sintetiza algunos de los ítems expuestos de manera más detallada en los capítulos previos, será utilizado en este capítulo para explicar cómo se lleva a cabo el registro de la entrevista.

En resumen, luego de la entrevista, y sobre la base de toda la información disponible, será posible determinar el perfil del postulante (de cada uno de los candidatos), el cual será cotejado con el perfil de la búsqueda, como se consigna al inicio del capítulo.

La figura al pie sintetiza el conjunto de elementos disponibles. A la izquierda, la entrevista, distinguiendo en ella tres momentos. En el medio, el formulario/esquema utilizado primero para planear la entrevista y luego para registrarla. Sobre la derecha, el perfil del postulante, como resultado de todo lo anterior.

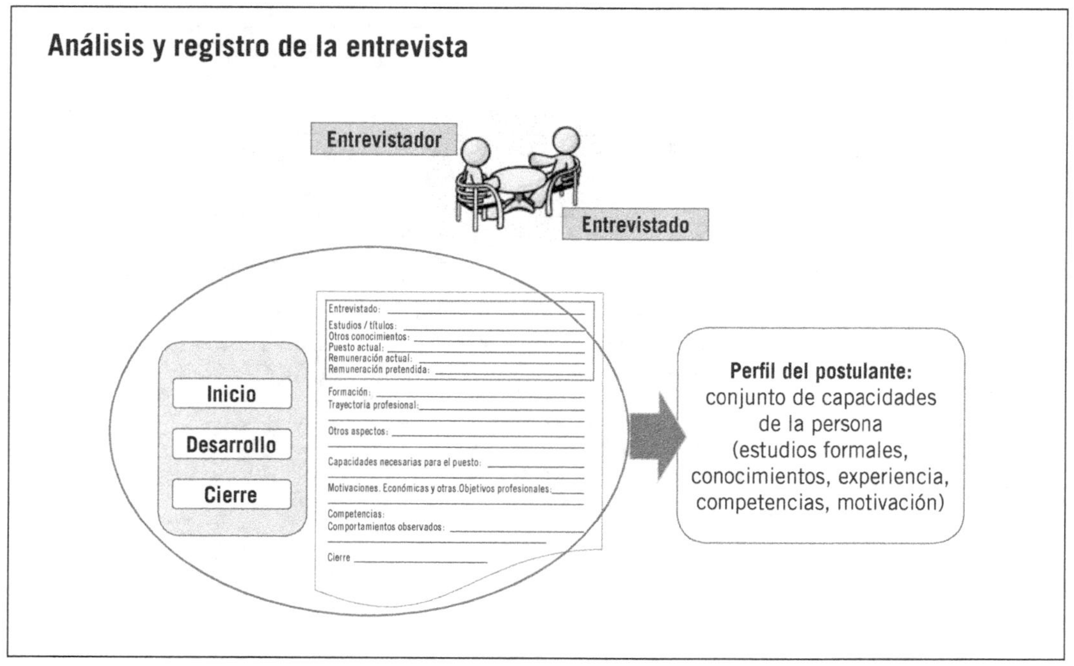

Una vez finalizada la entrevista

Si la organización cuenta con algún procedimiento, formulario o esquema predeterminado para tomar notas durante y después de la entrevista, el entrevistador –tanto si fuera un especialista perteneciente al área de Recursos Humanos como si se tratara del futuro jefe– lo utilizará y complementará, de acuerdo a las normas internas.

De no existir un procedimiento predefinido, el entrevistador podrá seguir las sugerencias planteadas en este libro. Adicionalmente, también podrá utilizar *Elija al mejor* como guía para aplicar instrucciones organizacionales referidas al proceso de selección.

En cualquiera de las circunstancias descritas, siempre será recomendable analizar la entrevista y completar el registro inmediatamente después de finalizada la misma. Veamos una definición importante[1]:

> **Registro de la entrevista.** Se denomina "registro de la entrevista" a las diferentes notas que sobre la misma hace un entrevistador. Es un paso fundamental dentro del proceso de selección.
>
> El registro de la entrevista debe incluir información objetiva sobre el postulante. En materia de competencias, se debe dejar por escrito los comportamientos observados. Si se realiza un registro de la entrevista adecuado, podrá ser consultado más adelante por el mismo entrevistador o por otra persona, de la misma organización.

Las buenas prácticas indican que la organización debe tener fijado un procedimiento de registro de las entrevistas y de otros pasos del proceso de selección, como ser las diversas evaluaciones que se realicen; de este modo será posible auditar el proceso.

Cuándo y cómo tomar notas

Como se expresara más arriba, se denomina *registro de la entrevista* a las diferentes notas que hace el entrevistador, antes, durante y una vez finalizada la entrevista. Es un paso fundamental dentro del proceso de selección.

El registro de la entrevista deberá incluir información objetiva sobre el postulante. Describir situaciones reales que le hayan ocurrido al entrevistado y complementen otra información disponible en los antecedentes (por ejemplo,

---

1 Fuente: *Diccionario de términos de Recursos Humanos*, Ediciones Granica, Buenos Aires, 2011.

en el currículum vítae). En materia de competencias, es importante poner por escrito cuáles son los comportamientos observados. En resumen, hechos y datos concretos.

Cuándo y cómo tomar notas es una cuestión delicada y, además, fundamental dentro del proceso de selección. ¿Por qué es un tema delicado? Las notas que se registren durante la entrevista, de un modo u otro, podrán ser vistas por el entrevistado, y por lo tanto deben ser muy pocas, las imprescindibles.

Luego de finalizada la entrevista, habrá que complementar las anotaciones con un registro completo de lo acontecido.

En ningún caso, ni durante la entrevista ni después, el entrevistador deberá consignar opiniones personales (por ejemplo: "me parece que sería un buen supervisor" o "creo que sería el candidato perfecto para el puesto", o cualquier otra apreciación similar).

La manera de describir objetivamente a la persona entrevistada será a través del registro de hechos, utilizando frases descriptivas. En resumen, durante la entrevista se anotan aquellos datos que brinda el entrevistado al responder preguntas. Por ejemplo, aspectos como los siguientes.

- Formación y conocimientos.

- Trayectoria profesional (experiencia): puesto actual y nombre de la empresa donde se desempeña, si corresponde, y las posiciones anteriores más relevantes. La mayoría de las veces ya se cuenta con esta información. No obstante, siempre se pueden solicitar datos adicionales, como niveles de reporte u otros aspectos de interés para la búsqueda en cuestión.

- Motivaciones. Económicas y otras. Objetivos profesionales. Remuneración actual. Eventualmente, remuneración pretendida. Motivación para el cambio y expectativas sobre la carrera laboral.

Inmediatamente después de finalizada la entrevista, se deberán completar los ítems que implican alguna valoración sobre el candidato:

- Competencias. Comportamientos observados. Presentación en la entrevista, desde su aspecto exterior hasta su comportamiento, en términos generales, tanto en relación con el entrevistado como con otras personas con las que haya interactuado. Expresión/contacto. Personalidad.
Si se ha realizado una entrevista por competencias (tema que será tratado en la Parte II, *La entrevista por competencias*) se describirán los comportamientos observados.

- Cierre. Conclusión, comentarios finales. En relación con el perfil de la búsqueda (perfil requerido).

  En este punto, el entrevistador podrá incluir sus opiniones, tanto sobre el entrevistado como sobre el grado de correlación percibido entre el perfil de la búsqueda y el perfil del postulante.

Registro de la entrevista. Sugerencias y consejos

Como se ha realizado en otros apartados de esta obra respecto de distintas fases del proceso de selección, en este capítulo se hará una explicación paso a paso sobre cómo registrar la entrevista. El entrevistador experto ya tendrá su propia forma de hacerlo, pero, de todos modos, le será de utilidad cotejar sus procedimientos con otros modos de registrar.

Para el entrevistador con menor experiencia y/o aquel que no realiza entrevistas con frecuencia (por ejemplo, el futuro jefe de la persona a contratar), analizar y/o confirmar los aspectos que se expondrán a continuación podrá resultarle de gran utilidad y aplicación práctica.

Entrevistado: ____

Estudios / títulos: _____________
Otros conocimientos: _____________
Puesto actual: _____________
Remuneración actual: _____________
Remuneración pretendida: _____________

Esta información podrá ser obtenida en los pasos previos. Luego, confirmada o desmentida durante la entrevista

Consignar las remuneraciones (actual y pretendida) en valores brutos

Formación: ____
Trayectoria profesional: ____

Otros aspectos: ____

Capacidades necesarias para el puesto: ____

Motivaciones. Económicas y otras. Objetivos profesionales: _____________

Competencias:
Comportamientos observados: ____

Cierre ____

En la figura anterior se menciona "consignar las remuneraciones (actual y pretendida) en valores brutos". Dada la sensibilidad de muchas personas en relación con los temas económicos, si bien esta información pudo haber sido obtenida en los pasos previos, siempre será conveniente confirmarla en la entrevista y, además, registrar exactamente cómo fue expresada por el entrevistado (valores numéricos e indicación de si dicho valor es bruto, neto, etcétera).

Será muy importante que el entrevistador recuerde los siguientes conceptos, aplicables tanto a la remuneración actual como a la pretendida por el postulante, que se expusieron en el Capítulo 5:

Remuneración bruta. Salario bruto. Valor nominal de la paga que recibe el colaborador y que se toma de base tanto para el cálculo de las contribuciones fiscales a cargo del empleado como las que debe abonar el empleador.

Remuneración neta. Salario de bolsillo o Salario neto. Importe realmente percibido por el trabajador. El monto surge de restarle al salario bruto o nominal los descuentos e impuestos a cargo del empleado.

Continuando con otros aspectos relacionados con el entrevistado, podemos decir que algunos de los temas que mencionamos a continuación requerirán solo una confirmación (por ejemplo, la información referida a estudios cursados). Esta información,

Entrevistado: ____

Estudios / títulos: ____
Otros conocimientos: ____
Puesto actual: ____
Remuneración actual: ____
Remuneración pretendida: ____________________________________

Formación: ____
Trayectoria profesional: _____________________________________

Otros aspectos: ____

Capacidades necesarias para el puesto: ________________________

Motivaciones. Económicas y otras.Objetivos profesionales: _______

Competencias:
Comportamientos observados: _________________________________

Cierre ____

casi con seguridad, ya es conocida por el entrevistador, ya sea por los antecedentes (currículum, perfil en la web) o como resultado de los pasos previos a la entrevista.

Por lo tanto, respecto de la formación del entrevistado se indicará toda aquella información complementaria que se haya recolectado en la entrevista, en adición a los datos básicos ya obtenidos.

En lo que atañe al registro de la trayectoria laboral del postulante, hay que considerar la importancia de registrar información detallada y cuantitativa cuando sea pertinente.

- Puesto actual (último): principales tareas y responsabilidades. Posibilidades de carrera (en su organización actual).

- De corresponder, según el tipo de búsqueda y, muy especialmente, el nivel del entrevistado: descripción detallada de la estructura organizacional, nivel de dependencia, personas que le reportan, etcétera.

Contar con información, por ejemplo, acerca de las personas que le reportan, cantidad de colaboradores a cargo, nivel y responsabilidades de dichas personas, permitirá conocer aspectos profesionales referidos a la conducción de personas, liderazgo, y sus capacidades como jefe (rol del jefe).

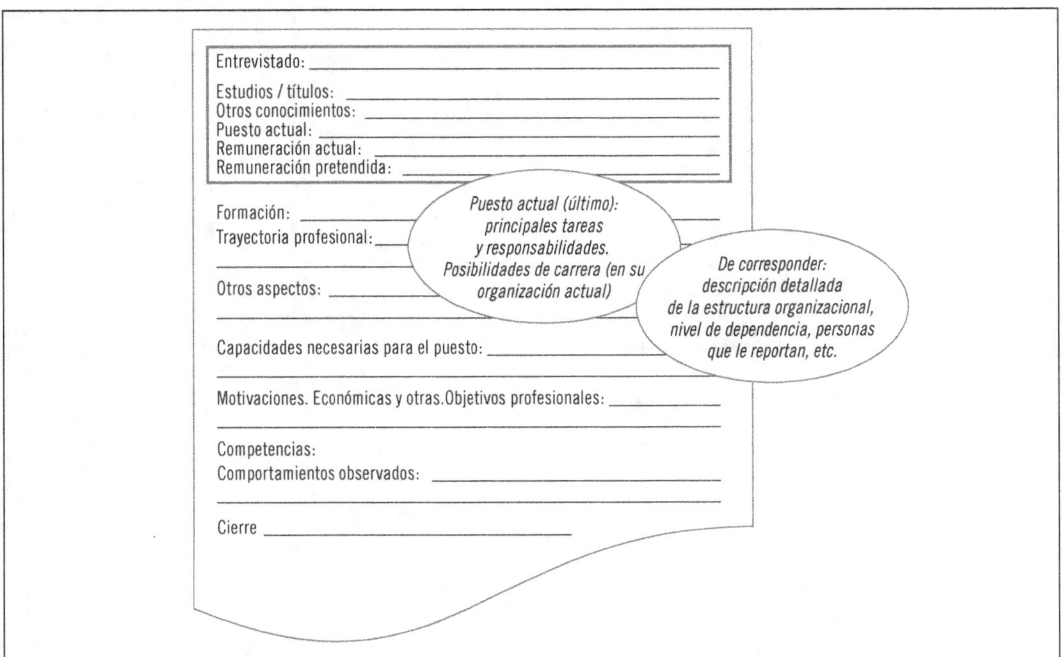

En los capítulos 2 y 3 se analizaron una serie de aspectos adicionales sobre los que es conveniente indagar en la entrevista. Según la planificación realizada, se tomarán las notas correspondientes y se realizará el posterior registro. Dicha planificación será una guía para el registro de la entrevista.

Como mencionáramos, es posible que los datos referidos a aspectos económicos –remuneración actual y remuneración pretendida, junto con los beneficios– ya se hayan obtenido en los pasos previos. No obstante, esta información siempre deberá ser validada durante la entrevista. Si no se hizo esta comprobación al inicio, podrá realizarse sobre el final de la entrevista.

Como se vio en el Capítulo 5, nuestra sugerencia es separar las preguntas sobre aspectos económicos de las que se realicen para determinar la motivación del postulante. También allí se explicaron las posibles diferentes motivaciones que podría tener un candidato. El entrevistador deberá averiguar al respecto y dejar por escrito la información obtenida.

A continuación, y siguiendo el orden de temas utilizado para la preparación del esquema en el Capítulo 2 y siguientes, se verá cómo registrar competencias y los comportamientos observados. Si bien la entrevista por competencias será tratada en la Parte II de la obra, aquí se hará un breve comentario al respecto.

Entrevistado: ____

Estudios / títulos: ____
Otros conocimientos: _______________________________________
Puesto actual: ____
Remuneración actual: ______________________________________
Remuneración pretendida: __________________________________

Formación: ____
Trayectoria profesional: ____________________________________
____

Otros aspectos: ____
____

Capacidades necesarias para el puesto: _______________________
____

Motivaciones. Económicas y otras. Objetivos profesionales: _________
____

Competencias:
Comportamientos observados: _______________________________
____

Cierre ____

```
Entrevistado: _______________________________________________

Estudios / títulos: __________________________________________
Otros conocimientos: ________________________________________
Puesto actual: ______________________________________________
Remuneración actual: ________________________________________
Remuneración pretendida: ____________________________________

Formación: _________________________________________________
Trayectoria profesional: _____________________________________
___________________________________________________________

Otros aspectos: _____________________________________________
___________________________________________________________

Capacidades necesarias para el puesto: _________________________

Motivaciones. Económicas y otras.Objetivos profesionales: _________
___________________________________________________________

Competencias:
Comportamientos observados: __________________________________
___________________________________________________________

Cierre ____________________________________________________
```


Registrar comportamientos

Observar comportamientos en la entrevista responde a una sugerencia expresada en párrafos previos acerca de cómo llevar a cabo un buen registro de la entrevista: para que este registro sea objetivo deben describirse hechos y datos concretos. Lo que se verá a continuación responde a este criterio básico.

Hemos dedicado la Parte II de esta obra a la Gestión por competencias y, especialmente, a la entrevista por competencias. Este tipo de entrevista es similar a la descrita en los capítulos previos. La diferencia, por adición, radica en las preguntas que se formulan para evaluar competencias.

La forma y el esquema a seguir para el registro de la entrevista será tal como se ha expuesto en este capítulo, con un solo agregado: los comportamientos observados para las competencias dominantes que se ha decidido evaluar durante la entrevista.

Recordar algunos conceptos:

Comportamiento. Aquello que una persona hace (acción física) o dice (discurso). Sinónimo: conducta.

Comportamiento observable. Aquel comportamiento que puede ser visto (acción física) u oído (en un discurso).

Diccionario de comportamientos. Documento interno en el cual se consignan ejemplos de los comportamientos observables asociados o relacionados con las competencias del modelo organizacional.

Competencia dominante. Este concepto, que se utiliza en selección de personas, hace referencia a aquellas competencias que por alguna razón son consideradas más relevantes para ese proceso de selección en particular y se utilizan para planear la entrevista. Se recomienda determinar en cada caso y con el futuro jefe (cliente interno, desde la perspectiva del área de Recursos Humanos) cuáles son las competencias dominantes.

Según se describe en el gráfico siguiente, el entrevistador, al formular preguntas, obtendrá de su entrevistado comportamientos pasados. Dichos comportamientos se cotejan con el *diccionario de comportamientos* organizacional[2], y así se podrá determinar el grado en que cada una de las competencias está desarrollada en el postulante. En el Capítulo 8 se verá un ejemplo práctico.

---

2 De no contarse con un modelo de competencias organizacional, para la entrevista podrán utilizarse dos libros de referencia, uno con preguntas y otro con comportamientos. Dichas obras son: *Diccionario de preguntas. La trilogía. Tomo 3* y *Diccionario de comportamientos. La trilogía. Tomo 2.*

Según surge de la figura precedente, el entrevistador registrará comportamientos observados, no sus opiniones o deducciones; de este modo se logra una mayor objetividad en la evaluación. La comparación con el *diccionario de comportamientos* para determinar a cuál competencia corresponde, y en qué grado, se realiza en el momento de analizar los resultados de la entrevista.

Conclusiones sobre cada entrevistado

La entrevista finaliza, en todos los casos, con algún tipo de conclusión en relación con el entrevistado en cuestión, aunque se haya llevado a cabo sin mediar búsqueda alguna. Luego, y como veremos en el punto siguiente, se elaborará un informe sobre los distintos casos o postulaciones en relación con un perfil de búsqueda en particular.

Cuando se llega a las conclusiones se pueden diferenciar dos pasos o momentos distintos. El primer resultado que se podrá obtener de la entrevista será la elaboración del perfil del postulante. Como se expresara, este podría elaborarse aun sin contar con un perfil de la búsqueda, dado que el análisis será sobre la persona entrevistada.

El segundo paso o momento corresponde a las conclusiones de la entrevista, referidas al grado de correlación entre el perfil del postulante y el perfil de la búsqueda. En ese momento se hará una revisión de los distintos aspectos que conforman el perfil del postulante, los cuales se compararán con los distintos requisitos del perfil de la búsqueda.

La conclusión sobre el postulante podrá ser altamente positiva y, sin embargo, este no responder al perfil de la búsqueda, o cualquier otra opción posible. El entrevistador deberá analizar sus conclusiones y dejar por escrito (brevemente) las distintas apreciaciones, tanto sobre el perfil del postulante como en lo que respecta a la comparación de dicho perfil con el de la búsqueda.

En resumen, en el registro de la entrevista será muy importante realizar una clara separación, dejando primero constancia del perfil del postulante para luego dejar constancia de la comparación de dicho perfil con el perfil de la búsqueda y su grado de correlación. Los que hacemos consultoría desde hace muchos años sabemos que una persona puede ser muy valiosa, pero no responder al perfil de la búsqueda, que un postulante puede no adaptarse a una posición y ser un excelente candidato para otra, etcétera.

Si en el registro de la entrevista se deja plasmado con objetividad el perfil del postulante, esta información podrá ser de utilidad para otro momento, consultada por otra persona, etc. Pasará de ser un mero papel con notas a constituir un documento

Entrevistado: _______________________________

Estudios / títulos: _______________________________
Otros conocimientos: _______________________________
Puesto actual: _______________________________
Remuneración actual: _______________________________
Remuneración pretendida: _______________________________

Formación: _______________________________
Trayectoria profesional: _______________________________

Otros aspectos: _______________________________

Capacidades necesarias para el puesto: _______________________________

Motivaciones. Económicas y otras. Objetivos profesionales: _______________________________

Competencias:
Comportamientos observados: _______________________________

Cierre _______________________________

con valor, dentro de la empresa, consultora, etc. A continuación, deberán consignarse las conclusiones respecto de la búsqueda que se está realizando.

En el registro de la entrevista, las conclusiones siempre serán con relación al candidato, de manera individual. La comparación entre varios postulantes se verá a continuación.

Varias postulaciones. *Elija al mejor*

La comparación de postulaciones con el perfil de la búsqueda se realiza desde el inicio del proceso de selección (primera revisión de antecedentes, Capítulo 1).

Luego del reclutamiento, la recepción de candidaturas y las distintas instancias de evaluación de postulantes, será posible obtener información sobre cada candidato e ir elaborando un perfil, denominado "perfil del postulante", el cual será completado luego de la entrevista, como se explicó en párrafos previos.

La comparación de postulantes se realizará cotejando los distintos ítems que componen el perfil de la búsqueda. Analizar si una persona es adecuada para un puesto implica siempre considerar los requisitos para ocuparlo. Esta afirmación se relaciona con cualquier nivel o puesto dentro de una organización, de cualquier tipo y/o tamaño.

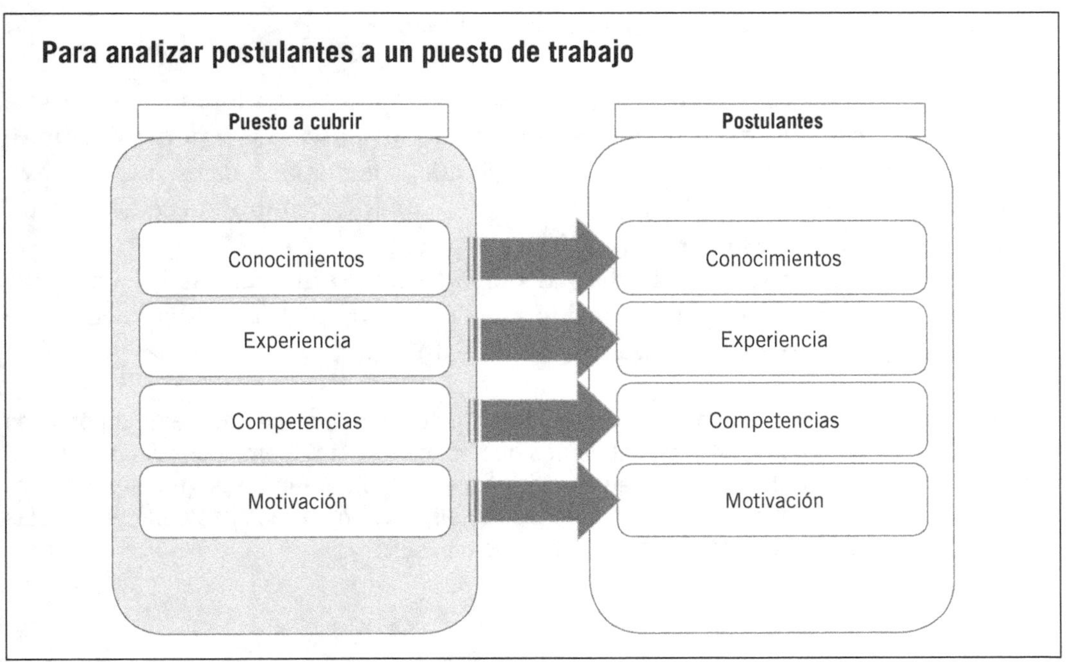

Dentro del ámbito de las organizaciones, ya sea en una búsqueda interna o externa, una promoción o cualquier otra situación análoga, la comparación de un posible ocupante de un puesto con la posición a cubrir deberá incluir, como mínimo, los siguientes elementos para llevar a cabo un análisis adecuado: conocimientos (incluso estudios formales), experiencia, competencias y motivación. La idea se expresa en la figura precedente.

En cuanto a la motivación, y como se viera en el Capítulo 5, se deberán incluir en el análisis diversas cuestiones, desde las económicas hasta otras, que variarán según el caso: un jefe muy exigente, muchas horas de trabajo, una mudanza a otra ciudad, un cambio de horarios, un ambiente de trabajo con ciertas características que podrían no agradar a algunas personas... Son factores que pueden ser positivos, negativos o ambiguos, según como son percibidos por personas diferentes.

También deberán tomarse en cuenta las motivaciones para el cambio de trabajo y de carrera de los postulantes (proyectos personales, visión de futuro, etc.; ver Capítulo 5), y cotejarlas con las reales posibilidades en el puesto y en la organización.

Recordando conceptos sobre el inicio del proceso

En un proceso de selección podrán estipularse ciertos requisitos a los que se les asigne el rol de restricción (es decir que, si la persona no los posee, no será considerada). Estas situaciones deben ser detectadas al inicio del proceso para, de ese modo, desafectar a todos aquellos candidatos que no posean los atributos necesarios para desempeñarse en el puesto a cubrir.

De haberse realizado este análisis al inicio, como lo indican las buenas prácticas, estas personas no estarían consideradas en los pasos finales del proceso de selección, etapa que se está analizando en este capítulo.

> **Restricción.** Elemento o condición que en caso de no verificarse deja fuera de un proceso de selección a los candidatos o postulantes que no lo cumplan. Ejemplos: salario, lugar de residencia (si esto fuese un elemento a tomar en cuenta), y aun otros que, si bien pueden ser considerados como discriminatorios, en algunas organizaciones o circunstancias específicas pueden ser tenidos en cuenta, como el sexo.

Elegir entre varias opciones. Secuencia sugerida

Elegir es la acción de optar por una variante en particular sobre la base de criterios específicos. En el proceso de selección, la "elección" siempre deberá realizarse considerando tres elementos: conocimientos, experiencia, competencias. A estos conceptos debe adicionarse la motivación del postulante, y muy especialmente la correlación entre los proyectos personales y las características del nuevo puesto.

La comparación entre lo requerido por el puesto y el perfil de los postulantes deberá hacerse con cada uno de los candidatos en particular. Aquel postulante cuyas capacidades estén más en línea con los requerimientos de la posición a ocupar será el que tendrá más chance de tener un desempeño exitoso en el puesto.

Para la comparación de candidatos sugerimos agrupar conceptualmente los distintos aspectos a considerar. En nuestro caso, los requisitos del puesto: experiencia, conocimientos y competencias. A su vez, en cada uno de ellos, diferenciar su carácter de excluyente o no. En el caso de las competencias, se deberá determinar cuáles son las dominantes y cuáles no. La idea expuesta se muestra en la figura de la página siguiente.

Para la comparación de los distintos atributos será posible utilizar un esquema como el expuesto en el gráfico de la página siguiente, el cual responde a un modelo simplificado, aplicando *Teoría de las decisiones*.

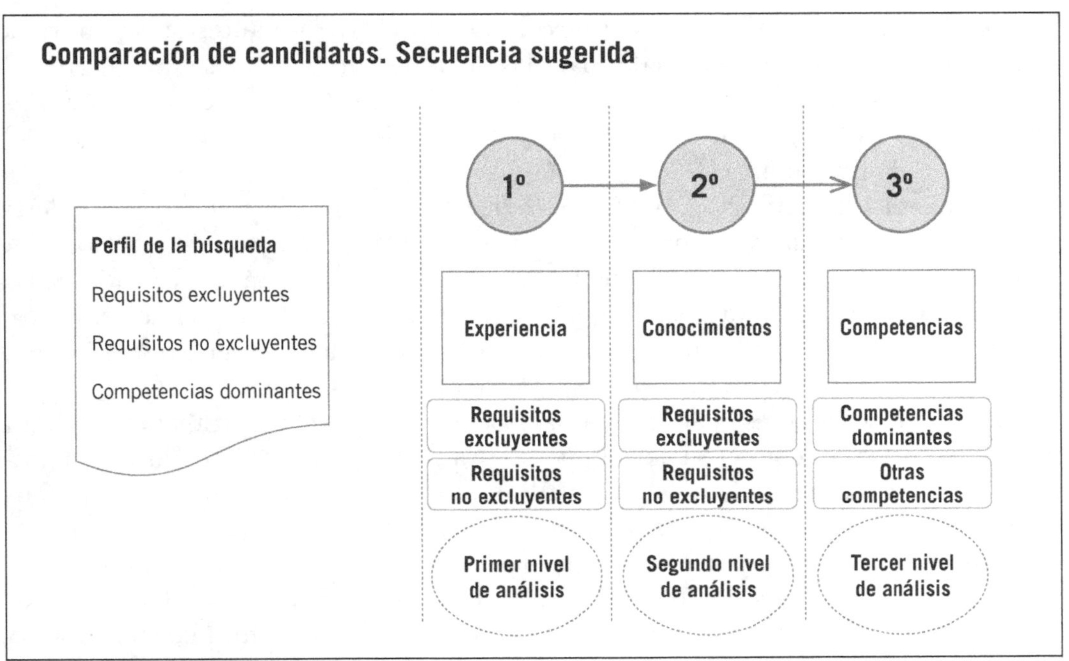

En algún caso especial, y de considerarse necesario, será posible utilizar mediciones cuantitativas específicas, por ejemplo, asignándoles a los distintos atributos la posibilidad o chance de que dicho atributo se verifique en un contexto de incertidumbre. A su vez, la aplicación de la teoría de las decisiones permitirá la ponderación de dichos atributos, entre sí o, en un análisis más detallado, abriendo cada atributo en partes.

Fijar prioridades y niveles de importancia

¿Cuál es la proporción de conocimientos, competencias y experiencia que un puesto requiere? No hay una respuesta única para esta pregunta, depende de cada caso en particular.

En materia de experiencia y conocimientos, dentro de una misma organización, las proporciones también pueden ser diferentes; dependerá de los distintos puestos y de las responsabilidades. Incluso puede llegar a darse el caso de que una misma búsqueda, es decir, un proceso de selección para elegir una persona para ocupar un puesto de trabajo, en un momento dado pueda requerir una mezcla diferente que en otro, o priorizarse unos ítems en un momento y otros en otra circunstancia.

Adicionalmente, y al igual que se expresara en el párrafo anterior, se podría a su vez asignar factores diferenciales para las distintas competencias que integren el perfil de la búsqueda. Estas ponderaciones podrán ser diferentes según los puestos de trabajo e, incluso, variar de un proceso de selección a otro, aunque se trate del mismo tipo de posición.

En cuanto a la motivación, podría asignársele un factor (porcentaje) de ponderación o ser considerada como una restricción (tema tratado en párrafos previos). En muchos casos, considerar la motivación como una restricción será lo adecuado. Si las características de una nueva posición tienen aspectos que colisionan con intereses y proyectos de la persona o implican aspectos que hoy son causa de una fuerte insatisfacción, ese postulante no será el más adecuado para ese puesto de trabajo.

Si una persona no es la adecuada para ocupar un puesto de trabajo por algún motivo considerado como restricción, no tendrá sentido que siga incluida en el proceso y evaluar sus capacidades, etc. De allí nuestra sugerencia de analizar estas circunstancias en los primeros pasos del proceso de selección.

Utilizar factores de ponderación en los perfiles de búsqueda permitirá, una vez que los distintos postulantes hayan sido evaluados, aplicar dichos factores a los diferentes ítems de la evaluación y así comparar las diferentes candidaturas sobre la base de indicadores concretos.

La utilización de factores de ponderación, en todos los casos, deberá fijarse al inicio del proceso, antes de evaluar a los diferentes candidatos.

Cómo realizar la comparación de postulantes para luego elegir al candidato más adecuado

La forma de realizar la comparación es sencilla y compleja a la vez. Primero se deberá comparar ítem por ítem, como se planteó al inicio de esta sección.

Cuando se verifiquen brechas, se deberían formular –al respecto– las siguientes preguntas: ¿En cuánto tiempo es factible reducir considerablemente las brechas en cuestión? ¿Cuál es la chance de que esas brechas se cierren o se reduzcan a un nivel tal que no afecten el desempeño futuro?

Si las brechas son pequeñas y, por ejemplo, se puede estimar que la persona podrá alcanzar el nivel requerido en pocos meses, quizá sea adecuado considerar su postulación. En cambio, si las brechas son significativas y/o se estima que la persona no podrá alcanzar el nivel requerido en un plazo razonable, nos encontraríamos en la situación opuesta a la anterior.

No hay una regla al respecto, en todos los casos se deberá considerar el sentido común y las necesidades del puesto a cubrir. Si el ítem en el cual se verifica la brecha no es relevante, la brecha pierde peso o significado. En el caso opuesto, la misma brecha será un motivo suficiente para dejar fuera al candidato.

En la figura siguiente, para simplicidad de la misma, se han consignado solo algunos aspectos; sin embargo, todos deberán ser considerados. En el informe sobre finalistas se incluirán –además– otros aspectos, como los temas económicos, estudios formales, etc. Se los enunciará más adelante.

En resumen, primero se consideran los requisitos excluyentes y no excluyentes, tanto de conocimientos como de experiencia. La comparación se realizará ítem por ítem entre lo requerido y lo que cada uno de los postulantes ofrece.

En cuanto a competencias, el perfil de la búsqueda indicará las competencias y los grados requeridos. Al utilizar el *diccionario de comportamientos* se contará con ejemplos de comportamientos observables.

Como se viera en páginas previas, en el registro de la entrevista se indican los comportamientos observados durante la misma, los cuales serán comparados con los ejemplos de comportamientos (diccionario de comportamientos) de acuerdo con lo requerido por el puesto en cuestión.

Por último, y como puede apreciarse en la figura, se hará un análisis de la motivación comparando las perspectivas de corto y mediano plazo de la posición a cubrir con las motivaciones de los distintos postulantes, considerando todos los factores que la componen, ya mencionados.

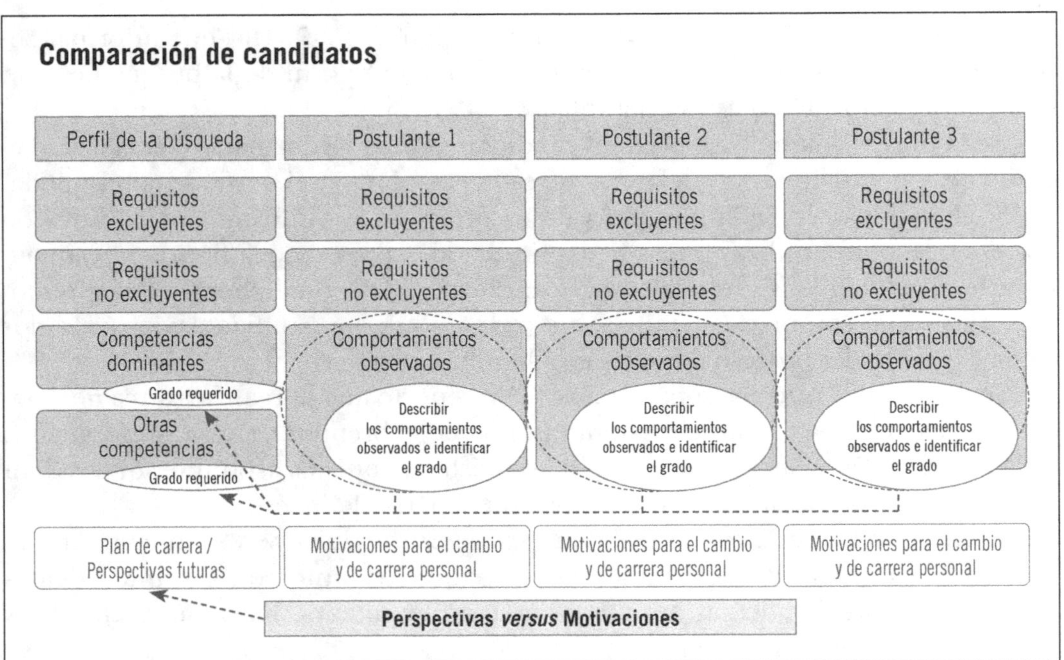

Con esta información se podría proceder al "armado de la carpeta de finalistas", expresión que indica *un concepto* más que una tarea propiamente dicha. En el contexto actual, la mayoría de las presentaciones de finalistas de un proceso de selección se realiza en formato digital. Una vez más me interesa precisar el concepto, la idea. Me gustaría solicitarle al lector que imagine una preparación en papel para luego llevarla a cabo en un soporte diferente.

Este paso implica la acción de reunir la información disponible sobre un conjunto de aspirantes o candidatos a un puesto, que cubren los requisitos definidos para desempeñarse en él, y presentar dicha información con claridad para que pueda ser interpretada de manera efectiva por el futuro jefe/cliente interno (o externo, en el caso de una consultora).

Informe sobre finalistas

El selector o responsable del proceso de selección presentará al futuro jefe una carpeta de finalistas, ya sea en papel o en formato digital. A su vez, el futuro jefe podrá presentar un informe similar a su propio jefe. O bien no presentar un informe a superior alguno, pero sí preparar la información para ser analizada por él mismo y guardar (para sí) la documentación que respalde su decisión. Dependerá de las circunstancias.

¿Cómo informar? ¿Cuándo? ¿Qué información incluir? ¿Hay que informar sobre todos los casos o solo sobre los que responden al perfil de la búsqueda? Con frecuencia me formulan estas preguntas.

En la presentación de los posibles candidatos deberá informarse con claridad el grado de concordancia entre el perfil de cada postulante y el perfil de la búsqueda.

Si el responsable de la búsqueda desea presentar un informe comparativo de postulantes, podrá utilizar un esquema similar al expuesto en la figura precedente y que hemos titulado "Comparación de candidatos". Adicionalmente, puede presentar un informe con mayor detalle sobre cada uno de los candidatos considerados como finalistas del proceso de selección llevado a cabo.

Se denomina "informe sobre finalistas" al reporte que se realiza acerca del conjunto de aspirantes o candidatos a un puesto que cubren los requisitos estipulados para acceder a él. A su vez, se denomina finalistas a aquellos aspirantes que ya han sido evaluados positivamente en relación con el perfil del puesto.

La información que compone la *carpeta de finalistas* incluye, usualmente, un informe por cada uno de los candidatos seleccionados junto con sus antecedentes (CV). Puede incluir, además, resultados de las diferentes evaluaciones realizadas y por las cuales se los eligió como finalistas.

En un informe de finalistas se detallan:

- Los datos más relevantes de la persona en relación con el perfil de la búsqueda, tales como estudios formales, conocimientos específicos, etcétera.

- Información sobre su experiencia previa, empleo actual y anteriores, según corresponda, con las fechas de entrada y salida y principales responsabilidades asumidas.

- Resultados de las distintas evaluaciones practicadas. Comportamientos observados y evaluación de competencias.

- Motivación de cada postulante en relación con el perfil de la búsqueda.

- Aspectos económicos relacionados con la posición a cubrir, salario actual del postulante, pretensiones, etcétera.

- Disponibilidad para viajar, trasladarse, etc., según los requisitos que plantea la posición a cubrir.

- Disponibilidad para comenzar a trabajar y toda información complementaria que resulte útil para tomar una decisión acerca de su incorporación.

La carpeta o informe sobre los finalistas podrá hacerse siguiendo un orden alfabético o bien un orden o ranking de preferencia (orden de mérito) desde la mirada del selector. Mi sugerencia es la primera variante y, llegado el caso, ofrecer nuestra opinión profesional en un momento posterior. Fundamento esta elección en que todos los candidatos presentados cumplen con los requisitos planteados en el perfil de la búsqueda.

Por último, muchas veces el responsable de un proceso de selección se ve impulsado a presentar un cierto número mínimo de candidatos y, para cubrir esa cifra, incluye en la carpeta de finalistas candidatos que no responden al perfil de la búsqueda. De darse una situación como la descrita, se podrá armar una carpeta con los casos que responden al perfil y, por separado, aquellos otros que no lo cubren totalmente, siempre informando de manera precisa al respecto.

¡TOME NOTA!

Elija al mejor. Para leer y releer:

- Conceptos generales sobre selección y entrevista: Capítulo 1
- Gestión por competencias y entrevistas para evaluar competencias: capítulos 7, 8 y 12
- Planear la entrevista: Capítulo 2
- Cómo utilizar *Elija al mejor*: Capítulo 3
- Si desea encontrar preguntas: capítulos 4, 9, 10 y 11
- La motivación y cómo evaluarla: Capítulo 5
- Analizar los resultados de la entrevista y registrarla: Capítulo 6
- Para fijar conceptos: anexos I y II

Muchos de los temas tratados en la Parte I se relacionan, también, con la Parte II. La entrevista, cómo planearla, cómo analizar la motivación y los aspectos a tener en cuenta una vez finalizada la entrevista son temas comunes a ambas secciones de la obra.

Elija al mejor
PARTE I. La entrevista en selección de personas

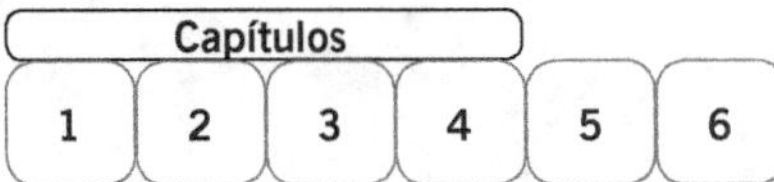

Capítulos

1 2 3 4 5 6

Elija al mejor
PARTE II. La entrevista en Gestión por competencias

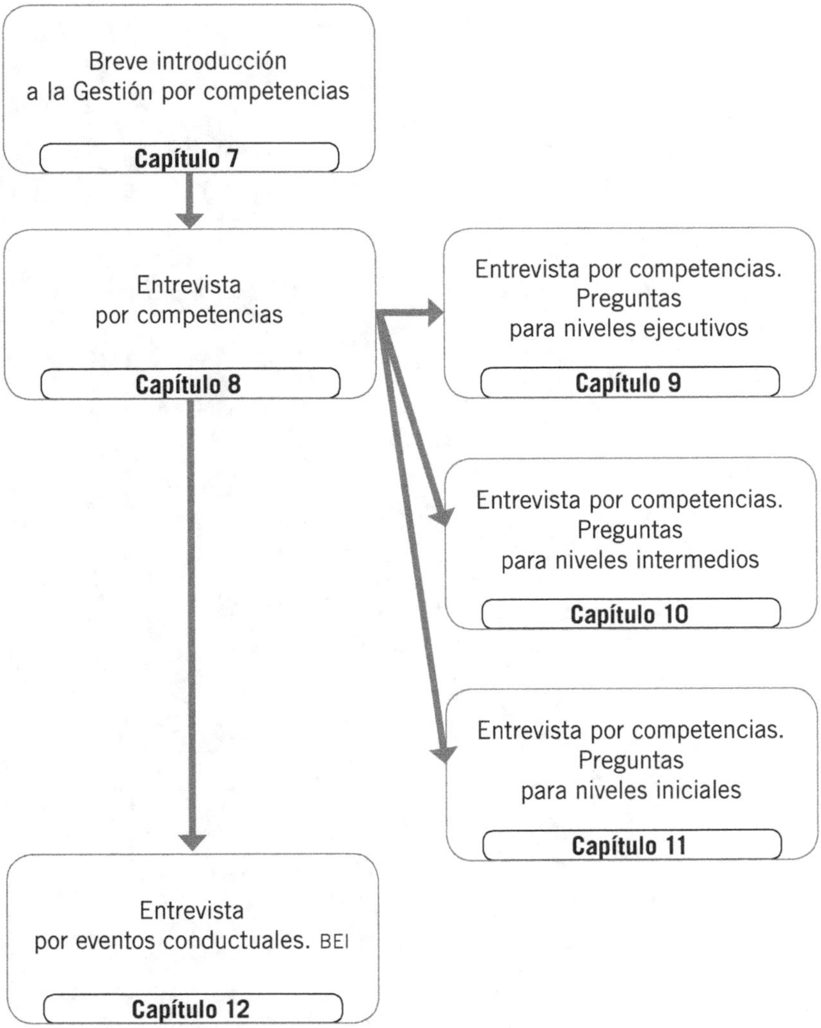

Capítulo 7

Breve introducción
a la Gestión por competencias

Temas del capítulo:

- Gestión por competencias en el ámbito de las organizaciones
- La Metodología de Gestión por Competencias de Martha Alles International - MAI
- Cómo definir un modelo de competencias
- El modelo de competencias en la práctica
- La difusión del modelo. Un aliado fundamental para una implantación exitosa
- Selección por competencias
- Gestión por competencias y su aplicación en los distintos subsistemas de Recursos Humanos

Gestión por competencias
en el ámbito de las organizaciones

La Gestión por competencias es considerada, en la actualidad, dentro de las buenas prácticas organizacionales. Esta obra, en su conjunto, está destinada a la entrevista como factor clave en un proceso de selección de personas. En esta segunda parte se verá la entrevista dentro de un *modelo de competencias.*

Antes de explicar la *entrevista por competencias,* hemos destinado este capítulo a brindarle al lector una breve introducción a la Gestión por competencias. Explicar de manera detallada las buenas prácticas en Gestión por competencias sería sumamente extenso, por lo cual se hará una síntesis sobre cómo se arma un modelo de competencias y el rol que dentro de este se asigna a la selección de personas (selección por competencias).

Bajo la denominación de *competencias,* se pueden distinguir dos enfoques diferentes:

- Competencias laborales que hacen foco en el individuo, en especial en los niveles operativos.

- Competencias (conductuales) como base de un modelo de gestión.

Existe en diversos medios, incluso en los académicos, una profunda confusión sobre términos que, siendo parecidos, significan cosas muy diferentes: las competencias laborales y las competencias conductuales. A estas últimas, usualmente, se las denomina solo con la palabra "competencias", sin adición de su calificación de "conductuales".

Cuando se habla de Gestión por competencias –que es el enfoque utilizado en esta obra y en otras de mi autoría– se hace referencia a un modelo de management o de gestión, una manera de dirigir los recursos humanos para lograr alinearlos con la estrategia de la organización. Cuando esta modelización se hace correctamente, conforma un sistema, una forma de hacer las cosas, del tipo *ganar-ganar,* ya que es beneficiosa tanto para la empresa como para sus empleados.

En resumen, el término *Gestión por competencias* hace referencia al modelo de gestión que permite alinear a las personas que integran una organización (directivos y demás niveles) en pos de los objetivos estratégicos. Para que esta forma de gestión sea eficaz deberá ser implementada con un enfoque sistémico, es decir, en todos los subsistemas de Recursos Humanos de la organización.

El término *modelo* se utiliza para designar al conjunto de relaciones basadas en términos lógicos. A su vez, la expresión *modelo de competencias* se utiliza para identificar al conjunto de procesos relacionados con las personas que integran la organización y que tienen como propósito alinearlas en pos de alcanzar los objetivos organizacionales.

Un modelo de competencias permite seleccionar, evaluar y desarrollar a las personas en relación con las competencias necesarias para alcanzar la estrategia organizacional.

La expresión *Gestión de las competencias*, que también es utilizada con frecuencia, hace referencia al conjunto de acciones que se realizan con el propósito de administrar las capacidades de los colaboradores, y en especial sus competencias.

Las acciones a realizar son: medición, comparación con lo requerido (concepto de *adecuación persona-puesto*), formación y desarrollo, por citar las más relevantes.

El concepto *gestión de las competencias* se utiliza para señalar una gestión planeada, por parte de la organización, en torno a las competencias de sus colaboradores. Implica tenerlas en cuenta ya sea para darles una utilización adecuada, como para incrementarlas cuando sea necesario.

El concepto se puede asimilar a *Desarrollo de competencias* y es claramente diferente a *Gestión por competencias*. Cuando el propósito sea implantar un modelo de gestión basado en competencias, la expresión correcta será "Gestión por competencias".

Diferentes significados para el término "competencia"

La expresión "competencias" posee varios significados. Según la RAE[1]:

- En relación con "ser competente", significa: pericia, aptitud, idoneidad para hacer algo o intervenir en un asunto determinado.

- Cuando está relacionado con el infinitivo del verbo "competir", significa: disputa o contienda entre dos o más personas sobre algo.

- Cuando está relacionado con "ser competente" y, a su vez, con "incumbencia", significa: atribución legítima a un juez u otra autoridad para el conocimiento o la resolución de un asunto.

Muchos autores también utilizan el término en otros idiomas. Veamos algunos casos:

- *Competence:* palabra inglesa cuya traducción a nuestra lengua es "competencia". Su plural puede escribirse de dos maneras: *competences* o *competencies*.

---

1 www.rae.es

- *Compétence:* término en idioma francés cuya traducción a nuestra lengua es "competencia". Plural: *competénces.*

- En otras lenguas menos frecuentes: *Kompetenzen (alemán); competenze (italiano).* En portugués se escribe igual que en español: *competencia.*

Otros términos relacionados con las definiciones de los párrafos previos son:

- *Competente:* persona con los conocimientos y competencias adecuados para desempeñar un trabajo, tarea u oficio determinado.

- *Competir:* pugnar, rivalizar, contender. Sustantivos relacionados: *competición, competencia, competidor, competitividad.*

Por último, otra definición de suma relevancia es la del término *comportamiento.* Más adelante se expondrá la definición de competencias, según la Metodología Martha Alles. Precisar la diferencia entre los términos será de mucha utilidad para una mejor aplicación práctica de los temas tratados en esta obra.

- *Comportamiento:* es aquello que una persona hace (acción física) o dice (discurso). Sinónimo de conducta.

- *Comportamiento observable:* aquel comportamiento que puede ser visto (acción física) u oído (en un discurso).

Por otra parte, la expresión *comportamiento individual* hace referencia a la conducta de cada una de las personas, sin relación con un contexto específico. A nivel organizacional, primero se define el modelo de competencias, del cual surgen los comportamientos deseados dentro del ámbito de cada organización, en función de los objetivos y estrategia, y luego se compara con los comportamientos de cada uno de sus integrantes.

Conocimientos y competencias. Diferencias

La definición del término expresa que *conocimiento* es un conjunto de saberes ordenados sobre un tema en particular, materia o disciplina.

Si bien algunas definiciones del concepto *competencias* incluyen los conocimientos, en la Metodología Martha Alles y, en consecuencia, también en esta obra, se tratan por separado. La razón de ello es simple: la evaluación y medición de los conocimientos se realiza por métodos diferentes que la evaluación y medición de competencias. Lo mismo sucede con la formación y el desarrollo, tema que no forma parte de este trabajo y ha sido tratado por la autora en otras obras.

Los conocimientos también son denominados por otros autores como *competencia/s técnica/s,* expresión que no aconsejamos dado que puede crear confusión, en especial entre quienes no son expertos en Recursos Humanos.

La Metodología de Gestión por Competencias de Martha Alles International (MAI)

La metodología que aquí se expondrá en forma resumida ha surgido tanto de mis investigaciones y trabajo profesional como de la labor del equipo que integra nuestra firma. Creo importante destacar que los conceptos que implica no se basan en la mera opinión de un autor, sino que son el fruto de la experiencia, de ver resultados positivos en empresas y organizaciones a lo largo de toda Latinoamérica. Por lo tanto, la Gestión por competencias, así como los aspectos más salientes de la metodología que se va a describir a continuación, conforman las buenas prácticas (probadas) en materia de Recursos Humanos.

Nuestra firma consultora ha desarrollado una metodología para la puesta en marcha de modelos de competencias, que ha ido evolucionando con el correr de los años, en especial para reflejar los cambios de contexto.

La metodología se basa en dos grandes pilares: la teoría preexistente y la experiencia profesional trabajando con este método –ya mencionada–. Dicha metodología ha sufrido transformaciones a través del tiempo, en especial incorporando nuevas aplicaciones. Esta trayectoria incluye haber tenido la oportunidad de realizar un sinnúmero de implantaciones de sistemas de Gestión por competencias, conocer muchos modelos en organizaciones de países diversos, ajustar modelos diseñados por otros, buscar soluciones a distintos problemas, etcétera.

Conocer muchos modelos diferentes, además de los propios, brinda un panorama muy amplio. La riqueza del conocimiento en materia de competencias se obtiene no solo por conocer buenos métodos de trabajo, sino también por haber tenido la oportunidad de conocer otros que no han sido satisfactorios. Es decir, también se aprende mucho al observar qué procesos no han dado resultado.

Definición de *competencias* para Martha Alles

Existen diferentes acepciones del concepto de *competencias*; en nuestro trabajo se utilizará la que incluimos a continuación.

Competencia hace referencia a las características de personalidad, devenidas en comportamientos, que generan un desempeño exitoso en un puesto de trabajo.

En varias partes de la obra el lector encontrará definiciones de algunos términos. También podrá hallar otras al final en el *Anexo I. Glosario*. La inclusión de las definiciones conlleva un doble propósito: clarificar el significado de ciertos términos, para quienes no estén familiarizados con ellos, y, al mismo tiempo, fijar nuestra posición en aquellos casos en que puedan existir diversas interpretaciones o corrientes relacionadas. Por lo tanto, estas palabras serán utilizadas a lo largo de toda la obra con el significado que les atribuimos en las correspondientes definiciones[2].

Modelo de competencias. Conjunto de procesos relacionados con las personas que integran la organización y que tienen como propósito alinearlas en pos de los objetivos organizacionales o empresariales.

Como se comentara más arriba, los modelos de Gestión por competencias hacen referencia, en todos los casos, a las denominadas *competencias conductuales*. Sin embargo, existen autores y profesionales del área de Recursos Humanos que confunden la temática englobando bajo el nombre de *competencias* tanto a estas como a los conocimientos. La experiencia indica que los modelos llevados a la práctica de esta manera tienen muchas dificultades prácticas, primero en el diseño y luego en su implementación.

En resumen, en esta obra, al referirnos a *conocimientos* usaremos específicamente este término, y la palabra *competencia/s* será utilizada de acuerdo con la definición indicada en párrafos previos. Nuestro propósito es no confundir al lector, en especial al que no es un especialista del área, al cual también dirigimos nuestro trabajo.

A continuación, algunos ejemplos de conocimientos y competencias, de uso cotidiano en empresas de todo tipo.

Conocimientos	Competencias
Informática (por ejemplo, un software)	Iniciativa – Autonomía
Contabilidad financiera	Orientación al cliente
Impuestos	Colaboración
Leyes laborales	Comunicación
Cálculo matemático	Trabajo en equipo
Idiomas	Liderazgo

---

2 Cabe aclarar que en todas las obras que conforman la *Metodología de Gestión por Competencias de Martha Alles International (MAI)* cada vocablo definido es utilizado con el mismo significado.

A riesgo de confundir al lector, debo explicar algo más. Entre los conceptos que se han incluido en la columna derecha de la tabla precedente podrían diferenciarse también conocimientos y competencias. Tomemos un ejemplo, *Liderazgo*, respecto del cual podremos identificar diversas teorías (conocimientos) sobre liderazgo y, por otra parte, comportamientos de líder. Una persona puede tener muchos conocimientos sobre liderazgo y no evidenciar comportamientos de líder. Y, en el plano opuesto, un individuo puede evidenciar comportamientos de líder y no conocer ninguna de las teorías sobre la materia. La pregunta a formularse es: ¿qué se necesita en el puesto de trabajo? ¿Una persona que sepa mucho de liderazgo, un profesor que enseñe a otros teorías de liderazgo, o un directivo que evidencie comportamientos de líder, que conduzca la organización fijando metas compartidas por todos? Una disquisición análoga podría hacerse sobre *Comunicación, Negociación, Trabajo en equipo* y tantas otras competencias.

¿Cómo resolver la cuestión planteada en el párrafo precedente? En un proceso de selección, el entrevistador deberá indagar: ¿qué capacidades (conocimientos, competencias) son necesarias en el puesto de trabajo? ¿El futuro ocupante debe ser un conocedor de teorías o, por el contrario, una persona que evidencie determinados comportamientos?

Para resumir lo expuesto en los párrafos anteriores, en algunos ámbitos se puede necesitar un experto en conocimientos y en otros puestos, personas que evidencien ciertos comportamientos. Esta diferenciación de conceptos será clave.

Para desempeñarse en cualquier puesto de trabajo, serán necesarios tanto conocimientos como competencias. Los conocimientos deberán estar presentes, sin duda. Sin embargo, el desempeño exitoso solo será posible cuando, además, se posean las competencias que el puesto requiere. Los conocimientos constituyen la base del desempeño; sin los conocimientos necesarios no será posible llevar adelante el puesto o la tarea asignada. No obstante, el desempeño exitoso se obtiene a partir de poseer las competencias necesarias para la función. Estas ideas se expresan en la figura de la página siguiente.

En relación con la selección de personas, y a modo de ejemplo, se sugiere comenzar por evaluar los conocimientos de quien se postula, los cuales –por otra parte– suelen constituir requisitos excluyentes en los procesos de búsqueda. De este modo los candidatos que posean los conocimientos excluyentes serían a continuación evaluados en sus competencias. Nos hemos referido a esta posibilidad en el Capítulo 2 de esta obra.

Al analizar las capacidades de una persona, usualmente, se consideran los conocimientos, las destrezas y las competencias. El término *destreza* hace referencia a habilidades de tipo físico, como la habilidad para manejar grandes vehículos o para utilizar herramental pequeño o de precisión, como un bisturí de cirugía o

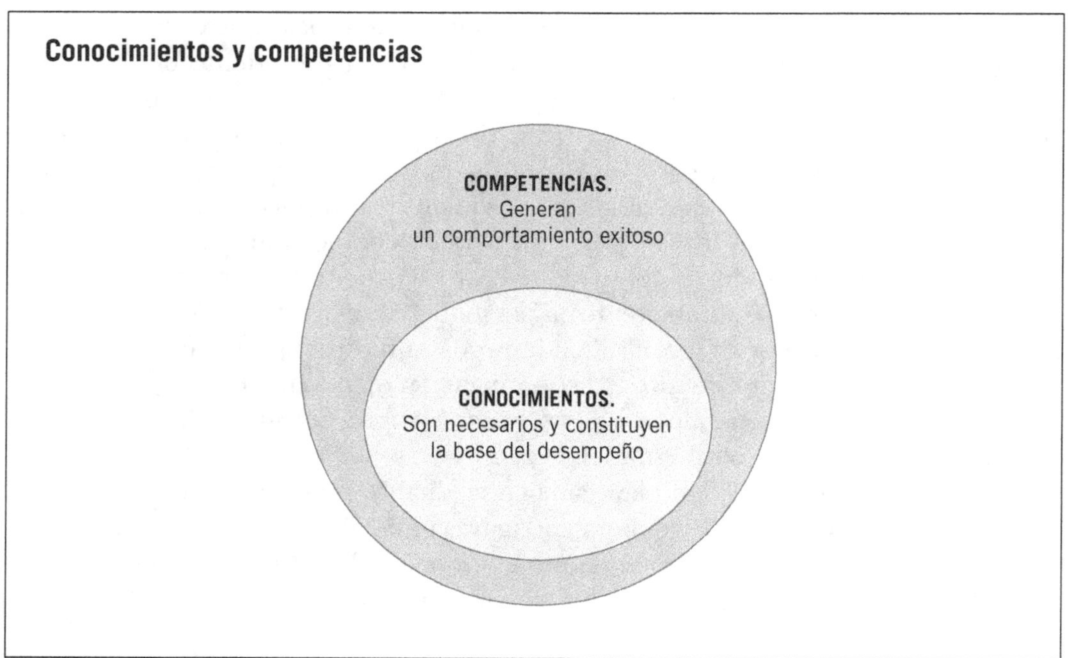

instrumentos de relojería. Cuando alguna de estas características fuese considerada necesaria para ocupar el puesto de trabajo se sugiere su evaluación al inicio del proceso de selección, al igual que los conocimientos excluyentes. En resumen, para simplificar el método hemos considerado que las destrezas deben ser evaluadas al mismo tiempo que los conocimientos.

Cómo definir un modelo de competencias

Para diseñar un modelo de competencias[3] se parte, en todos los casos, de la información estratégica de la organización: *valores, misión* y *visión,* junto con todo el material disponible en relación con la *estrategia.* Si no se cuenta con esta información actualizada, será el momento de iniciar una revisión de estos ejes orientadores de la organización, de modo de definir el referido modelo sobre la base de información confiable. La idea se expresa en la figura siguiente.

---

3 Modelo de competencias es la herramienta número 37 en la obra *Las 50 herramientas de Recursos Humanos que todo profesional debe conocer,* Ediciones Granica, Buenos Aires, 2017.

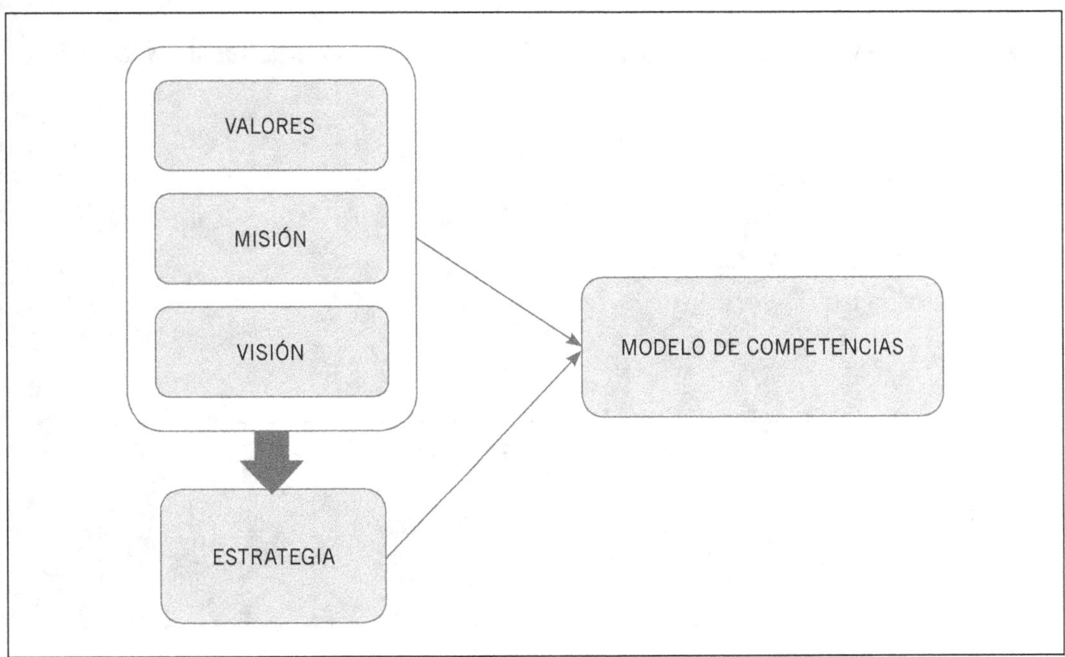

Las competencias se definen en función de los valores, misión, visión y estrategia de la organización.

Aunque no se defina un modelo de competencias, el mero sentido común indica que para alcanzar los objetivos estratégicos será necesario que las personas que integran la organización, tanto directivos como colaboradores de todos los niveles, posean ciertas características. En la aplicación de esta metodología, estas se denominan *competencias.*

Un modelo de competencias permite seleccionar, evaluar y desarrollar a las personas en relación con las competencias necesarias para alcanzar la estrategia organizacional.

Como resultado de la definición del modelo de competencias se confecciona una serie de documentos; entre los más relevantes se pueden mencionar los *diccionarios de competencias y comportamientos* y la *asignación de competencias a puestos*, la cual se adiciona a los *descriptivos de puestos.*

Los pasos para definir un modelo de competencias y los documentos correspondientes, de acuerdo con la Metodología MAI, se exponen en la figura de la página siguiente.

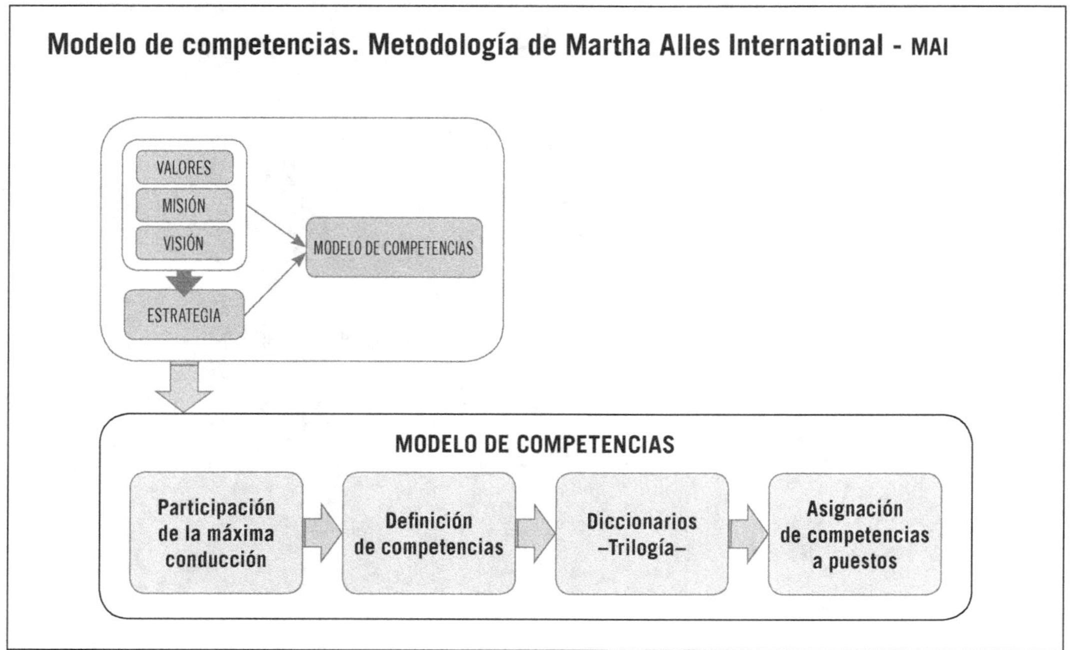

El rol de los directivos en la definición del modelo de competencias

En la definición del modelo, uno de los pasos más importantes es involucrar a los directivos de la organización. Este involucramiento implica participar activamente en la definición de cada competencia y, luego, aprobar los textos donde se plasman las diversas definiciones, en su versión final.

Los directores de la organización, por su experiencia y compenetración con el negocio o la actividad, son quienes mejor pueden aportar las ideas básicas para construir el modelo. A partir de estos conceptos será luego el experto quien llevará estas ideas al formato de competencias y de ese modo construir un modelo que no solo sea aplicable, sino que, por sobre todo, permita alcanzar la mencionada estrategia organizacional.

La participación de los altos ejecutivos es imprescindible en la definición de las competencias cardinales y específicas gerenciales. Luego, para las restantes, será conveniente incluir –además– a los niveles siguientes, por ejemplo, los directores de área y sus segundos niveles.

Algunas definiciones a tener en cuenta:

Competencia cardinal. Competencia aplicable a todos los integrantes de la organización. Las competencias cardinales representan la esencia de la organización y permiten alcanzar su visión.

Competencia específica. Competencia aplicable a colectivos específicos, por ejemplo, un área de la organización o un cierto nivel, como el gerencial.

Como se desprende del gráfico al pie, un modelo de competencias estará conformado por diferentes conjuntos de competencias.

En el diseño del modelo de competencias y, por añadidura, cuando se prepara el respectivo *diccionario de competencias,* será importante tener en cuenta que estos instrumentos se definen y diseñan a medida de cada organización. Otro aspecto relevante a considerar es la claridad de los conceptos en el momento de redactar las competencias, junto con el correcto uso del idioma. Adicionalmente, se deberá tener en cuenta que, usualmente, los conceptos utilizados en la definición de las distintas competencias se relacionan con otros y en ciertos casos se solapan entre sí.

Una vez que se han definido las competencias cardinales, específicas gerenciales y específicas por área, estas conforman el *diccionario de competencias.* Luego, sobre la base de este documento, se procede a realizar el paso siguiente: determinar las

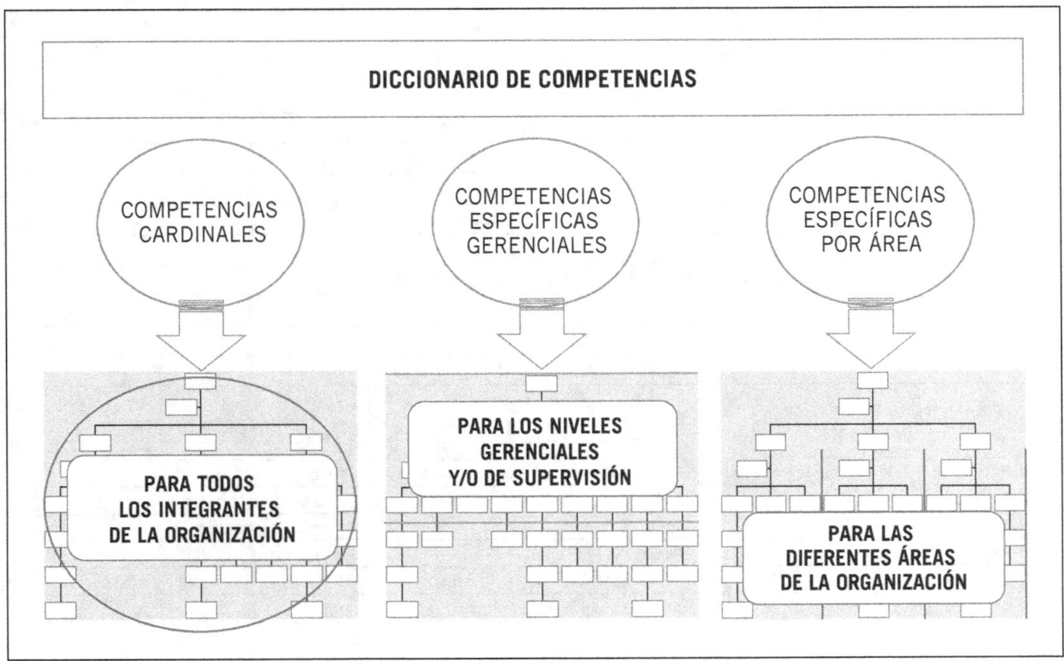

competencias y los grados necesarios para cada puesto de trabajo, paso que se denomina *asignación de competencias a puestos.*

Modelo de competencias.
Armado e implantación

El diseño de un modelo de competencias inicia con los talleres de reflexión con la máxima conducción y la definición de cuáles competencias lo conformarán, tal como se ha explicado hasta aquí. Como primer resultado del armado del modelo se confecciona el *esquema de competencias,* documento interno organizacional en el cual se refleja la totalidad de las competencias que integran el modelo de competencias y su relación con las distintas áreas y funciones de la organización.

Este documento es la base para la *asignación de competencias a puestos.* A continuación, un ejemplo (ver gráfico al pie).

El diccionario de competencias organizacional será la base para la asignación de competencias a puestos, la cual, una vez definida, es utilizada para elaborar cada uno de los descriptivos de puestos.

Modelo de competencias. Esquema

Competencias cardinales		
Ejemplo	Compromiso con la calidad del trabajo	
	Ética	
	Flexibilidad y adaptación	
	Justicia	
Competencias específicas gerenciales		
Dirección de equipos de trabajo		
Visión estratégica		
Competencias específicas por área		
Producción - Logística Operaciones	Servicios (Administración y finanzas, Sistemas, Recursos Humanos)	Mercadeo y ventas
Capacidad de planificación y de organización	Capacidad de planificación y de organización	Comunicación eficaz
Colaboración	Colaboración	Conocimiento de la industria y el mercado
Manejo de crisis	Credibilidad técnica	Influencia y negociación
Pensamiento analítico	Influencia y negociación	Manejo de crisis
Perseverancia en la consecución de objetivos	Orientación al cliente interno y externo	Orientación al cliente interno y externo
Tolerancia a la presión de trabajo	Tolerancia a la presión de trabajo	Productividad

Los diccionarios. Competencias.
Comportamientos. Preguntas

Como se señaló más arriba, en el armado de un modelo de competencias se confecciona primero el *diccionario de competencias*. Luego los otros dos: *diccionario de comportamientos* y *diccionario de preguntas*. Se trata, en total, de tres diccionarios.

Diccionario de competencias. Documento interno organizacional en el cual se presentan las competencias definidas en función de la estrategia.

Como también se comentó, el diccionario de competencias se diseña a medida de la estrategia de cada organización y está conformado por:

- Competencias cardinales.

- Competencias específicas gerenciales.

- Competencias específicas por área.

Las competencias elegidas en el momento de la definición del modelo serán las que se utilizarán para la preparación de todos los documentos necesarios para su implantación práctica.

Cada competencia se abre en grados, y tanto la definición de la competencia como la de cada grado se expresan mediante un enunciado, que explica su alcance. Nuestra sugerencia es emplear una escala de cuatro grados; si se optara por una cantidad de grados diferente, se deberá respetar la coherencia dentro del modelo.

Luego de haber confeccionado el *diccionario de competencias* se preparan ejemplos de comportamientos, los cuales conforman un documento que se denomina *diccionario de comportamientos,* que también se confecciona a medida de cada organización.

Por último, y para ser utilizado en entrevistas de selección, se confecciona el *diccionario de preguntas,* que se utiliza para indagar sobre todas las competencias del modelo.

En la figura de la página siguiente se expone una representación gráfica de los tres diccionarios, de los cuales se verá una explicación más detallada en el Capítulo 8. No obstante, en una primera mirada es posible apreciar las diferencias entre ellos.

Otros términos a tener en cuenta en relación con los diccionarios.

Gradación. Apertura en grados o niveles de un determinado concepto. En la disciplina de Recursos Humanos se podría aplicar este concepto en diferentes modelos: competencias, conocimientos, valores.

Gestión por competencias. Tres diccionarios

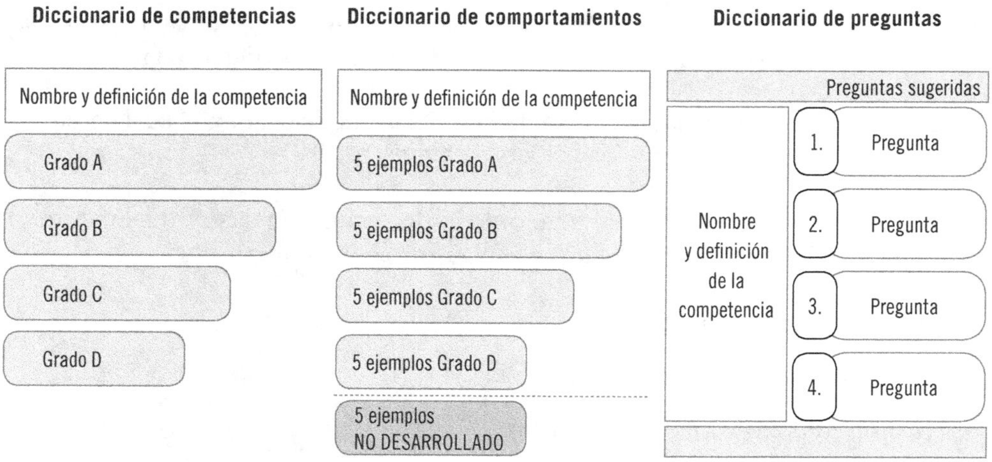

Diccionario de competencias	Diccionario de comportamientos	Diccionario de preguntas

Diccionario de competencias:
- Nombre y definición de la competencia
- Grado A
- Grado B
- Grado C
- Grado D

Diccionario de comportamientos:
- Nombre y definición de la competencia
- 5 ejemplos Grado A
- 5 ejemplos Grado B
- 5 ejemplos Grado C
- 5 ejemplos Grado D
- 5 ejemplos NO DESARROLLADO

Diccionario de preguntas:
- Preguntas sugeridas
- Nombre y definición de la competencia
  1. Pregunta
  2. Pregunta
  3. Pregunta
  4. Pregunta

Gradación de una competencia. Apertura en grados o niveles de una competencia. Dentro de un modelo de competencias en particular se sugiere que el número de grados o niveles sea constante.
En la Metodología MAI las competencias, usualmente, se abren en cuatro grados: A, B, C y D.

Grado. Cada uno de los niveles en los cuales se abre un concepto en particular. En la disciplina de Recursos Humanos se aplica en diferentes modelos: competencias, conocimientos, valores.

Grado de una competencia. Cada uno de los niveles en los cuales se abre una competencia.

Como ya se expresara, el diccionario de competencias se utiliza fundamentalmente en el subsistema *análisis y descripción de puestos*. Las competencias y sus grados correspondientes formarán parte del *descriptivo de puestos*.

El diccionario de comportamientos se utiliza en la mayoría de las actividades organizacionales relacionadas con los recursos humanos: selección, evaluación del desempeño, desarrollo –como se verá más adelante–. Igualmente, podrá ser de utilidad para jefes y colaboradores al permitirles una mejor comprensión de sus quehaceres cotidianos.

Para la elaboración de los mencionados diccionarios se podrán tomar como guía tres obras, que hemos denominado *La Trilogía*: *Diccionario de competencias, Diccionario de comportamientos* y *Diccionario de preguntas*[4].

La utilización de un diccionario estándar de competencias y sus diccionarios relacionados –como los que se presentan en la referida *trilogía*– ayuda a acortar los tiempos de armado del modelo.

A continuación, algunas definiciones relacionadas.

Competencia. Hace referencia a las características de personalidad, devenidas en comportamientos, que generan un desempeño exitoso en un puesto de trabajo.

Competencia cardinal. Competencia aplicable a todos los integrantes de la organización. Las competencias cardinales representan su esencia y permiten alcanzar la visión organizacional.

Competencia específica. Competencia aplicable a colectivos específicos, por ejemplo, un área de la organización o un cierto nivel, como el gerencial.

Modelo de competencias. Conjunto de procesos relacionados con las personas que integran la organización y que tienen como propósito alinearlas en pos de los objetivos organizacionales o empresariales.

Valores. Aquellos principios que representan el sentir de la organización, sus objetivos y prioridades estratégicas.

Comportamiento. Aquello que una persona hace (acción física) o dice (discurso). Sinónimo: conducta.

Diccionario de competencias. Documento interno organizacional en el cual se presentan las competencias definidas en función de la estrategia.

Diccionario de comportamientos. Documento interno en el cual se consignan ejemplos de los comportamientos observables asociados o relacionados con las competencias del modelo organizacional.

Diccionario de preguntas. Documento interno de la organización en el cual se consignan ejemplos de preguntas que permiten evaluar las competencias del modelo en una entrevista.

---

4 Si la organización no cuenta con un modelo de competencias y sus respectivos diccionarios diseñados a medida, para la selección de personas podrá consultar y tomar como guía y referencia los libros publicados por Ediciones Granica, con nombres similares a estos documentos internos. Estas obras, ya mencionadas, son: *Diccionario de competencias. La trilogía. Tomo 1, Diccionario de comportamientos. La trilogía. Tomo 2* y *Diccionario de preguntas. La trilogía. Tomo 3.*

El modelo de competencias
en la práctica

Una vez que se ha diseñado e implantado un modelo de competencias, su aplicación práctica se relaciona con todos los procedimientos organizacionales, sobre la base de tres pilares: selección, desempeño y desarrollo, en todos los casos, a partir de la asignación de competencias a puestos. Los diccionarios, también, se utilizan en cada uno de estos ejes de la actividad de RR.HH. La idea se expresa en la figura al pie.

Cuando el modelo de Gestión por competencias ya está en funcionamiento, es decir, implementado, uno de los pilares es la *selección de personas.*

A través de las buenas prácticas se logrará que solo ingresen a la organización aquellas personas que posean las competencias necesarias (y en el grado requerido), según el modelo de competencias y el puesto de trabajo a ocupar. En resumen, los nuevos colaboradores serán seleccionados en función del modelo de competencias.

Además, también se evaluará el desempeño en función del modelo de competencias (pilar *desempeño*), que orientará asimismo las acciones de formación y desarrollo (pilar *desarrollo*).

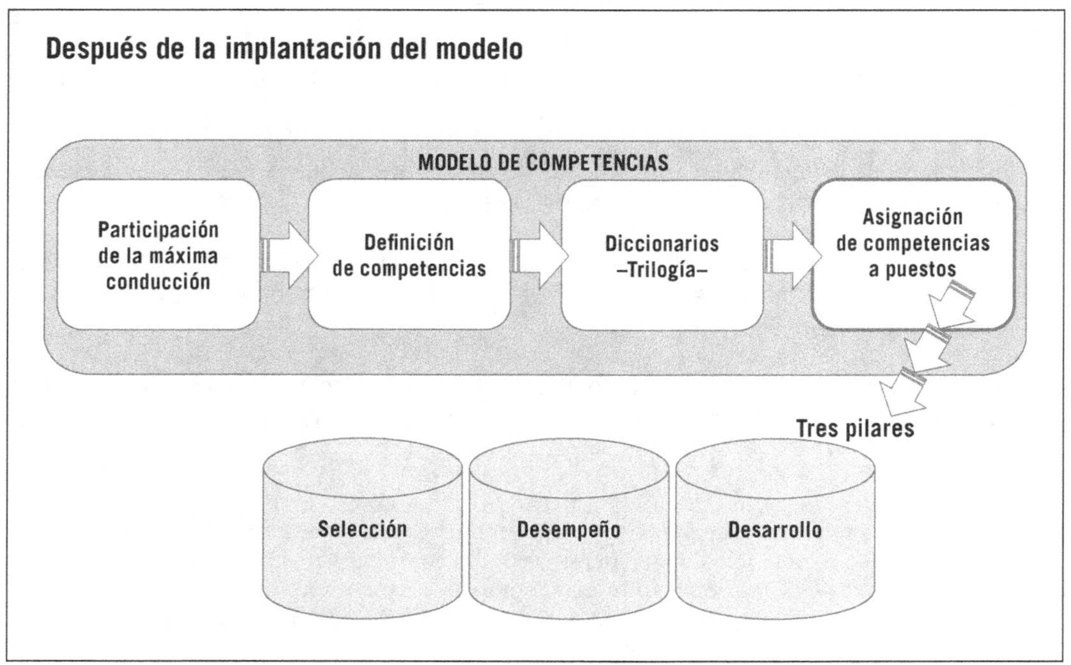

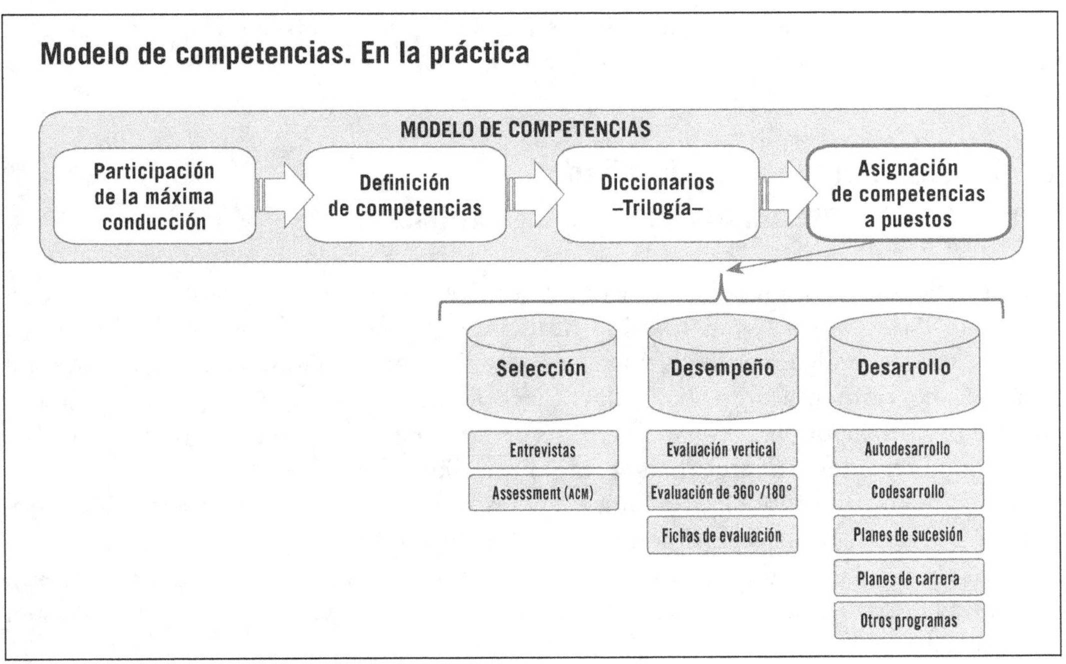

Una vez definido el modelo de competencias, se sugiere la confección de herramientas prácticas[5] para su puesta en funcionamiento. En la figura precedente se brinda mayor información sobre el punto.

En dicha figura se puede observar que la asignación de competencias a puestos se relaciona con los tres pilares ya mencionados: selección, desempeño y desarrollo. Debajo de cada uno de ellos se identifican algunas de las herramientas específicas más relevantes.

Entre las principales podemos mencionar:

- *Selección.* Entrevista por competencias, Entrevista estructurada y Assessment Center Method.

- *Desempeño.* Evaluación vertical, Evaluaciones de 360° y 180°, Fichas de evaluación y Diagnósticos circulares.

- *Desarrollo.* Autodesarrollo, Codesarrollo, Planes de sucesión y Diagramas de reemplazo, Planes de carrera.

---

5 Obra de la autora relacionada: *Las 50 herramientas de Recursos Humanos que todo profesional debe conocer,* Ediciones Granica, Buenos Aires, 2017.

Solo he mencionado algunos de los aspectos a tener en cuenta en materia de Gestión por competencias; no son los únicos.

La difusión del modelo. Un aliado fundamental para una implantación exitosa

Un modelo de competencias será utilizado por todos los integrantes de la organización. Para comenzar, ayudará al número 1 (así como a los demás directivos y colaboradores) a alcanzar la visión y la estrategia organizacionales. Adicionalmente será una herramienta de trabajo diario y cotidiano para todos, directivos y demás niveles organizacionales. Por lo tanto, se deberá realizar la mayor difusión posible hasta que el modelo se integre al accionar cotidiano de todos.

La difusión del modelo de competencias implica acciones concretas de comunicación junto con otras complementarias. Antes de la difusión, como ya se vio en páginas previas, se definen y diseñan los documentos e instrumentos a utilizar, para que toda la organización conozca el modelo junto con su verdadero significado y su importancia.

Programa de difusión del modelo de competencias

Este programa implica un conjunto de acciones tendientes a que la organización en su conjunto conozca el *modelo de competencias* adoptado y comprenda cabalmente su aplicación en los distintos subsistemas de RR.HH.

Tal como se aprecia en la figura siguiente, el programa de difusión puede constar de varias instancias:

- *Libro organizacional con el modelo de competencias.* Puede prepararse un libro, propiamente dicho, describiendo el modelo de competencias de la organización; esto implica que la publicación tendrá ISBN (registro de propiedad intelectual), como cualquier obra literaria o de management. Esta opción se recomienda para organizaciones con un gran número de colaboradores. En empresas más pequeñas se puede elaborar un folleto explicativo que incluya, como mínimo, el *diccionario de comportamientos*.

- *Talleres de difusión del modelo.* Estos talleres tienen como foco principal lograr que todos los integrantes de la organización conozcan el modelo, particularmente las competencias que lo componen junto con sus definiciones y niveles; y por qué se eligieron esas competencias y su relación con los planes estratégicos. Estos talleres se realizan *en cascada*, desde el número 1 de la organización hasta alcanzar a todos los integrantes.

- *Talleres sobre cómo observar comportamientos.* Tienen su foco en lograr que tanto los integrantes del área de Recursos Humanos como todos los jefes de la organización, a partir del número 1, aprendan a observar comportamientos, sobre la base del diccionario de comportamientos adoptado. Estos talleres se diseñan utilizando el método *Codesarrollo*[6]. Asimismo, si la organización contara con plataformas de *e-learning*, este recurso podría ser utilizado adicionalmente para la difusión.

El programa de difusión del modelo de competencias incluye los talleres de difusión del modelo, los cuales consisten en actividades de formación estructurada durante las cuales se intercalan exposiciones teóricas con ejercitación práctica, siendo esta última la predominante, con el propósito de difundir el *modelo de competencias* organizacional.

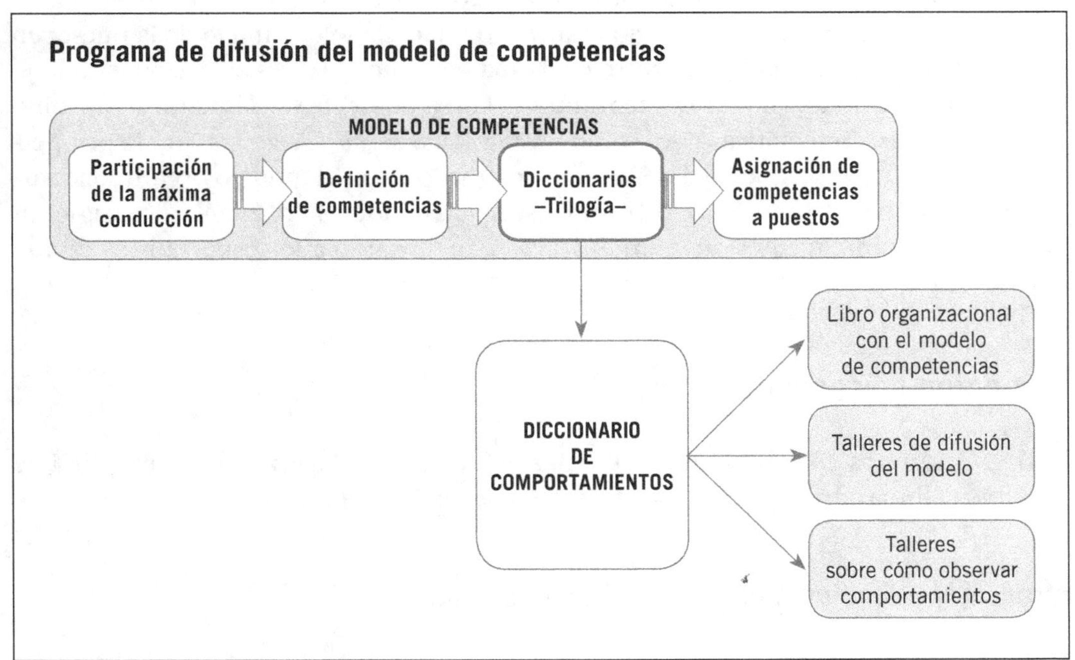

---

6 Alles, Martha. *Codesarrollo. Una nueva forma de aprendizaje.* Ediciones Granica, Buenos Aires, 2009.

Los talleres mencionados están dirigidos a todos los colaboradores, desde los altos ejecutivos hasta los niveles iniciales. El foco de la actividad apunta a lograr que todos los integrantes de la organización conozcan el modelo de competencias y sus principales características:

- Las competencias que lo componen.

- Sus definiciones.

- Los ejemplos de comportamientos (diccionario de comportamientos), para poder primero reconocerlos y, luego, evaluarlos.

Adicionalmente a los talleres de difusión mencionados, se sugiere brindar las primeras nociones sobre cómo observar comportamientos. Las personas, en especial las que son jefes desde hace mucho tiempo, creen saber cómo evaluar personas. En algunos casos se trata de una creencia acertada, en otros no. Para unificar criterios dentro de la organización y para asegurar una medición objetiva de competencias, la formación acerca de Gestión por competencias debe comenzar con talleres sobre cómo observar comportamientos.

No obstante, es importante recordar que la formación en competencias es una tarea de tipo continuo. Por lo tanto, no alcanza con hacerla solo al inicio de la puesta en práctica del modelo, deberá realizarse en forma periódica a través de acciones concretas. Será necesario formar a los integrantes del área de Recursos Humanos, así como a todos los jefes, en temáticas tales como *selección, desempeño y desarrollo,* con la perspectiva de Gestión por competencias y en relación directa con el modelo organizacional.

Al igual que los talleres de difusión, estas actividades de formación se sugieren para todos los integrantes de la organización, incluyendo a los especialistas de Recursos Humanos.

Selección por competencias

Entre sus campos de aplicación, las buenas prácticas en relación con la disciplina de Recursos Humanos incluyen la *selección de personas* y la *entrevista.*

Atracción, selección e incorporación de personas

Uno de los subsistemas de Recursos Humanos es el de *atracción, selección e incorporación de personas.* El punto de partida es la necesidad de cubrir una posición y el respectivo perfil de búsqueda, para continuar con la atracción y luego la

**Atracción, selección e incorporación de personas.
Subsistemas de Recursos Humanos**

selección, y finalizar con la incorporación de personas a la organización. Incluye la *inducción al puesto*.

La atracción de las personas adecuadas, una buena selección, de tipo profesional y aplicando las pruebas más convenientes en cada caso, así como un adecuado proceso de incorporación, son acciones que definirán un buen inicio de la relación laboral de un buen empleado. La elección sobre cuáles son las pruebas más convenientes dependerá de cada caso en particular. El responsable de conducir el proceso de selección deberá determinarlo según lo que se considere más conveniente.

Social media[7] y el subsistema de atracción, selección e incorporación de personas

Como decíamos en la presentación de esta obra, los conceptos básicos sobre selección de personas y sobre la entrevista en particular no se han modificado, pero sí –y sustancialmente– las formas, las vías de comunicación, los soportes en los cuales

---

7 Alles, Martha. *Social media y Recursos Humanos*. Ediciones Granica, Buenos Aires, 2012.

se encuentran los datos, la manera de interactuar entre las personas y, por ende, los comportamientos relacionados.

Los *social media*[8] tienen una amplia utilización en selección de personas a través de acciones como *atracción 2.0, reclutamiento 2.0* y *headhunting 2.0*. Adicionalmente, los *social media* pueden ser útiles para conocer información sobre el mercado. Por ejemplo, sobre salarios y beneficios en determinadas posiciones, o respecto de si otras empresas de la región están buscando perfiles similares a los que la organización requiere, entre otras posibilidades.

Complementariamente a un proceso de selección de personas, muchas veces las áreas de Recursos Humanos y/o los jefes deben contratar personas por proyectos, por un período limitado de tiempo, profesionales *part time* y otras opciones similares.

La utilización de las redes sociales y el grado de conectividad de las personas, así como otros temas relacionados, han cobrado importancia en la vida cotidiana de las personas y las organizaciones, por ello estas cuestiones han sido consideradas como un área de preguntas en el Capítulo 4. Adicionalmente, los cambios de comportamientos derivados del uso de las redes sociales podrán incidir tanto en los puestos de trabajo (requisitos, tareas y responsabilidades) como en la conducta de las personas a evaluar.

Diferentes términos[9] utilizados en selección de personas

Con frecuencia nos referimos a "selección", "selección de personas", "búsqueda" y "reclutamiento" como si fueran sinónimos. No lo son, y se verá no solo su significado sino también las buenas prácticas al respecto.

El término *selección/selección de personas* hace referencia al conjunto de procedimientos para evaluar y medir las capacidades de los candidatos a fin de, luego, elegir, sobre la base de criterios preestablecidos (perfil de la búsqueda), a aquellos que presentan mayor posibilidad de adaptarse al puesto disponible, de acuerdo con las necesidades de la organización.

---

8 *Social media.* Es la combinación de herramientas en la web: blogs, wikis, entre otras. Implica contenidos creados y diseminados por los usuarios. Se utiliza la denominación en inglés dado que es de uso frecuente y se la menciona en muchas obras sobre, por ejemplo, Recursos Humanos, en diferentes lenguas. Fuente: *Diccionario de términos de Recursos Humanos*, Ediciones Granica, Buenos Aires, 2011.

9 Al final de la obra, encontrará un Glosario en el Anexo II. También el lector podrá consultar el *Diccionario de términos de Recursos Humanos*, Ediciones Granica, Buenos Aires, 2011.

Por otra parte, la expresión *selección por competencias* hace referencia a la selección de personas dentro de un modelo de competencias, y en este caso la definición es: conjunto de procedimientos para evaluar y medir las capacidades de los candidatos –conocimientos, experiencia y competencias–, a fin de, luego, elegir, sobre la base de criterios preestablecidos (perfil de la búsqueda), a aquellos que presentan mayor posibilidad de adaptarse al puesto disponible, de acuerdo con las necesidades de la organización.

Para la medición específica de competencias se utilizan el *diccionario de preguntas* y el *diccionario de comportamientos,* ya mencionados, diseñados a medida del modelo organizacional. En el Capítulo 8 se verá cómo, en una entrevista, se utilizan ambos diccionarios.

Otras herramientas pueden ser empleadas para la selección por competencias, como el *Assesment Center Method* (ACM). Nos referimos al ACM y otras evaluaciones específicas en el Capítulo 6 de la obra *Selección por competencias*[10].

Entre otros términos deseo destacar el concepto de "selector", el cual se utiliza para mencionar al responsable de un proceso de selección. También es muy interesante tener en cuenta la expresión "competencia dominante", que solo se utiliza en selección de personas y hace referencia a aquella/s competencia/s que por alguna razón son consideradas más relevantes para ese proceso de selección en particular y se utilizan como base para planear la entrevista.

Mediciones específicas de competencias

Las organizaciones necesitan medir competencias en diferentes momentos y por distintos motivos: en la selección de personas, como un aspecto relevante dentro de la evaluación del desempeño –que se mencionan junto con esta temática más adelante–, para tomar decisiones frente a la necesidad de un reemplazo, entre otras.

Assessment Center Method (ACM)

Los *assessment* –término de uso generalizado que hace referencia al método denominado *Assessment Center Method*[11] (ACM)– tienen una amplia difusión en selección de personas y han sido tratados por la autora en la obra *Selección por competencias*. Para ser eficaz, todo *assessment* debe ser diseñado a medida de la organización, y, además, los casos deben ser:

---

10 *Selección por competencias*. Ediciones Granica, Buenos Aires, nueva edición 2016.

11 ACM es la herramienta número 3 en la obra *Las 50 herramientas de Recursos Humanos que todo profesional debe conocer,* Ediciones Granica, Buenos Aires, 2017.

1. Situacionales –es decir, en relación con la tarea actual o futura del evaluado–.

2. Relacionados con el modelo de competencias –es decir, tomando en cuenta las competencias del modelo de la organización y diseñados específicamente para medir en particular los comportamientos referidos a ellas–.

Por otra parte, los casos-situaciones que se utilizan en un ACM deben ser confeccionados sobre la base del *diccionario de comportamientos* organizacional.

Durante un assessment se observan los comportamientos de los participantes, que luego serán cotejados con los ejemplos que ofrece el mencionado diccionario. Un assessment diseñado a medida puede ser utilizado también para medir valores, si es que estos han sido considerados en la elaboración de la herramienta. En cualquiera de los casos mencionados, los resultados obtenidos durante el assessment se analizan según el gráfico al pie de página.

Los assessment son sumamente utilizados en selección y en otras instancias organizacionales. Para que sean efectivos, como ya se expresara, deben ser diseñados sobre la base del modelo de competencias de la organización.

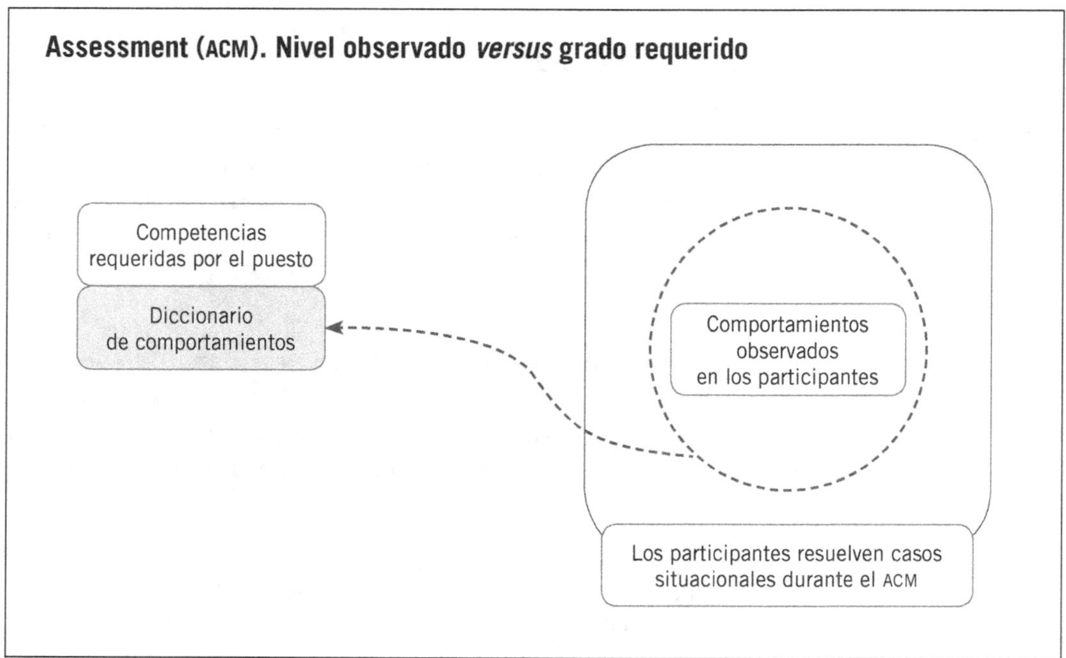

Otras herramientas para medir competencias

La medición de competencias puede realizarse en diferentes momentos, por ejemplo, cuando se desea conocer el nivel de desarrollo de competencias de personas que ya integran la organización. Es usual realizar estas mediciones luego de definir el modelo de competencias. En este caso, es posible utilizar los ACM mencionados precedentemente. Otra herramienta de uso frecuente son las *fichas de evaluación*[12] en sus dos variantes, que tienen aplicación, especialmente, en las evaluaciones de desempeño, pero que también podrían utilizarse como una evaluación específica en un proceso de selección.

Gestión por competencias y su aplicación en los distintos subsistemas de Recursos Humanos

Esta obra, como totalidad, está referida a la entrevista en los procesos de selección de personas. En este capítulo solo se presenta un breve resumen de otros aspectos de la Gestión por competencias, para darle contexto a la temática central. En páginas previas se hizo una breve referencia a la *selección por competencias*[13] y en las siguientes se verá la *entrevista por competencias*.

A continuación se ofrece una breve introducción de otros subsistemas de Recursos Humanos, dado que la implantación del modelo de competencias involucra a todos.

Desempeño por competencias. Medición de competencias

El desempeño es uno de los aspectos fundamentales una vez que los colaboradores ya forman parte de la organización. Para evaluar el desempeño por competencias se utiliza uno de los documentos ya mencionados, el *diccionario de comportamientos*.

---

12 *Fichas de evaluación*. Documento de medición de comportamientos/conocimientos estructurado y basado en el modelo de competencias/valores/conocimientos de la organización. También existe otro similar que se denomina *Ficha de evaluación reducida*. Ver las herramientas N° 27 y 28 de la obra *Las 50 herramientas de Recursos Humanos que todo profesional debe conocer*, Ediciones Granica, Buenos Aires, 2017.

13 La autora ha publicado con Ediciones Granica una obra donde se tratan todos los aspectos relacionados con la "selección por competencias", y que lleva este título: *Selección por competencias*, nueva edición 2016.

Para medir el desempeño por competencias pueden utilizarse, además, diversas herramientas[14]:

- Evaluación vertical.

- Evaluación de 360 grados.

- Evaluación de 180 grados.

- Diagnósticos circulares.

- Fichas de evaluación, aplicables a mediciones específicas o como apoyo a las cuatro anteriores.

Para la evaluación de desempeño se sugiere la denominada "evaluación vertical", en la cual, usualmente, se combinan objetivos y competencias.

El análisis y la medición de las competencias de una persona, en las diferentes situaciones en que esto deba llevarse a cabo, se realizan del siguiente modo:

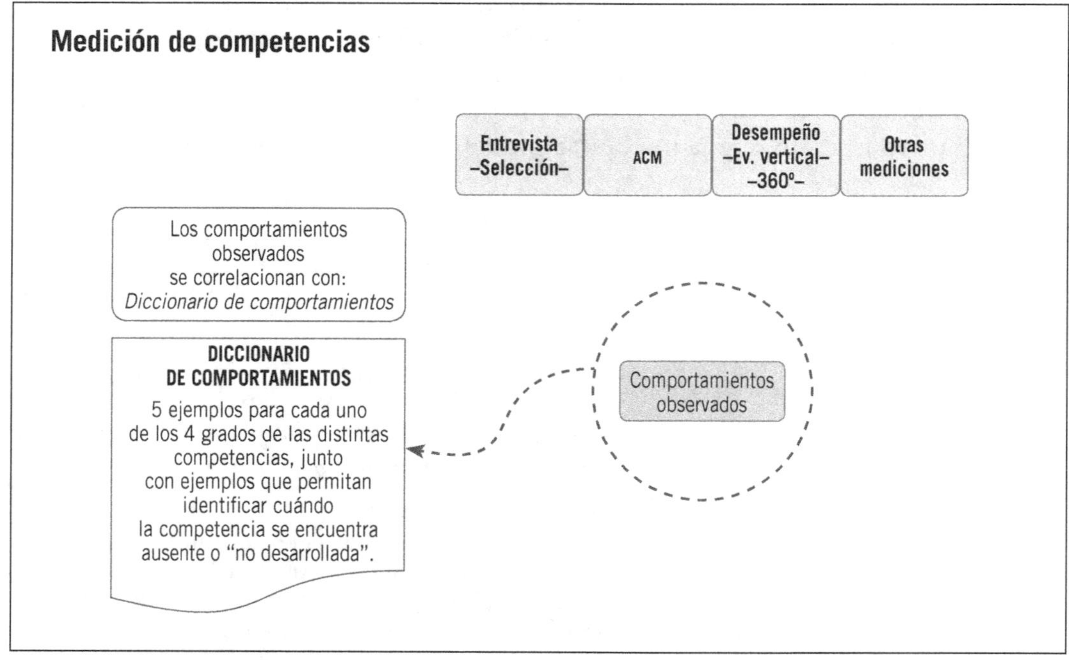

---

14 Alles, Martha. *Las 50 herramientas de Recursos Humanos que todo profesional debe conocer.* Obra citada.

En el gráfico precedente se mencionan las principales herramientas utilizadas para la medición de competencias: entrevista (en selección), ACM (se utiliza en selección y otras circunstancias), evaluación vertical para evaluar el desempeño... También es posible utilizar otras mediciones, algunas ya mencionadas. En cualquiera de ellas, el evaluador observará comportamientos. Luego, los comportamientos observados se relacionan con las competencias asignadas al puesto de trabajo (competencia y grado requerido).

La evaluación se realiza de manera particular, según corresponda. En una entrevista, como se verá en el Capítulo 8, los comportamientos se observarán en el relato del entrevistado. En un ACM los comportamientos podrán ser vistos durante la evaluación, por observación directa del evaluador; y, en la evaluación del desempeño, por la observación en el día a día, realizada por su jefe/superior. Algo similar ocurre en las evaluaciones múltiples al utilizar una evaluación de 360°.

Las evaluaciones de 360 grados (así como las de 180 grados) evalúan competencias con vistas a su desarrollo. En una evaluación de 360 grados una serie de evaluadores observan el desempeño de una persona. Del mismo modo sucede en la evaluación de 180 grados y en los diagnósticos circulares.

En las diferentes evaluaciones mencionadas se observan comportamientos y estos se relacionan con los descritos en el *diccionario de comportamientos*.

Es importante señalar que, si la evaluación de 360 grados no se diseña sobre la base del *diccionario de comportamientos* de la empresa en cuestión, no estará midiendo a los ejecutivos u otros funcionarios sobre la base del modelo organizacional y, desde ya, no medirá su desempeño en relación con aquello definido como necesario para alcanzar la estrategia de la organización.

Desarrollo de personas. Desarrollo de competencias. Formación en competencias

El desarrollo de personas es una temática amplia y se relaciona con dos de los subsistemas de Recursos Humanos: *desarrollo y planes de sucesión, y formación*.

El diccionario de comportamientos, herramienta que se verá con mayor detalle en el Capítulo 8, posee múltiples usos. Será de gran utilidad en la relación jefe-colaborador. También podrá ser utilizado para la realización de actividades relacionadas con los jefes y colaboradores tanto en desarrollo como en formación.

Como se explicó en páginas previas, en el momento de implantar el modelo es necesario difundirlo, darlo a conocer y, además, enseñar de qué manera debe utilizarse, en especial el mencionado *diccionario de comportamientos*.

Una vez que se han medido las competencias de los distintos integrantes de la organización se habrá determinado la existencia de brechas entre el nivel de competencias de cada colaborador y lo requerido por su puesto de trabajo. A partir de esa información se deberán realizar acciones de desarrollo de competencias.

Las organizaciones preparan sus planes de formación, los cuales consideran entre otras actividades, el desarrollo de competencias a través de métodos específicos como, por ejemplo, *Codesarrollo*[15].

Adicionalmente, se definen programas internos de desarrollo para las personas que integran la organización. La medición de competencias, mencionada en párrafos previos, estará considerada en los distintos programas para el desarrollo de las personas que ya integran la organización. En función de las capacidades de las personas, es decir, a partir de un *mapa de talentos*, será posible diseñar *rutas internas* para el crecimiento de ese talento dentro de la organización, contemplando desde las capacidades de las personas hasta sus proyectos personales. Los diferentes programas organizacionales, tratados en la obra *Construyendo talento*[16], se muestran en el gráfico siguiente.

Fuente: *Construyendo talento.* Ediciones Granica, Buenos Aires, 2016.

---

15 Alles, Martha. *Codesarrollo. Una nueva forma de aprendizaje.* Obra citada.
16 Alles, Martha. *Construyendo talento.* Obra citada.

Los diferentes programas organizacionales incluidos dentro de lo que se ha denominado *mapa y ruta de talentos* consideran en su diseño *conocimientos, competencias y experiencia.*

¡TOME NOTA!

Elija al mejor. Para leer y releer:

- Conceptos generales sobre selección y entrevista: Capítulo 1
- Gestión por competencias y entrevistas para evaluar competencias: capítulos 7, 8 y 12
- Planear la entrevista: Capítulo 2
- Cómo utilizar *Elija al mejor*: Capítulo 3
- Si desea encontrar preguntas: capítulos 4, 9, 10 y 11
- La motivación y cómo evaluarla: Capítulo 5
- Analizar los resultados de la entrevista y registrarla: Capítulo 6
- Para fijar conceptos: anexos I y II

Muchos de los temas tratados en la Parte I se relacionan, también, con la Parte II. La entrevista, cómo planearla, cómo analizar la motivación y los aspectos a tener en cuenta una vez finalizada la entrevista son temas comunes a ambas secciones de la obra.

Capítulo 8

Entrevista por competencias

Temas del capítulo:

- Entrevista y entrevista por competencias

- Gestión por competencias. La aplicación práctica de los tres diccionarios en selección de personas y en la entrevista por competencias

- Cómo utilizar el diccionario de preguntas

- Cómo observar comportamientos en un relato. Ejemplo práctico

- El diccionario de comportamientos y su utilización en la entrevista por competencias

Entrevista y entrevista por competencias

Como ya se expresara en capítulos previos, la entrevista es un factor clave en un proceso de selección[1], se utilicen o no competencias en su realización. En esta Parte II se verán específicamente los aspectos diferenciales de una entrevista cuando se realiza en el marco de un modelo de competencias y se desea evaluar dichas capacidades.

Antes de comenzar el presente capítulo, sugiero tener en cuenta lo expuesto en el gráfico siguiente: los temas y capítulos vistos en la Parte I se relacionan con todo tipo de entrevistas, para la selección de personas.

Los temas tratados en el Capítulo 1 hacen referencia a la entrevista en términos generales. En el Capítulo 2 se explica cómo planear una entrevista y, luego, el Capítulo 3 está dedicado a cómo utilizar la obra *Elija al mejor*, tanto su Parte I como la Parte II. A su vez, las formas de analizar la motivación tendrán aplicación tanto en la entrevista por competencias como en la de cualquier otro tipo, incluso en la entrevista BEI, que se explica en el Capítulo 12.

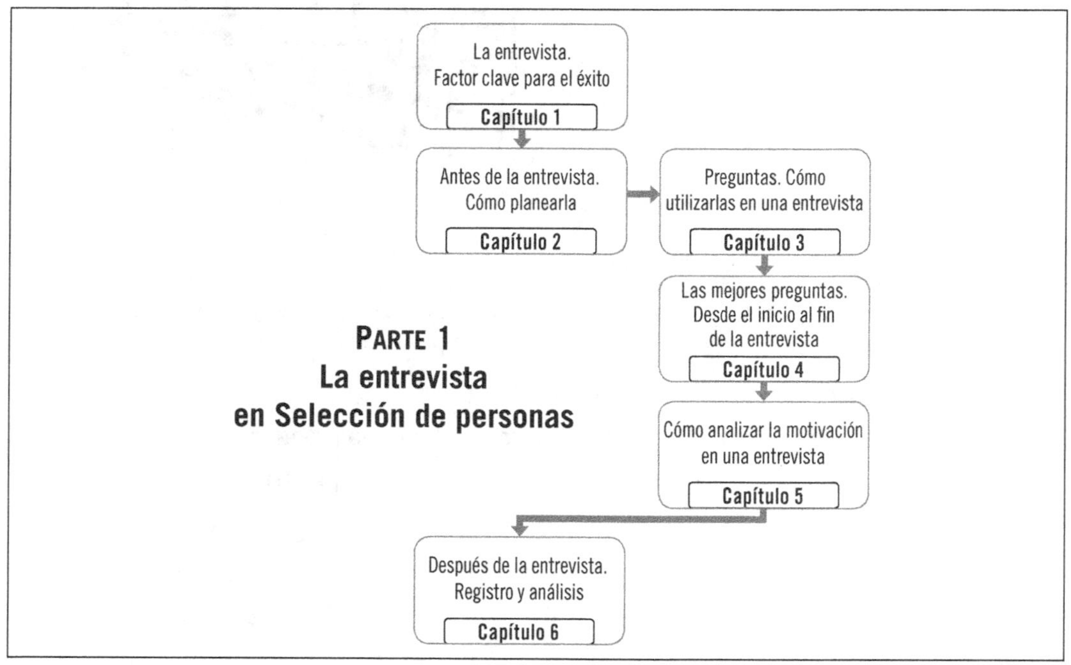

---

1 Para conocer sobre un proceso completo de selección de personas, sugerimos la lectura de la obra *Selección por competencias*, Ediciones Granica, Buenos Aires, 2016.

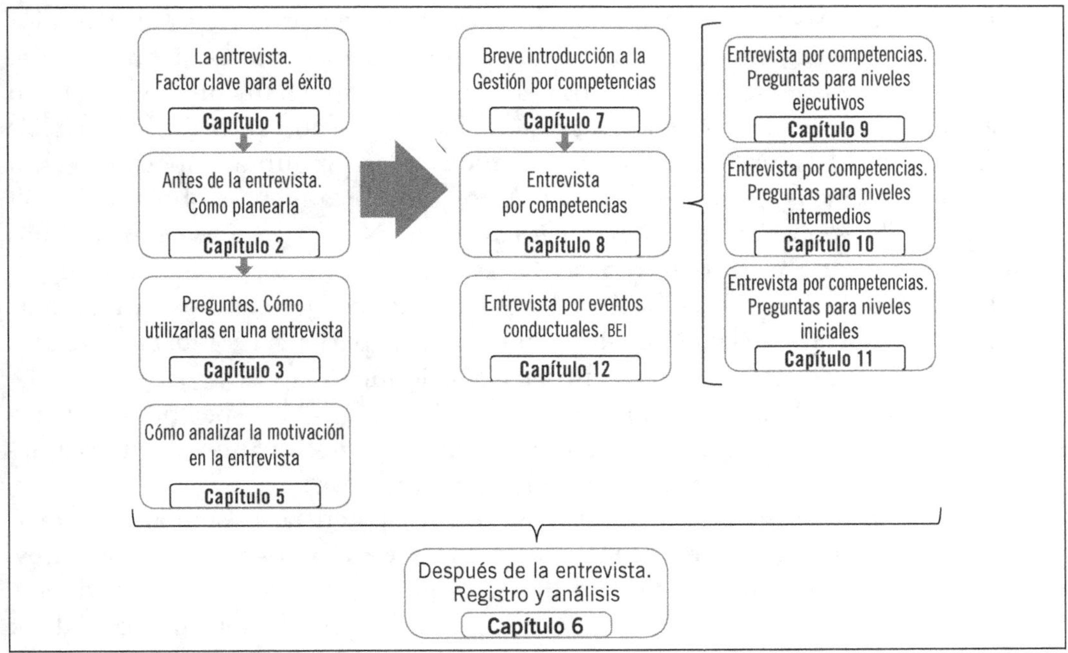

Adicionalmente, las entrevistas de todo tipo deben ser analizadas y registradas luego de su finalización. La idea se expone en la figura precedente.

La entrevista por competencias[2]

Cuando una organización ha diseñado un modelo de competencias, la entrevista explora las competencias que lo integran, utilizando para ello dos documentos organizacionales: el *diccionario de preguntas* y el *diccionario de comportamientos*.

En el Capítulo 1 vimos un *esquema de entrevista*, donde se la describía en sus diversas etapas, desde el inicio al cierre.

En el inicio, el entrevistador formula una pregunta a modo de bienvenida, para luego comenzar propiamente la entrevista, por ejemplo, con una pregunta abierta –*Cuénteme sobre su historia laboral*–. A partir de una pregunta simple, como la mencionada, se empieza a desarrollar la entrevista.

---

2 En la obra *Las 50 herramientas de Recursos Humanos que todo profesional debe conocer* (Ediciones Granica, Buenos Aires, 2017), la *Entrevista por competencias* es la herramienta N° 22 y la *Entrevista estructurada – Selección* es la N° 21.

En el transcurso de los distintos momentos de la entrevista, el entrevistador deberá obtener del entrevistado comportamientos, para así realizar la evaluación. Para ello le solicitará que relate hechos del pasado (comportamientos) en relación con las preguntas formuladas. De este modo llevará a cabo la evaluación de las competencias: analizará las respuestas obtenidas a las preguntas específicas para evaluar competencias, y luego comparará estos comportamientos observados con los ejemplos del *diccionario de comportamientos.* Todo este proceso se explicará más adelante, con detalle, en este mismo capítulo.

El entrevistador, en todos los casos, deberá obtener hechos pasados para evaluar los diferentes aspectos de la historia laboral, tanto la experiencia como, también, los conocimientos (por ejemplo en este último caso, dónde los aplicó).

En este punto, el entrevistador incorporará las preguntas específicas para explorar competencias. Además, deberá interrogar sobre motivación y, según sea necesario, sobre otros temas. Para, por último, darle un cierre.

En resumen, el esquema de la entrevista por competencias es similar al de otro tipo de entrevistas. Sin embargo, en ella se hará foco en algunos temas particulares.

Este tipo de esquema, tanto el propuesto en el Capítulo 1 como el que se verá a continuación, podrá ser utilizado de igual manera por un especialista de Recursos Humanos o por el futuro jefe de la persona que asumirá el puesto. Este último aspecto es muy importante. Los futuros jefes, con frecuencia, tienen dudas sobre cómo evaluar competencias; utilizar este tipo de entrevista les será de gran ayuda.

Muchas de las preguntas expuestas en el Capítulo 4, como las de inicio, de cierre y otras, podrán ser también utilizadas en una entrevista por competencias.

Al igual que se expresó en el Capítulo 1, antes de finalizar la entrevista con el postulante se sugiere preguntarse si se ha obtenido toda la información necesaria en relación con el perfil buscado.

Cuando se utilizan formularios de registro, estos pueden ser de ayuda para no olvidar detalles importantes.

La característica fundamental que diferencia a una entrevista por competencias es la forma en la cual se formulan al entrevistado las preguntas relacionadas con cada competencia a evaluar, utilizando para ello el *diccionario de preguntas*, en consideración, además, del nivel del entrevistado.

A partir del relato obtenido como respuestas será posible "observar comportamientos". Estos luego se compararán con los ejemplos definidos en el *diccionario de comportamientos.* De este modo será posible establecer la relación entre unos y otros, para identificar el grado en que cada competencia se observa en el entrevistado.

Como se viera en el Capítulo 1, las entrevistas pueden ser de diferente tipo. La más utilizada es la denominada *entrevista por competencias.* Existe otra, más pro-

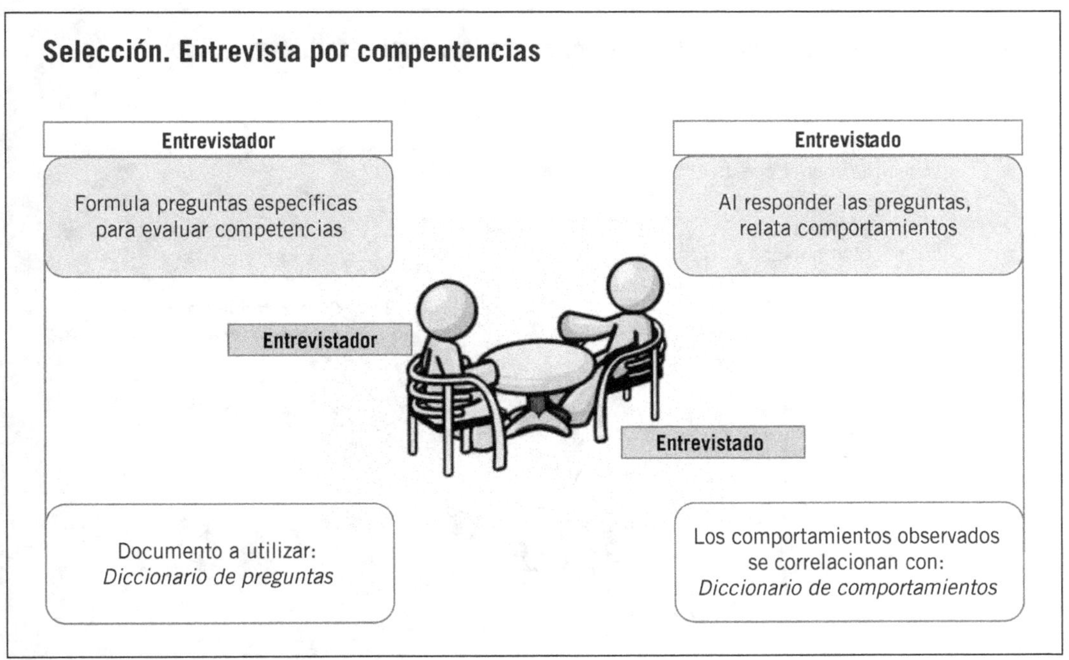

funda, que se denomina BEI (la sigla de *Behavioral Event Interview,* o entrevista por incidentes críticos), que se verá en el Capítulo 12.

En cualquiera de las entrevistas mencionadas la utilización de los diccionarios es semejante. La idea se expone en el gráfico precedente.

El diccionario de preguntas[3], al igual que los otros diccionarios, se prepara a medida de la organización. Se hará una descripción más detallada de esta herramienta en páginas siguientes.

Ya hemos dicho que una entrevista por competencias, en su desarrollo, tiene algunos aspectos similares a los de una entrevista tradicional; la diferencia fundamental es que adiciona preguntas específicas para medir competencias.

Usualmente, en una entrevista por competencias no se evalúan todas las competencias del puesto sino las que se consideran, por algún motivo, de mayor relevancia para esa búsqueda en particular. Aquí surge el concepto *competencia dominante.*

---

3 En la obra *Diccionario de preguntas. La trilogía. Tomo 3,* el lector encontrará cuatro ejemplos de preguntas por cada competencia de las 60 elegidas para las obras que conforman lo que hemos denominado *La Trilogía.*

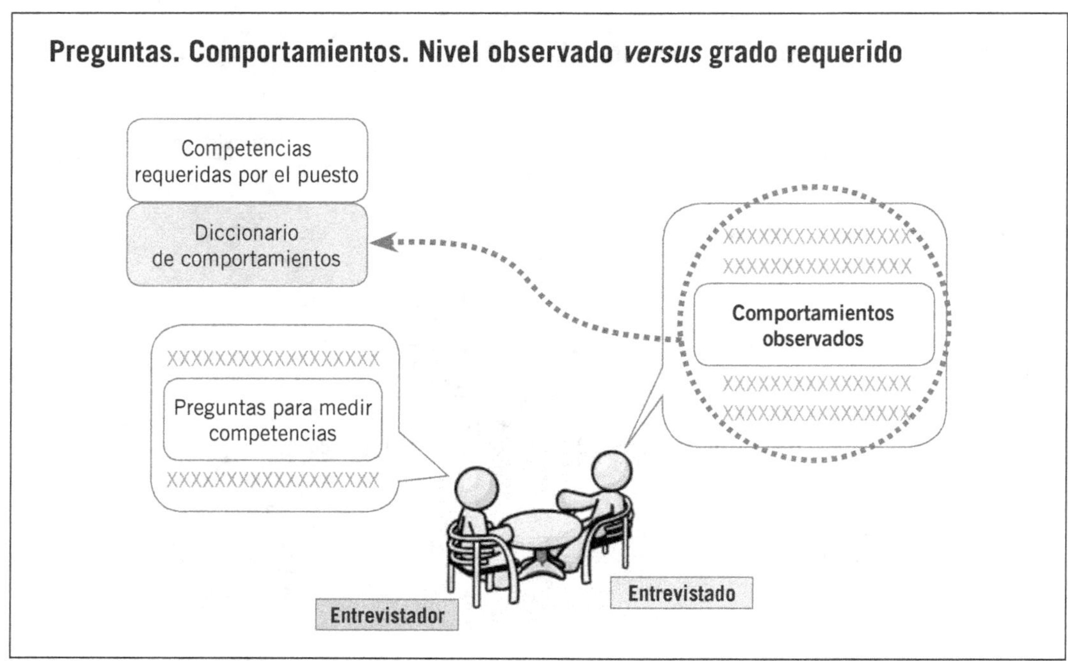

Competencia dominante. Este concepto, que se utiliza en selección de personas, hace referencia a aquellas competencias que por alguna razón son consideradas más relevantes para ese proceso de selección en particular y se utilizan para planear la entrevista.
Se recomienda determinar en cada caso y con el futuro jefe (cliente interno desde la perspectiva del área de Recursos Humanos) cuáles son las competencias dominantes.

En todos los casos el entrevistador formula preguntas que le permitirán, a través de las respuestas que brinda el entrevistado, evaluar las competencias requeridas por el puesto. Para ello utilizará el *diccionario de preguntas* de la organización.

En la BEI, mencionada más arriba y que se verá específicamente en el Capítulo 12, se evalúan los incidentes críticos y, usualmente, todas las competencias requeridas por el puesto. El análisis del resultado obtenido se realiza –también– como se explica en el gráfico precedente.

Nuestra sugerencia es utilizar las preguntas del documento organizacional (cuando se cuenta con él). Cuando el entrevistador se sienta seguro en esta forma de entrevistar –cómo formular las preguntas y, luego, de qué manera analizar las respuestas–, podrá, a partir de estas preguntas y respetando su estilo, preparar otras, adaptadas a sus propias circunstancias.

Algunas definiciones sobre la entrevista

Si bien ya se vieron definiciones en el Capítulo 1, a continuación reiteraremos las de mayor relación con la temática de este capítulo en particular.

Entrevista. Es un diálogo que se sostiene con un propósito definido, donde entrevistador y entrevistado cumplen cada uno con un rol específico, estableciéndose entre ambos un canal de comunicación en un marco acotado por el tiempo y el tema a tratar. La palabra, los ademanes, las expresiones y las inflexiones concurren al intercambio de conceptos que constituye la entrevista.
En la entrevista existen dos roles perfectamente diferenciados: *entrevistador* y *entrevistado.* Nos hemos referido a este tema en el Capítulo 1.

Entrevista por competencias. La entrevista por competencias[4] es una entrevista estructurada que permite evaluar a un candidato que participa en un proceso de selección considerando, especialmente, sus competencias, a través de preguntas específicas. Es el tipo de entrevista que se está analizando en este capítulo.

Entrevista de selección. Entrevista que se realiza con el propósito de elegir a una persona para ocupar un puesto. En ella se comparan las capacidades del candidato (conocimientos, experiencia, competencias) junto con su motivación en relación con el puesto a ocupar.

Entrevista de selección – diferentes tipos. Entre las variantes más conocidas de entrevista de selección se pueden mencionar las siguientes. Se vio una breve explicación sobre cada una de ellas en el Capítulo 1.

- Entrevista de panel.

- Entrevista estructurada o entrevista dirigida.

- Entrevista grupal.

- Entrevista no dirigida.

- Entrevista por competencias.

- Entrevista por eventos conductuales. También conocida como *entrevista por incidentes críticos* o por su denominación en inglés, *Behavioral Event Interview* (BEI).

- Entrevista situacional.

---

4 *La entrevista por competencias* es la herramienta N° 22 descrita en la obra *Las 50 herramientas de Recursos Humanos que todo profesional debe conocer.*

Entrevista estructurada o entrevista dirigida. Entrevista basada en un conjunto de preguntas e indicaciones previamente definidas para indagar sobre una serie de aspectos determinados.

Los ejemplos más difundidos de entrevista estructurada, en relación con los subsistemas de Recursos Humanos, son:

- Entrevista estructurada – Selección.

- Entrevista estructurada aplicada a la *descripción de puestos*.

Entrevista estructurada – Selección. Conjunto de preguntas e indicaciones para realizar una entrevista de selección. Usualmente se diseña por niveles y en función del modelo de competencias.

La entrevista estructurada[5] combina preguntas de diferentes tipos, entre ellas, las específicas para evaluar competencias.

Dado que los modelos de competencias difieren de organización en organización, en todos los casos la entrevista estructurada se diseña a medida.

Gestión por competencias. La aplicación práctica de los tres diccionarios en la selección de personas y en la entrevista por competencias

Como se explicó en el Capítulo 7, para la definición del modelo de competencias y su posterior aplicación práctica se recomienda la elaboración de tres diccionarios, que hemos denominado *La Trilogía: diccionario de competencias, diccionario de comportamientos* y *diccionario de preguntas*[6]. Cada uno de estos diccionarios cumple un propósito diferente y todos ellos se construyen para todas las competencias del modelo adoptado.

La organización define, en primera instancia, su *diccionario de competencias* sobre la base de su misión, visión, valores y estrategia. La utilización de un diccionario estándar de competencias ayuda a acortar los tiempos de armado del modelo.

---

5 La entrevista estructurada es la herramienta N° 21 descrita en la obra *50 herramientas de Recursos Humanos que todo profesional debe conocer.*

6 En este capítulo se hace referencia a los diccionarios diseñados a medida de la organización. No obstante, el lector podrá consultar y tomar como guía y referencia los libros de mi autoría publicados por Ediciones Granica, con títulos similares a los de estos documentos internos. Estas obras son: *Diccionario de competencias. La trilogía. Tomo 1, Diccionario de comportamientos. La trilogía. Tomo 2* y *Diccionario de preguntas. La trilogía. Tomo 3.*

Las competencias son de diferente tipo: cardinales, específicas gerenciales y específicas por área. Todas las competencias se abren en cuatro grados o niveles y pueden ser cardinales o específicas. Si bien algunas definiciones ya fueron expuestas en el Capítulo 7, se incluyen a continuación las que se deben recordar especialmente en este capítulo.

Competencia. Hace referencia a las características de personalidad, devenidas en comportamientos, que generan un desempeño exitoso en un puesto de trabajo.

Competencia cardinal. Competencia aplicable a todos los integrantes de la organización. Representan su esencia y permiten alcanzar la visión organizacional.

Competencia específica. Competencia aplicable a colectivos específicos, por ejemplo, un área de la organización o un cierto nivel, como el gerencial.

Modelo de competencias. Conjunto de procesos relacionados con las personas que integran la organización y que tienen como propósito alinearlas en pos de los objetivos organizacionales o empresariales.

Valores. Aquellos principios que representan el sentir de la organización, sus objetivos y prioridades estratégicas.

Comportamiento. Aquello que una persona hace (acción física) o dice (discurso). Sinónimo: conducta.

Diccionario de competencias. Documento interno organizacional en el cual se presentan las competencias definidas en función de la estrategia.

Diccionario de comportamientos. Documento interno en el cual se consignan ejemplos de los comportamientos observables asociados o relacionados con las competencias del modelo organizacional.

Diccionario de preguntas. Documento interno de la organización en el cual se consignan ejemplos de preguntas que permiten evaluar las competencias del modelo en una entrevista.

Diccionario de competencias

El modelo de competencias se plasma en un primer documento, el *diccionario de competencias*. Allí cada competencia se define con una frase y se abre en cuatro grados o niveles a los cuales hemos denominado A, B, C y D.

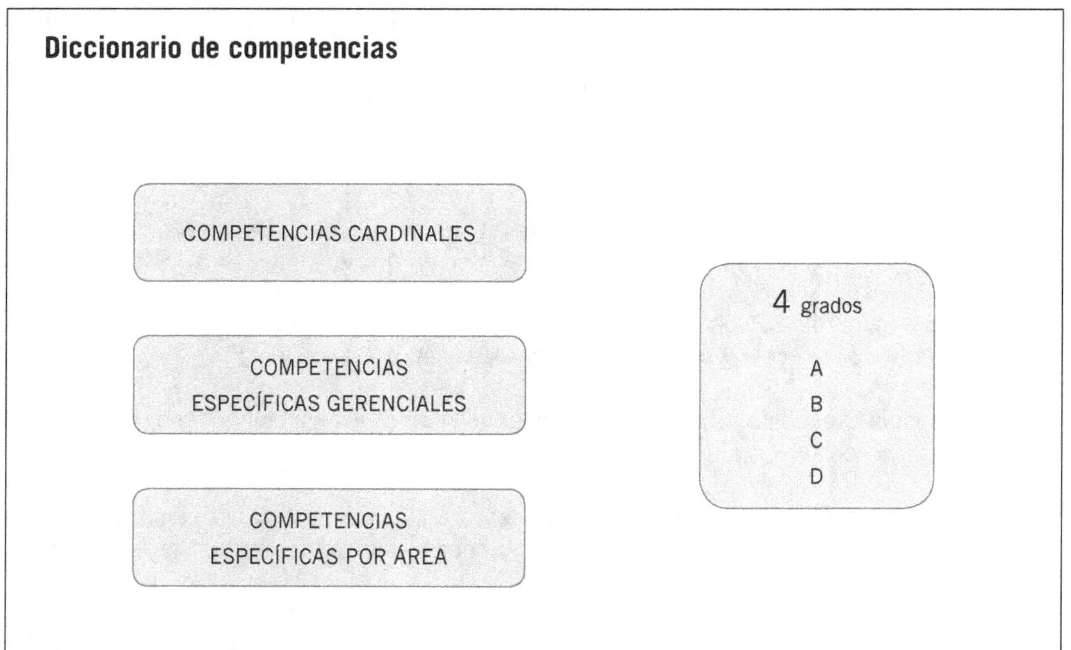

Creo importante destacar que es imprescindible que tanto las competencias como sus grados se definan a través de una frase. No es un mero detalle. Constituye la diferencia entre contar con un modelo de competencias efectivo y una herramienta de baja calidad. Adicionalmente, la construcción y el diseño deberán ser ajustados a ciertas características que se verán a continuación.

Como se mencionara anteriormente, las competencias que conforman un modelo son de distinto tipo. Las competencias cardinales son aplicables a todos los integrantes de la organización, no así las específicas, que solo se relacionan con algún colectivo particular y se subdividen en competencias específicas gerenciales y competencias específicas por área.

Todas las competencias se abren en cuatro grados, como se expone en la figura siguiente[7]. Esta gradación debe ser realizada cuidadosamente.

El *diccionario de competencias* se utiliza, básicamente, en el subsistema *análisis y descripción de puestos*. En cambio, la aplicación del *diccionario de comportamientos*, que se verá a continuación, abarca a todos los restantes subsistemas de Recursos Humanos.

---

7 El lector podrá encontrar ejemplos de competencias en *Diccionario de competencias. La trilogía. Tomo 1*, Ediciones Granica, Buenos Aires, 2015.

Diccionario de competencias

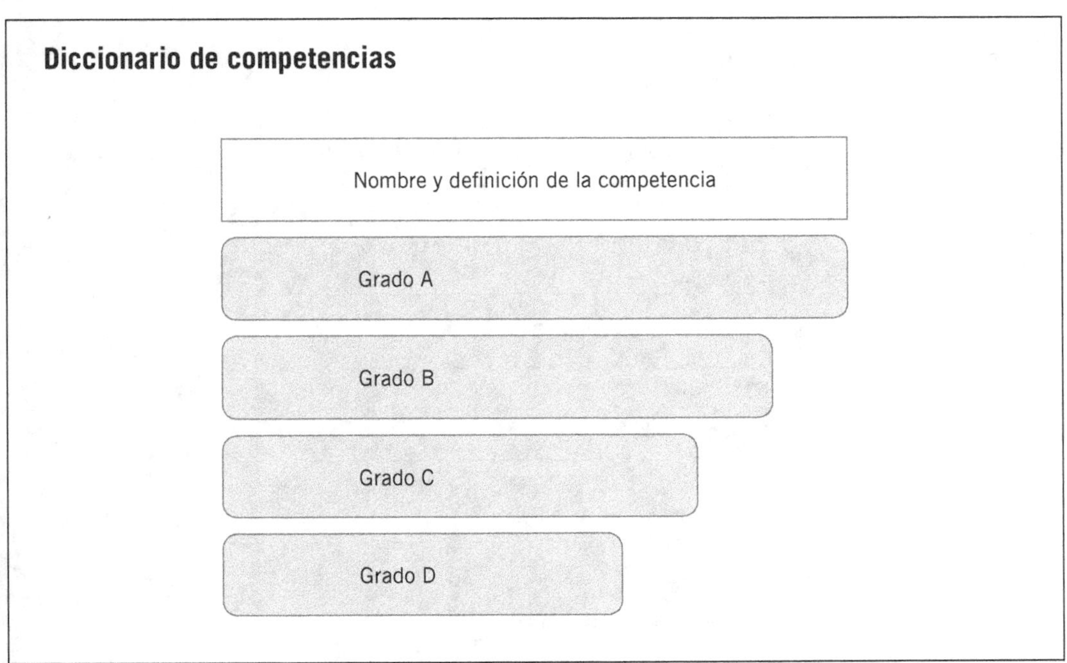

Diccionario de comportamientos

Una vez que se ha preparado el *diccionario de competencias,* sobre la base de este documento se confecciona el *diccionario de comportamientos,* en el cual se describen, para cada una de las competencias del modelo, ejemplos de comportamientos, referidos a su vez a cada uno de los grados de la competencia: A, B, C y D; además, se brindan ejemplos de comportamientos que reflejan la ausencia de la competencia (grado que hemos denominado "no desarrollado").

La idea se expone en la figura de la página siguiente[8].

En resumen, el diccionario de comportamientos organizacional se diseña en función del diccionario de competencias, ambos confeccionados a medida de cada organización y en función de su misión, visión y estrategia. Un diccionario de comportamientos quedará conformado con la siguiente estructura:

- Cinco ejemplos de comportamientos observables para el grado A.

- Cinco ejemplos de comportamientos observables para el grado B.

---

8 El lector podrá encontrar comportamientos relacionados con competencias en la obra *Diccionario de comportamientos. La trilogía. Tomo 2,* Ediciones Granica, Buenos Aires, 2015.

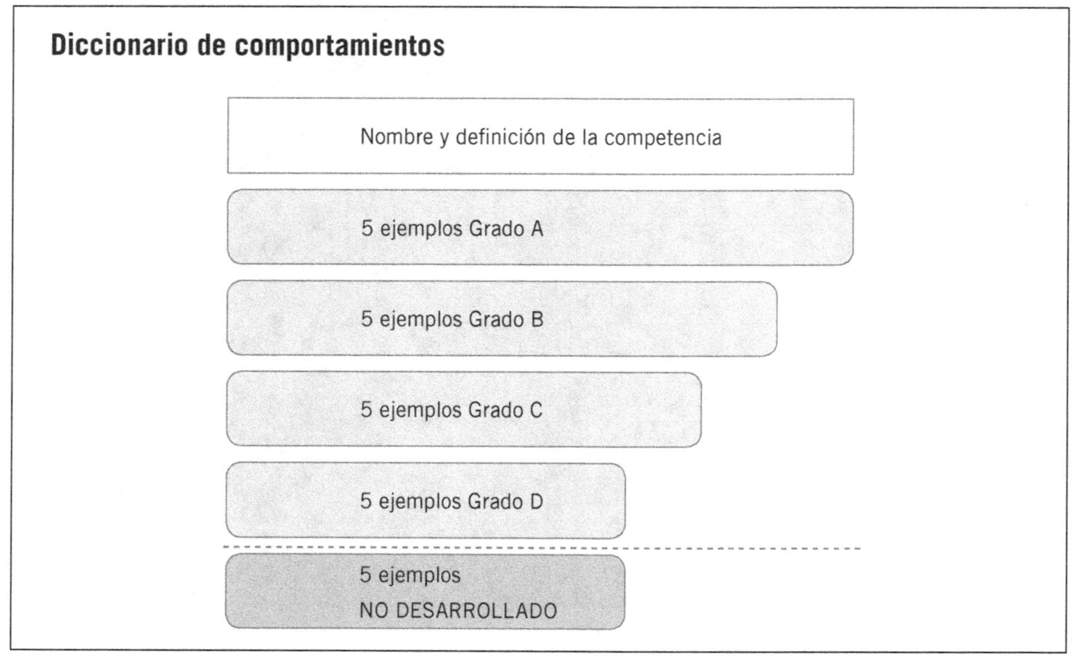

- Cinco ejemplos de comportamientos observables para el grado C.

- Cinco ejemplos de comportamientos observables para el grado D.

- Cinco ejemplos de comportamientos observables que permitan identificar cuándo la competencia se encuentra ausente o "no desarrollada".

En total, son 25 comportamientos observables por cada una de las competencias del modelo: cardinales, específicas gerenciales y específicas por área. Un aspecto importante a tener en cuenta es la redacción de los comportamientos. Debe realizarse en un lenguaje claro, comprensible por todos y, a la vez, temáticamente genérico, es decir, que pueda ser aplicado en las distintas áreas que conforman la organización, para colaboradores de diversas disciplinas.

El *diccionario de comportamientos* será el documento a utilizar en casi todos los subsistemas de Recursos Humanos: *atracción y selección; evaluación del desempeño; formación,* y *desarrollo y planes de sucesión.* Por esta razón, este es el diccionario que será objeto de la mayor difusión posible en el ámbito de toda la organización, como se vio en el Capítulo 7.

Diccionario de preguntas

También sobre la base del *diccionario de competencias* se confecciona el *diccionario de preguntas,* que se utiliza especialmente en entrevistas realizadas como parte de un proceso de selección, tanto en búsquedas internas como externas. Este documento debe caracterizarse por su simplicidad, a fin de que pueda ser empleado tanto por un especialista en Recursos Humanos como por cualquier persona de otra área de la organización que deba entrevistar a un potencial colaborador.

Con frecuencia se preparan cuatro preguntas para cada competencia del modelo. Las preguntas son ejemplos que el entrevistador podrá utilizar en el curso de la entrevista. En la mayoría de los casos, una o dos preguntas permitirán obtener la información necesaria para evaluar al entrevistado con relación a esa competencia en particular.

Un diccionario de preguntas, usualmente, queda conformado de la siguiente manera:

- Cuatro preguntas para indagar sobre el grado de desarrollo de cada una de las competencias cardinales.

Diccionario de preguntas

	Preguntas sugeridas
Nombre y definición de la competencia	1. Pregunta
	2. Pregunta
	3. Pregunta
	4. Pregunta

- Cuatro preguntas para indagar sobre el grado de desarrollo de cada una de las competencias específicas gerenciales.

- Cuatro preguntas para indagar sobre el grado de desarrollo de cada una de las competencias específicas por área.

La idea se expone en la figura de la página anterior[9].

Asignación de competencias a puestos

La *asignación de competencias a puestos*[10] se realiza en función del *esquema* del modelo de competencias (Capítulo 7) y utiliza como guía el *diccionario de competencias* de la organización. A modo ilustrativo se expondrá, a continuación, un ejemplo de asignación de competencias a puestos, en dos gráficos, primero el

---

Competencias asignadas a un puesto - 1

ÁREA DE RECURSOS HUMANOS
PUESTO: GERENTE DE RRHH

Competencias cardinales	A	B	C	D
Compromiso con la rentabilidad	X			
Responsabilidad personal	X			
Competencias específicas gerenciales				
Conducción de personas		X		
Competencias específicas del área de RRHH				
Capacidad de planificación y organización		X		
Credibilidad técnica	X			
Orientación al cliente interno y externo	X			

Nota: Solo se consignan seis competencias para la presentación del tema en el gráfico.

---

9 El lector podrá encontrar las preguntas relacionadas con competencias en la obra *Diccionario de preguntas. La trilogía. Tomo 3*, Ediciones Granica, Buenos Aires, 2015.

10 *Asignación de competencias a puestos* es la herramienta N° 2 en la obra *Las 50 herramientas de Recursos Humanos que todo profesional debe conocer*, Ediciones Granica, Buenos Aires, 2017.

Competencias asignadas a un puesto - 2

ÁREA DE RECURSOS HUMANOS

PUESTO: RESPONSABLE DE FORMACIÓN

Competencias cardinales	A	B	C	D
Compromiso con la rentabilidad		X		
Responsabilidad personal			X	
Competencias específicas gerenciales				
Conducción de personas			X	
Competencias específicas del área de RRHH				
Capacidad de planificación y organización		X		
Credibilidad técnica			X	
Orientación al cliente interno y externo			X	

Nota: Solo se consignan seis competencias para la presentación del tema en el gráfico.

correspondiente al nivel más alto del área en cuestión, *Gerente de Recursos Humanos*, y luego para un segundo nivel dentro del área, *Responsable de Formación*. Sobre esta última posición, en las páginas siguientes se mostrará un ejemplo de preguntas y respuestas.

Como se indica al pie de la figura, allí solo se indican seis competencias para simplificar el gráfico. A un puesto de trabajo, usualmente, se le asignan un número mayor de competencias, según el *esquema*. De acuerdo con el ejemplo expuesto en el Capítulo 7, para un nivel gerencial corresponderían 12 competencias.

Para la realización de la asignación se deberá considerar tanto la definición de la competencia como el grado específico en que esta debe presentarse. Cabe recordar que en el diseño del mencionado diccionario de competencias, tanto para la competencia como para los respectivos grados, su alcance se describe con una frase explicativa (de cada concepto y grado).

La asignación de competencias a puestos formará parte del *descriptivo de puestos*[11].

---

11 *Descriptivo de puestos* es la herramienta N° 10 en la obra *Las 50 herramientas de Recursos Humanos que todo profesional debe conocer*, Ediciones Granica, Buenos Aires, 2017.

Cómo utilizar el *Diccionario de preguntas*

Como ya se expresara, el *diccionario de preguntas* se elabora en relación con el *diccionario de competencias* organizacional y es utilizado, especialmente, en entrevistas que forman parte de un proceso de selección, tanto en búsquedas internas como externas.

El diseño de herramientas debe ser simple y concreto, para que pueda ser utilizado tanto por un especialista en Recursos Humanos como por cualquier persona de otra área de la organización que deba entrevistar a un potencial colaborador. Es importante resaltar esta característica para, de ese modo, lograr que la organización en su conjunto utilice el modelo de competencias (en el caso que nos ocupa, específicamente en la entrevista y selección de personas).

Se verán ejemplos concretos de preguntas y comportamientos en los capítulos siguientes.

La correlación entre el *Diccionario de preguntas* y el *Diccionario de comportamientos*

En una explicación simple y rápida podemos decir que las posibles respuestas a las preguntas de un diccionario podrán ser encontradas en el *diccionario de comportamientos*. La idea se expresa en el gráfico siguiente.

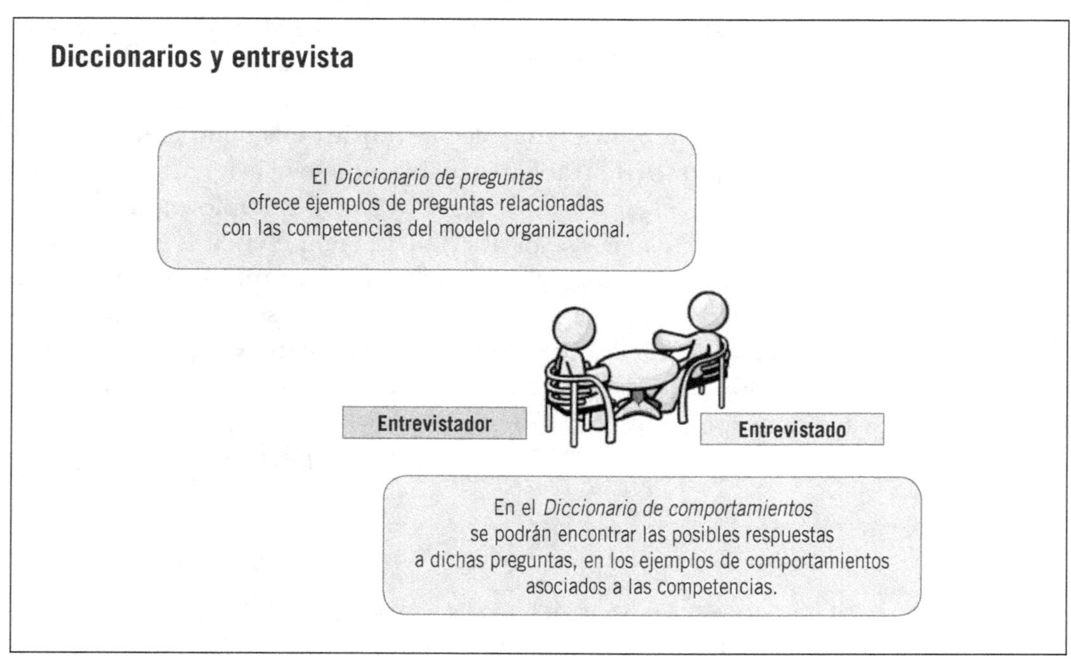

En las afirmaciones precedentes radica la importancia de la preparación *a medida* de los respectivos diccionarios. Cuando se confeccionan de esta forma, es decir, considerando las necesidades específicas de la organización, en su puesta en práctica será factible medir las capacidades necesarias para desempeñarse en un determinado puesto de trabajo.

En los capítulos 9, 10 y 11 se presentan para un grupo de competencias (cardinales, específicas gerenciales y específicas por área) ejemplos de preguntas y comportamientos relacionados.

Cómo observar comportamientos en un relato. Ejemplo práctico

A continuación se brinda un ejemplo en el cual un entrevistador formula preguntas para evaluar la competencia *Orientación al cliente interno y externo*[12]. En este ejemplo práctico solo se verán las preguntas específicas (y las respuestas del postulante) para evaluar la competencia elegida. La entrevista habrá tenido hasta allí un inicio y

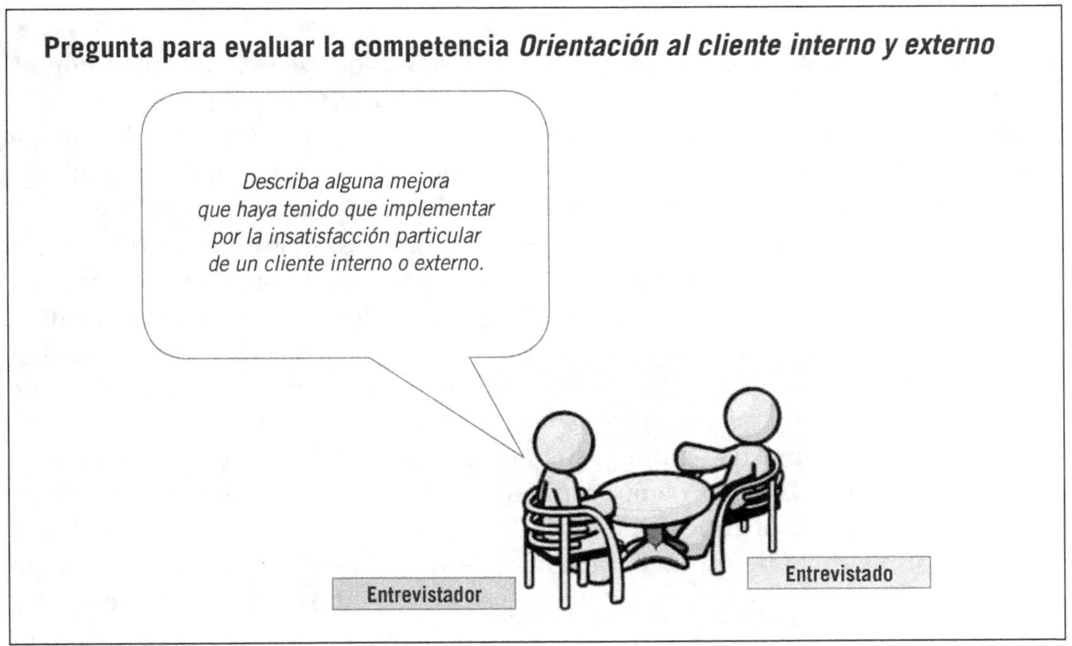

---

12 En la obra *Diccionario de preguntas. La trilogía. Tomo 3* el lector encontrará el ejemplo completo donde un entrevistador formula a dos postulantes las mismas preguntas para evaluar una competencia; en el caso elegido para esa obra, la competencia evaluada es *Colaboración*.

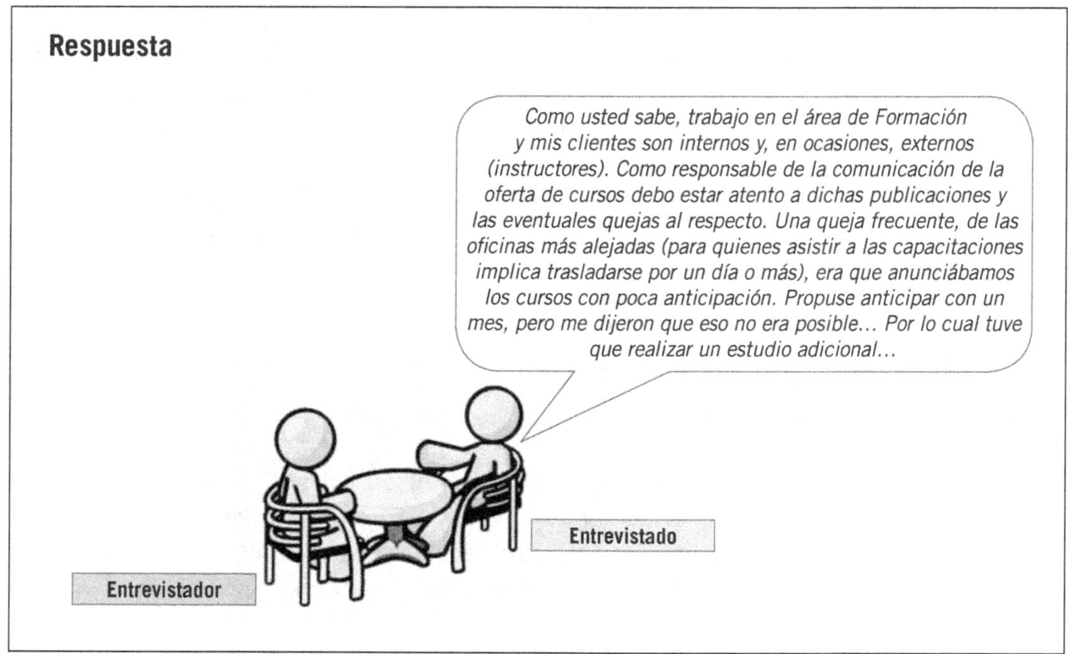

desarrollo previo y, luego de las preguntas y respuestas que se expondrán, eventualmente, se formularán otras preguntas y se realizará el cierre correspondiente. En el Capítulo 2 se vio cómo planear una entrevista completa, y en el Capítulo 3, la mejor forma de utilizar esta obra; ante cualquier duda se sugiere releer dichos capítulos.

El entrevistado responde a la pregunta formulada (ver gráfico precedente).

Con relación a la misma pregunta, el entrevistador repregunta (profundiza sobre la base de la respuesta previa) (ver gráfico superior en la página siguiente).

El entrevistado continúa con su relato (ver gráfico inferior en la página siguiente).

En función de las respuestas a la pregunta formulada y su respectiva repregunta, es posible observar, en el relato del entrevistado, comportamientos Grado C de la competencia *Orientación al cliente interno y externo*.

Según puede apreciarse en el gráfico de la página 272, en letra negrita y subrayada se han señalado los comportamientos observados en las respuestas a las preguntas formuladas al entrevistado.

Según surge de la figura mencionada, en esta competencia el nivel observado en el entrevistado es Grado C. Para determinar si este grado es apropiado, se deberá cotejar con lo requerido en el perfil de la búsqueda. El entrevistado de los ejemplos precedentes es un responsable de Formación. Como se viera en páginas anteriores al explicar la asignación de competencias a puestos, para este puesto, *Responsable de Formación*, el nivel requerido es C, por lo cual el entrevistado se ajusta al perfil de la

Repregunta para evaluar la competencia _Orientación al cliente interno y externo_

Respuesta

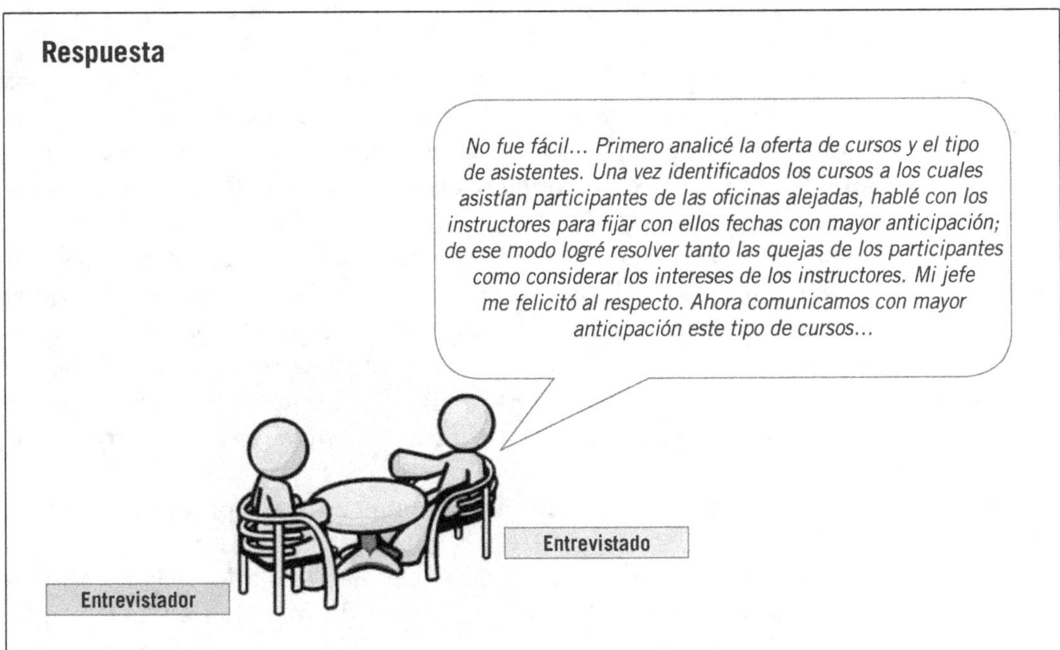

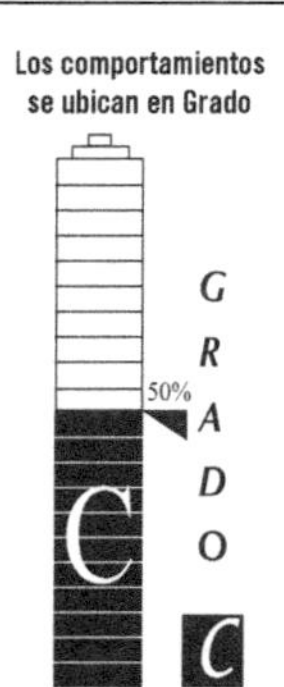

Fuente: *Diccionario de comportamientos. La trilogía. Tomo 2*

búsqueda, en este aspecto en particular. No así si el postulante fuese entrevistado para el nivel superior, *Gerente de Recursos Humanos,* ya que para ese puesto el nivel requerido de esta competencia es el Grado A.

En este capítulo, el ejemplo utilizado está relacionado con el área de Recursos Humanos, más concretamente, un Responsable de Formación. En cambio, para la preparación del Capítulo 10 se eligieron ejemplos relacionados con el área comercial. Allí se expone la asignación de competencias a puestos para la posición *Gerente de Planificación Comercial,* para la cual el nivel requerido de la competencia *Orientación al cliente interno y externo* es Grado C. En este supuesto, si el entrevistado fuese un postulante para ese cargo, evidenciaría comportamientos del nivel requerido. En el mismo capítulo se expone la asignación de competencias a puestos para la posición *Gerente de Ventas Zona Norte,* donde el nivel requerido de la competencia *Orientación al cliente interno y externo* es Grado B. En este segundo supuesto, si el entrevistado fuese un postulante para esta posición, evidenciaría comportamientos un grado por debajo del nivel requerido.

El lector encontrará preguntas y comportamientos en los capítulos siguientes, números 9, 10 y 11.

Las preguntas pueden ser adaptadas al nivel del entrevistado. Adicionalmente, según el perfil de la búsqueda, el grado requerido de una competencia puede diferir según el nivel del puesto en cuestión. Con un enfoque simplificado para la

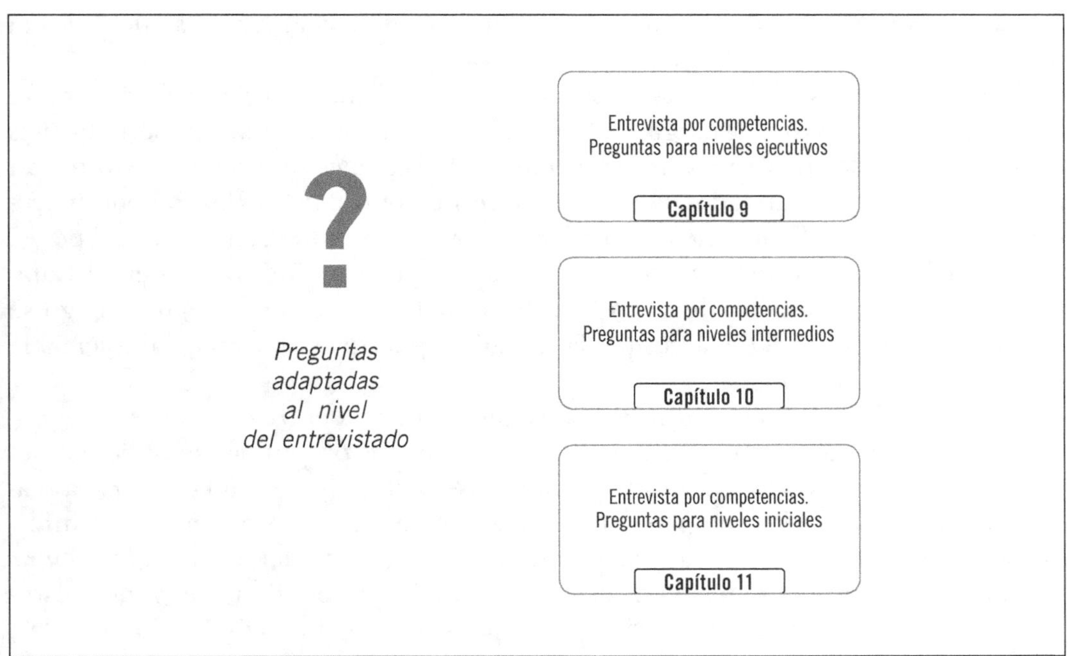

presentación en un libro, se han diferenciado tres niveles: *ejecutivos* (Capítulo 9), *intermedios* (Capítulo 10) –que comprende desde gerencias de nivel intermedio hasta otros niveles de conducción, los cuales utilizan denominaciones diversas según las organizaciones y culturas– y, por último, hemos denominado *iniciales* (capítulo 11) a un tercer grupo compuesto por posiciones organizacionales desempeñadas por personas que comienzan su carrera laboral (niveles iniciales propiamente dichos) junto con otros de mayor experiencia y nivel pero que no cuentan con personas a su cargo. Esta clasificación, de algún modo arbitraria, solo se ha realizado para la preparación de las preguntas.

El *Diccionario de comportamientos* y su utilización en la entrevista por competencias

Una vez finalizada la entrevista, el entrevistador –el especialista en Recursos Humanos y/o el futuro jefe– deberá analizar las respuestas comparándolas con el *diccionario de comportamientos* organizacional.

Para ello se comparan las respuestas brindadas por el entrevistado –que representan los comportamientos observados– con los comportamientos descritos en el *diccionario de comportamientos,* y se analiza con cuáles de ellos hay coincidencia. De este modo será posible determinar el grado que evidencia el entrevistado en cada una de las competencias evaluadas y/u observadas.

Con frecuencia, se observan comportamientos de las competencias evaluadas y sobre las cuales se formularon las preguntas y, adicionalmente, se recogen comportamientos de otras. Es posible observar comportamientos de una competencia cuando se formulan preguntas sobre otras. En todos los casos, el entrevistador comparará los comportamientos con el respectivo diccionario organizacional. La idea se expresa en la figura al pie.

El análisis de la información recolectada y su registro fue tratado en el Capítulo 6. A partir de este análisis se obtendrá el perfil del postulante, que luego se comparará con el perfil de la búsqueda. Lo allí expuesto es aplicable, también, a la entrevista por competencias.

Respecto de los aspectos diferenciales que plantea la entrevista por competencias, cuando se realiza una adecuada utilización de las preguntas, se obtienen del relato del entrevistado los comportamientos observados, que serán la base para realizar la evaluación de las competencias de esa persona. Una vez obtenida esta información (comportamientos registrados), se realiza la comparación con el *diccionario de comportamientos* para determinar el grado al que corresponden (perfil del postulante), y se compara con lo requerido por el puesto o perfil (perfil de la búsqueda), para determinar si los niveles de competencias requeridos coinciden con los que la persona ha evidenciado en la/s entrevista/s.

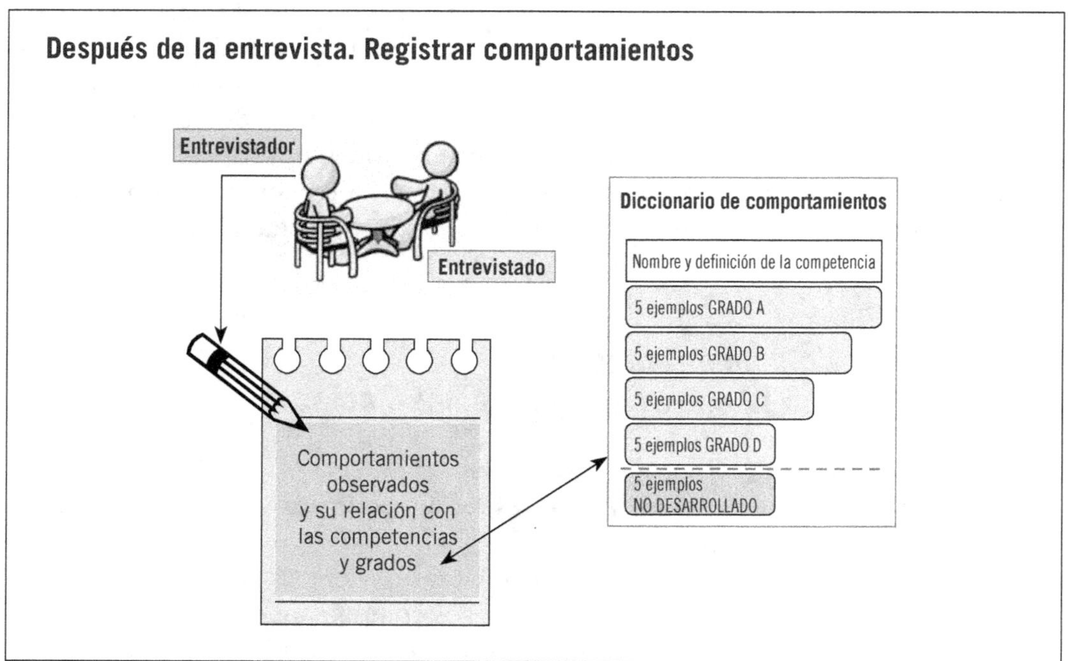

¡TOME NOTA!

Elija al mejor. Para leer y releer:

- Conceptos generales sobre selección y entrevista: Capítulo 1
- Gestión por competencias y entrevistas para evaluar competencias: capítulos 7, 8 y 12
- Planear la entrevista: Capítulo 2
- Cómo utilizar *Elija al mejor*: Capítulo 3
- Si desea encontrar preguntas: capítulos 4, 9, 10 y 11
- La motivación y cómo evaluarla: Capítulo 5
- Analizar los resultados de la entrevista y registrarla: Capítulo 6
- Para fijar conceptos: anexos I y II

Muchos de los temas tratados en la Parte I se relacionan, también, con la Parte II. La entrevista, cómo planearla, cómo analizar la motivación y los aspectos a tener en cuenta una vez finalizada la entrevista son temas comunes a ambas secciones de la obra.

Entrevista por competencias. Preguntas para niveles ejecutivos

Temas del capítulo:

- Competencias. Preguntas. Comportamientos
- Consejos prácticos sobre entrevistas y preguntas para evaluar competencias
- Preguntas sugeridas para niveles ejecutivos. Competencias cardinales
- Preguntas sugeridas para niveles ejecutivos. Competencias específicas gerenciales
- Preguntas sugeridas para niveles ejecutivos. Competencias específicas por área
- El entrevistador deberá tener en cuenta…

Competencias. Preguntas. Comportamientos

Las preguntas para indagar sobre competencias podrán adaptarse al nivel del entrevistado. En este capítulo se verá cómo planear y realizar una entrevista para niveles ejecutivos. Las respuestas de los entrevistados, en todos los casos, se correlacionarán con el *diccionario de comportamientos*. La idea se expone en la figura al pie.

A continuación, al igual que en los dos capítulos siguientes, se verán aspectos prácticos de una entrevista por competencias. En algunos casos las preguntas podrán ser similares, por ejemplo, entre los niveles ejecutivos y los niveles intermedios. Sin embargo, no será así con las respuestas, dado que los comportamientos de cada persona seguramente serán diferentes, en especial si unos ocupan posiciones de alta gerencia y otros tienen un nivel de responsabilidad menor.

Las denominaciones que utilizamos en esta y en otras obras para designar niveles de responsabilidad (niveles ejecutivos, niveles intermedios y niveles iniciales) tienen como único propósito facilitar la explicación de diferentes aspectos de la Gestión por competencias que varían según el nivel de las personas en la organización.

Como ya se expresara, cuando una organización diseña un modelo de competencias usualmente confecciona tres diccionarios, uno de los cuales es el *diccionario*

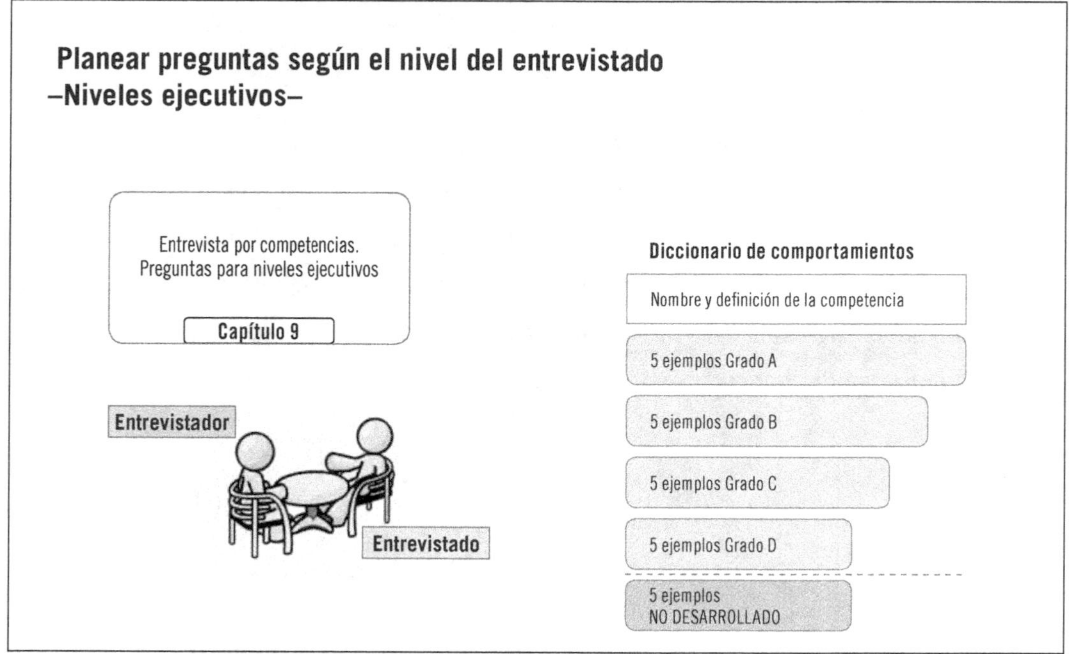

de preguntas. En este documento se presentan preguntas para indagar sobre todas las competencias del referido modelo, en el contexto de una entrevista de selección.

También con frecuencia se preparan preguntas para diferentes niveles organizacionales, en especial cuando se confecciona otro documento que se denomina *entrevista estructurada,* que ya ha sido mencionada en los capítulos 1 y 7.

Para la confección de este capítulo he seleccionado diez competencias de la obra *Diccionario de competencias. La trilogía. Tomo 1* (Ediciones Granica, Buenos Aires, 2015). Estas competencias no representan ni las sugeridas ni las más frecuentes en los niveles ejecutivos. Del mismo modo, la clasificación en cardinales y específicas corresponde a la obra mencionada, y tampoco debe ser considerada como una sugerencia de nuestra parte para este nivel en particular.

A partir de ahora se expondrá para cada una de las competencias seleccionadas, primero, su definición; luego, cuatro preguntas sugeridas para obtener comportamientos del entrevistado en relación con las distintas temáticas. A continuación, para cada una de ellas se expondrán comportamientos de los niveles A y B, los requeridos con mayor frecuencia para los niveles ejecutivos. La idea se expresa en la figura al pie.

En la parte izquierda de la figura se mencionan las diez competencias elegidas para la preparación de esta obra, cada una de las cuales será presentada más

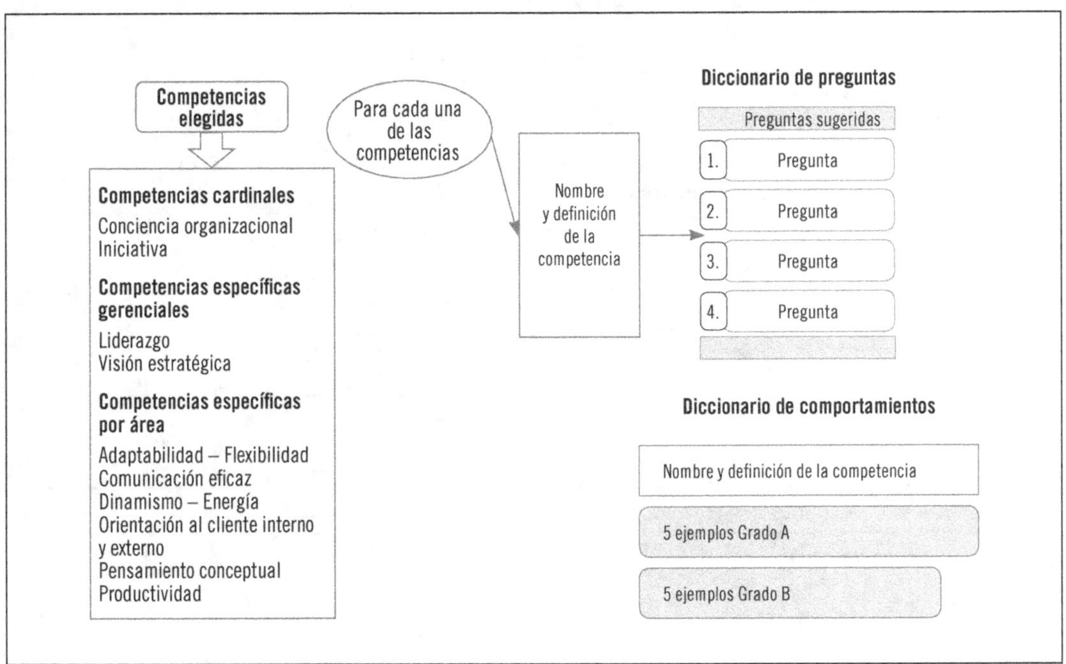

adelante junto con su definición. Luego, sobre la parte superior derecha se muestra, en un esquema simplificado, el *diccionario de preguntas*, que, como se puede observar, ofrece cuatro preguntas por competencia. Por último, en el lado inferior derecho, los dos grados elegidos como los más frecuentemente requeridos para los niveles ejecutivos: el grado A para CEOs o números 1 y el grado B para directivos de primer nivel a cargo de las diferentes áreas que integran una organización.

Las elecciones asumidas para la preparación de este capítulo y de los dos siguientes son arbitrarias; solo representan ejemplos para mostrar en esta obra.

Continuando con lo expuesto en párrafos anteriores, la asignación de competencias a posiciones que hemos supuesto para la confección de este capítulo se basa en los siguientes dos ejemplos (ver tabla al pie).

Similar asignación de competencias podría estar relacionada con la posición del máximo responsable de un área, por ejemplo, Mercadeo y Ventas. En ese caso, una posible asignación de competencias sería como se expone a continuación. Como puede observarse, las competencias son las mismas que en el nivel superior, pero no así los grados requeridos (ver tabla en la página siguiente).

Posición: CEO				
Nombre de la competencia y grado requerido	**A**	**B**	**C**	**D**
Competencias cardinales				
Conciencia organizacional	X			
Iniciativa	X			
Competencias específicas gerenciales				
Liderazgo	X			
Visión estratégica	X			
Competencias específicas por área				
Adaptabilidad – Flexibilidad	X			
Comunicación eficaz	X			
Dinamismo – Energía	X			
Orientación al cliente interno y externo	X			
Pensamiento conceptual	X			
Productividad	X			

Posición: Director de Mercadeo y Ventas				
Nombre de la competencia y grado requerido	**A**	**B**	**C**	**D**
Competencias cardinales				
Conciencia organizacional		X		
Iniciativa		X		
Competencias específicas gerenciales				
Liderazgo		X		
Visión estratégica		X		
Competencias específicas por área				
Adaptabilidad – Flexibilidad		X		
Comunicación eficaz	X			
Dinamismo – Energía	X			
Orientación al cliente interno y externo	X			
Pensamiento conceptual		X		
Productividad		X		

Confección de preguntas por niveles

Se ha mencionado con anterioridad que las organizaciones, en el momento de definir su modelo de competencias, confeccionan tres documentos; uno de ellos es el *diccionario de preguntas*. Allí se ofrecen preguntas para todas las competencias del modelo, es decir, para indagar:

- Competencias cardinales.

- Competencias específicas gerenciales.

- Competencias específicas por área.

Usualmente, y por una cuestión práctica, dichas preguntas se confeccionan considerando las funciones de los niveles intermedios. Se asume que las diversas preguntas son ejemplos que el entrevistador deberá adaptar a las circunstancias y al nivel específico de la posición para la cual se lleva a cabo el proceso de selección.

En este capítulo y los siguientes, se presentarán preguntas considerando los diversos niveles y experiencia de los entrevistados, por ejemplo, personas de alta gerencia –que denominamos *niveles ejecutivos*–, personas con experiencia y que ocupan *niveles intermedios* dentro de la estructura (Capítulo 10), y personas con experiencia o sin ella que no tengan a su cargo a otras personas –que denominamos aquí *niveles iniciales* (Capítulo 11)–.

Las preguntas que se consignan a continuación, en este capítulo, para las diez competencias seleccionadas, fueron elaboradas para aplicarse en entrevistas para niveles ejecutivos, es decir, tanto gerentes generales o CEOs como gerentes de primer nivel, directores o vicepresidentes a cargo de un área.

Consejos prácticos sobre entrevistas y preguntas para evaluar competencias

En el Capítulo 8 se ha descrito una *entrevista por competencias*, herramienta utilizada fundamentalmente para la selección de personas, tanto en el caso de postulaciones externas como internas. Este tipo de entrevista puede ser utilizado para evaluar a altos ejecutivos, niveles intermedios y, también, a personas que inician su carrera laboral. A su vez, en la Parte I, en seis capítulos, se han tratado todos los aspectos concernientes a una entrevista. Todos ellos son aplicables, también, a una entrevista por competencias. La idea se expresa en la figura siguiente.

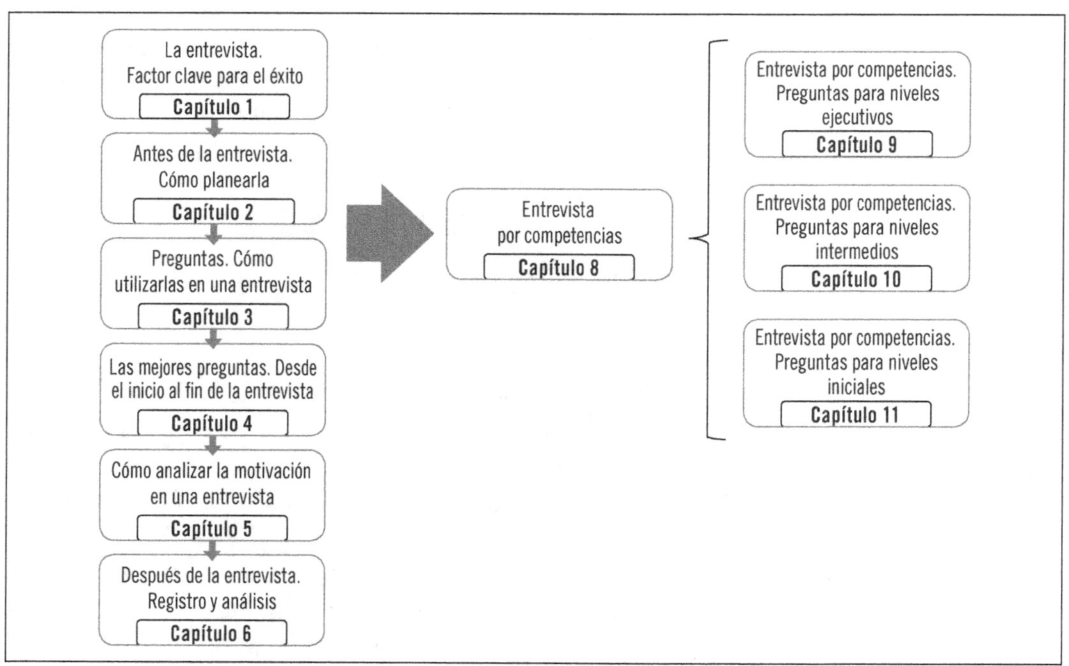

Según surge del gráfico precedente, los temas relacionados con la entrevista por competencias (Capítulo 8) se complementan con información brindada en otros capítulos.

Los conceptos que se verán a continuación son de aplicación tanto en *la entrevista por competencias para niveles ejecutivos,* que se verá en este capítulo, como para los demás niveles, que se tratan en los capítulos 10 y 11. También son aplicables a la entrevista BEI, que se verá en el Capítulo 12.

Si la organización posee un modelo de competencias, se sugiere trabajar utilizando de manera combinada el *diccionario de preguntas* con el *diccionario de comportamientos,* y también la *entrevista estructurada,* si se cuenta con esta herramienta.

En cualquier caso, aún sin contar con un modelo de competencias y/o las herramientas mencionadas, el entrevistador –tanto un especialista en Recursos Humanos como el futuro jefe– podrá realizar mejores entrevistas considerando los aspectos que se mencionan a continuación.

Para la confección de este capítulo y de los dos siguientes se han considerado competencias de distinto tipo: cardinales, específicas gerenciales y específicas por área. Las aquí utilizadas son meros ejemplos que podrán ayudar a planificar y luego realizar entrevistas relacionadas con puestos de trabajo que requieran competencias diferentes a las elegidas para la preparación de esta obra.

Las competencias específicas por área son aquellas aplicables a determinados colectivos de personas en la organización y se relacionan con las áreas en las cuales estos se desempeñan (por ejemplo, Producción, Mercadeo, Finanzas...). La redacción sobre los distintos aspectos de estas competencias, tanto en lo que respecta a su definición como a las preguntas sugeridas para evaluarlas, no hace mención a un área en particular. Si el lector analiza el estilo de redacción apreciará que puedan ser formuladas sin cambio alguno a entrevistados de cualquier especialidad. No obstante, si en alguna circunstancia se considerara necesario, estas preguntas podrán ser adaptadas, por ejemplo, en función del sector y/o del puesto de trabajo para el cual se evalúa al entrevistado.

Una forma de preguntar sobre algunas de las competencias aquí mencionadas será, primero, solicitar al entrevistado una definición de la competencia (o del tema) sobre la que se desea indagar, por ejemplo, *Colaboración, Orientación al cliente interno y externo,* o la que corresponda. Después, a modo de repregunta, se sugiere invitar al entrevistado a que dé un ejemplo de una situación en la que haya puesto en práctica esa competencia, y que explique su comportamiento. Esta sugerencia es especialmente útil para aquellos conceptos que si bien son de fácil comprensión, no son frecuentemente referidos entre las preguntas que se utilizan en las entrevistas.

El entrevistador, antes de la entrevista, deberá conocer el perfil de la búsqueda, el cual incluye las competencias a evaluar (competencias dominantes), así como la definición de cada una de ellas, y sobre esa base formular las preguntas.

Al planear una entrevista, tema que se ha visto en el Capítulo 2, será importante tener en cuenta que las competencias pueden evidenciarse en distintos ámbitos: laboral, educativo, social, deportivo, entre otros. Por ejemplo, una persona podrá responder que en su trabajo no realiza ningún tipo de planeación, ya que su función no lo requiere, y sin embargo poseer la competencia y evidenciar comportamientos relacionados en otros planos de actuación.

En los ejemplos de este capítulo y los siguientes, como también en otras obras –como *Diccionario de preguntas. La trilogía. Tomo 3*–, se presentan cuatro preguntas por cada competencia a evaluar. Esto no implica que necesariamente se deben formular las cuatro preguntas en todos los casos, quizá con dos ya se obtenga la información necesaria.

Otros aspectos a tener en cuenta durante la entrevista es que el entrevistador debe formular las preguntas de a una por vez. Luego, tendrá que aguardar la respuesta, y recién entonces repreguntar o solicitar una ampliación de la respuesta dada. Si bien parece obvio, es importante señalar que no deberían leerse las preguntas en el momento de la entrevista. De así hacerlo, el entrevistado podría sentirse frente a una situación poco amigable, asimilable a un interrogatorio.

Como se expresara, las preguntas presentadas aquí son solo ejemplos. A partir de ellas se podrán construir otras, para indagar sobre otras competencias y/o adaptarlas a circunstancias particulares.

Momentos en la entrevista. Inicio y desarrollo

Como se explicara en el Capítulo 8, los temas analizados en la Parte I de esta obra, bajo el título *La entrevista en selección de personas*, son de aplicación también en la entrevista por competencias. Por lo tanto, los diferentes aspectos vistos allí serán válidos en relación con los temas de este capítulo y de los siguientes.

La entrevista podrá comenzar, luego del saludo, con una pregunta abierta para que el entrevistado se explaye; después el entrevistador podrá introducir preguntas directas y/o cerradas sobre los temas de su interés. El lector encontrará mayor detalle de esta etapa en los capítulos 2 y 3.

Una buena forma de comenzar una entrevista será, por ejemplo, iniciar la conversación con un abordaje amplio y general para luego formular las preguntas orientadas a evaluar competencias, durante el transcurso de la entrevista.

Cada respuesta puede dar información acerca de más de una competencia. Por lo cual se sugiere prestar atención al relato y comparar los comportamientos observados con los descritos en el *diccionario de comportamientos* de la organización.

Para evaluar competencias no se deben formular preguntas hipotéticas. Estas solo pueden ser de utilidad para evaluar conocimientos. Por lo tanto, se debe inducir al entrevistado a hablar de su propia actuación particular en los hechos que relata. Las respuestas en primera persona del plural ("Nosotros..."), si bien pueden ser adecuadas en alguna otra situación, no lo son en una entrevista laboral. Por lo tanto, si el entrevistado responde de ese modo, la sugerencia será preguntarle, en relación con lo que estuviese relatando en ese momento: "¿Qué es lo que hizo *usted?*".

En todos los casos, cuando se desee evaluar comportamientos, es decir, competencias, se deberá preguntar a la persona entrevistada cómo actuó en el pasado. Una persona puede conocer en profundidad el significado del concepto *empowerment*[1] pero no por ello evidenciar un comportamiento que muestre el desarrollo de esa competencia; del mismo modo, que un individuo conozca el significado del concepto *colaboración* no permite suponer que su comportamiento en los hechos sea colaborativo, solo por mencionar dos situaciones posibles.

Si, por el contrario, el propósito es evaluar conocimientos, al formular preguntas hipotéticas el entrevistado le responderá refiriéndose, por ejemplo, a lo que considera la mejor forma de resolver la situación planteada. Utilizará para ello sus conocimientos y experiencias, pero siempre dentro del plano teórico.

Durante la entrevista se sugiere prestar atención tanto a los grandes temas como a otros que parezcan, en una primera instancia, menores o solo *detalles*. En ambos casos se podrán observar comportamientos.

Ciertas competencias pueden evaluarse a lo largo de toda una entrevista, como las denominadas *Pensamiento analítico* o *Pensamiento conceptual,* al observar en su transcurso comportamientos relacionados con estas competencias, por ejemplo, la secuencia lógica tanto del relato en sí mismo como de los hechos referidos, y el análisis que el entrevistado realiza acerca de sus éxitos y/o fracasos. Se sugiere tener en cuenta este comentario en el momento de evaluar la competencia *Comunicación eficaz.*

En resumen, al entrevistar se debe prestar atención al relato del entrevistado. Inducir al entrevistado a expresarse en primera persona del singular ("Yo...") le permitirá centrarse en sus propias experiencias y comportamientos.

Además de todo lo antedicho, y como decíamos en párrafos previos, le sugerimos tener en cuenta los temas tratados en la Parte 1.

---

1 *Empowerment.* Procedimientos y políticas organizacionales tendientes a que las decisiones sobre un hecho en particular se tomen lo más cerca posible del nivel donde el hecho tiene lugar. Se utiliza la denominación en inglés dado que es de uso frecuente y se la utiliza en muchas obras sobre, por ejemplo, Recursos Humanos y desarrollo, en diferentes lenguas. El *empowerment* implica nuevos métodos de trabajo que se implementan "en cascada", desde la máxima conducción de la organización. No es adecuado utilizar "delegación" y "empowerment" como sinónimos. Fuente: *Diccionario de términos de Recursos Humanos*, Ediciones Granica, Buenos Aires, 2011.

Sobre cada una de las diez competencias elegidas para la preparación de este capítulo y de los dos siguientes, el lector encontrará:

1. Nombre y definición de la competencia.

2. Preguntas para indagar acerca de cada competencia.

3. Ejemplos de comportamientos. Estos serán posibles respuestas a las preguntas formuladas.

Respecto del punto 3, en este capítulo los comportamientos que se expondrán serán los de niveles A y B, los más frecuentemente requeridos para la alta gerencia.

Aunque los entrevistados ocupen posiciones de nivel ejecutivo, podrán evidenciar comportamientos de grados menores a los mencionados. En algunos casos podrán observarse comportamientos de Grado C (ver ejemplos en el Capítulo 10) o Grado D (ver ejemplos en el Capítulo 11), o bien puede haber respuestas donde el evaluado evidencie la competencia en un nivel *no desarrollado.*

En resumen, en el relato de un entrevistado podrán observarse comportamientos de distinto grado, los cuales, en todos los casos, deberán relacionarse con los diversos grados de desarrollo de cada competencia, utilizando el diccionario de comportamientos organizacional. De no contar con este documento interno, podrá utilizarse el libro *Diccionario de comportamientos. La trilogía. Tomo 2.*

Para los ejemplos que se exponen en las figuras siguientes, hemos asumido que los comportamientos de nivel A se relacionan con las posiciones de CEO o número 1 de la organización, y los comportamientos de nivel B son requeridos por posiciones de director de área.

Lo aquí expuesto son clasificaciones utilizadas para la preparación de la presente obra, a modo de ejemplos.

Preguntas sugeridas para niveles ejecutivos. Competencias cardinales

Definición de la competencia **Conciencia organizacional**

Capacidad para reconocer los elementos constitutivos de la propia organización, así como sus cambios; y comprender e interpretar las relaciones de poder dentro de ella, al igual que en otras organizaciones –clientes, proveedores, etc.–. Implica la capacidad de identificar tanto a aquellas personas que toman las decisiones como a las que pueden influir sobre las anteriores. Implica ser capaz de prever la forma en que los acontecimientos o las situaciones afectarán a las personas y grupos dentro de la organización.

Preguntas sugeridas

1. *Cuénteme sobre los stakeholders de su organización (la actual o en la cual se desempeñaba con anterioridad), las fuerzas de poder allí y quién toma las decisiones estratégicas de relevancia.*

2. Si la persona identificada como máximo nivel de decisión en la respuesta anterior no fuese líder formal o natural, pregunte: *¿Usted qué piensa? ¿Considera que eso es (o era) correcto?*

3. Continuando con la pregunta 1: *Las acciones que lleva/ba adelante el área a su cargo (o la organización en su conjunto, si se trata de un número 1 o CEO), ¿cómo son (o eran) consideradas/evaluadas por los stakeholders? ¿Cuál era su rol específico en cada caso? Bríndeme ejemplos.*

4. Continuando con la pregunta 1: *Las decisiones que usted ha tomado o los proyectos que ha llevado a cabo, ¿fueron revisados por otra persona? ¿Esta revisión fue previa a la puesta en práctica, o posterior (auditoría)?*

Comportamientos más frecuentes para niveles ejecutivos

Por ejemplo CEOS

Comportamientos asociados a la competencia *Conciencia organizacional*

- Conoce con profundidad los elementos constitutivos de la propia organización y percibe los cambios incluso antes de que estos se produzcan, con una visión global y de largo plazo.
- Comprende e interpreta adecuadamente las relaciones de poder dentro de su propia organización, tanto en su conjunto como en las distintas áreas que la componen, diferenciando sus particularidades.
- Identifica adecuadamente a las personas u organizaciones que toman las decisiones más relevantes para el negocio. Crea y mantiene una red de contactos con aquellas que son (o pueden ser) útiles para alcanzar los objetivos organizacionales, debido a su poder de influencia.
- Interpreta y analiza el entorno –el mercado, otras organizaciones de la misma actividad, proveedores, etc.– a fin de prever la forma en que los acontecimientos afectarán a las personas y los grupos que integran la organización, e influye sobre el conjunto a través de acciones proactivas.
- Diseña e implementa políticas organizacionales destinadas a lograr que los distintos integrantes de la organización comprendan tanto sus elementos constitutivos como las relaciones de poder dentro de ella, con el propósito de lograr una mejor consecución de las metas individuales y organizacionales.

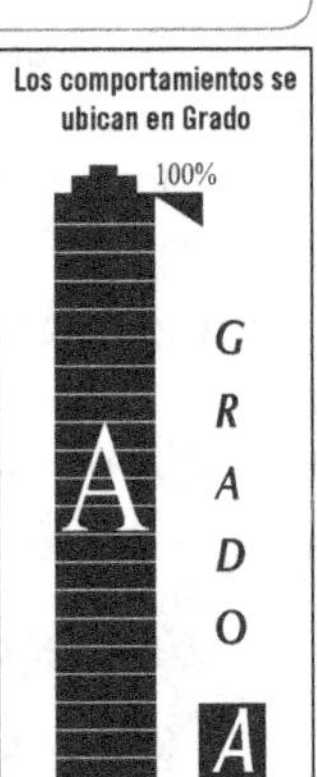

Fuente: *Diccionario de comportamientos. La trilogía. Tomo 2.*

Comportamientos más frecuentes para niveles ejecutivos

Por ejemplo
Directores de áreas

Comportamientos asociados a la competencia *Conciencia organizacional*

* Conoce en profundidad los elementos constitutivos de la propia organización y percibe los cambios con una visión global y de largo plazo.
* Comprende e interpreta adecuadamente las relaciones de poder dentro de su propia organización, tanto en su conjunto como en las distintas áreas que la componen.
* Identifica adecuadamente a las personas u organizaciones que toman las decisiones más relevantes para el negocio. Crea y mantiene una red de contactos con aquellas que son actualmente útiles para alcanzar los objetivos organizacionales, debido a su poder de influencia.
* Interpreta y analiza el entorno –el mercado, otras organizaciones de la misma actividad, proveedores, etc.– a fin de prever la forma en que los acontecimientos afectarán a las personas y los grupos que integran la organización.
* Implementa las políticas organizacionales tendientes a lograr que los distintos integrantes de la organización comprendan tanto sus elementos constitutivos como las relaciones de poder dentro de ella, con el propósito de lograr una mejor consecución de las metas individuales y organizacionales.

Los comportamientos se ubican en Grado

75%

G R A D O

B

Fuente: *Diccionario de comportamientos. La trilogía. Tomo 2.*

La competencia *Conciencia organizacional* es de suma relevancia entre los niveles ejecutivos. Nuestra sugerencia será cotejar las respuestas obtenidas a las preguntas con los comportamientos descritos en el *diccionario de comportamientos*.

Definición de la competencia **Iniciativa**

Capacidad para actuar proactivamente y pensar en acciones futuras con el propósito de crear oportunidades o evitar problemas que no son evidentes para los demás. Implica capacidad para concretar decisiones tomadas en el pasado y la búsqueda de nuevas oportunidades o soluciones a problemas de cara al futuro.

Preguntas sugeridas

1. *Cuénteme los problemas del día a día propios de su sector y de otros sectores, y cómo impactan sobre su gestión. ¿Qué hace para resolverlos desde su posición?*

2. *¿Qué hace cuando tiene dificultades para resolver un problema?*

3. *¿Qué nuevos objetivos se ha establecido recientemente y qué ha hecho para alcanzarlos?*

4. *¿Qué proyectos o ideas fueron vendidos, implementados o llevados a cabo fundamentalmente por su iniciativa?*

Comportamientos más frecuentes para niveles ejecutivos

Por ejemplo CEOS

Comportamientos asociados a la competencia *Iniciativa*

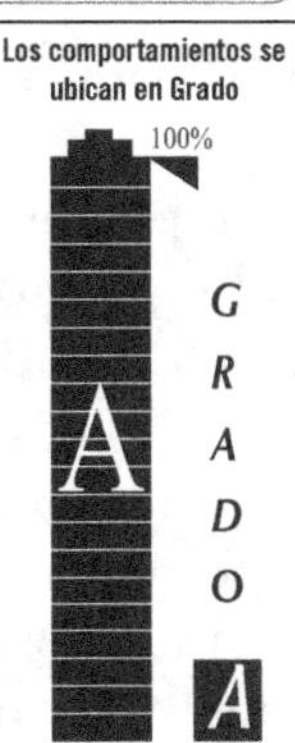

- Se anticipa a situaciones tanto externas como internas a la organización, así como nacionales, regionales y/o globales, con visión de largo plazo, y prevé opciones de cursos de acción eficaces y efectivos.
- Analiza en profundidad las situaciones planteadas y elabora planes de contingencia con el propósito de crear oportunidades y/o evitar problemas potenciales, no evidentes para los demás.
- Promueve la participación y la generación de ideas innovadoras y creativas entre sus colaboradores y les brinda retroalimentación e incentivo para que actúen de manera similar dentro de sus respectivos equipos de trabajo.
- Desarrolla la iniciativa en las distintas áreas de la organización para que todos, tanto de manera conjunta como individualmente, estén preparados para responder con celeridad a las situaciones inesperadas o de cambio.
- Es un referente en el ámbito organizacional y en el mercado por sus propuestas de mejora y eficiencia con visión de largo plazo.

Fuente: *Diccionario de comportamientos. La trilogía. Tomo 2.*

Comportamientos más frecuentes para niveles ejecutivos

Por ejemplo
Directores de áreas

Comportamientos asociados a la competencia *Iniciativa*

- Se anticipa a situaciones tanto externas como internas a la organización, así como nacionales, regionales y/o globales, con visión de mediano plazo, y prevé opciones de cursos de acción eficaces y efectivos.
- Analiza las situaciones planteadas en profundidad y elabora planes de contingencia con el propósito de crear oportunidades y/o evitar problemas potenciales.
- Promueve la participación y la generación de ideas entre sus colaboradores y brinda retroalimentación e incentivo para que actúen de manera similar dentro de sus respectivos equipos de trabajo.
- Desarrolla la iniciativa en los distintos sectores dentro de su área para que todos, tanto de manera conjunta como individualmente, estén preparados para responder con celeridad a las situaciones inesperadas o de cambio.
- Es un referente en su área de trabajo y en el ámbito organizacional por sus propuestas de mejora y eficiencia con visión de mediano plazo.

Fuente: *Diccionario de comportamientos. La trilogía. Tomo 2.*

Las competencias cardinales son aplicables a todos los niveles de la organización; por ende, también a los niveles ejecutivos. Representan la esencia organizacional y permiten alcanzar la visión.

Preguntas sugeridas para niveles ejecutivos. Competencias específicas gerenciales

Las competencias específicas gerenciales son aquellas que se relacionan con determinados puestos de la organización: aquellos a los cuales reportan otras personas o equipos de trabajo. En cualquier caso, se podrá adaptar el contenido de las preguntas a la posición para la cual se está entrevistando.

Por ejemplo, una de las competencias gerenciales, no seleccionada para esta obra pero que el lector encontrará en *La Trilogía, Liderazgo ejecutivo*, hace referencia –específicamente– al caso de una persona que es a su vez jefe de otros jefes. Esta competencia no se relaciona con todas las posiciones gerenciales.

A continuación, las dos competencias elegidas para la preparación de los ejemplos.

Definición de la competencia **Liderazgo**

Capacidad para generar compromiso y lograr el respaldo de sus superiores con vistas a enfrentar con éxito los desafíos de la organización. Capacidad para asegurar una adecuada conducción de personas, desarrollar el talento, y lograr y mantener un clima organizacional armónico y desafiante.

Preguntas sugeridas

1. *Reláteme una situación en la que haya tenido que hacerse cargo de un nuevo grupo de colaboradores (cambio de trabajo, cambio de puesto dentro de la misma organización, según corresponda). ¿Qué pasó? ¿Cuál fue su propia reacción y la de sus colaboradores? ¿Cómo evalúa la situación vivida? ¿Cómo la evaluaron sus jefes (o pares, o subordinados si se trata de un CEO)?*

2. *Ante una responsabilidad desafiante o nuevas tareas complejas asignadas a su área de gestión, ¿cómo reaccionaron sus colaboradores? ¿Cómo resolvió la situación? Bríndeme ejemplos positivos y negativos* (si corresponde).

3. *En su rol de jefe, ¿le tocó alguna vez tener algún caso difícil de manejar?* Frente a una respuesta afirmativa: *Reláteme la situación. ¿Qué pasó? ¿Cómo resolvió ese problema?*

4. *En los deportes que practica o ha practicado, ¿le ha tocado asumir un papel de liderazgo en la coordinación de un equipo? ¿Qué ha aprendido de esa experiencia?*
    Si el entrevistado tiene hijos, podría formular una pregunta similar en relación con actividades deportivas de estos, consultando si ha asumido algún rol de líder al respecto.

Las respuestas brindadas pueden dar información acerca de más de una competencia. Por lo cual se debe prestar atención al relato y, luego, comparar los comportamientos observados con los descritos en el *diccionario de comportamientos* de la organización.

Una competencia también puede ser evaluada al considerar comportamientos en actividades extralaborales (deportivas, académicas, etc.). En los altos ejecutivos, la competencia *Liderazgo* podría evidenciarse en su actuación en actividades comunitarias, fundaciones y similares.

Comportamientos más frecuentes para niveles ejecutivos

Por ejemplo CEOS

Comportamientos asociados a la competencia *Liderazgo*

Los comportamientos se ubican en Grado 100%

GRADO A

- Diseña estrategias, procesos, cursos de acción y métodos de trabajo con el propósito de asegurar una exitosa conducción de personas y desarrollar su talento.
- Delinea estrategias y cursos de acción con el fin de lograr el compromiso y el respaldo de las distintas áreas de la organización para alcanzar la estrategia.
- Genera y mantiene de un modo activo un clima organizacional armónico y desafiante.
- Es un referente dentro de la organización por su liderazgo y su capacidad para lograr el desarrollo de todos los integrantes.
- Evidencia visión y proyección de largo plazo en la conducción y el desarrollo de personas.

Fuente: *Diccionario de comportamientos. La trilogía. Tomo 2.*

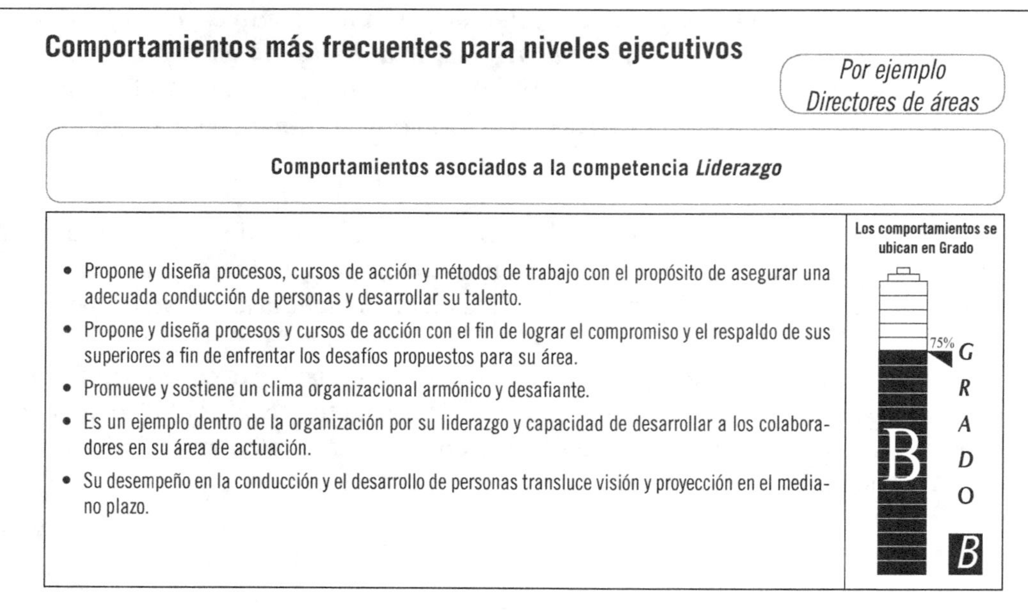

Fuente: *Diccionario de comportamientos. La trilogía. Tomo 2.*

Definición de la competencia **Visión estratégica**

Capacidad para anticiparse y comprender los cambios del entorno, y establecer su impacto a corto, mediano y largo plazo en la organización, con el propósito de optimizar las fortalezas, actuar sobre las debilidades y aprovechar las oportunidades del contexto. Implica la capacidad para visualizar y conducir la empresa o el área a cargo como un sistema integral, para lograr objetivos y metas retadores, asociados a la estrategia corporativa.

Preguntas sugeridas

1. *Reláteme alguna situación compleja que haya vivido en una organización donde se desempeñó (o se desempeña actualmente), relacionada con temas económicos del país o de la región, y que hayan afectado las actividades. ¿Qué hizo? ¿Cuáles fueron las consecuencias de sus decisiones? ¿Cómo evalúa ahora su actuación en ese momento?*

2. *¿Qué fuentes de información consulta habitualmente para mantenerse actualizado respecto de las tendencias mundiales en materia de economía, política y fenómenos socioculturales? ¿Relaciona y aplica la información que usted consulta con la estrategia de la organización? Bríndeme un ejemplo.*

3. *Sobre la base de la información con que usted cuenta respecto de ciertos aspectos de nivel local y/o global, ¿ha diseñado estrategias y/o implementado proyectos estratégicos en su organización (o en otra en la que se desempeñó)? Bríndeme ejemplos.*

4. *¿Qué planes ha definido para su área/división u organización que hayan sido de gran relevancia en la consecución de la estrategia organizacional? Bríndeme un ejemplo.*

Ciertas palabras suelen ser utilizadas de forma imprecisa, a pesar de ser de uso frecuente. Al evaluar la competencia *Visión estratégica,* el entrevistador debería confirmar que el entrevistado comprende adecuadamente el concepto en su complejidad:

"Visión" (*DRAE*): en su primera acepción, acción y efecto de ver.

"Estrategia" (*DRAE*): en su primera acepción, arte de dirigir (en este caso, una organización o parte de ella).

Como ya se ha dicho, una competencia también puede ser evaluada al considerar comportamientos en actividades extralaborales (deportivas, académicas, etc.).

En los altos ejecutivos, la competencia *Visión estratégica* podría evidenciarse en su actuación en actividades comunitarias, fundaciones y similares.

Comportamientos más frecuentes para niveles ejecutivos

Por ejemplo CEOS

Comportamientos asociados a la competencia *Visión estratégica*

Los comportamientos se ubican en Grado

100%

- Se anticipa y comprende los cambios del entorno y establece su impacto a corto, mediano y largo plazo.
- Diseña políticas y procedimientos que permiten optimizar el aprovechamiento de las fortalezas de la organización y actuar sobre sus debilidades.
- Detecta y aprovecha las oportunidades del entorno logrando beneficios para la organización.
- Fija la visión de la institución y conduce a esta como un sistema integral, para lograr objetivos y metas retadores, asociados a la estrategia corporativa.
- Es considerado en el mercado una autoridad en materia de visión estratégica.

GRADO

A

Fuente: *Diccionario de comportamientos. La trilogía. Tomo 2.*

Comportamientos más frecuentes para niveles ejecutivos

Por ejemplo
Directores de áreas

Comportamientos asociados a la competencia *Visión estratégica*

Los comportamientos se ubican en Grado

* Se anticipa y comprende los cambios del entorno y establece su impacto a corto, mediano y largo plazo.

* Diseña políticas y procedimientos que permiten optimizar el aprovechamiento de las fortalezas de la organización y actuar sobre sus debilidades.

* Detecta y aprovecha las oportunidades del entorno logrando beneficios para la organización.

* Fija la visión de la institución y conduce a esta como un sistema integral, para lograr objetivos y metas retadores, asociados a la estrategia corporativa.

* Es considerado en el mercado una autoridad en materia de visión estratégica.

75% **G R A D O**

B

B

Fuente: *Diccionario de comportamientos. La trilogía. Tomo 2.*

Preguntas sugeridas para niveles ejecutivos. Competencias específicas por área

Definición de la competencia **Adaptabilidad – Flexibilidad**

Capacidad para comprender y apreciar perspectivas diferentes, cambiar convicciones y conductas a fin de adaptarse en forma rápida y eficiente a diversas situaciones, contextos, medios y personas. Implica realizar una revisión crítica de su propia actuación.

Preguntas sugeridas

1. *¿Alguna vez tuvo que hacerse cargo de una responsabilidad o función que no era la usual? ¿Cómo fue la situación? ¿Quién se lo solicitó? ¿Qué pasó?*

2. *¿Alguna vez tuvo que cambiar el equipo de trabajo afectado a un proyecto que ya se encontraba en marcha? ¿Cómo se adaptó al cambio?*

3. *¿Tuvo oportunidad de trabajar en el exterior o –aun dentro del propio país– en una cultura muy distinta de la suya? Reláteme la situación. ¿Cómo manejó las diferencias culturales?*

Comportamientos más frecuentes para niveles ejecutivos

Por ejemplo CEOS

Comportamientos asociados a la competencia *Adaptabilidad - Flexibilidad*

- Comprende y aprecia perspectivas diferentes (a las que otorga un valor especial), y cambia convicciones y conductas a fin de adaptarse en forma rápida y eficiente a diversas situaciones, contextos (internos o externos a la organización), medios y personas.
- Lleva a cabo revisiones críticas de las estrategias y los objetivos de su área, y propone cambios cuando advierte que es necesario.
- Adecua su propio accionar y el de su equipo de trabajo a fin de lograr hacer frente a nuevas situaciones.
- Realiza, si corresponde, una revisión crítica de las estrategias de la organización en su conjunto, y propone cambios.
- Implementa nuevas metodologías y herramientas que facilitan la adaptación a diversos contextos, medios, etc., y fomenta su uso en la organización.

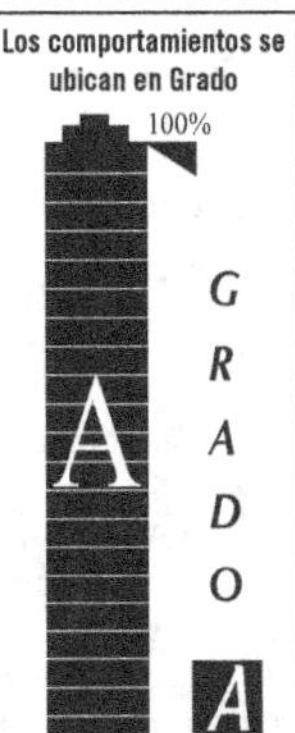

Fuente: *Diccionario de comportamientos. La trilogía. Tomo 2.*

Comportamientos más frecuentes para niveles ejecutivos

*Por ejemplo
Directores de áreas*

Comportamientos asociados a la competencia *Adaptabilidad - Flexibilidad*

- Comprende y considera perspectivas diferentes, y cambia convicciones y conductas a fin de adaptarse en forma rápida y eficiente a diversas situaciones, contextos (internos o externos a la organización), medios y personas.
- Lleva a cabo revisiones críticas de los objetivos bajo su responsabilidad, y propone cambios cuando advierte que es necesario.
- Adecua su propio accionar a fin de lograr hacer frente a nuevas situaciones, e incentiva a su equipo de trabajo a actuar de la misma forma.
- Ajusta su accionar a los objetivos de la organización.
- Asimila y utiliza nuevas metodologías y herramientas que facilitan la adaptación a diversos contextos, medios, etc., y fomenta su uso entre sus colaboradores.

Fuente: *Diccionario de comportamientos. La trilogía. Tomo 2.*

4. *Reláteme una situación en la cual usted estaba absolutamente concentrado en alcanzar un objetivo y debió hacerse cargo de una tarea diferente. ¿Qué pasó? ¿Logró alcanzar los dos objetivos, o bien solo uno de ellos, o ninguno? Bríndeme los detalles de lo sucedido.*

Si el entrevistado es el número 1 del área y *Adaptabilidad – Flexibilidad* es una competencia específica definida para esa área en particular, se deberá prestar mucha atención al relato del entrevistado, ya que es posible que la competencia sea requerida en un nivel alto de desarrollo. Como en otros casos, se sugiere cotejar las respuestas obtenidas con los comportamientos descritos en el *diccionario de comportamientos.*

Definición de la competencia **Comunicación eficaz:**

Capacidad para escuchar y entender al otro, para transmitir en forma clara y oportuna la información requerida por los demás a fin de alcanzar los objetivos organizacionales, y para mantener canales de comunicación abiertos y redes de contacto formales e informales, que abarquen los diferentes niveles de la organización.

Preguntas sugeridas

1. *¿Cuál es el problema de comunicación más difícil que usted ha notado en sí mismo?*

2. *Descríbame en pocos minutos un proceso específico que se encuentra dentro de sus principales responsabilidades.* (La forma en que el entrevistado logre presentar un proceso a un lego en la materia dará cuenta de sus habilidades de comunicación y presentación de ideas.)

3. *Reláteme algún ejemplo de una presentación importante que tuvo que realizar. ¿Cómo era su auditorio? ¿Cómo se desempeñó? ¿Qué dificultades tuvo?*

4. *¿Su estilo de trabajo es de puertas abiertas?* Si la respuesta es afirmativa: *¿Ese es su estilo personal o, por el contrario, el habitual en la organización donde usted se desempeña (o desempeñaba)?*
   ¿Cómo lo ven sus colaboradores? (Obtenga comportamientos al analizar la respuesta a esta pregunta.)

La competencia *Comunicación eficaz* es de suma relevancia para los niveles ejecutivos, así como para todos aquellos que deban supervisar colaboradores, de cualquier nivel o especialidad. El entrevistador deberá cotejar las respuestas obtenidas con los comportamientos descritos en el *diccionario de comportamientos.*

Comportamientos más frecuentes para niveles ejecutivos

Por ejemplo CEOs

Comportamientos asociados a la competencia *Comunicación eficaz*

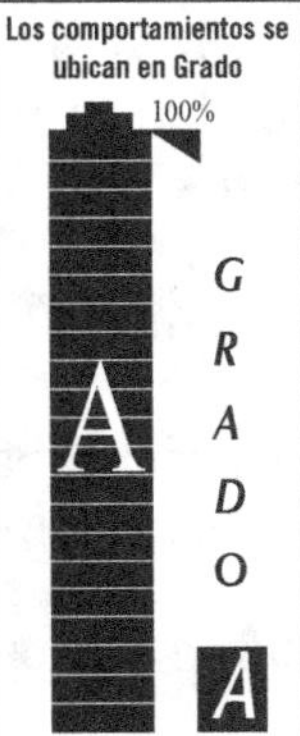

- Escucha y entiende a los demás, manteniendo canales de comunicación abiertos.
- Transmite en forma clara y oportuna la información requerida por los demás, facilitando la consecución de los objetivos organizacionales.
- Adapta su estilo comunicacional a las características particulares de la audiencia o interlocutor.
- Estructura canales de comunicación organizacionales que permiten establecer relaciones en todos los sentidos (ascendente, descendente, horizontal) y promueven el intercambio inteligente de información.
- Desarrolla redes de contacto formales e informales que permiten crear un ámbito positivo de intercomunicación.

Fuente: *Diccionario de comportamientos. La trilogía. Tomo 2.*

Comportamientos más frecuentes para niveles ejecutivos

Por ejemplo
Directores de áreas

Comportamientos asociados a la competencia *Comunicación eficaz*

Los comportamientos se ubican en Grado

75% G
R
A
D
O
B

- Escucha las opiniones y puntos de vista de los demás.
- Selecciona los métodos de comunicación más adecuados a fin de lograr intercambios efectivos.
- Minimiza las barreras y distorsiones comunicacionales que afectan la circulación de la información, y que por ende dificultan la adecuada ejecución de las tareas y el logro de los objetivos.
- Promueve dentro de su sector el intercambio permanente de información, con el propósito de mantener a todas las personas adecuadamente informadas acerca de los temas que los afectan.
- Utiliza de manera efectiva los canales de comunicación existentes, tanto formales como informales.

Fuente: *Diccionario de comportamientos. La trilogía. Tomo 2.*

La comunicación verbal y no verbal son capacidades que pueden ser evaluadas a lo largo de una entrevista. La comunicación verbal puede evaluarse si se presta especial atención a la fluidez del discurso, a la riqueza de vocabulario, a la expresividad, a la precisión de la comunicación, a la capacidad para expresar sentimientos, a la originalidad de terminología que la persona emplea. La comunicación no verbal puede ser percibida observando la mirada y el contacto visual, la forma de saludar y dar la mano, la expresividad facial, la sonrisa, el tono, el volumen y el timbre de voz, los gestos de manos y brazos, entre otros aspectos.

Definición de la competencia **Dinamismo – Energía**

Capacidad para trabajar activamente en situaciones cambiantes y retadoras, con interlocutores diversos, en jornadas extensas de trabajo, sin que por esto se vean afectados su nivel de actividad o su juicio profesional. Implica seguir adelante en circunstancias adversas, con serenidad y dominio de sí mismo.

Preguntas sugeridas

1. *¿Cómo maneja la transición de un período de descanso a la situación de trabajo? Bríndeme un ejemplo.*

2. *Relate alguna situación en la que su escenario habitual haya cambiado drásticamente (nuevos interlocutores, marco geográfico desconocido, cambio de horarios, etc.).*

3. *¿Cuánto tiempo extra ha trabajado recientemente? ¿Por qué?*

4. *¿Qué hace en su tiempo libre?*

Si el entrevistado es, por ejemplo, el número 1 del área, y *Dinamismo – Energía* es una competencia específica definida para esa área en particular, se debe prestar mucha atención al relato del entrevistado, ya que es posible que la competencia sea requerida en un nivel alto de desarrollo. Para ello debe cotejar las respuestas a las preguntas que se le hayan formulado con los comportamientos descritos en el *diccionario de comportamientos*.

Comportamientos relacionados con esta competencia podrán haberse observado en el relato del entrevistado en diversas circunstancias y, además, surgir como parte de la respuesta a otras preguntas.

Comportamientos más frecuentes para niveles ejecutivos

Por ejemplo CEOS

Comportamientos asociados a la competencia *Dinamismo - Energía*

- Promueve en toda la organización, y a través del ejemplo, la disposición a trabajar activamente en situaciones cambiantes y retadoras.
- Toma acertadas decisiones, tanto de largo y mediano plazo como de efecto inmediato, con interlocutores diversos, en jornadas de trabajo extensas, sin que se vean afectados su nivel de actividad ni el de los demás integrantes de su área.
- Sigue adelante y alienta a otros, en medio de circunstancias adversas, demostrando serenidad y dominio de sí mismo.
- Diseña e implementa métodos de trabajo dirigidos a incentivar, tanto en su área como en el resto de la organización, el desarrollo de las tareas con dinamismo y energía.
- Es un referente organizacional en lo que respecta al dinamismo y la energía en el trabajo.

Los comportamientos se ubican en Grado

100%

A

G
R
A
D
O

A

Fuente: *Diccionario de comportamientos. La trilogía. Tomo 2.*

Comportamientos más frecuentes para niveles ejecutivos

*Por ejemplo
Directores de áreas*

Comportamientos asociados a la competencia *Dinamismo - Energía*

- Promueve en su área, y a través del ejemplo, la disposición a trabajar activamente en situaciones cambiantes y retadoras.
- Toma acertadas decisiones de mediano plazo, con interlocutores diversos, en jornadas de trabajo extensas, sin que se vean afectados su nivel de actividad ni el de los demás integrantes de su equipo.
- Sigue adelante y alienta a los colaboradores de su área de trabajo en circunstancias adversas, y demuestra serenidad y dominio de sí mismo.
- Diseña e implementa procesos de trabajo dirigidos a incentivar, en su área o equipo, el desarrollo de las tareas con dinamismo y energía.
- Es un referente en su área de trabajo en lo que respecta al dinamismo y la energía en el trabajo.

Los comportamientos se ubican en Grado

75%

B

G
R
A
D
O

B

Fuente: *Diccionario de comportamientos. La trilogía. Tomo 2.*

Definición de la competencia **Orientación al cliente interno y externo**

Capacidad para actuar con sensibilidad ante las necesidades de un cliente y/o conjunto de clientes, actuales o potenciales, externos o internos, que pueda/n presentarse en la actualidad o en el futuro. Implica una vocación permanente de servicio al cliente interno y externo, comprendiendo adecuadamente sus demandas y generar soluciones efectivas a sus necesidades.

Preguntas sugeridas

1. *¿Qué procedimientos se han implementado durante su gestión para evaluar la satisfacción del cliente con respecto a los productos/servicios ofrecidos?*

2. *¿Ha considerado la repercusión de sus servicios/productos en los clientes de sus clientes?*

3. *¿Durante su gestión se han implementado mejoras en los procedimientos administrativos y en los circuitos de información, tendientes a elevar los estándares de calidad de su empresa?*

4. *En su empresa (o área a su cargo) ¿se valora, se propicia o recompensa que un sector o equipo supere, dentro de su ámbito de incumbencia, las expectativas del cliente?*

Muchas personas no diferencian a ciencia cierta un *cliente interno* de un *cliente externo*. Quizás esta circunstancia no sea frecuente entre altos ejecutivos; de todos modos, asegúrese de que el entrevistado tenga en claro el significado de estos conceptos.

En caso de que el entrevistado no cuente con clientes externos, pregunte por situaciones análogas referidas a clientes internos (por ejemplo, cuando debe convencerlos de que participen y/o colaboren con algún proyecto, cuando deben compartir recursos, etcétera).

Sobre esta competencia se ha elaborado el ejemplo que se expuso en el Capítulo 8.

Comportamientos más frecuentes para niveles ejecutivos

Por ejemplo CEOS

Comportamientos asociados a la competencia *Orientación al cliente interno y externo*

- Crea un ambiente adecuado para que toda la organización trabaje en pos de la satisfacción de los clientes, a fin de lograr establecer una relación de largo plazo con ellos.
- Diseña políticas y procedimientos que brinden soluciones de excelencia para todos los clientes, y logra de ese modo reconocimiento en el mercado.
- Diseña e implementa mecanismos organizacionales que permiten evaluar en forma constante el índice de satisfacción de los clientes.
- Logra que los clientes reconozcan a la organización, aprecien el valor agregado que les brinda y la recomienden a otros.
- Es un referente en materia de soluciones que satisfacen tanto a los clientes internos como externos.

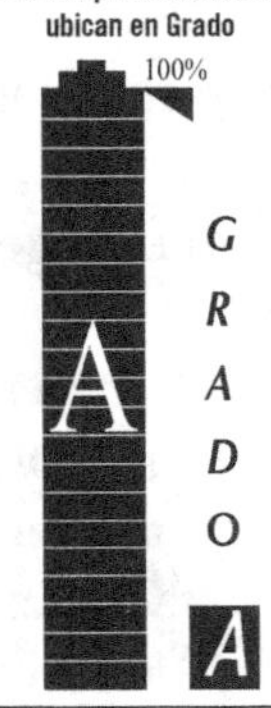

Fuente: *Diccionario de comportamientos. La trilogía. Tomo 2.*

Comportamientos más frecuentes para niveles ejecutivos

*Por ejemplo
Directores de áreas*

Comportamientos asociados a la competencia *Orientación al cliente interno y externo*

- Se anticipa a los pedidos de los clientes tanto internos como externos, y busca permanentemente la forma de resolver sus necesidades.
- Propone acciones de mejora en su área, tendientes a incrementar el nivel de satisfacción y brindar soluciones de excelencia.
- Establece con los clientes relaciones duraderas basadas en la confianza.
- Promueve un ambiente laboral adecuado para que todos sus colaboradores busquen comprender y satisfacer las necesidades de los clientes.
- Propicia trabajar brindando un valor agregado a los clientes internos y externos, y se asegura de que sus colaboradores actúen de igual forma.

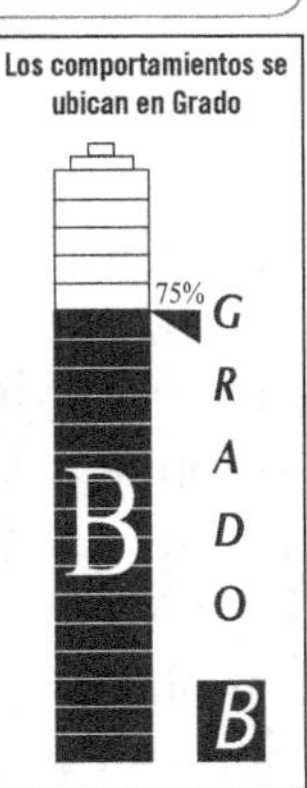

Fuente: *Diccionario de comportamientos. La trilogía. Tomo 2.*

Definición de la competencia **Pensamiento conceptual**

Capacidad para identificar problemas, información significativa/clave y vínculos entre situaciones que no están obviamente conectadas, y para construir conceptos o modelos, incluso en situaciones difíciles. Capacidad para entender situaciones complejas, descomponiéndolas en pequeñas partes y puntos clave, identificar paso a paso sus implicaciones y las relaciones causa-efecto que se generan, con el objetivo de actuar de acuerdo a un orden de prioridades a fin de conseguir la mejor solución. Implica la aplicación de razonamiento, inductivo o conceptual.

Preguntas sugeridas

1. *Cuando usted tiene un problema que resolver, ¿por dónde comienza? Bríndeme dos ejemplos, uno en que el resultado haya sido positivo y otro no satisfactorio.* (Tener en cuenta que un resultado puede ser positivo o no satisfactorio debido a factores externos, fuera del alcance de acción o decisión del entrevistado. No es esto lo que se desea evaluar a través de esta pregunta, sino el análisis del problema y el curso de acción seguido en cada caso.)

2. *¿Considera que es una persona que establece con facilidad conexiones entre temas, más allá de lo evidente? Cite un ejemplo de algún caso en que haya usado esta capacidad en relación con sus funciones directivas o en otro plano, si lo desea.* (La pregunta se relaciona con la capacidad para leer entre líneas.)

3. Tome un caso de actualidad y pida al entrevistado que lo analice. Debe tratarse de un asunto muy conocido, para que no sea necesario dar demasiados detalles, y deberá evitar asuntos de tipo político u otros que impliquen posiciones preconcebidas, tanto en lo que respecta al entrevistado como al entrevistador. Debe intentar que el evaluado identifique los puntos clave de la situación.

4. *¿Usted cree ser una persona creativa? ¿Podría respaldar su respuesta a través de un ejemplo?*

Si el entrevistado es, por ejemplo, el número 1 del área, y *Pensamiento conceptual* es una competencia específica definida para esa área en particular, en todos los casos hay que prestar mucha atención al relato del entrevistado, ya que es posible que la competencia sea requerida en un nivel alto de desarrollo. Por último, habrá que cotejar las respuestas obtenidas con los comportamientos descritos en el *diccionario de comportamientos*.

Como se expresara al inicio del capítulo, la forma de pensar, razonar y actuar de una persona puede observarse como parte de las respuestas que el entrevistado brinda durante la entrevista en relación con estas preguntas u otras que se le formulen.

Comportamientos más frecuentes para niveles ejecutivos

Por ejemplo CEOS

Comportamientos asociados a la competencia *Pensamiento conceptual*

- Diseña métodos de trabajo organizacionales que permiten identificar problemas, detectar información significativa o clave, realizar vínculos entre situaciones que no están obviamente conectadas y construir conceptos o modelos, incluso en situaciones complejas.
- Promueve en otros el desarrollo de la capacidad de entender situaciones complejas, descomponiéndolas en pequeñas partes y puntos clave e identificando paso a paso sus implicaciones.
- Identifica las relaciones causa-efecto de los problemas actuales y potenciales, y establece prioridades para llegar a una solución. A su vez, promueve en los miembros de la organización esta misma forma de proceder.
- Aplica y promueve el razonamiento creativo, inductivo o conceptual.
- Es un referente dentro y fuera de la organización en materia de pensamiento conceptual.

Los comportamientos se ubican en Grado

100%

G R A D O

A

Fuente: *Diccionario de comportamientos. La trilogía. Tomo 2.*

Comportamientos más frecuentes para niveles ejecutivos

*Por ejemplo
Directores de áreas*

Comportamientos asociados a la competencia *Pensamiento conceptual*

- Diseña métodos de trabajo para su área que permiten identificar problemas, detectar información significativa o clave, realizar vínculos entre situaciones que no están obviamente conectadas y construir conceptos o modelos, incluso en situaciones complejas.
- Entiende situaciones complejas, descomponiéndolas en pequeñas partes y puntos clave e identificando paso a paso sus implicaciones.
- Identifica relaciones causa-efecto en los problemas que analiza, motivando a los colaboradores de su área de trabajo a proceder de igual forma.
- Aplica el razonamiento creativo, inductivo o conceptual.
- Es un referente en materia de pensamiento conceptual dentro de su área de trabajo.

Los comportamientos se ubican en Grado

75%

G R A D O

B

Fuente: *Diccionario de comportamientos. La trilogía. Tomo 2.*

Definición de la competencia **Productividad**

Capacidad para fijarse objetivos de alto desempeño y alcanzarlos exitosamente, en el tiempo y con la calidad requeridos, agregar valor y contribuir a que la organización mantenga e incremente su posición en el mercado.

Preguntas sugeridas

1. *Mencione alguna situación en el área a su cargo en la cual el desempeño de sus colaboradores haya sido más alto que el del promedio. Describa su propio rol y el del equipo que dirigía. ¿Esta situación fue reconocida por sus superiores?* Ya sea positiva o negativa la respuesta, continúe indagando: *¿Bajo qué parámetros mide usted que el desempeño fue superior al promedio?*

2. *¿Alguna vez su autoevaluación fue negativa o no satisfactoria, es decir que usted mismo no se sintió a gusto con su desempeño, ya que consideró que no estuvo a la altura de las circunstancias, o una situación similar? ¿Cómo se sintió? ¿Qué hizo para corregirlo?*

3. *¿Cuáles son las responsabilidades/funciones que le disgustan o no le agradan? ¿Cómo enfrenta estas situaciones? Bríndeme ejemplos.*

4. *Cuando su área debe alcanzar diversos objetivos, ¿qué variables o aspectos toma en consideración para fijar sus prioridades de modo tal de mantener un nivel de eficiencia y productividad acorde a las exigencias? Bríndeme un ejemplo.*

En relación con la competencia *Productividad*, se deberá indagar acerca de qué representa para el entrevistado el concepto "desempeño superior", "productividad", "eficiencia" y expresiones relacionadas. De este modo, el entrevistador podrá asegurarse de que ambos están utilizando el mismo lenguaje.

Comportamientos más frecuentes para niveles ejecutivos

Por ejemplo CEOS

Comportamientos asociados a la competencia *Productividad*

- Plantea para sí mismo y para otros metas superiores a lo esperado por la organización, y logra alcanzarlas exitosamente.
- Fomenta entre los colaboradores de la organización la capacidad para establecer metas desafiantes, para sí mismo y para los demás.
- Diseña metas ambiciosas y factibles, que logra transmitir a los demás involucrándolos en su logro, a fin de mantener e incrementar el liderazgo de la organización en el mercado.
- Desarrolla procesos y sistemas que permiten alcanzar los objetivos con el grado de calidad deseado y requerido.
- Es considerado un referente a nivel organizacional en materia de productividad.

Fuente: *Diccionario de comportamientos. La trilogía. Tomo 2.*

Comportamientos más frecuentes para niveles ejecutivos

*Por ejemplo
Directores de áreas*

Comportamientos asociados a la competencia *Productividad*

- Establece objetivos de trabajo por encima de los esperados por la organización, y logra alcanzarlos.
- Supera los requerimientos que la organización determina para su área.
- Contribuye a mantener el liderazgo de la organización en el mercado.
- Implementa los procesos y sistemas que permiten alcanzar los objetivos con el grado de calidad deseado y requerido.
- Alcanza los resultados buscados, sobre la base de la eficiencia y la calidad de los procesos necesarios para alcanzarlos.

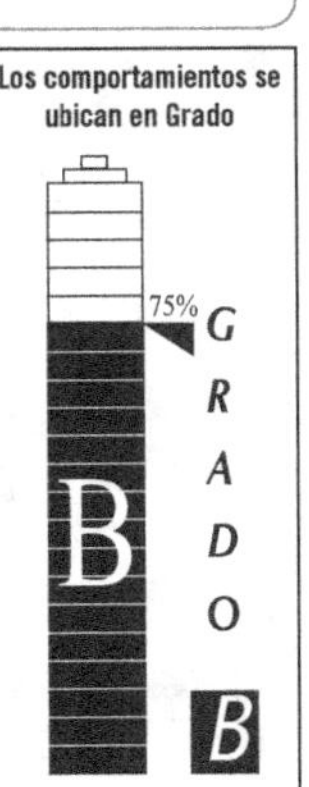

Fuente: *Diccionario de comportamientos. La trilogía. Tomo 2.*

El entrevistador deberá tener en cuenta...

Para la preparación de este capítulo y los dos siguientes se han elegido diez competencias y preguntas relacionadas para ser formuladas en el marco de una entrevista de selección.

A su vez, he supuesto ciertos perfiles a los cuales les he asignado un nivel de competencias requerido y sobre estos he expuesto los comportamientos asociados. Como ya se comentara, esta elección, de algún modo arbitraria, tiene como fin la explicación de los temas aquí planteados, por medio de estos ejemplos concretos. Adicionalmente, las preguntas y los comportamientos podrán servir de guía al lector en la preparación de una entrevista.

Asumiendo que el nivel requerido de una competencia sea, por ejemplo, los Grados A y/o B, si el entrevistado posee los diversos requerimientos que la posición plantea, es posible que también evidencie las competencias en el grado requerido. Pero esto no siempre ocurre. Por lo tanto, el entrevistador deberá tener en cuenta que en las respuestas del entrevistado podrá encontrar comportamientos similares a los del grado requerido u otros. Incluso, comportamientos que se correspondan con el nivel que hemos denominado "no desarrollado". La idea se expresa en el gráfico siguiente.

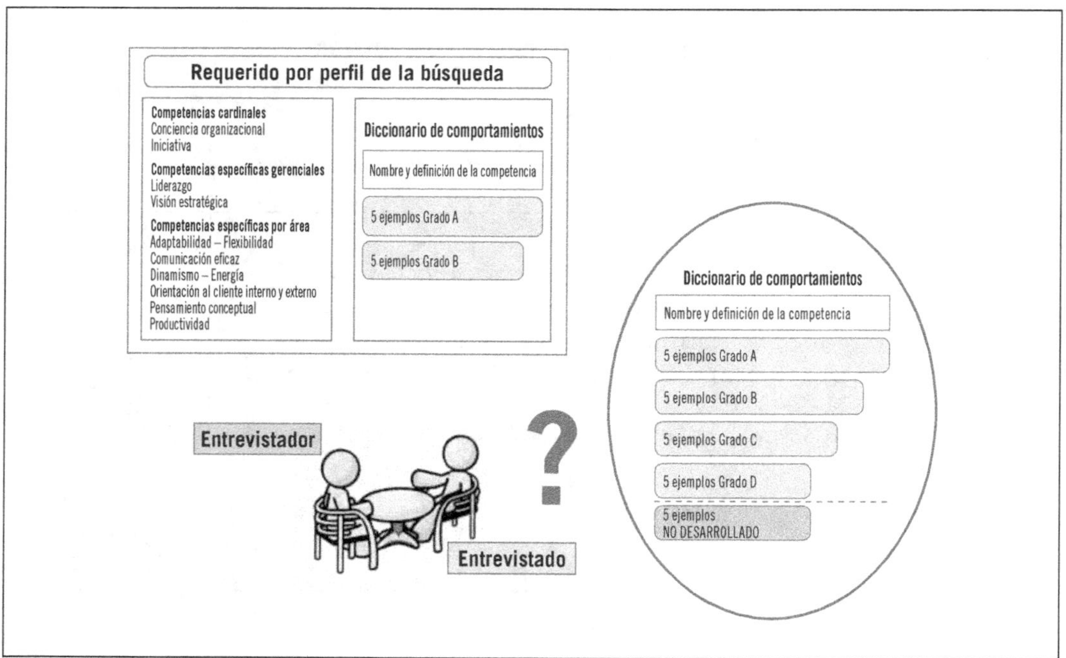

Para la presentación de los temas de este capítulo hemos elegido las diez competencias ya mencionadas en dos grados distintos, según los dos perfiles aquí expuestos, CEOs y Directores de Área (grados A y B, respectivamente).

Antes de la entrevista, el entrevistador desconoce qué comportamientos observará en el postulante, los cuales podrán coincidir o no con lo requerido en el perfil de la búsqueda. Por lo tanto, deberá comparar los comportamientos observados (en el entrevistado) con los que se ejemplifican en el *diccionario de comportamientos*, para luego establecer los grados (observados en el entrevistado) para cada una de las competencias. Si la organización no posee un modelo de competencias, o bien si se requiere un apoyo adicional, el lector podrá encontrar ejemplos de utilidad en la obra *Diccionario de comportamientos. La trilogía. Tomo 2.*

Antes de finalizar

El entrevistador puede complementar estas preguntas con otras de esta misma obra y/o consultando el *Diccionario de preguntas. La trilogía. Tomo 3*, donde las competencias se presentan organizadas en tres clases:

- *Competencias cardinales.*

- *Competencias específicas gerenciales.*

- *Competencias específicas por área.*

¡TOME NOTA!

Elija al mejor. Para leer y releer:

- Conceptos generales sobre selección y entrevista: Capítulo 1
- Gestión por competencias y entrevistas para evaluar competencias: capítulos 7, 8 y 12
- Planear la entrevista: Capítulo 2
- Cómo utilizar *Elija al mejor*: Capítulo 3
- Si desea encontrar preguntas: capítulos 4, 9, 10 y 11
- La motivación y cómo evaluarla: Capítulo 5
- Analizar los resultados de la entrevista y registrarla: Capítulo 6
- Para fijar conceptos: anexos I y II

Muchos de los temas tratados en la Parte I se relacionan, también, con la Parte II. La entrevista, cómo planearla, cómo analizar la motivación y los aspectos a tener en cuenta una vez finalizada la entrevista son temas comunes a ambas secciones de la obra.

Entrevista por competencias. Preguntas para niveles intermedios

Temas del capítulo:

- Competencias. Preguntas. Comportamientos
- Preguntas sugeridas para niveles intermedios. Competencias cardinales
- Preguntas sugeridas para niveles intermedios. Competencias específicas gerenciales
- Preguntas sugeridas para niveles intermedios. Competencias específicas por área
- El entrevistador deberá tener en cuenta…

Competencias. Preguntas. Comportamientos

En el Capítulo 8 se explicó cómo se lleva adelante una entrevista por competencias, y en el Capítulo 9 se sugirieron preguntas (y posibles respuestas –comportamientos–) para los niveles ejecutivos. Como decíamos al inicio de este último capítulo, las preguntas para indagar sobre competencias pueden adaptarse al nivel del entrevistado. A continuación se verá cómo planear y realizar una entrevista para niveles intermedios. Las respuestas de los entrevistados, en todos los casos, se correlacionarán con el *diccionario de comportamientos*. La idea se expone en la figura siguiente.

La utilización de la expresión *niveles intermedios* hace referencia tanto a posiciones gerenciales como a otros puestos que, por sus funciones, cuentan con personas a su cargo y no forman parte de la alta gerencia. Por ejemplo, gerencias de segundo nivel de reporte dentro de su área, como un Gerente de Planeamiento Financiero que reporta a un Director de Administración y Finanzas, o un Gerente de Mantenimiento que reporta a un Director de Producción u Operaciones. También podríamos incluir en este grupo jefaturas de todo tipo y posiciones que sin tener un título específico impliquen la supervisión de otros, como por ejemplo, seniors o especialistas.

Cuando una organización ha diseñado un modelo de competencias, en el diccionario de preguntas –como su nombre lo indica– se presentan ejemplos de pre-

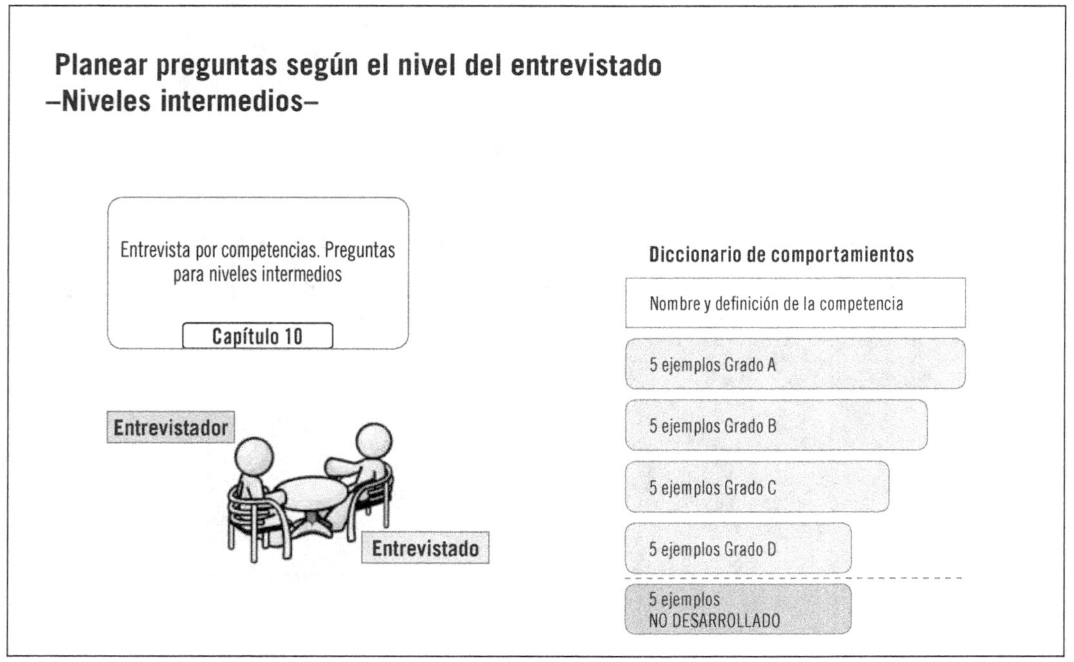

guntas para ser utilizadas en una entrevista de selección de personas, en relación con todas las competencias del referido modelo.

También, con frecuencia, se preparan preguntas para diferentes niveles organizacionales, en especial cuando se confecciona otro documento, denominado *entrevista estructurada*, que se mencionara en los capítulos 1 y 7.

Como hemos visto al inicio del Capítulo 9, en algunos casos las preguntas para los diversos niveles pueden ser similares (por ejemplo, las preguntas de este capítulo y las del anterior, donde se analizaron preguntas y posibles comportamientos en relación con los niveles ejecutivos). Sin embargo, en la mayoría de los casos será diferente el análisis de las respuestas, dado que se realiza sobre la base de los comportamientos de los entrevistados, que variarán según su nivel.

Para la confección de este capítulo he considerado las diez competencias utilizadas en el capítulo anterior, extraídas de la obra *Diccionario de competencias. La Trilogía. Tomo 1*. Estas competencias no representan ni las sugeridas ni las más frecuentes; son solo ejemplos ilustrativos. Del mismo modo, la clasificación en competencias cardinales y específicas se corresponde con la obra mencionada, y tampoco debe ser considerada una sugerencia de nuestra parte para este nivel en particular.

A continuación se expondrá para cada una de las competencias seleccionadas, primero, su definición, y luego cuatro preguntas sugeridas para obtener comportamientos del entrevistado en relación con las distintas competencias. Seguidamente, para cada una de ellas se expondrán comportamientos del nivel C. La idea se expresa en la figura de la página siguiente.

En la parte izquierda de la figura se mencionan las diez competencias elegidas para la preparación de esta obra y, para cada una ellas, su nombre y definición. Luego, sobre la parte superior derecha, se observa un esquema simplificado utilizado para mostrar el diseño de un *diccionario de preguntas*, en el cual se puede ver que el mismo ofrece cuatro preguntas (por cada competencia evaluada). Por último, en el lado inferior derecho, ejemplos de comportamientos de Grado C, elegido para este capítulo como requisito para los niveles intermedios.

Entre los niveles intermedios se pueden identificar muy diversos puestos, por lo cual muchos de ellos requerirán competencias en un grado mayor o menor, por ejemplo, Grados B o D. Si el lector desea utilizar/incluir comportamientos de otro nivel, más alto, los podrá encontrar en el Capítulo 9. Igualmente, si desea utilizar un nivel más bajo, Grado D, encontrará los comportamientos correspondientes en el Capítulo 11.

Las elecciones asumidas para la preparación de este capítulo, así como el anterior y el siguiente, son arbitrarias y solo responden a la necesidad de incluir en esta obra ejemplos significativos.

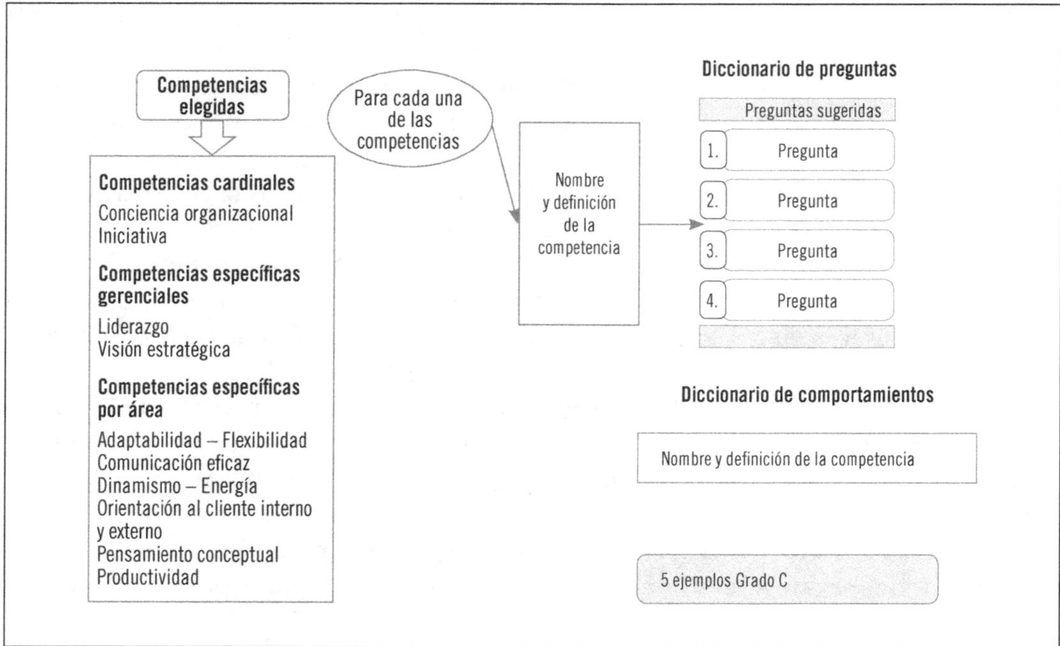

Continuando con lo expuesto en párrafos anteriores, la asignación de competencias a posiciones que hemos supuesto para la confección de este capítulo se basa en los siguientes dos ejemplos.

Similar asignación de competencias, por pertenecer también al área de Mercado y Ventas, podría darse para otras posiciones; en el ejemplo siguiente, una posible asignación de competencias sería la que se expone a continuación. Como puede observarse, las competencias son las mismas, solo varían los grados asignados.

Recordar en el momento de escuchar las respuestas

Como se ha visto en capítulos previos, cuando se formula una pregunta con el propósito de indagar sobre algún aspecto/competencia en particular, con frecuencia, se obtienen comportamientos relacionados con el tema en cuestión y, también, otros comportamientos.

Un buen entrevistador obtendrá información relevante que le permitirá evaluar, además, otras competencias.

Área de Mercadeo y Ventas
Posición: Gerente de planificación comercial

Nombre de la competencia y grado requerido	A	B	C	D
Competencias cardinales				
Conciencia organizacional			X	
Iniciativa			X	
Competencias específicas gerenciales				
Liderazgo			X	
Visión estratégica			X	
Competencias específicas por área				
Adaptabilidad – Flexibilidad		X		
Comunicación eficaz			X	
Dinamismo – Energía			X	
Orientación al cliente interno y externo			X	
Pensamiento conceptual		X		
Productividad			X	

Área de Mercadeo y Ventas
Posición: Gerente de Ventas Zona Norte

Nombre de la competencia y grado requerido	A	B	C	D
Competencias cardinales				
Conciencia organizacional		X		
Iniciativa			X	
Competencias específicas gerenciales				
Liderazgo			X	
Visión estratégica			X	
Competencias específicas por área				
Adaptabilidad – Flexibilidad			X	
Comunicación eficaz		X		
Dinamismo – Energía		X		
Orientación al cliente interno y externo		X		
Pensamiento conceptual			X	
Productividad			X	

Confección de preguntas por niveles

Se ha mencionado con anterioridad que las organizaciones, en el momento de definir su modelo de competencias, confeccionan tres documentos, uno de los cuales es el *diccionario de preguntas*. En este caso se elaboran preguntas para todas las competencias del modelo, con la misma apertura utilizada allí, es decir, preguntas para indagar sobre:

- Competencias cardinales.

- Competencias específicas gerenciales.

- Competencias específicas por área.

Usualmente, las preguntas se confeccionan en función de niveles intermedios, es decir, para ser utilizadas –en principio– en las entrevistas a personas destinadas a gerencias de nivel intermedio y posiciones similares. En algunos casos se explica esta forma de presentar al documento, dado que se asume que son ejemplos que el entrevistador deberá adaptar a las circunstancias y al nivel específico de la posición.

En este capítulo se presentarán preguntas dirigidas a personas con experiencia y que se prevé que asuman niveles intermedios dentro de la estructura. Ejemplos de preguntas para personas ocupando posiciones de alta gerencia –que denominamos *niveles ejecutivos*– se vieron en el Capítulo 9. En el siguiente, Capítulo 11, se brindan preguntas para personas con experiencia y/o sin ella, que no tengan a su cargo a otras personas (lo que hemos denominado *niveles iniciales*).

Las preguntas que se consignan en este capítulo, referidas a las diez competencias seleccionadas, fueron elaboradas para formularse en entrevistas de niveles gerenciales intermedios, de diferentes áreas organizacionales.

En el Capítulo 9 podrá encontrar *Consejos prácticos sobre entrevistas y preguntas para evaluar competencias.* Sugiero su lectura o relectura, según corresponda.

A continuación el lector encontrará:

1. Nombre y definición de cada una de las competencias seleccionadas.

2. Preguntas para indagar acerca de cada una de ellas.

3. Ejemplos de comportamientos relacionados con cada competencia. Estos serán posibles respuestas a las preguntas formuladas.

En el relato de un entrevistado podrán observarse comportamientos de distinto grado, los cuales, en todos los casos, deberán relacionarse con distintos grados de la competencia utilizando el *diccionario de comportamientos* organizacional. De no contar con este documento interno, podrá utilizarse el libro *Diccionario de comportamientos. La trilogía. Tomo 2.* Los comportamientos más frecuentes en los niveles intermedios se corresponderán con el Grado C, y a este nivel se asocian los ejemplos que se exponen en este capítulo.

No obstante, en algunos casos podrán observarse comportamientos de niveles más altos, por ejemplo, Grados A o B (ver ejemplos en el Capítulo 9). Del mismo modo, podrán observarse comportamientos más bajos, Grado D (ver ejemplos en el Capítulo 11), o bien respuestas en que el evaluado evidencia la competencia en un nivel *no desarrollado.*

Al analizar las preguntas que se exponen a continuación puede verse que muchas de ellas son similares a las identificadas para los niveles ejecutivos. Sin embargo, las respuestas seguramente serán diferentes. El entrevistador deberá tomar dos recaudos: adaptar la pregunta de acuerdo al entrevistado en cuestión y, en todos los casos, estar atento a los comportamientos que se detecten en las respuestas brindadas por el postulante. Estas dos sugerencias serán de suma utilidad para entrevistadores de todo tipo.

Preguntas sugeridas para niveles intermedios. Competencias cardinales

Definición de la competencia **Conciencia organizacional**

> Capacidad para reconocer los elementos constitutivos de la propia organización, así como sus cambios; y comprender e interpretar las relaciones de poder dentro de ella, al igual que en otras organizaciones –clientes, proveedores, etc.–. Implica la capacidad de identificar tanto a aquellas personas que toman las decisiones como a las que pueden influir sobre las anteriores. Implica ser capaz de prever la forma en que los acontecimientos o las situaciones afectarán a las personas y grupos dentro de la organización.

Preguntas sugeridas

1. *Cuénteme quién es el verdadero líder (director o conductor) en su empresa/organización (no necesariamente el líder formal).*
   Si hubiese alguna razón por la cual el entrevistado no deseara hablar de la organización donde actualmente se desempeña, puede referirse a otra en la que haya trabajado en el pasado (por ejemplo, no más de cinco años atrás).

2. Si la persona identificada en la respuesta anterior no fuese el jefe formal: *¿Usted qué piensa? ¿Eso era/es correcto?*

3. *¿Qué efecto tienen/tenían sobre otras personas las acciones que llevan/ban adelante sus supervisados, su área, sector o grupo de trabajo?*

4. *Las decisiones de su líder/director/jefe, ¿era/son revisadas por otra persona?* En caso de respuesta afirmativa: *¿Qué opina usted de que sean sometidas a revisión?*

La competencia *Conciencia organizacional* es de suma relevancia entre los niveles ejecutivos (Capítulo 9) y también en los niveles intermedios. Se sugiere al entrevistador cotejar las respuestas obtenidas a sus preguntas con los comportamientos descritos en el *diccionario de comportamientos*.

Comportamientos más frecuentes para niveles intermedios

Comportamientos asociados a la competencia *Conciencia organizacional*

- Conoce los elementos constitutivos de la propia organización y percibe los cambios con una visión de mediano plazo.
- Comprende e interpreta las relaciones de poder dentro de su área y su repercusión en el conjunto de la organización.
- Identifica adecuadamente a las personas que toman las decisiones más relevantes dentro de la organización. Crea y mantiene una red de contactos con ellas para alcanzar objetivos fijados para su área y para sí mismo.
- Interpreta el entorno –el mercado, otras organizaciones de la misma actividad, proveedores, etc.–, lo que le permite comprender las decisiones tomadas por sus superiores y proponer a estos posibles cursos de acción.
- Implementa las políticas organizacionales relacionadas con los elementos constitutivos y las relaciones de poder dentro de la organización, con el propósito de lograr una mejor consecución de las metas individuales y del equipo a su cargo.

Los comportamientos se ubican en Grado

GRADO C — 50%

Fuente: *Diccionario de comportamientos. La trilogía. Tomo 2.*

Definición de la competencia **Iniciativa**

Capacidad para actuar proactivamente y pensar en acciones futuras con el propósito de crear oportunidades o evitar problemas que no son evidentes para los demás. Implica capacidad para concretar decisiones tomadas en el pasado y la búsqueda de nuevas oportunidades o soluciones a problemas de cara al futuro.

Preguntas sugeridas

1. *Cuénteme los problemas del día a día propios de su sector y explíqueme cómo impactan en su desempeño. ¿Qué hace para resolverlos desde su posición?*

2. *¿Qué hace cuando tiene dificultades para resolver un problema?*

3. *¿Qué nuevos objetivos se ha establecido recientemente y qué ha hecho para alcanzarlos?*

4. *¿Cuáles son sus objetivos profesionales? ¿Se ha fijado para usted mismo un plan de carrera o un plan de acción a corto, mediano y/o largo plazo?* En el caso de que el entrevistado describa un plan, repregunte: *¿Qué espera obtener del ese plan? ¿En qué plazos?*

Las competencias cardinales son aplicables a todos los niveles de la organización; por ende, también a los niveles intermedios. Representan la esencia organizacional y permiten alcanzar la visión.

Comportamientos más frecuentes para niveles intermedios

Comportamientos asociados a la competencia *Iniciativa*

Los comportamientos se ubican en Grado

- Resuelve situaciones complejas o de crisis, tanto externas como internas a la organización, con visión de corto plazo, y prevé opciones de cursos de acción eficaces y efectivos.
- Analiza las situaciones planteadas y elabora planes de contingencia con el propósito de crear oportunidades y/o evitar problemas potenciales.
- Promueve la participación entre sus colaboradores y brinda retroalimentación e incentivo para que actúen de manera similar en relación con el personal a su cargo.
- Desarrolla la iniciativa dentro de su sector a fin de que sus colaboradores estén preparados para responder rápidamente a las situaciones inesperadas o de cambio.
- Es un referente en su sector y en el ámbito de su área de trabajo por sus propuestas de mejora y eficiencia.

GRADO

50%

Fuente: *Diccionario de comportamientos. La trilogía. Tomo 2.*

Preguntas sugeridas para niveles intermedios. Competencias específicas gerenciales

Las competencias específicas gerenciales son aquellas que se relacionan con puestos de la organización a los cuales reportan otras personas o equipos de trabajo. En cualquier caso, se podrá adaptar el contenido de las preguntas a la posición para la cual se está entrevistando.

Una forma de indagar sobre algunas de las competencias específicas gerenciales será, según corresponda, primero solicitar al entrevistado una definición de la competencia sobre la que se desea obtener información, por ejemplo, *Liderar con el ejemplo*. Después, a modo de repregunta, invitar al entrevistado a dar un ejemplo de una situación en la que haya puesto en práctica esa competencia, y a explicar su comportamiento.

Definición de la competencia **Liderazgo**

> Capacidad para generar compromiso y lograr el respaldo de sus superiores con vistas a enfrentar con éxito los desafíos de la organización. Capacidad para asegurar una adecuada conducción de personas, desarrollar el talento, y lograr y mantener un clima organizacional armónico y desafiante.

Preguntas sugeridas

1. *¿Alguna vez le tocó supervisar a alguien difícil de conducir? ¿En qué contexto? ¿Cómo resolvió ese problema?*

2. *Bríndeme un ejemplo de un logro concreto y destacado en su gestión como líder.*

3. *¿Cómo hace para reunir personas a las que no les gusta trabajar juntas? ¿Cómo hace para que logren unificar sus criterios de abordaje de las tareas?*

4. *¿Ha evaluado el clima de su organización?* Si la respuesta es afirmativa: *¿Qué acciones correctivas se implementaron? ¿Quién las propuso?*

Las respuestas a las preguntas pueden dar información acerca de más de una competencia. Preste atención al relato y compare los comportamientos observados con los descritos en el *diccionario de comportamientos* de la organización.

Una competencia también puede ser evaluada al considerar comportamientos en actividades extralaborales (deportivas, académicas, etc.). En los niveles intermedios –al igual de la que se vio en el capítulo anterior al analizar preguntas y posibles respuestas de altos ejecutivos– la competencia *Liderazgo* podría evidenciarse en la actuación del entrevistado en actividades comunitarias, fundaciones y ámbitos similares.

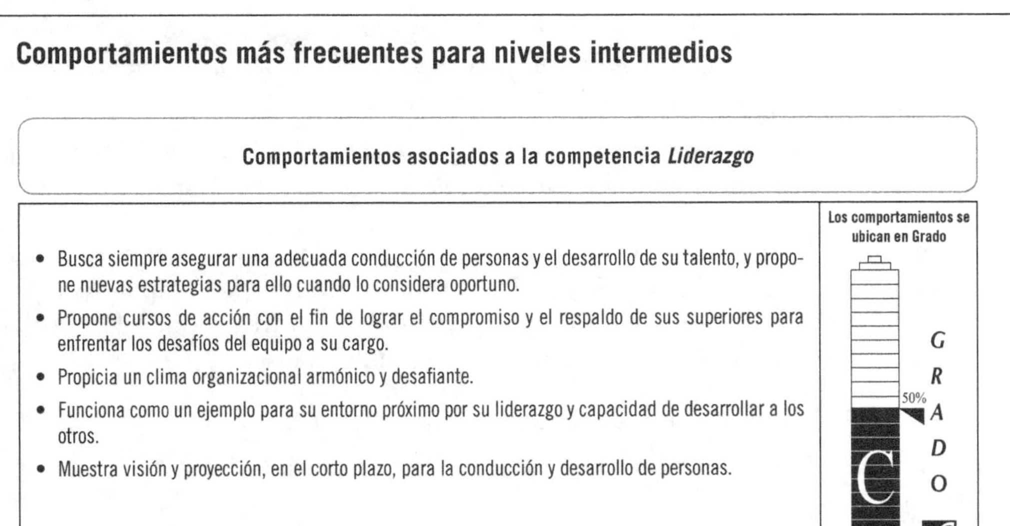

Comportamientos más frecuentes para niveles intermedios

Comportamientos asociados a la competencia *Liderazgo*

- Busca siempre asegurar una adecuada conducción de personas y el desarrollo de su talento, y propone nuevas estrategias para ello cuando lo considera oportuno.
- Propone cursos de acción con el fin de lograr el compromiso y el respaldo de sus superiores para enfrentar los desafíos del equipo a su cargo.
- Propicia un clima organizacional armónico y desafiante.
- Funciona como un ejemplo para su entorno próximo por su liderazgo y capacidad de desarrollar a los otros.
- Muestra visión y proyección, en el corto plazo, para la conducción y desarrollo de personas.

Fuente: *Diccionario de comportamientos. La trilogía. Tomo 2.*

Definición de la competencia **Visión estratégica**

Capacidad para anticiparse y comprender los cambios del entorno, y establecer su impacto a corto, mediano y largo plazo en la organización, con el propósito de optimizar las fortalezas, actuar sobre las debilidades y aprovechar las oportunidades del contexto. Implica la capacidad para visualizar y conducir la empresa o el área a cargo como un sistema integral, para lograr objetivos y metas retadores, asociados a la estrategia corporativa.

Preguntas sugeridas

1. *Reláteme alguna situación compleja relacionada con aspectos sociales, económicos, tecnológicos y/o culturales a la cual se haya anticipado. ¿Cómo logró detectarla? ¿Qué hizo al respecto? ¿Cómo impactó en la estrategia de la organización?*

2. *¿Qué fuentes de información consulta habitualmente para mantenerse actualizado en las tendencias mundiales en materia de economía, política y fenómenos socioculturales? ¿Relaciona la información que usted consulta con la estrategia de la organización, y la aplica en consecuencia? Bríndeme un ejemplo.*

3. *Sobre la base de la información que usted dispone referida a ciertos aspectos de nivel local y/o global, ¿ha presentado propuestas plausibles de ser incorporadas a la estrategia de su organización? Cuénteme al respecto.*

4. *¿Qué nuevos objetivos ha definido para su área/división/organización que hayan sido de gran relevancia en la consecución de la estrategia organizacional? Bríndeme un ejemplo.*

Como se expresara en el Capítulo 9, ciertas palabras suelen ser utilizadas de forma imprecisa, a pesar de ser de uso frecuente. Al evaluar la competencia *Visión estratégica* nuestra sugerencia es que el entrevistador confirme que el postulante comprenda adecuadamente el concepto en su complejidad:

"Visión" (*DRAE*): en su primera acepción, acción y efecto de ver.

"Estrategia" (*DRAE*): en su primera acepción, arte de dirigir (en este caso, una organización o parte de ella).

Como ya se ha dicho, una competencia también puede ser evaluada al considerar comportamientos en actividades extralaborales (deportivas, académicas, etc.).

En los altos ejecutivos (Capítulo 9) y también en los niveles intermedios, la competencia *Visión estratégica* podría evidenciarse en su actuación en actividades comunitarias, fundaciones y ámbitos similares.

Comportamientos más frecuentes para niveles intermedios

Comportamientos asociados a la competencia *Visión estratégica*

- Comprende los cambios del entorno y establece su impacto a corto y mediano plazo.
- Propone mejoras sobre aspectos relacionados con su ámbito de actuación para la mejor utilización de los recursos y fortalezas, y la reducción de las debilidades.
- Lleva a cabo los planes empresariales y de negocios que define la organización para el logro de los objetivos planteados, y los implementa en su grupo de trabajo.
- Actúa y/o conduce el grupo a su cargo teniendo siempre presente que actúa dentro de una organización que se ha definido como un sistema integrado.
- Reconoce la importancia que tienen tanto sus acciones como las de su grupo, y cómo estas repercuten en el logro de la estrategia corporativa.

Fuente: *Diccionario de comportamientos. La trilogía. Tomo 2.*

Preguntas sugeridas para niveles intermedios. Competencias específicas por área

Definición de la competencia **Adaptabilidad – Flexibilidad**

Capacidad para comprender y apreciar perspectivas diferentes, cambiar convicciones y conductas a fin de adaptarse en forma rápida y eficiente a diversas situaciones, contextos, medios y personas. Implica realizar una revisión crítica de su propia actuación.

Preguntas sugeridas

1. *Cuénteme sobre alguna nueva asignación a la que usted haya tenido que responder de inmediato, en momentos en que estaba muy involucrado en alguna otra tarea. ¿Cómo resolvió el problema?*

2. *¿Hizo algún pasaje por diferentes sectores o por diferentes filiales u oficinas, en su último o actual empleo? ¿Quién decidió el cambio? ¿Fue algo impulsado por usted o por la organización? ¿Cómo se manejó en las otras áreas?*

3. *¿Alguna vez tuvo que hacerse cargo por un tiempo de un área que no era la suya? ¿Cómo se manejó?*

4. *¿Qué cambios tuvo que hacer en su forma de trabajar a fin de responder a nuevos requerimientos de los clientes? ¿Cómo los concretó?*

En todos los casos hay que cotejar las respuestas obtenidas con los comportamientos descritos en el *diccionario de comportamientos*.

Recordar en el momento de escuchar las respuestas

Escuchar es una de las capacidades necesarias para ser un buen entrevistador. Tenga en cuenta, en el relato de su entrevistado los siguientes detalles, vistos en el Capítulo 3.

Manejo de los tiempos verbales –presente, pasado, condicional–. Idealmente las preguntas deberían formularse en pasado, de ese modo las respuestas revelarán comportamientos. Este aspecto debe ser considerado en la preparación de las preguntas y, luego, observado en el relato del entrevistado.

Utilización de artículos definidos o indefinidos. En la entrevista es importante la forma de plantear una pregunta o situación. Por ejemplo: se podría decir "cuénteme sobre el mejor jefe que haya tenido" o "cuénteme sobre un buen jefe...". En la respuesta, prestar atención al modo en el cual se expresa el entrevistado.

Comportamientos más frecuentes para niveles intermedios

Comportamientos asociados a la competencia *Adaptabilidad – Flexibilidad*

Los comportamientos se ubican en Grado

- Comprende perspectivas diferentes, cambiando convicciones y conductas a fin de adaptarse en forma eficiente a diversas situaciones, contextos, medios y personas.
- Revisa los objetivos bajo su responsabilidad y propone cambios cuando advierte que es necesario.
- Adapta su propio accionar a fin de lograr hacer frente a nuevas situaciones.
- Ajusta su accionar a los objetivos propuestos para su sector.
- Para adaptarse a diversos contextos, aplica las herramientas o metodologías propuestas por la organización con ese objetivo.

Fuente: *Diccionario de comportamientos. La trilogía. Tomo 2.*

Definición de la competencia **Comunicación eficaz**

Capacidad para escuchar y entender al otro, para transmitir en forma clara y oportuna la información requerida por los demás a fin de alcanzar los objetivos organizacionales, y para mantener canales de comunicación abiertos y redes de contacto formales e informales, que abarquen los diferentes niveles de la organización.

Preguntas sugeridas

1. *Cuénteme de algún caso en el que, estando en una reunión con otras personas, usted no haya entendido algo, por distracción, falta de conocimiento o bien porque el disertante no fue claro. ¿Qué hizo?*

2. *Cuénteme acerca de alguna situación en la que, en una reunión con otras personas, usted no haya estado de acuerdo con algo de lo planteado o resuelto. ¿Qué hizo?*

3. *Reláteme algún episodio en el que, durante una reunión con otras personas, usted no solo haya estado de acuerdo con lo expuesto y/o resuelto, sino que, además, tenía algo positivo para aportar. ¿Cómo actuó?*

4. *¿Acostumbra usted escuchar antes de exponer, o suele hacer lo contrario? Cuénteme alguna anécdota al respecto.*

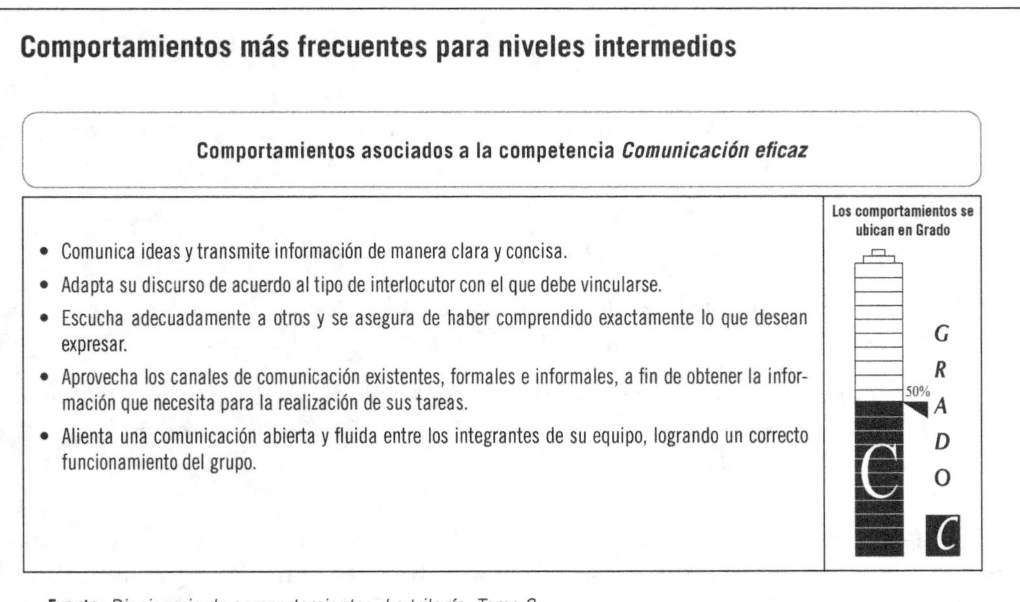

La comunicación verbal y no verbal son capacidades que pueden ser evaluadas a lo largo de una entrevista. La comunicación verbal puede evaluarse si se presta especial atención a la fluidez del discurso, a la riqueza del vocabulario, a la expresividad, a la precisión de la comunicación, a la capacidad para expresar sentimientos, a la originalidad de terminología que la persona emplea. La comunicación no verbal puede ser percibida observando la mirada y el contacto visual, la forma de saludar y dar la mano, la expresividad facial, la sonrisa, el tono, el volumen y el timbre de voz, los gestos de manos y brazos, entre otros aspectos.

La competencia *Comunicación eficaz* es de suma relevancia para los niveles intermedios, así como para todos aquellos individuos que deban supervisar colaboradores, de cualquier nivel o especialidad.

Definición de la competencia **Dinamismo – Energía**

Capacidad para trabajar activamente en situaciones cambiantes y retadoras, con interlocutores diversos, en jornadas extensas de trabajo, sin que por esto se vean afectados su nivel de actividad o su juicio profesional. Implica seguir adelante en circunstancias adversas, con serenidad y dominio de sí mismo.

Preguntas sugeridas

1. *Bríndeme un ejemplo de alguna tarea especial en el trabajo que le haya demandado un esfuerzo importante durante un largo período de tiempo. ¿Cómo la emprendió? ¿Cuál fue el resultado?*

2. *Hábleme de alguna ocasión en la que ciertos hechos imprevistos lo hayan obligado a redistribuir su tiempo. ¿Qué elementos tomó en cuenta para organizarse?*

3. *Relate alguna situación en la que su escenario habitual haya cambiado drásticamente (nuevos interlocutores, marco geográfico desconocido, cambio de horarios, etcétera).*

4. *Describa una jornada extenuante para usted. Ese día en particular en el que usted llegó a un estado de agotamiento, sabiendo que quedaban tareas por realizar. ¿Cómo manejó esa situación? ¿Cuáles fueron los resultados de la estrategia utilizada?*

Se sugiere indagar sobre lo que el entrevistado considera como "esfuerzo importante", "jornadas extensas de trabajo" o "jornada extenuante" y expresiones similares. De este modo el entrevistador podrá confirmar que ambos están utilizando el mismo lenguaje.

Comportamientos más frecuentes para niveles intermedios

Comportamientos asociados a la competencia *Dinamismo – Energía*

Los comportamientos se ubican en Grado

- Trabaja activamente en situaciones cambiantes y retadoras, motivando a sus colaboradores a actuar de la misma forma.
- Mantiene su nivel de actividad y su juicio profesional aun en jornadas de trabajo extensas.
- Sigue adelante y alienta a su entorno inmediato en circunstancias adversas, y demuestra en todo momento serenidad y dominio de sí mismo.
- Implementa procesos de trabajo para incentivar en su entorno inmediato el desarrollo de las tareas con dinamismo y energía.
- Es considerado un ejemplo en su entorno inmediato por su forma de actuar dinámica.

Fuente: *Diccionario de comportamientos. La trilogía. Tomo 2.*

Definición de la competencia **Orientación al cliente interno y externo**

Capacidad para actuar con sensibilidad ante las necesidades de un cliente y/o conjunto de clientes, actuales o potenciales, externos o internos, que pueda/n presentarse en la actualidad o en el futuro. Implica una vocación permanente de servicio al cliente interno y externo, comprendiendo adecuadamente sus demandas, y generar soluciones efectivas a sus necesidades.

Preguntas sugeridas

1. *Defina quiénes son sus clientes (internos o externos) tanto dentro como fuera de la organización. ¿Dé que forma determina sus necesidades?*

2. *¿Qué relación tiene su área/sector con otros sectores? ¿Con qué áreas interactúa en su tarea habitual?*

3. *Describa alguna mejora que haya tenido que implementar por la insatisfacción particular de un cliente interno o externo. ¿Qué implicó esta mejora?*

4. *Cuénteme de algún trabajo en el que el sector o equipo a su cargo haya superado las expectativas de un cliente interno o externo.*

Comportamientos más frecuentes para niveles intermedios

Comportamientos asociados a la competencia *Orientación al cliente interno y externo*

- Actúa orientado a la satisfacción del cliente (interno o externo).
- Comprende y se mantiene atento a las necesidades de los clientes.
- Escucha los pedidos de los clientes tanto internos como externos, así como sus problemas, y responde a ellos de manera efectiva y en tiempo y forma.
- Aporta soluciones a la medida de los requerimientos de los clientes.
- Mantiene relaciones mutuamente beneficiosas con sus clientes.

Los comportamientos se ubican en Grado

G R A D O

50%

Fuente: *Diccionario de comportamientos. La trilogía. Tomo 2.*

Se ha utilizado esta competencia para la confección del ejemplo práctico del Capítulo 8 donde se entrevista a un nivel intermedio, Responsable de Formación.

En ocasiones, las personas no diferencian a ciencia cierta un *cliente interno* de un *cliente externo*. Nuestra sugerencia será comprobar que el entrevistado tiene en claro el significado de estos conceptos. En el caso de que el entrevistado no cuente con clientes externos, preguntar por situaciones análogas referidas a clientes internos (por ejemplo, cuando deben convencerlos de que participen y/o colaboren con algún proyecto, cuando deben compartir recursos, etcétera).

Definición de la competencia **Pensamiento conceptual**

Capacidad para identificar problemas, información significativa/clave y vínculos entre situaciones que no están obviamente conectadas, y para construir conceptos o modelos, incluso en situaciones difíciles. Capacidad para entender situaciones complejas, descomponiéndolas en pequeñas partes y puntos clave, identificar paso a paso sus implicaciones y las relaciones causa-efecto que se generan, con el objetivo de actuar de acuerdo a un orden de prioridades a fin de conseguir la mejor solución. Implica la aplicación de razonamiento, inductivo o conceptual.

Preguntas sugeridas

Para un buen inicio de la entrevista, se sugiere realizar una pregunta abierta orientada a que el entrevistado se explaye; después el entrevistador podrá introducir preguntas directas (cerradas) sobre los temas de su interés, por ejemplo, para evaluar esta competencia en particular.

1. *Cuénteme un problema que usted haya resuelto satisfactoriamente. Dígame cómo lo detectó, cómo ideó la solución y, finalmente, de qué manera la implementó.*

2. *Bríndeme un ejemplo de una situación compleja que haya enfrentado en su organización* (actual o anterior) *a propósito de algún asunto importante. Explíquemela detalladamente.* (Observar el enfoque global y la subdivisión en partes del análisis.)

3. *Cuénteme un problema que usted haya resuelto y en el que considere que el resultado no ha sido satisfactorio. ¿Cómo detectó el problema, cómo ideó la solución y cómo la implementó? ¿A qué causas atribuye que el problema no se resolviera de manera adecuada?*

4. Presente al evaluado un caso de actualidad y solicítele que lo analice. Observe cómo lo hace. No refiera temas políticos o religiosos en los que puedan influir preconceptos tanto del entrevistado como de usted mismo como entrevistador.

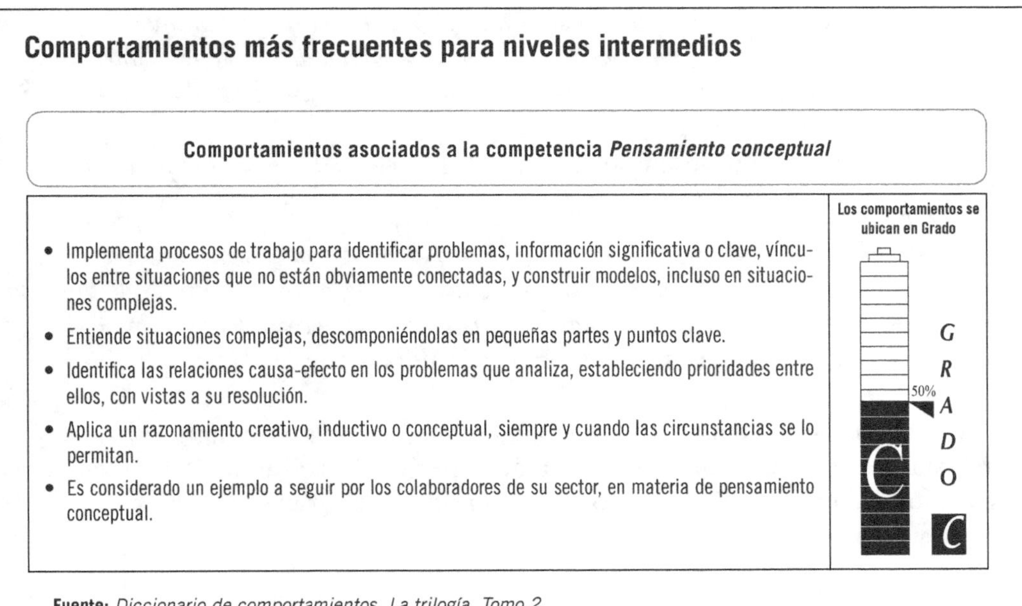

Fuente: *Diccionario de comportamientos. La trilogía. Tomo 2.*

Como ya se comentara, nuestra sugerencia es cotejar las respuestas a las distintas preguntas con los comportamientos descritos en el *diccionario de comportamientos* de la organización. Adicionalmente, con relación a esta competencia en particular, el entrevistador deberá tener en cuenta que la forma de razonar de un postulante puede observarse a lo largo de toda la entrevista.

Definición de la competencia **Productividad**

Capacidad para fijarse objetivos de alto desempeño y alcanzarlos exitosamente, en el tiempo y con la calidad requeridos, agregar valor y contribuir a que la organización mantenga e incremente su posición en el mercado.

Preguntas sugeridas

1. *Mencione alguna situación en su trabajo (o en otro ámbito, académico, etc.) en la cual su desempeño haya sido más alto que el del promedio. ¿Bajo qué parámetros mide usted que fue superior?*

2. *¿Alguna vez sintió que no le gustó su desempeño en una tarea, que no estuvo a la altura de las circunstancias, o una situación similar? ¿Qué hizo para corregirlo?*

3. *¿Cuáles son las tareas que le disgustan? ¿Cómo las encara? ¿En qué tipo de tareas usted piensa que su rendimiento es mayor y en cuáles considera que es menor? Bríndeme ejemplos de ambos casos. ¿Por qué razón piensa usted que su desempeño es alto/bajo* (según corresponda)*?*
    En el caso de un desempeño bajo: *¿Qué acciones ha encarado para mejorarlo?*

4. *Cuando debe realizar más de una tarea a la vez, ¿qué variables o aspectos toma en consideración para fijar sus prioridades de modo tal de mantener un nivel de eficiencia y productividad acorde a las exigencias? ¿Alguna vez sus niveles de productividad no respondieron a las demandas existentes? ¿Qué considera que lo llevó a sufrir esta baja en su productividad personal? Bríndeme un ejemplo.*

En relación con la competencia *Productividad*, se sugiere indagar sobre lo que el entrevistado considera como "desempeño superior", "productividad" o "eficiencia" y expresiones similares. De este modo usted podrá asegurarse de que están utilizando el mismo lenguaje.

Comportamientos más frecuentes para niveles intermedios

Comportamientos asociados a la competencia *Productividad*

- Cumple con los requerimientos planteados y trata de superar las expectativas puestas en él y su área.
- Mejora los objetivos establecidos en el tiempo y la forma requeridos.
- Sigue una ruta lógica para la obtención de resultados, ejecutando las tareas planteadas.
- Utiliza los procesos organizacionales tendientes a mejorar la productividad individual, y motiva a sus colaboradores a hacer lo mismo.
- Logra los resultados propuestos y mantiene un adecuado nivel de efectividad en el desempeño de sus tareas.

Los comportamientos se ubican en Grado

G
R
A
D
O

Fuente: *Diccionario de comportamientos. La trilogía. Tomo 2.*

El entrevistador deberá tener en cuenta...

Para la preparación de este capítulo, así como del anterior y del siguiente, se han elegido diez competencias y preguntas para ser formuladas en el marco de una entrevista de selección.

A su vez, he supuesto ciertos perfiles a los cuales les he asignado un nivel de competencias requerido, y sobre estos hemos expuesto los comportamientos asociados. Como ya se comentara, esta elección, de algún modo arbitraria, tiene como fin la adecuada explicación de los temas aquí planteados. Adicionalmente, las preguntas y los comportamientos podrán servir de guía al lector en la preparación de sus entrevistas.

Asumiendo que el nivel requerido de una competencia sea, por ejemplo, los Grados B o C, si el entrevistado posee los diversos requerimientos que la posición plantea es posible que también evidencie las competencias en el grado requerido. Pero esto puede no ser así. Por lo tanto, el entrevistador deberá tener en cuenta que en las respuestas del entrevistado podrá encontrar comportamientos similares a los del grado requerido u otros. Incluso, comportamientos que se correspondan con el nivel que hemos denominado "no desarrollado". La idea se expresa en el gráfico siguiente.

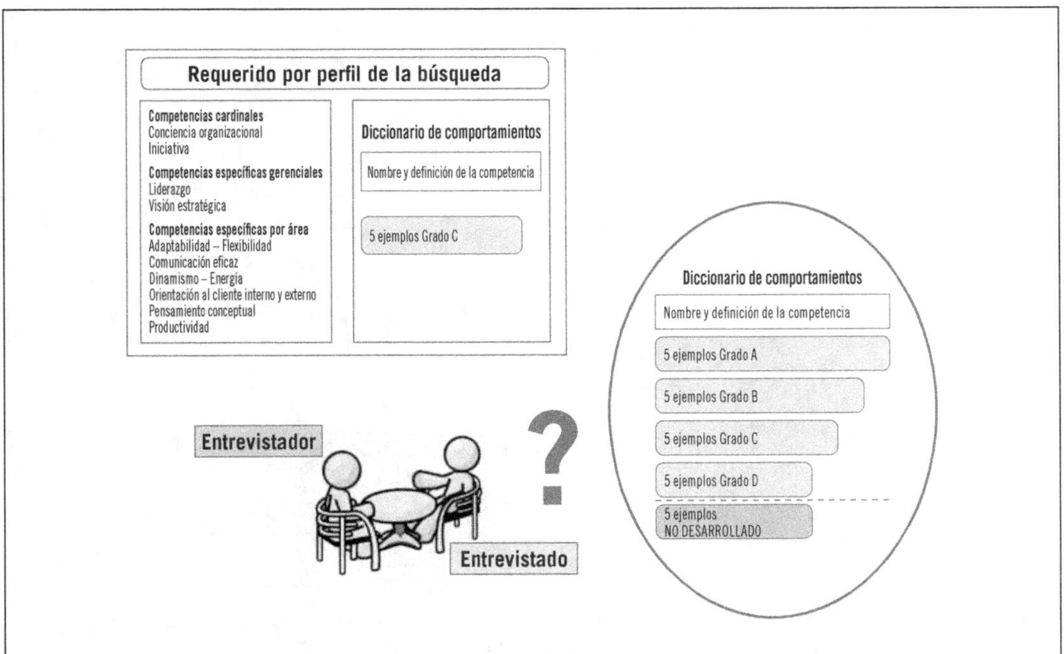

Para la presentación de los temas de este capítulo hemos elegido las diez competencias ya mencionadas y los comportamientos asociados en Grado C.

Según los dos perfiles expuestos en páginas previas, en ambas posiciones gerenciales los niveles requeridos han sido B y C. El lector encontrará los comportamientos de Grado B en el Capítulo 9.

Antes de la entrevista, el entrevistador desconoce qué comportamientos observará en el entrevistado, que podrán coincidir o no con lo requerido en el perfil de la búsqueda. Por lo tanto, deberá comparar los comportamientos observados (en el entrevistado) con el *diccionario de comportamientos*[1] para luego establecer el grado observado en el entrevistado para cada una de las competencias.

Antes de finalizar

El entrevistador puede complementar estas preguntas con otras de esta misma obra y/o consultando el *Diccionario de preguntas. La trilogía. Tomo 3*, donde las competencias se presentan organizadas en tres clases:

- Competencias cardinales.

- Competencias específicas gerenciales.

- Competencias específicas por área.

---

1 Si no cuenta con un documento organizacional, podrá utilizar la obra *Diccionario de comportamientos. La trilogía. Tomo 2*, Ediciones Granica, Buenos Aires, 2015.

¡TOME NOTA!

Elija al mejor. Para leer y releer:

- Conceptos generales sobre selección y entrevista: Capítulo 1
- Gestión por competencias y entrevistas para evaluar competencias: capítulos 7, 8 y 12
- Planear la entrevista: Capítulo 2
- Cómo utilizar *Elija al mejor*: Capítulo 3
- Si desea encontrar preguntas: capítulos 4, 9, 10 y 11
- La motivación y cómo evaluarla: Capítulo 5
- Analizar los resultados de la entrevista y registrarla: Capítulo 6
- Para fijar conceptos: anexos I y II

Muchos de los temas tratados en la Parte I se relacionan, también, con la Parte II. La entrevista, cómo planearla, cómo analizar la motivación y los aspectos a tener en cuenta una vez finalizada la entrevista son temas comunes a ambas secciones de la obra.

Entrevista por competencias. Preguntas para niveles iniciales

Temas del capítulo:

- Competencias. Preguntas. Comportamientos
- Preguntas sugeridas para niveles iniciales. Competencias cardinales
- Preguntas sugeridas para niveles iniciales. Competencias específicas gerenciales
- Preguntas sugeridas para niveles iniciales. Competencias específicas por área
- El entrevistador deberá tener en cuenta...

Competencias. Preguntas. Comportamientos

En el Capítulo 8 se explicó cómo llevar adelante la entrevista por competencias y, en los capítulos 9 y 10, se brindaron preguntas (y posibles respuestas, en las que pueden identificarse comportamientos) para los niveles ejecutivos e intermedios, respectivamente. Como decíamos con anterioridad, las preguntas para indagar sobre competencias pueden adaptarse al nivel del entrevistado. A continuación se verá cómo planear y realizar una entrevista para niveles iniciales. Las respuestas de los entrevistados, en todos los casos, se correlacionarán con el *diccionario de comportamientos*. La idea se expone en la figura al pie y será el tema a desarrollar.

Como ya se explicara, la denominación *niveles iniciales* es utilizada en varios de mis libros y hace referencia al conjunto de posiciones que no cuentan con personas a cargo. Quienes ocupen estos puestos pueden ser personas con experiencia o colaboradores que recién se incorporan al ámbito laboral.

Por ejemplo, puede tratarse de un colaborador Senior con experiencia en planeamiento que reporta al Gerente de Planeamiento Financiero, quien a su vez reporta al Director de Administración y Finanzas; o un Ingeniero de Mantenimiento que reporta al Gerente de Mantenimiento y este a su vez lo hace al Director de Producción u Operaciones. También podríamos incluir en este grupo de niveles o puestos posiciones que no requieren experiencia alguna.

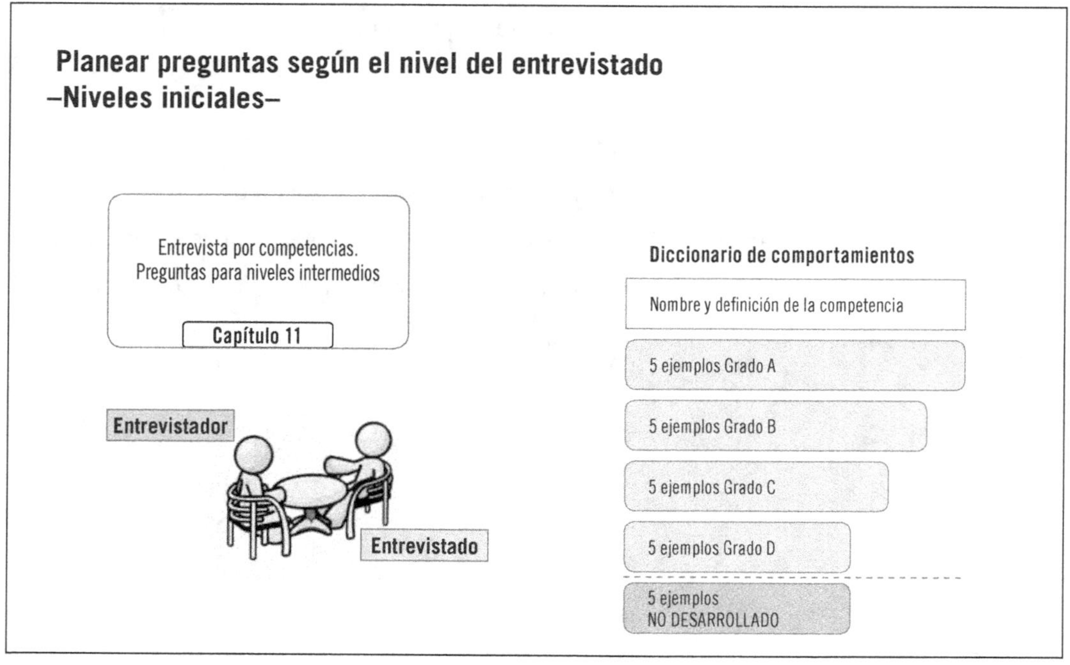

Como ya hemos visto, al diseñar un modelo de competencias usualmente se confecciona el *diccionario de preguntas* a ser utilizado en las entrevistas de selección. En ese documento se presentan preguntas destinadas a indagar sobre todas las competencias del referido modelo.

También con frecuencia se preparan preguntas para diferentes niveles organizacionales, en especial cuando se confecciona otro documento que se denomina *entrevista estructurada*, tal como se explica en los capítulos 1 y 7.

Para la confección de este capítulo he considerado las diez competencias utilizadas en los dos capítulos anteriores, extraídas de la obra *Diccionario de competencias. La trilogía. Tomo 1.* Estas competencias no representan ni las sugeridas ni las más frecuentes. Del mismo modo, la clasificación en cardinales y específicas se corresponde con la obra mencionada y tampoco debe ser considerada como una sugerencia de nuestra parte para este nivel en particular, se trata solo de ejemplos empleados para llevar adelante la explicación de cómo se realiza el proceso de selección por competencias, empleando los diccionarios que integran nuestra Metodología.

A continuación se expondrá para cada una de las competencias seleccionadas, primero, su definición, luego cuatro preguntas sugeridas para obtener comportamientos del entrevistado en relación con las distintas competencias. Seguidamente, para cada una de ellas, se expondrán comportamientos de Grado D. La idea se expresa en la figura siguiente.

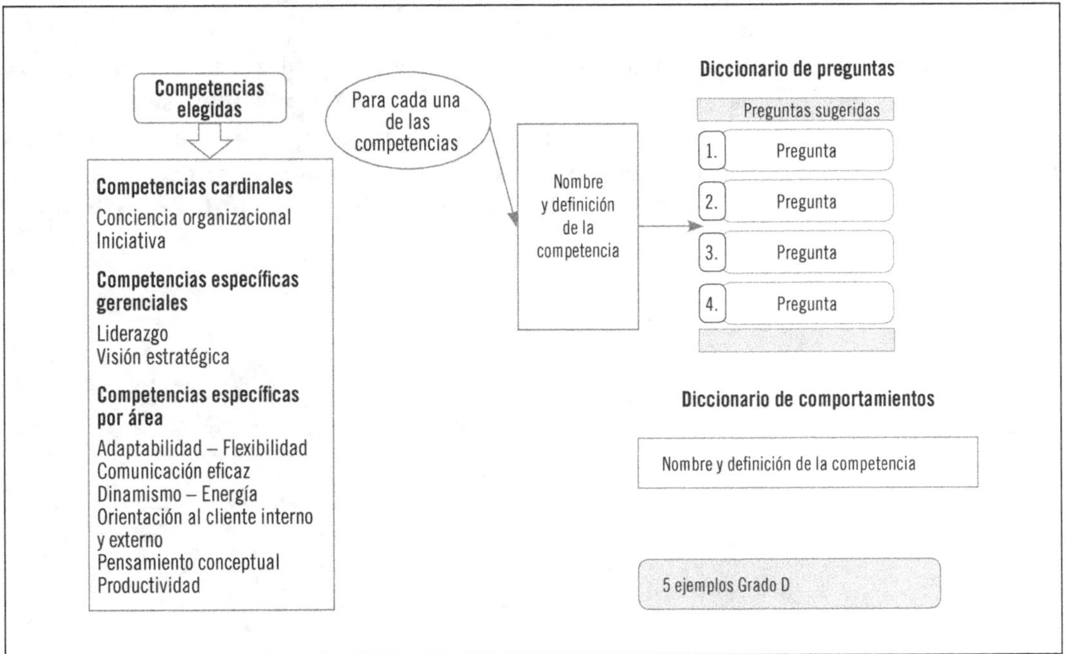

Para los niveles iniciales que no requieran experiencia o esta sea necesaria en menor medida, lo más usual será el Grado D de cada competencia. Para otros puestos que requieran mayor experiencia, podrá ser necesario un nivel superior (C).

Siguiendo un esquema similar al utilizado en los dos capítulos anteriores, en la parte izquierda de la figura se mencionan las diez competencias elegidas para la preparación de esta obra, cada una con su correspondiente definición. En la parte superior derecha se observa un esquema simplificado del *diccionario de preguntas*, en el cual se puede ver que se ofrecen cuatro preguntas por cada competencia. Por último, en el lado inferior derecho se encuentran los comportamientos en Grado D, que se estima son los requeridos para los niveles analizados en este capítulo.

Como decíamos en párrafos previos, el concepto *niveles iniciales* es amplio. Si el lector desea analizar un caso de este nivel (inicial) pero desea tomar como referencia comportamientos de un nivel más alto, podrá encontrar comportamientos correspondientes al Grado C en el Capítulo 10.

Las elecciones asumidas para la preparación del trabajo son arbitrarias y solo responden a la necesidad de explicar los diversos conceptos abordados, mediante una ejemplificación adecuada.

Continuando con lo expuesto en párrafos anteriores, la asignación de competencias a posiciones que hemos supuesto para la confección de este capítulo se basa en los siguientes dos ejemplos. En el primero se requieren los niveles C y D, lo cual varía según la competencia en cuestión. En el segundo ejemplo solo se requieren comportamientos de Grado D.

Similar asignación de competencias, por pertenecer también al área de Mercadeo y Ventas, podría darse para otras posiciones. Una posible asignación de competencias sería como se expone en el gráfico siguiente. En ambos ejemplos hemos sombreado en la parte derecha la asignación de grados para las competencias *Liderazgo* y *Visión estratégica*. Esto es lo usual con relación a las dos posiciones.

Área de Mercadeo y Ventas
Posición: Senior de planificación comercial

Nombre de la competencia y grado requerido	A	B	C	D
Competencias cardinales				
Conciencia organizacional				X
Iniciativa			X	
Competencias específicas gerenciales				
Liderazgo				
Visión estratégica				
Competencias específicas por área				
Adaptabilidad – Flexibilidad			X	
Comunicación eficaz				X
Dinamismo – Energía				X
Orientación al cliente interno y externo				X
Pensamiento conceptual			X	
Productividad				X

Área de Mercadeo y Ventas
Posición: Vendedor Junior

Nombre de la competencia y grado requerido	A	B	C	D
Competencias cardinales				
Conciencia organizacional				X
Iniciativa				X
Competencias específicas gerenciales				
Liderazgo				
Visión estratégica				
Competencias específicas por área				
Adaptabilidad – Flexibilidad				X
Comunicación eficaz				X
Dinamismo – Energía				X
Orientación al cliente interno y externo				X
Pensamiento conceptual				X
Productividad				X

Confección de preguntas por niveles

Se ha expresado con anterioridad que las organizaciones, en el momento de definir su *modelo de competencias*, confeccionan su *diccionario de preguntas*. Se elaboran preguntas para todas las competencias del modelo, con la misma apertura mencionada más arriba, es decir, preguntas para indagar sobre:

- Competencias cardinales.

- Competencias específicas gerenciales.

- Competencias específicas por área.

En este capítulo, al igual que en los anteriores, las preguntas brindadas corresponden al nivel y a la experiencia de los entrevistados. En los ejemplos de este capítulo, personas con experiencia y/o sin ella, cuyos puestos futuros no requerirán tener a cargo a otras personas.

Las preguntas que se consignan a continuación, en este capítulo, para las diez competencias seleccionadas y mencionadas en párrafos anteriores, fueron elaboradas para emplearlas en entrevistas para niveles iniciales, destinadas a personas con o sin experiencia, de diferentes áreas organizacionales.

Bajo la denominación *niveles iniciales* se agrupa una diversidad de posiciones, desde aquellas que pueden ser desempeñadas por personas que aspiran a su primer empleo, hasta otras asumidas por individuos con experiencia laboral pero que aún no han llegado a niveles de jefatura o supervisión. Por lo tanto, los ejemplos de preguntas deben ser tomados considerando esta diversidad de posiciones, y cada pregunta debe adaptarse al caso específico para el cual se formule.

En el Capítulo 9 podrá encontrar *Consejos prácticos sobre entrevistas y preguntas para evaluar competencias*. Sugiero su lectura o relectura, según corresponda.

Al igual que en los capítulos 9 y 10, a continuación, para las diez competencias elegidas en la preparación de este capítulo el lector encontrará:

1. Nombre y definición de cada competencia.

2. Preguntas para indagar acerca de cada una de ellas.

3. Ejemplos de comportamientos relacionados con cada competencia. Estos serán posibles respuestas a las preguntas formuladas.

En el relato de un entrevistado podrán observarse comportamientos de distinto grado, los cuales, en todos los casos, deberán relacionarse con distintos grados de la competencia utilizando el *diccionario de comportamientos* organizacional. De no contar con este documento interno, el selector podrá utilizar el libro *Diccionario de comportamientos. La trilogía. Tomo 2.* Los comportamientos más frecuentes para los niveles iniciales se corresponderán con el Grado D, para cada competencia. Los ejemplos que se expondrán en este capítulo son de este mismo grado.

No obstante, en algunos casos podrán observarse comportamientos de niveles más altos, por ejemplo, de Grado B (ver ejemplos en el Capítulo 9) o Grado C (ver ejemplos en el Capítulo 10). Del mismo modo, podrán obtenerse respuestas en las que el evaluado evidencie la competencia en un nivel *no desarrollado.*

Para la preparación de las preguntas expuestas en los capítulos 9 y 10, y en este, se ha realizado una agrupación de distintos niveles o estratos organizacionales, para lograr una explicación lo más simple posible. En la mayoría de las organizaciones, en especial las que poseen un número elevado de colaboradores, es posible que se cuente con más niveles y esta clasificación parezca insuficiente y ambigua. Sin embargo, con relación al tema aquí tratado (preguntas para ser utilizadas en una entrevista), esta simplificación no afecta el resultado esperado de la tarea concreta. El entrevistador deberá tomar dos recaudos: adaptar (de ser necesario) las preguntas de acuerdo al entrevistado en cuestión, y, en todos los casos, estar atento a los comportamientos que se observan en las respuestas a dichas preguntas. Estas dos sugerencias serán de suma utilidad para entrevistadores de todo tipo.

Preguntas sugeridas para niveles iniciales. Competencias cardinales

Las competencias cardinales son aplicables a todos los niveles de la organización, incluso los niveles iniciales. Representan la esencia de la entidad y permiten alcanzar su visión.

Definición de la competencia **Conciencia organizacional**

Capacidad para reconocer los elementos constitutivos de la propia organización, así como sus cambios; y comprender e interpretar las relaciones de poder dentro de ella, al igual que en otras organizaciones –clientes, proveedores, etc.–. Implica la capacidad de identificar tanto a aquellas personas que toman las decisiones como a las que pueden influir sobre las anteriores. Implica ser capaz de prever la forma en que los acontecimientos o las situaciones afectarán a las personas y los grupos dentro de la organización.

Preguntas sugeridas

1. Si la persona a evaluar ha trabajado en una organización, participado en actividades comunitarias o entrenado en forma regular para algún deporte (o aún lo hace), solicítele: *Cuénteme quién lideraba las tareas de su grupo, si esta persona era el jefe natural u otra persona de la organización.*

2. Si la persona identificada en la respuesta anterior no fuese el jefe o líder formal, pregúntele: *¿Usted qué piensa al respecto? ¿Considera que eso era/es correcto?*

3. Continuando con el supuesto de la pregunta 1: *Las acciones que lleva/ba adelante su grupo, ¿qué efecto tienen/tenían sobre otras personas?*

4. Continuando con el supuesto de la pregunta 1: *Las decisiones de su líder o jefe, ¿eran/son revisadas por otra persona? ¿Qué opina usted al respecto?*

La competencia *Conciencia organizacional* puede ser evaluada considerando comportamientos en actividades extralaborales (deportivas, académicas, etc.). Por lo tanto, no es imprescindible que una persona cuente con experiencia laboral para poseer la mencionada competencia ni para que esta pueda ser detectada mediante las preguntas adecuadas.

Comportamientos más frecuentes para niveles iniciales

Comportamientos asociados a la competencia *Conciencia organizacional*

Los comportamientos se ubican en Grado

- Conoce los elementos constitutivos de la propia organización y percibe los cambios con una visión de corto plazo.

- Comprende las relaciones de poder dentro de su sector y la repercusión de éstas en su área de actuación.

- Identifica adecuadamente a las personas que toman las decisiones más relevantes dentro de su área de trabajo. Crea y mantiene una red de contactos con ellas para alcanzar objetivos fijados para el equipo a su cargo (si corresponde) y para sí mismo.

- Interpreta el entorno directo a su puesto de trabajo, lo que le permite comprender las decisiones tomadas por sus superiores y actuar al respecto de manera cooperativa.

- Implementa las políticas organizacionales relacionadas con los elementos constitutivos y las relaciones de poder en la organización con el propósito de lograr una mejor consecución de sus objetivos.

G
R
A
D
O

25%

D   D

Fuente: *Diccionario de comportamientos. La trilogía. Tomo 2.*

Definición de la competencia **Iniciativa**

Capacidad para actuar proactivamente y pensar en acciones futuras con el propósito de crear oportunidades o evitar problemas que no son evidentes para los demás. Implica capacidad para concretar decisiones tomadas en el pasado y la búsqueda de nuevas oportunidades o soluciones a problemas de cara al futuro.

Preguntas sugeridas

1. *¿Qué elementos tomó en consideración para elegir la universidad donde cursó sus estudios?*

2. *¿Qué aspectos consideró para elegir la carrera en que se graduó? ¿Piensa que realizó una buena elección?*

3. *¿Cuáles de sus años de estudiante fueron más difíciles? ¿Qué problemas tuvo que enfrentar durante los cursos? ¿Cómo se presentaron estos problemas? ¿Qué hizo para resolverlos?*

4. *¿Qué lo decidió a tomar su primer empleo? ¿Qué elementos lo llevaron a decidirse por participar en esta búsqueda? ¿Descartó alguna otra posibilidad? ¿Por qué?*

La competencia *Iniciativa* puede ser evaluada a través de respuestas a las preguntas mencionadas y también en muchas otras. Igualmente, es una capacidad que puede observarse en cualquier parte del relato del entrevistado, en la medida en que describa comportamientos pasados.

Recordar en el momento de escuchar las respuestas

Muchos entrevistadores utilizan preguntas hipotéticas para evaluar competencias. Al respecto, tener en cuenta lo visto en el capítulo 3.

Preguntas hipotéticas. A través de una pregunta se le presenta al entrevistado una situación hipotética, un caso, un ejemplo que se relacione con la posición o el trabajo, para que lo resuelva; por ejemplo: *¿Qué haría usted si...? ¿Cómo manejaría usted...? ¿Cómo resolvería usted...?*

Este tipo de preguntas son adecuadas para evaluar conocimientos y no lo son para medir competencias.

Para medir competencias utilice las preguntas expuestas en los capítulos 9, 10 y 11 u otras similares.

Comportamientos más frecuentes para niveles iniciales

Comportamientos asociados a la competencia *Iniciativa*

Los comportamientos se ubican en Grado

- Resuelve situaciones, tanto externas como internas a la organización, cuando estas se presentan.
- Analiza las situaciones planteadas y reacciona de manera oportuna, tanto frente a oportunidades como en la resolución de problemas.
- Promueve la participación entre sus compañeros e incentiva en ellos el mismo comportamiento.
- Desarrolla la iniciativa entre sus compañeros a fin de que estén preparados para responder rápidamente a las situaciones que se planteen en sus respectivos puestos de trabajo.
- Es un referente para sus compañeros por sus propuestas de mejora y eficiencia, en relación con las responsabilidades de su puesto.

G R A D O — 25%

Fuente: *Diccionario de comportamientos. La trilogía. Tomo 2.*

Preguntas sugeridas para niveles iniciales. Competencias específicas gerenciales

A los niveles iniciales, es decir, a aquellas posiciones que no cuentan con colaboradores a su cargo, usualmente no se les asigna competencias gerenciales. Lo cual se puede observar en los ejemplos expuestos en páginas precedentes.

No obstante, aquí se incluirán preguntas sobre las dos competencias seleccionadas como gerenciales, para ser utilizadas cuando se considere necesario. Este podría ser el caso de un potencial integrante de la organización al que, si bien se lo está evaluando para una posición a la cual no se le han asignado competencias gerenciales dado que no supervisa colaboradores, se espera que en el futuro asuma nuevas responsabilidades; bajo este supuesto, cobra relevancia evaluar estas competencias en la actualidad.

Definición de la competencia **Liderazgo**

> Capacidad para generar compromiso y lograr el respaldo de sus superiores con vistas a enfrentar con éxito los desafíos de la organización. Capacidad para asegurar una adecuada conducción de personas, desarrollar el talento, y lograr y mantener un clima organizacional armónico y desafiante.

Preguntas sugeridas

1. *¿Tuvo que hacerse cargo de algún grupo en su trabajo actual, en la universidad o en alguna otra actividad? ¿Cómo lo hizo? Describa la situación.*
2. *Ante una tarea compleja asignada al grupo que usted coordinaba, ¿cómo logró que todos respondieran?*
3. *¿Le tocó alguna vez tener que supervisar a alguien difícil de manejar? ¿Cómo resolvió ese problema?*
4. *En los deportes que haya practicado, ¿le ha tocado asumir un papel de liderazgo en la coordinación de su equipo? ¿Qué ha aprendido de esa experiencia?*

Las respuestas obtenidas pueden dar información acerca de más de una competencia. Por ello se sugiere prestar atención al relato y comparar los comportamientos observados con los descritos en el *diccionario de comportamientos* de la organización.

Una competencia también puede ser evaluada al considerar comportamientos en actividades extralaborales (deportivas, académicas, etc.). Por lo tanto, no es imprescindible que una persona haya sido jefe de otra para poseer la competencia *Liderazgo*, ni para que un entrevistador identifique comportamientos que indiquen en qué grado de desarrollo se encuentra esa competencia en la persona entrevistada.

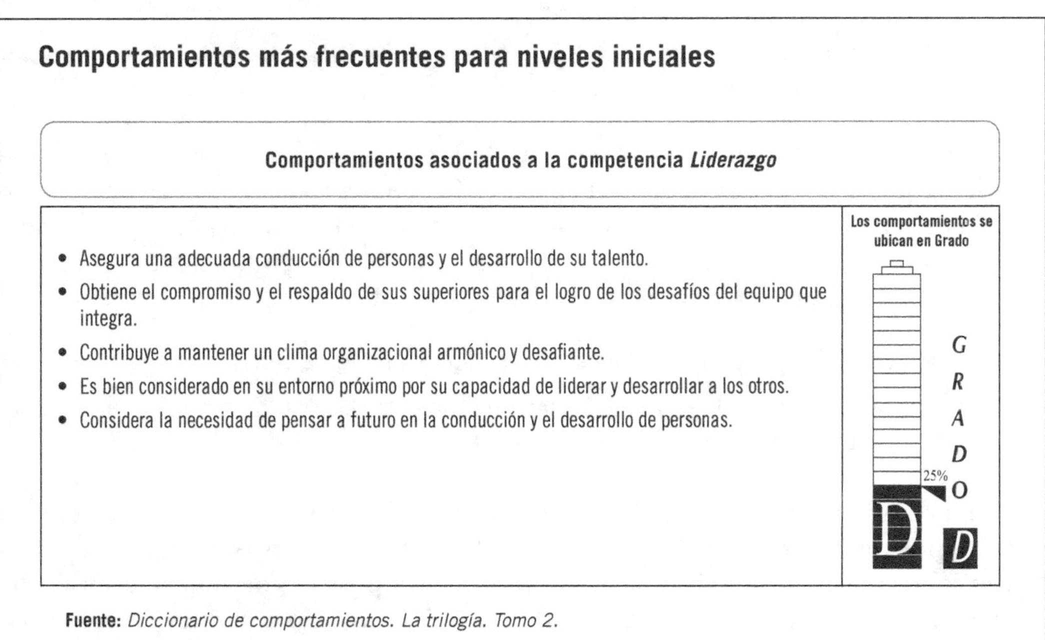

Fuente: *Diccionario de comportamientos. La trilogía. Tomo 2.*

Definición de la competencia **Visión estratégica**

Capacidad para anticiparse y comprender los cambios del entorno, y establecer su impacto a corto, mediano y largo plazo en la organización, con el propósito de optimizar las fortalezas, actuar sobre las debilidades y aprovechar las oportunidades del contexto. Implica la capacidad para visualizar y conducir la empresa o el área a cargo como un sistema integral, para lograr objetivos y metas retadores, asociados a la estrategia corporativa.

Preguntas sugeridas

1. *Reláteme alguna situación compleja relacionada con sus estudios o algún otro ámbito en la cual usted se haya anticipado a los hechos. ¿Cómo logró detectar a tiempo lo que iba a suceder? ¿Qué hizo al respecto? ¿Cómo impactó su accionar en su grupo de actuación (de estudios u otro, según corresponda)?*

2. *¿Qué fuentes de información consulta habitualmente para mantenerse actualizado en temas generales, más allá de los relacionados con su quehacer habitual, por ejemplo, economía, política y fenómenos socioculturales? ¿Relaciona y aplica la información que obtiene con sus actividades actuales? Bríndeme un ejemplo.*

3. *Sobre la base de la información con que usted cuenta acerca de ciertos aspectos de nivel local y/o global, ¿ha presentado propuestas plausibles de ser incorporadas ya sea en su trabajo o un grupo de estudios (según corresponda)? Cuénteme al respecto.*

4. *¿Qué nuevos objetivos se ha definido para usted mismo y que considere relevantes? ¿Los ha podido cumplir? Bríndeme un ejemplo.*

Una persona joven, profesional o de otro nivel considerado en esta agrupación de posiciones puede tener una definida *visión estratégica* de temas organizacionales u otros.

Una forma de comenzar a conversar sobre esta temática podría ser solicitarle al entrevistado una definición del término. Como ya hicimos en los capítulos anteriores, compartimos las definiciones de estos dos conceptos.

"Visión" (*DRAE*): en su primera acepción, acción y efecto de ver.

"Estrategia" (*DRAE*): en su primera acepción, arte de dirigir (en este caso, una organización o parte de ella).

Una competencia como *Visión estratégica* también puede ser evaluada al considerar comportamientos en actividades extralaborales (deportivas, académicas, etc.). Por lo tanto, no es imprescindible que una persona posea experiencia laboral relacionada con esta competencia para evidenciar el desarrollo o la falta de desarrollo de capacidades asociadas.

Comportamientos más frecuentes para niveles iniciales

Comportamientos asociados a la competencia *Visión estratégica*

- Se adecua a los cambios del entorno.
- Detecta nuevas oportunidades en el área de su especialidad en función de las necesidades y características organizacionales.
- Trabaja utilizando los procesos y procedimientos que le indica la organización para lograr un mejor resultado en sus tareas y de esta forma ayudar a alcanzar los objetivos de la empresa.
- Comprende que la organización donde trabaja es un sistema integrado.
- Realiza su trabajo consciente de que sus acciones tienen incidencia en el logro de la estrategia corporativa.

Los comportamientos se ubican en Grado

G R A D O 25%

D **D**

Fuente: *Diccionario de comportamientos. La trilogía. Tomo 2.*

Preguntas sugeridas para niveles iniciales. Competencias específicas por área

Definición de la competencia **Adaptabilidad – Flexibilidad**

Capacidad para comprender y apreciar perspectivas diferentes, cambiar convicciones y conductas a fin de adaptarse en forma rápida y eficiente a diversas situaciones, contextos, medios y personas. Implica realizar una revisión crítica de su propia actuación.

Preguntas sugeridas

1. *¿Alguna vez tuvo que hacerse cargo de una tarea que no era la usual en la rutina de su trabajo o de estudio? ¿Qué hizo?*

2. *¿Tuvo oportunidad de cambiar su grupo habitual de estudio para alguna tarea del ámbito educativo? ¿Cómo se adaptó al cambio?*

3. *¿Tuvo oportunidad de trabajar o estudiar en el exterior o en una cultura muy distinta de la suya? ¿Cómo manejó la situación?*

Comportamientos más frecuentes para niveles iniciales

Comportamientos asociados a la competencia *Adaptabilidad – Flexibilidad*

- Comprende perspectivas diferentes, cambiando ciertas conductas a fin de adaptarse a diversas situaciones.
- Acepta los cambios que le son propuestos en sus objetivos y trabaja para alcanzarlos.
- Ante nuevas situaciones, cambia su comportamiento y manera de actuar cuando se lo sugieren.
- Modifica su accionar en pos de los objetivos que le son fijados.
- Muestra compromiso con las metodologías y herramientas que propone la organización para facilitar su adaptación a diversos contextos.

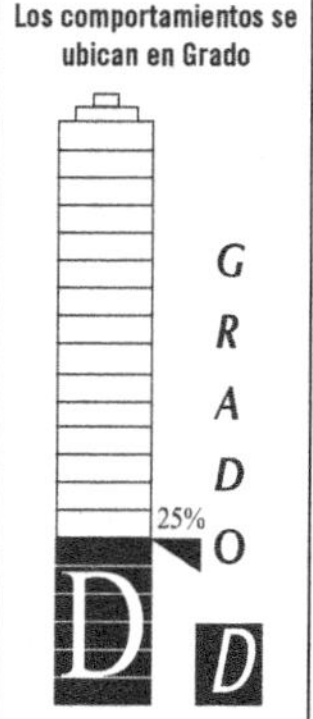

Fuente: *Diccionario de comportamientos. La trilogía. Tomo 2.*

---

4. *Cuénteme de una nueva asignación a la que había que responder de inmediato, aunque en esos momentos usted se encontraba muy involucrado en alguna otra tarea. ¿Cómo resolvió el problema?*

A continuación veremos ejemplos de comportamientos relativos a la competencia, en Grado D, el más usual en *niveles iniciales*.

Definición de la competencia **Comunicación eficaz**

Capacidad para escuchar y entender al otro, para transmitir en forma clara y oportuna la información requerida por los demás a fin de alcanzar los objetivos organizacionales, y para mantener canales de comunicación abiertos y redes de contacto formales e informales, que abarquen los diferentes niveles de la organización.

Preguntas sugeridas

1. *¿Recuerda algún momento en que haya sido muy importante para usted saber transmitir sus ideas y/o sentimientos con claridad?*

2. *¿Cuál es la situación de comunicación más difícil que ha debido afrontar, en la universidad o en un trabajo (si corresponde)?*

3.   *¿Ha tenido que hacer presentaciones orales? ¿Ante qué tipo de auditorio? ¿Qué clase de elementos ha usado en sus presentaciones?*

4.   *¿Recuerda haber tenido que persuadir a otra persona, durante un diálogo, de la validez de un enfoque o de una idea, en la universidad o en su empleo? Cuénteme cómo fue esa experiencia.*

La comunicación verbal puede evaluarse si se presta especial atención a la fluidez del discurso, a la riqueza de vocabulario, a la expresividad idiomática, a la precisión de la comunicación, a la capacidad para expresar sentimientos, a la originalidad de la terminología que la persona emplea.

La competencia *Comunicación eficaz* es de suma relevancia para los niveles iniciales.

Las capacidades de comunicación verbal y no verbal pueden ser evaluadas a lo largo de una entrevista. La comunicación no verbal puede ser percibida observando la mirada y el contacto visual, la forma de saludar y dar la mano, la expresividad facial, la sonrisa, el tono, el volumen y el timbre de voz, los gestos de manos y brazos, entre otros aspectos.

Comportamientos más frecuentes para niveles iniciales

Comportamientos asociados a la competencia *Comunicación eficaz*

- Escucha atentamente a sus interlocutores.
- Comunica sus ideas de manera clara y entendible.
- Realiza preguntas adecuadas a fin de obtener la información que necesita para realizar sus tareas.
- Mantiene una adecuada comunicación con los integrantes de su equipo de trabajo.
- Adecua su discurso a las características de su interlocutor.

Los comportamientos se ubican en Grado

G
R
A
D
O

25%

D D

Fuente: *Diccionario de comportamientos. La trilogía. Tomo 2.*

Definición de la competencia **Dinamismo – Energía**

Capacidad para trabajar activamente en situaciones cambiantes y retadoras, con interlocutores diversos, en jornadas extensas de trabajo, sin que por esto se vean afectados su nivel de actividad o su juicio profesional. Implica seguir adelante en circunstancias adversas, con serenidad y dominio de sí mismo.

Preguntas sugeridas

1. *Bríndeme un ejemplo de alguna tarea especial, en el trabajo o en la universidad, que le haya demandado un esfuerzo importante durante un largo período de tiempo. ¿Cómo la emprendió? ¿Cuál fue el resultado?*

2. *Hábleme de alguna ocasión, en su trabajo o en sus estudios, en que ciertos hechos imprevistos lo obligaron a redistribuir su tiempo. ¿Qué elementos tomó en cuenta para organizarse?*

3. *¿Cómo se desarrolla, en su vida, un típico día laboral o de estudios?*

Comportamientos más frecuentes para niveles iniciales

Comportamientos asociados a la competencia *Dinamismo – Energía*

- Trabaja activamente en situaciones cambiantes y retadoras.
- Logra trabajar en jornadas extensas de trabajo, sin que por esto se vean afectados su nivel de actividad o su juicio profesional.
- Sigue adelante con serenidad y dominio de sí mismo en situaciones adversas.
- Ejecuta procesos creados para desarrollar las tareas con dinamismo y energía.
- Mantiene una actitud dinámica y entusiasta en la realización de las tareas a su cargo.

Los comportamientos se ubican en Grado

G
R
A
D
O

25%

Fuente: *Diccionario de comportamientos. La trilogía. Tomo 2.*

4. *¿En qué situaciones laborales ha tenido que dejar una tarea sin resolver? Cuénteme más sobre ello.* Si la persona no trabaja, adapte la pregunta a la actividad académica o deportiva, según corresponda.

Se sugiere indagar sobre lo que el entrevistado considera como "esfuerzo importante", "jornadas extensas de trabajo" o "jornada extenuante" y expresiones similares. De este modo el entrevistador podrá asegurarse de que ambos están utilizando el mismo lenguaje.

Definición de la competencia **Orientación al cliente interno y externo**

Capacidad para actuar con sensibilidad ante las necesidades de un cliente y/o conjunto de clientes, actuales o potenciales, externos o internos, que pueda/n presentarse en la actualidad o en el futuro. Implica una vocación permanente de servicio al cliente interno y externo, comprendiendo adecuadamente sus demandas y generando soluciones efectivas a sus necesidades.

Preguntas sugeridas

1. Si el entrevistado posee experiencia laboral: *¿Tuvo que interactuar con clientes internos o externos en su último trabajo? Coménteme un episodio en el que sienta que pudo brindar una óptima respuesta a las necesidades de su cliente.*

2. *Describa alguna situación en que haya tenido que trabajar duro para satisfacer las necesidades de un cliente, o de un profesor, o de otra persona que esperaba algo de usted. ¿Qué ocurrió? ¿Cómo se sintió?*

3. *¿Tenía que responder a necesidades de otros sectores en su actual / anterior empleo, o en alguna actividad comunitaria? Describa algún requerimiento al que le haya resultado difícil responder. ¿A qué se debió esa dificultad? ¿Cómo lo resolvió, si es que lo hizo?*

4. *¿Qué ha hecho para construir relaciones positivas con los clientes (internos o externos) con los que interactúa en su trabajo, o (en el ámbito de estudios) con compañeros de otros cursos, u otras personas en relación con alguna actividad comunitaria?*

Según la experiencia del entrevistado, será una buena idea explicar o mencionar la diferencia entre *cliente interno* y *cliente externo*, y, de ser necesario, realizar alguna analogía; por ejemplo, un compañero de estudios podría ser *cliente interno* en alguna circunstancia. El propósito será que el entrevistado tenga en claro el significado de estos conceptos.

Comportamientos más frecuentes para niveles iniciales

Comportamientos asociados a la competencia *Orientación al cliente interno y externo*

Los comportamientos se ubican en Grado

- Interpreta las necesidades del cliente (interno o externo).
- Soluciona los problemas de sus clientes y atiende sus inquietudes en la medida de sus posibilidades. En el caso de no estar a su alcance una adecuada solución, busca la ayuda y/o el asesoramiento de las personas pertinentes.
- Revisa periódicamente el grado de satisfacción del cliente.
- Escucha e interpreta adecuadamente las necesidades de los clientes.
- Mantiene un trato amable y cordial con sus clientes.

G
R
A
D
O

25%

Fuente: *Diccionario de comportamientos. La trilogía. Tomo 2.*

Tanto los comportamientos observados en las respuestas a estas preguntas como en otras situaciones donde haya sido posible detectar conductas relacionadas con la competencia *Orientación al cliente interno y externo,* estos podrán relacionarse con distintos grados de la competencia.

Definición de la competencia **Pensamiento conceptual**

Capacidad para identificar problemas, información significativa/clave y vínculos entre situaciones que no están obviamente conectadas, y para construir conceptos o modelos, incluso en situaciones difíciles. Capacidad para entender situaciones complejas, descomponiéndolas en pequeñas partes y puntos clave, identificar paso a paso sus implicaciones y las relaciones causa-efecto que se generan, con el objetivo de actuar de acuerdo a un orden de prioridades a fin de conseguir la mejor solución. Implica la aplicación de razonamiento, inductivo o conceptual.

Preguntas sugeridas

Para iniciar la entrevista se sugiere formular una pregunta abierta a fin de que el entrevistado se explaye; después el entrevistador podrá introducir preguntas directas (cerradas) sobre los temas de su interés, y particularmente para evaluar esta competencia en particular.

1. *Cuando usted tiene un problema para resolver, ¿por dónde empieza? Cite un ejemplo.*

2. *¿Usted cree ser una persona que establece con facilidad conexiones entre temas, más allá de lo evidente? Cite un ejemplo de algún caso en que haya usado esta habilidad, en sus estudios o en su vida laboral* (con relación a saber leer entre líneas).

3. Tome un caso de actualidad y pida al entrevistado que lo analice. Debe tratarse de un asunto muy conocido, a fin de no tener necesidad de dar demasiados detalles, y deberá evitar asuntos de tipo político u otros que impliquen posiciones preestablecidas o preconcebidas, tanto en lo que respecta al entrevistado como a usted mismo, como entrevistador. Debe intentar que el evaluado identifique los puntos clave de la situación que le plantea.

4. *¿Usted cree ser una persona creativa? Respalde su respuesta por medio de un ejemplo (puede ser laboral, académico, o de cualquier otro ámbito).*

Respecto de la competencia *Pensamiento conceptual* sugerimos tener en cuenta que será posible observar comportamientos a lo largo de toda la entrevista, al considerar la secuencia lógica tanto del relato en sí mismo como de los hechos y el análisis que el entrevistado realiza acerca de sus éxitos y/o fracasos.

Comportamientos más frecuentes para niveles iniciales

Comportamientos asociados a la competencia *Pensamiento conceptual*

Los comportamientos se ubican en Grado

G R A D O

25%

D

- Identifica problemas, información significativa/clave y vínculos entre situaciones que no están obviamente conectadas.
- Logra desagregar las situaciones en sus principales componentes.
- Identifica algunas relaciones de causa-efecto sobre la base de datos no muy complejos.
- Utiliza un razonamiento inductivo o conceptual.
- Reconoce los orígenes y causas de los problemas que percibe.

Fuente: *Diccionario de comportamientos. La trilogía. Tomo 2.*

Definición de la competencia **Productividad**

Capacidad para fijarse objetivos de alto desempeño y alcanzarlos exitosamente, en el tiempo y con la calidad requeridos, agregar valor y contribuir a que la organización mantenga e incremente su posición en el mercado.

Preguntas sugeridas

1. *Mencione alguna situación, en su trabajo o en otro ámbito (académico, etc.), en la cual su desempeño haya sido más alto que el del promedio. ¿Fue reconocido por otros? ¿Bajo qué parámetros establece usted que su desempeño fue superior al promedio?*

2. *¿Alguna vez sintió que no le gustó su desempeño en una tarea, que no estuvo a la altura de las circunstancias, o una situación similar? ¿Qué hizo para corregirlo? ¿Cómo se sintió?* La pregunta puede enfocarse en el trabajo o en el ámbito académico o deportivo, según corresponda.

3. *¿Cuáles son las tareas que le disgustan? ¿Cómo las encara?* La pregunta puede enfocarse en el trabajo o en el ámbito académico o deportivo, según corresponda. *¿En cuáles tareas usted piensa que su rendimiento es mayor y en cuáles es menos satisfactorio? Bríndeme ejemplos de ambos casos. ¿Por qué razón piensa usted que su desempeño es alto/bajo, según corresponda?* En el caso de un desempeño bajo: *¿qué acciones ha encarado para mejorarlo?*

4. *Cuando debe realizar más de una tarea a la vez, ¿qué variables o aspectos toma en consideración para fijar sus prioridades de modo tal de mantener un nivel de eficiencia y productividad acorde a las exigencias? ¿Alguna vez sus niveles de productividad no respondieron a las demandas existentes? ¿Qué considera que lo llevó a demostrar esta baja en su productividad personal? Bríndeme un ejemplo.* La pregunta puede enfocarse en el trabajo o en el ámbito académico o deportivo, según corresponda.

En relación con la competencia *Productividad*, se sugiere indagar sobre lo que el entrevistado considera como "desempeño superior", "productividad", "eficiencia" y expresiones similares. De este modo el entrevistador podrá asegurarse de que ambos están utilizando el mismo lenguaje.

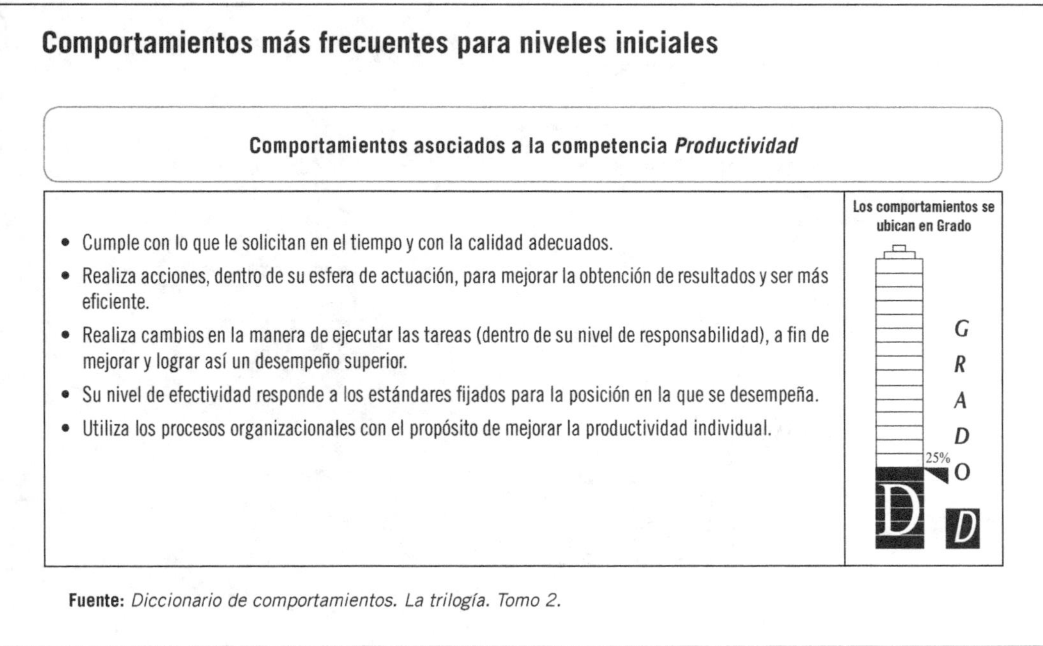

Fuente: *Diccionario de comportamientos. La trilogía. Tomo 2.*

El entrevistador deberá tener en cuenta...

Para la preparación de este capítulo, al igual que en los dos anteriores, se han elegido diez competencias y preguntas relacionadas, para ser formuladas en el marco de una entrevista de selección.

A su vez, he supuesto ciertos perfiles a los cuales he asignado un nivel de competencias como requerido, en un caso un nivel senior, y en otro, un nivel junior. Para completar la información brindada sobre comportamientos, para este capítulo hemos elegido los de Grado D. Como ya se comentara, esta elección se hizo para una adecuada explicación de los temas aquí expuestos.

Adicionalmente, las preguntas y los comportamientos podrán servir de guía al lector en la preparación de una entrevista.

Asumiendo que el nivel requerido de una competencia sea, por ejemplo, los Grados C y/o D, si el entrevistado posee los diversos requerimientos que la posición plantea es posible que también evidencie las competencias en el grado requerido. Pero esto puede no ser así. Por lo tanto, el entrevistador deberá tener en cuenta que en las respuestas del entrevistado podrá encontrar comportamientos similares a los del grado requerido y otros. Incluso, comportamientos que se correspondan con el nivel que hemos denominado *no desarrollado*. La idea se expresa en el gráfico siguiente.

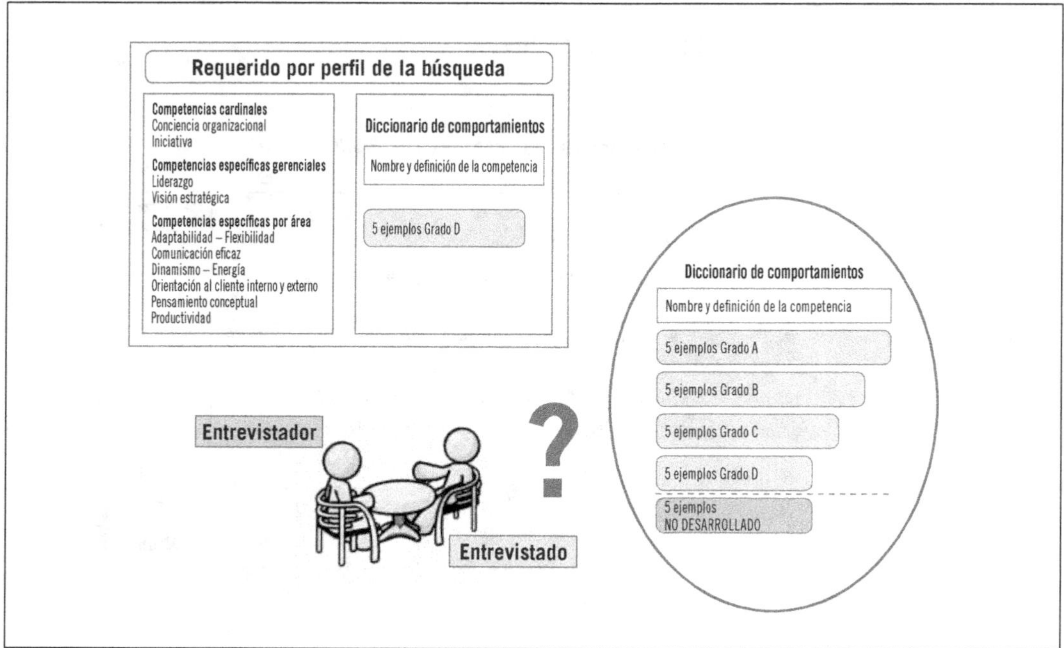

Para la presentación de los temas de este capítulo hemos elegido las diez competencias ya mencionadas y comportamientos en Grado D. Comportamientos de los otros niveles (A, B y C) ya han sido expuestos en los capítulos 9 y 10.

Antes de la entrevista, el entrevistador desconoce qué comportamientos observará en el postulante, que podrán coincidir o no con lo requerido en el perfil de la búsqueda. Por lo tanto, deberá comparar los comportamientos observados (en el entrevistado) con el *diccionario de comportamientos*, y luego establecer, para cada una de las competencias, los grados en que pueden ubicarse los comportamientos observados en el entrevistado.

Antes de finalizar

El entrevistador puede complementar estas preguntas con otras de esta misma obra y/o consultando *Diccionario de preguntas. La trilogía. Tomo 3*, donde las competencias se presentan organizadas en tres clases:

- Competencias cardinales.

- Competencias específicas gerenciales.

- Competencias específicas por área.

¡TOME NOTA!

Elija al mejor. Para leer y releer:

- Conceptos generales sobre selección y entrevista: Capítulo 1
- Gestión por competencias y entrevistas para evaluar competencias: capítulos 7, 8 y 12
- Planear la entrevista: Capítulo 2
- Cómo utilizar *Elija al mejor*: Capítulo 3
- Si desea encontrar preguntas: capítulos 4, 9, 10 y 11
- La motivación y cómo evaluarla: Capítulo 5
- Analizar los resultados de la entrevista y registrarla: Capítulo 6
- Para fijar conceptos: anexos I y II

Muchos de los temas tratados en la Parte I se relacionan, también, con la Parte II. La entrevista, cómo planearla, cómo analizar la motivación y los aspectos a tener en cuenta una vez finalizada la entrevista son temas comunes a ambas secciones de la obra.

Capítulo 12

Entrevista por eventos conductuales
BEI (*Behavioral Event Interview*)

Temas del capítulo:

- La BEI es una entrevista

- *Behavioral Event Interview* (BEI) – Entrevista por eventos conductuales o Entrevista por incidentes críticos

- Descripción detallada de la BEI

- Analizar y registrar los resultados de la BEI

- La BEI y la medición de competencias

- Aspectos finales y conclusiones sobre el entrevistado

- Aspectos prácticos en la implementación de la entrevista BEI

La BEI es una entrevista

El título de este capítulo hace referencia a los dos nombres más usuales para este tipo de entrevista, su denominación en inglés *Behavioral Event Interview* (BEI) y, adicionalmente, otra en nuestra lengua, *Entrevista por incidentes críticos*. Ambas son utilizadas de manera indistinta tanto por otros autores como por colegas de la disciplina.

Antes de desarrollar los temas de este capítulo creo importante resaltar que la BEI *(Behavioral Event Interview)* es una entrevista más extensa y profunda que las que hemos descrito hasta aquí. Si bien puede considerarse una evaluación, por sus características y, además, porque debe ser realizada por un experto, para su análisis se la considerará simplemente como una entrevista. Por lo tanto, la mayoría de los temas que se han tratado en los once capítulos previos deberán ser considerados a la hora de aplicar esta herramienta.

Los aspectos generales que aplican a todo tipo de entrevista los hemos visto en el Capítulo 1; cómo planear la entrevista es el tema ampliamente analizado en el Capítulo 2, y la mejor forma de utilizar las preguntas de esta obra se explica en el Capítulo 3. Todo lo allí visto tendrá aplicación en una BEI, con las diferencias que se señalarán más adelante, en este capítulo. Del mismo modo, muchas de las preguntas que se exponen en el Capítulo 4, como las de inicio y cierre, o las reñidas con el

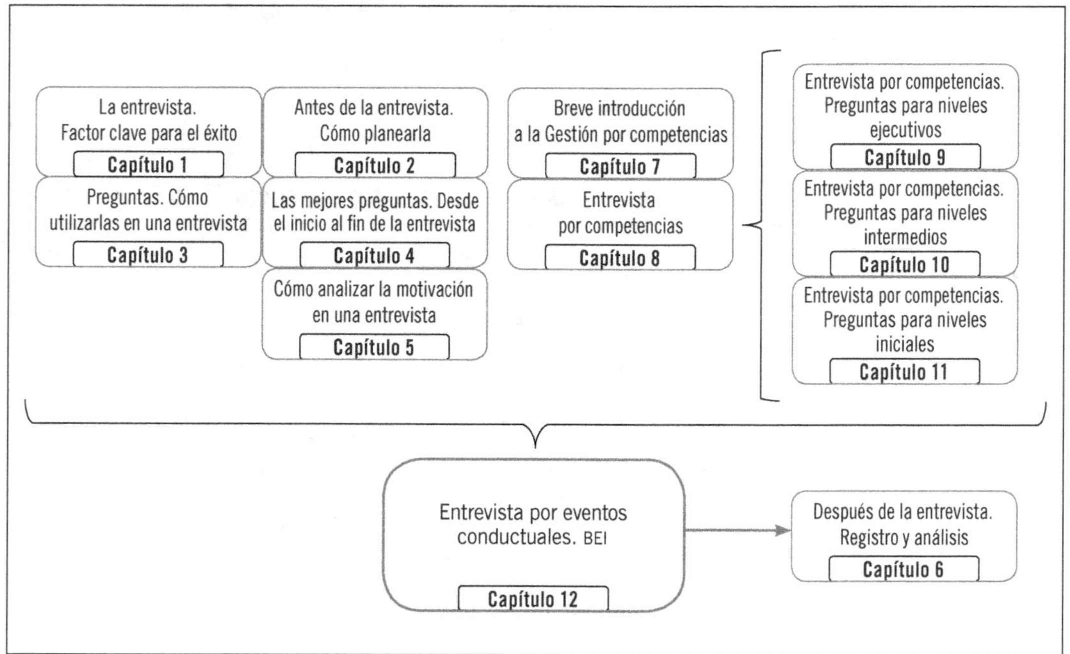

buen gusto, solo por citar algunas, serán de aplicación también en la entrevista por eventos conductuales. Igual comentario puede hacerse con relación a la motivación del entrevistado (ver Capítulo 5).

Sobre la parte derecha del gráfico anterior se menciona la Gestión por competencias y, dentro de ella, la entrevista por competencias (capítulos 7 a 11). La BEI, como se ha mencionado en capítulos previos, es una herramienta para medir competencias. Si una organización ha definido su modelo de competencias serán estas las que se evaluarán. Si, eventualmente, la BEI es realizada por un consultor externo, los lineamientos serán los mismos, es decir, las competencias a evaluar serán las del modelo organizacional respectivo.

En el Capítulo 9 podrá encontrar *Consejos prácticos sobre entrevistas y preguntas para evaluar competencias*. Sugiero su lectura o relectura, según corresponda.

Por último, una organización que no haya implantado un modelo de competencias y desee utilizar la BEI podrá hacerlo con diccionarios de tipo estándar, como los de *La Trilogía*[1].

Sobre la parte inferior derecha de la figura precedente se menciona el Capítulo 6, *Después de la entrevista. Registro y análisis*. La idea general, en materia de análisis y registro, será la misma que en cualquier tipo de entrevista, con las diferencias del caso.

Behavioral Event Interview (BEI) Entrevista por eventos conductuales o Entrevista por incidentes críticos[2]

Definición

La BEI, también conocida como *entrevista por eventos conductuales* o *entrevista por incidentes críticos*, es una entrevista estructurada que evalúa competencias en profundidad, explorando los incidentes críticos y los comportamientos de cada persona.

---

1 *Diccionario de competencias. La trilogía. Tomo 1*, Ediciones Granica, Buenos Aires, 2015. *Diccionario de comportamientos. La trilogía. Tomo 2*, Ediciones Granica, Buenos Aires, 2015. *Diccionario de preguntas. La trilogía. Tomo 3*, Ediciones Granica, Buenos Aires, 2015.

2 BEI es la herramienta N° 6 en la obra *Las 50 herramientas de Recursos Humanos que todo profesional debe conocer*, Ediciones Granica, Buenos Aires, 2017.

Se utiliza su denominación en inglés dado que es de uso frecuente y así se la menciona en muchas obras sobre Recursos Humanos y selección, en diferentes lenguas.

El término *incidente crítico* hace referencia a un hecho o suceso poco usual que, en el contexto de la entrevista, permitiría identificar un desempeño alto o bajo del colaborador en un período determinado y en circunstancias específicas.

La entrevista BEI tiene como propósito una evaluación integral de la persona, haciendo foco en sus competencias. La *entrevista por competencias* (Capítulo 8 y los relacionados, capítulos 9, 10 y 11) es una versión simplificada de la BEI. Los objetivos de una y otra son similares, difieren básicamente en la profundidad y amplitud de la evaluación, y en su extensión.

Con un diseño adecuado, la entrevista BEI permite –también– medir valores de la persona evaluada.

La entrevista BEI requiere la participación de un profesional especializado en esta herramienta.

Diversas aplicaciones de una BEI

La entrevista BEI será una herramienta muy valiosa cuando sea necesario evaluar en profundidad a una persona, en especial sus competencias.

Algunas de las aplicaciones frecuentes:

- Fusiones y adquisiciones. Para evaluar competencias de altos ejecutivos, en especial cuando se deba optar entre dos o más personas para ocupar una posición determinada.

- Fusiones y adquisiciones. Para determinar el capital intelectual de una empresa.

- Planes de sucesión y diagramas de reemplazo. Para elegir posibles candidatos a participar en los mencionados programas, los cuales siempre se diseñan en relación con puestos clave.

- Selección de un futuro colaborador, especialmente en niveles de alta gerencia.

Si bien en el último ítem se menciona su utilización en un proceso de selección, la realidad es que su empleo no es frecuente en estos casos. La principal razón de esto no deviene de la poca confiabilidad de la evaluación, cuya efectividad es alta, sino como una consecuencia de problemas prácticos, por la extensión de la entrevis-

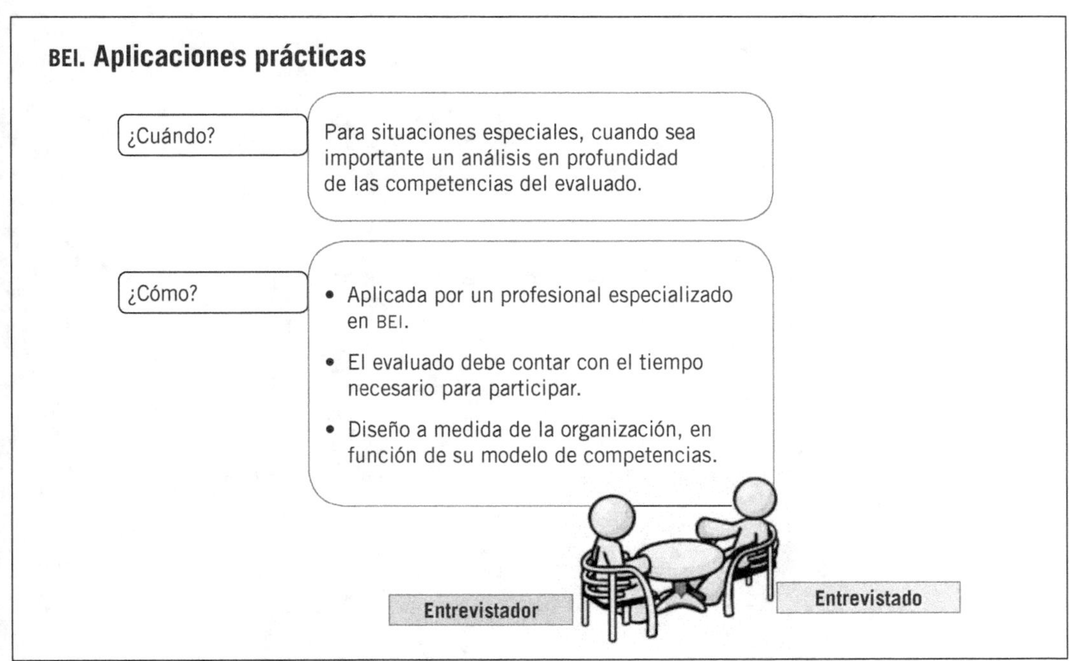

ta y su análisis. En la actualidad, y como ya se comentó, la mayoría de las entrevistas en las cuales se desea evaluar competencias (en un proceso de selección) se realiza según se ha explicado en el capítulo 8 y sus relacionados, número 9, 10 y 11.

En síntesis, la entrevista BEI se utiliza en situaciones específicas y demanda, además, tiempo disponible por parte del entrevistado. La idea se expone en la figura precedente.

Para la realización de la BEI hemos identificado cinco grandes pasos o etapas que la componen. Si bien tanto el inicio como el final pueden ser similares a los de cualquier otra entrevista, su aspecto diferenciador será la profundidad y el enfoque en el tratamiento de algunos ítems. Usualmente, y como muchas otras, la entrevista comienza con una pregunta abierta del estilo *"Cuénteme sobre su historia laboral"*, para luego formular preguntas orientadas a evaluar competencias, a través de la indagación respecto de los incidentes críticos y las competencias del puesto. Las ideas expuestas se ven en la figura de la página siguiente.

El objetivo principal de la evaluación –en su conjunto– será determinar comportamientos del entrevistado en su desempeño laboral. El entrevistador formulará preguntas con el propósito de conducir al entrevistado en su relato, de modo de obtener las situaciones críticas a las que hace mención el nombre de la herramienta y, como decíamos, los comportamientos pasados en situaciones reales.

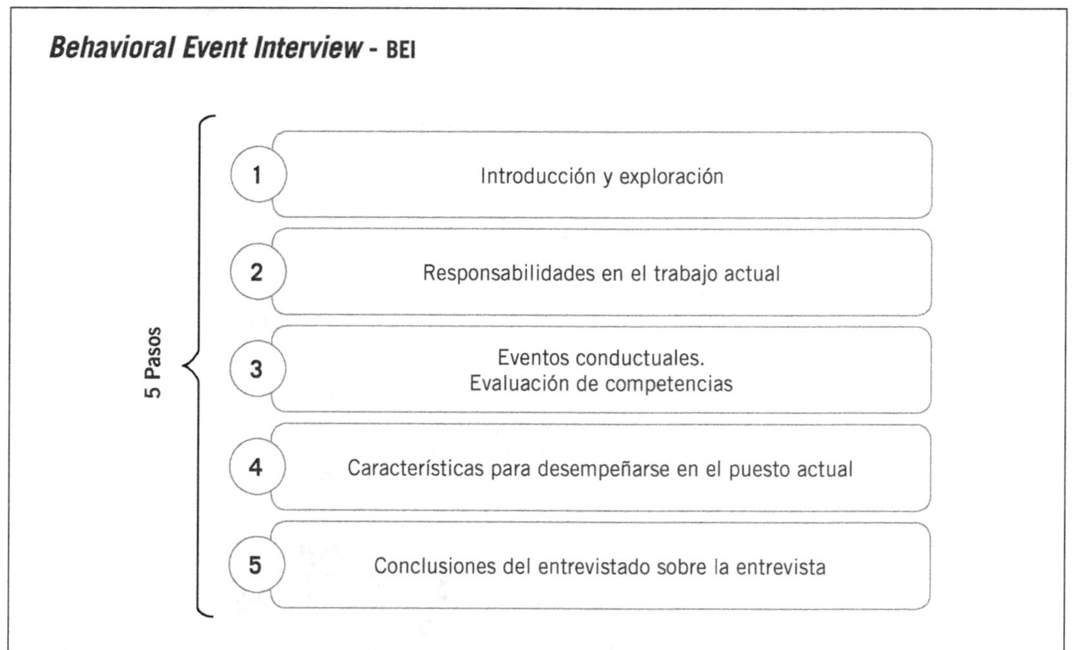

Antes de la entrevista

La BEI, como toda entrevista, tiene tres momentos: inicio, desarrollo y cierre. No obstante lo antedicho, y al igual que lo planteáramos en el Capítulo 2, nuestro análisis incluirá los minutos previos a la reunión.

Para planificar la entrevista se deberá conocer –en una primera instancia– el modelo de competencias organizacional y, específicamente, cuáles son las competencias requeridas por el puesto a evaluar:

- Nombre y definición de cada competencia.

- La definición de cada grado o nivel y cuál es el requerido para la posición a evaluar.

- Los comportamientos asociados (*diccionario de comportamientos*).

- Usualmente se evalúan todas las competencias requeridas por la posición. En caso contrario, establecer cuáles son las dominantes para hacer foco en ellas.

En el momento de planear la entrevista se deberá considerar, además, si se dispone de un lugar apropiado para una reunión que tendrá una duración de entre 2 y 3 horas.

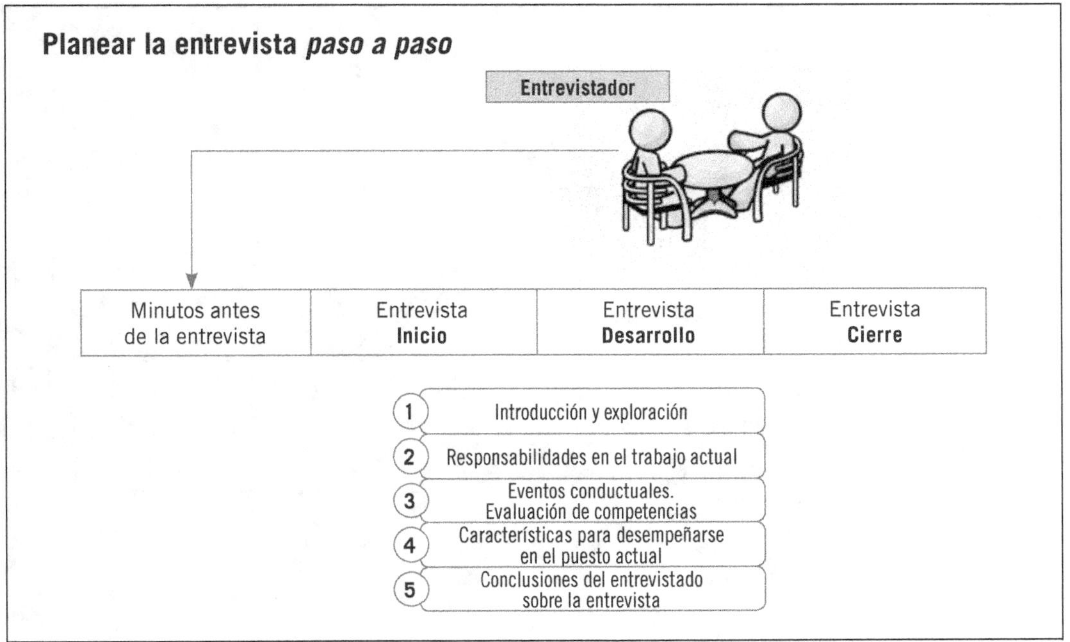

Como se dijera al inicio del capítulo, al igual que en toda entrevista, al planear la BEI se tendrá en cuenta que ciertas cuestiones se deben tratar cuidadosamente, por ejemplo, aspectos relacionados con la motivación (Capítulo 5); además, en otros casos, ciertas preguntas no deberían formularse, por ejemplo, las preguntas expuestas en el Capítulo 4 que denominamos "preguntas reñidas con el buen gusto".

En los minutos previos a que la BEI comience, el entrevistador deberá revisar todos los antecedentes disponibles sobre la persona a entrevistar (ver gráfico superior en la página siguiente).

Sobre la persona a evaluar, será importante conocer: nombre, posición, tipo de empresa donde trabaja y toda información adicional de interés. Mucha de esta información ya podrá estar disponible, tanto en los antecedentes como obtenida en instancias previas a la realización de la BEI (ver Capítulo 2). En las distintas circunstancias posibles, siempre será adecuado indagar sobre los aspectos más relevantes y, de ese modo, confirmar esta información (ver gráfico inferior en la siguiente página).

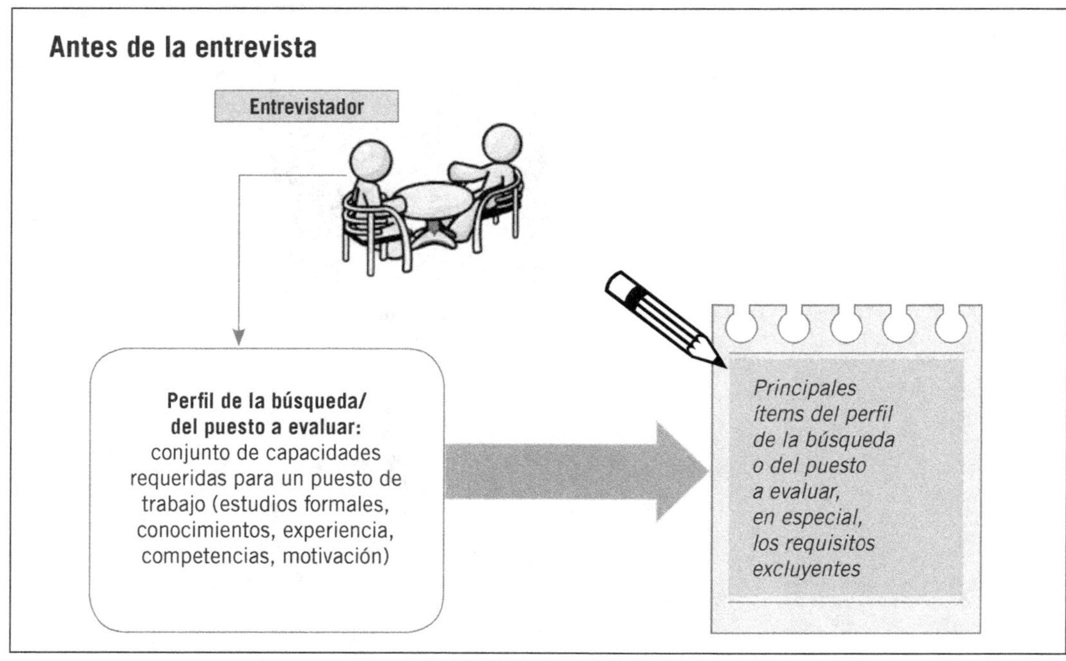

Antes de la entrevista
Entrevistador
Perfil de la búsqueda/
del puesto a evaluar:
conjunto de capacidades
requeridas para un puesto de
trabajo (estudios formales,
conocimientos, experiencia,
competencias, motivación)
Principales
ítems del perfil
de la búsqueda
o del puesto
a evaluar,
en especial,
los requisitos
excluyentes

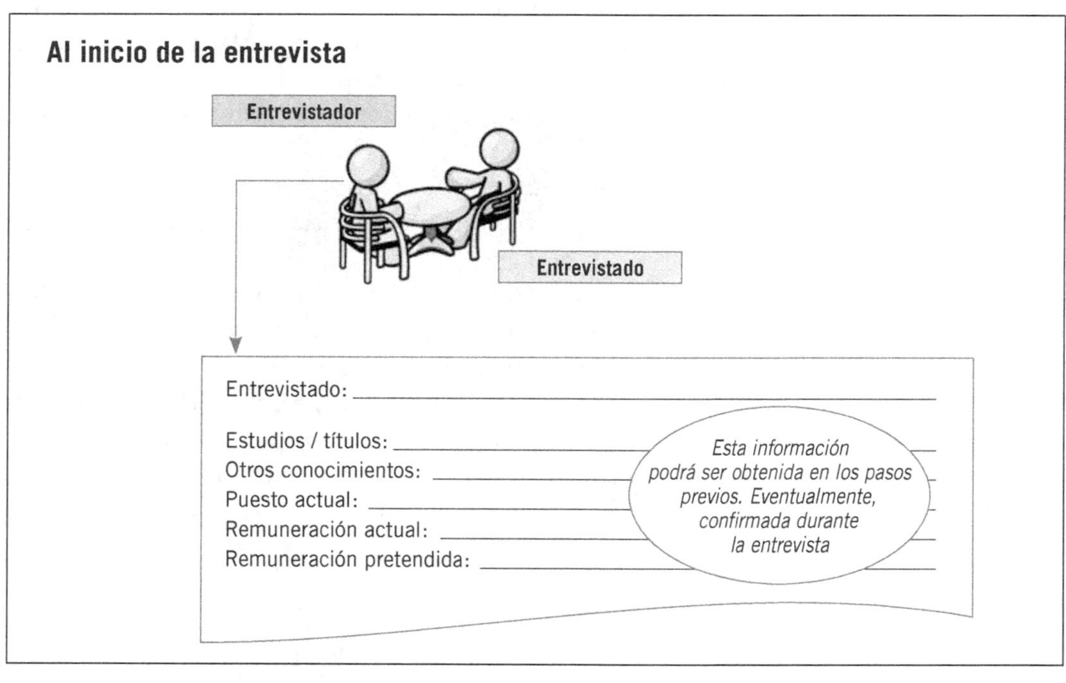

Al inicio de la entrevista
Entrevistador
Entrevistado
Entrevistado:
Estudios / títulos:
Otros conocimientos:
Puesto actual:
Remuneración actual:
Remuneración pretendida:
Esta información
podrá ser obtenida en los pasos
previos. Eventualmente,
confirmada durante
la entrevista

Descripción detallada de la BEI

Para una mejor explicación de la entrevista BEI hemos dividido su desarrollo en cinco pasos, que veremos a continuación. Cada uno cubre un aspecto necesario para poder obtener el resultado final. Sin embargo, será el Paso 3 el que requiera mayor cantidad de tiempo y sobre el cual se deberá poner el foco de la evaluación, ya que es la instancia en que el entrevistador obtendrá la mayor cantidad de elementos para elaborar sus conclusiones, en especial los comportamientos del entrevistado, los cuales serán el insumo principal del análisis a realizar.

Paso 1. Introducción y exploración, experiencia y formación del individuo

Como vimos en el Capítulo 2, la entrevista iniciará con un saludo; los 60 segundos necesarios para crear un buen clima con vistas a la entrevista en sí.

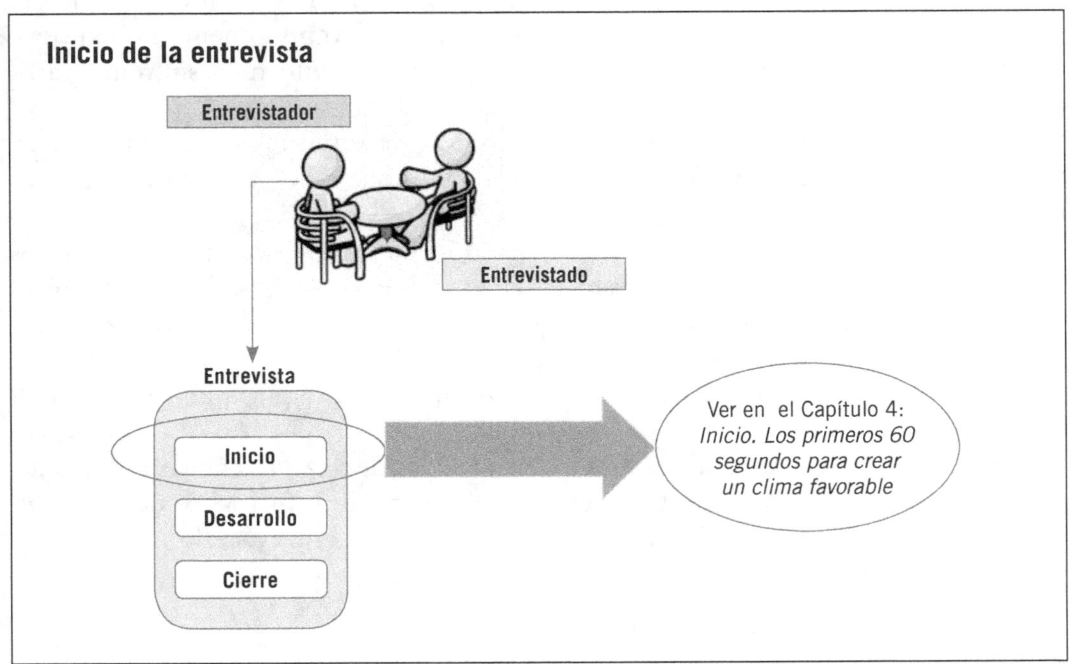

Durante todo el desarrollo de la entrevista se deberá recolectar información para, luego, elaborar el perfil del postulante o perfil del evaluado, según sea la circunstancia en que se realiza la BEI (en un proceso de selección u otra instancia de evaluación). La idea se expresa en la figura superior de la página siguiente.

El principal objetivo del paso 1 será la presentación y explicación del propósito y formato de la entrevista BEI por parte del entrevistador/evaluador. Luego, se iniciará la exploración acerca de la carrera profesional, la educación (estudios formales) y las experiencias laborales del entrevistado. Esta parte de la entrevista permite la utilización de preguntas de sondeo, abiertas.

Adicionalmente, será importante establecer confianza mutua y buena voluntad entre el entrevistador y el entrevistado, logrando así que este último se sienta relajado, abierto y preparado para los siguientes pasos. La mayoría de las personas quieren conocer las razones de la entrevista y con qué fin y cómo se utilizarán las respuestas que brinden.

El entrevistador podrá, en este momento, explicar al entrevistado que se le formularán algunas preguntas sobre cómo se desempeña en su puesto actual, y se le solicitará que describa algunas de las situaciones más importantes que haya enfrentado en sus tareas y qué hizo en cada oportunidad.

Otra variante será decirle que se le preguntará sobre sus tareas y responsabilidades y sobre algunas situaciones críticas o importantes que haya tenido que enfrentar. Dichas situaciones pueden ser exitosas, pero también interesará que el entrevistado relate acerca de algunas otras situaciones eventualmente no exitosas, que haya experimentado en los últimos meses, eventualmente años, sin remontarse mucho en el tiempo.

Podrá ser de utilidad ofrecerle al entrevistado unos minutos para reflexionar; mientras tanto, el entrevistador podrá revisar sus anotaciones, etc., para distender la situación.

En este momento, las preguntas se centrarán en estudios, educación, puestos importantes asumidos antes del puesto actual y las responsabilidades más relevantes que fueron ejercidas. Adicionalmente, solicitar una descripción por parte del entrevistado sobre su propia carrera, cómo llegó a ocupar su puesto actual o, dentro de sus responsabilidades, un proceso de selección que haya tenido que realizar, una promoción, etcétera.

El entrevistador deberá hacer hincapié en la confidencialidad de las respuestas; explicar cómo se utilizará la información y quiénes serán informados de los resultados de la entrevista. Se deberá tener en cuenta que el entrevistado podría estar preocupado respecto de este punto.

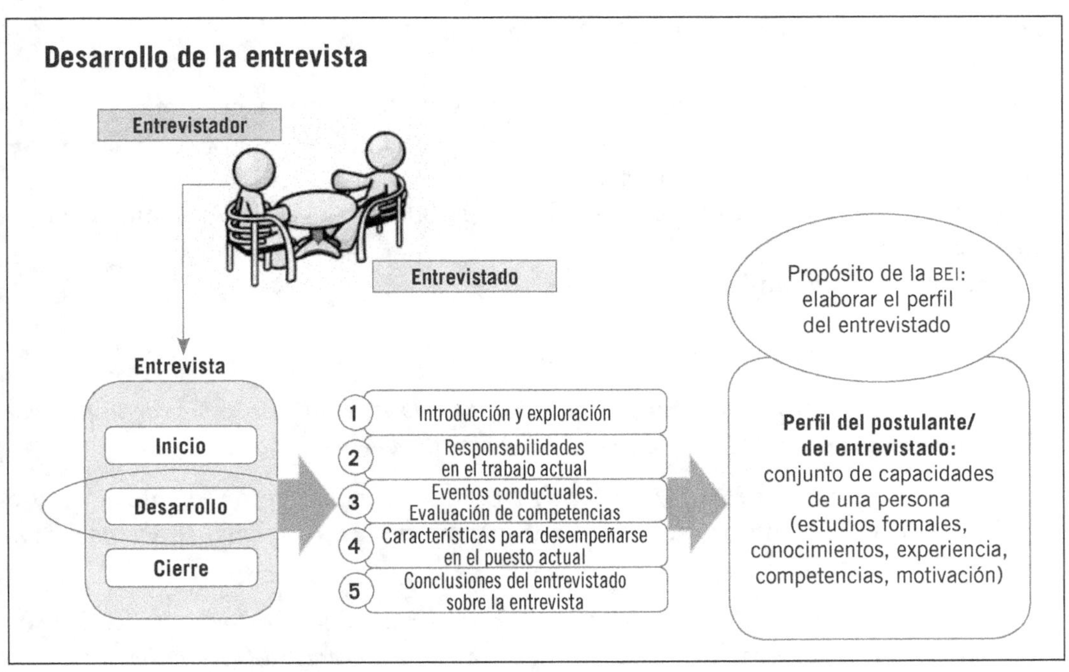
Desarrollo de la entrevista
Entrevistador
Entrevistado
Entrevista
Inicio
Desarrollo
Cierre
1 Introducción y exploración
2 Responsabilidades en el trabajo actual
3 Eventos conductuales. Evaluación de competencias
4 Características para desempeñarse en el puesto actual
5 Conclusiones del entrevistado sobre la entrevista
Propósito de la BEI: elaborar el perfil del entrevistado
Perfil del postulante/ del entrevistado: conjunto de capacidades de una persona (estudios formales, conocimientos, experiencia, competencias, motivación)

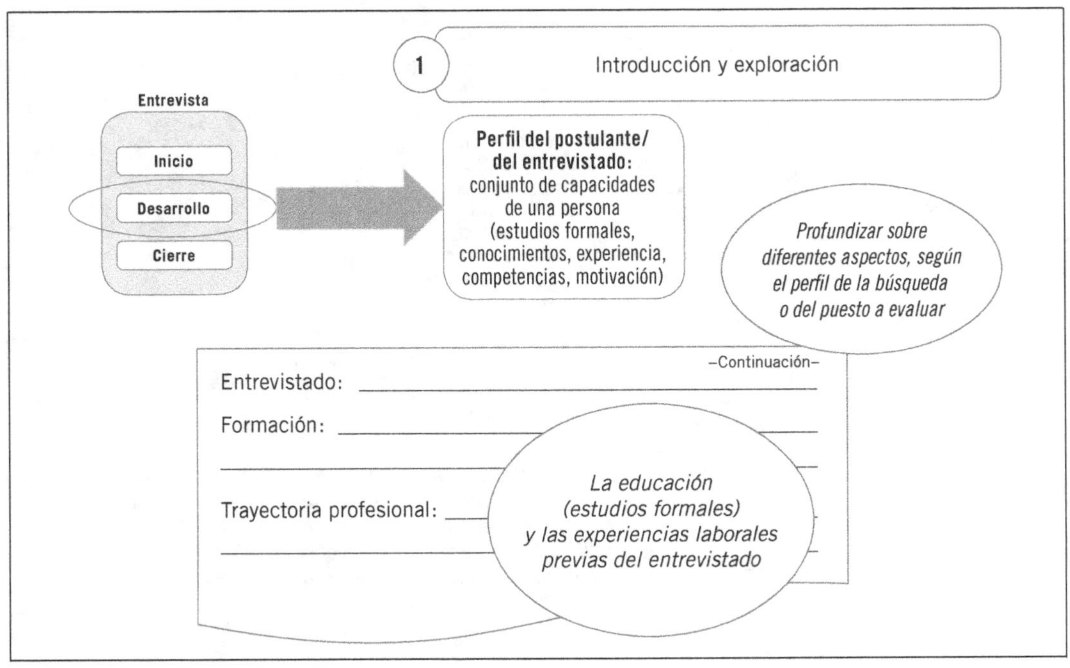
1 Introducción y exploración
Entrevista
Inicio
Desarrollo
Cierre
Perfil del postulante/ del entrevistado: conjunto de capacidades de una persona (estudios formales, conocimientos, experiencia, competencias, motivación)
Profundizar sobre diferentes aspectos, según el perfil de la búsqueda o del puesto a evaluar
–Continuación–
Entrevistado:
Formación:
Trayectoria profesional:
La educación (estudios formales) y las experiencias laborales previas del entrevistado

Paso 2. Responsabilidades en el trabajo actual

El objetivo de este paso será lograr que el entrevistado describa sus tareas y responsabilidades laborales más importantes. Esta parte de la entrevista permite la utilización de preguntas de sondeo, abiertas.

A través de estas preguntas se desea indagar sobre el puesto actual que la persona ocupa. Eventualmente, el último.

Ejemplos de preguntas:

- *¿Cuál es el título (nombre) de su puesto actual?*

- *¿A quién reporta usted?* Se puede agregar: *No necesito su nombre (de la persona que ocupa dicho cargo), solo su título/nombre del puesto ocupado.*

- *¿Quién/quiénes le reporta/n a usted?* Del mismo modo, se puede agregar que no necesita nombres, solo la identificación de las posiciones/puestos de los subordinados.

- *Solicitar una descripción de las tareas y responsabilidades más importantes.* De ser necesario, reforzar con una repregunta: *¿Qué hace usted (personalmente)?*

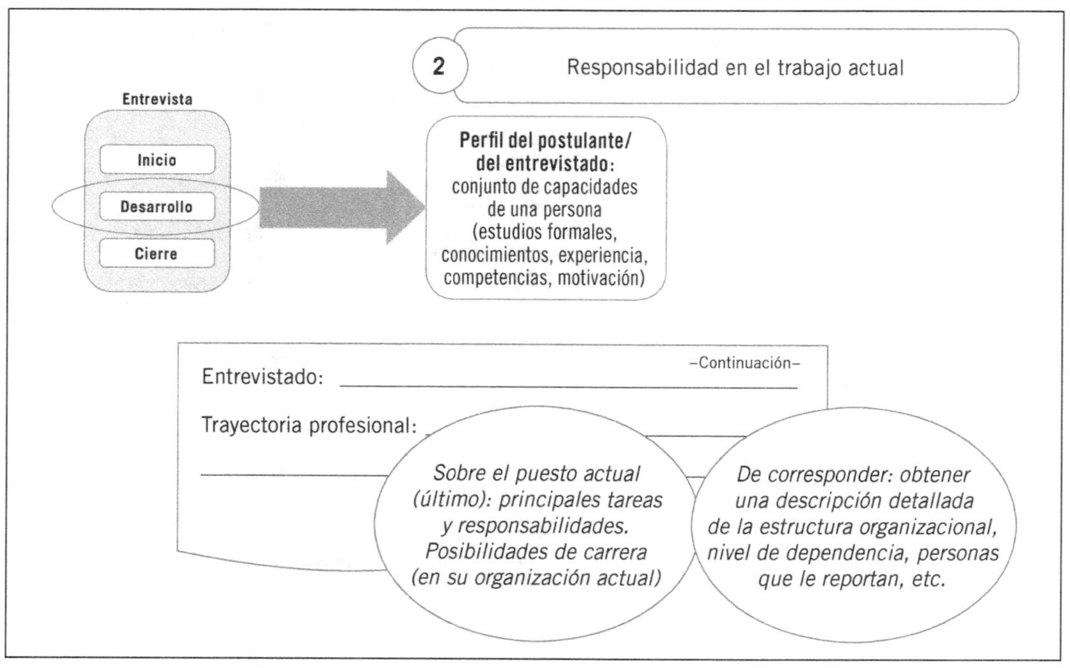

Otras formas de repreguntar en este momento serían: *Bríndeme/cuénteme ejemplos.* También: *Reláteme cómo es un día, semana o mes determinado, por ejemplo la semana pasada, el mes pasado, etc.* (según corresponda).

Esta parte de la entrevista es relativamente breve, no más de 10 a 15 minutos.

Paso 3. Eventos conductuales. Evaluación de competencias

En esta parte de la entrevista se solicitará al entrevistado que describa, en detalle, cinco o seis de las situaciones más importantes que haya experimentado en el puesto, dos o tres situaciones que considere relevantes/importantes y exitosas, y dos o tres situaciones no exitosas. El entrevistado deberá describir detalladamente las situaciones que haya elegido. Si bien muchos autores y especialistas aplican el término *fracaso* a los resultados negativos de una actividad, no sugerimos hacerlo (ver gráfico al pie).

A continuación se sugiere formular preguntas específicas para evaluar competencias –todas las correspondientes al puesto o solo las competencias dominantes, según se haya definido–. Se ha explicado cómo formular preguntas e interpretar resultados en el Capítulo 8, a través de un ejemplo práctico (ver gráfico en la página siguiente).

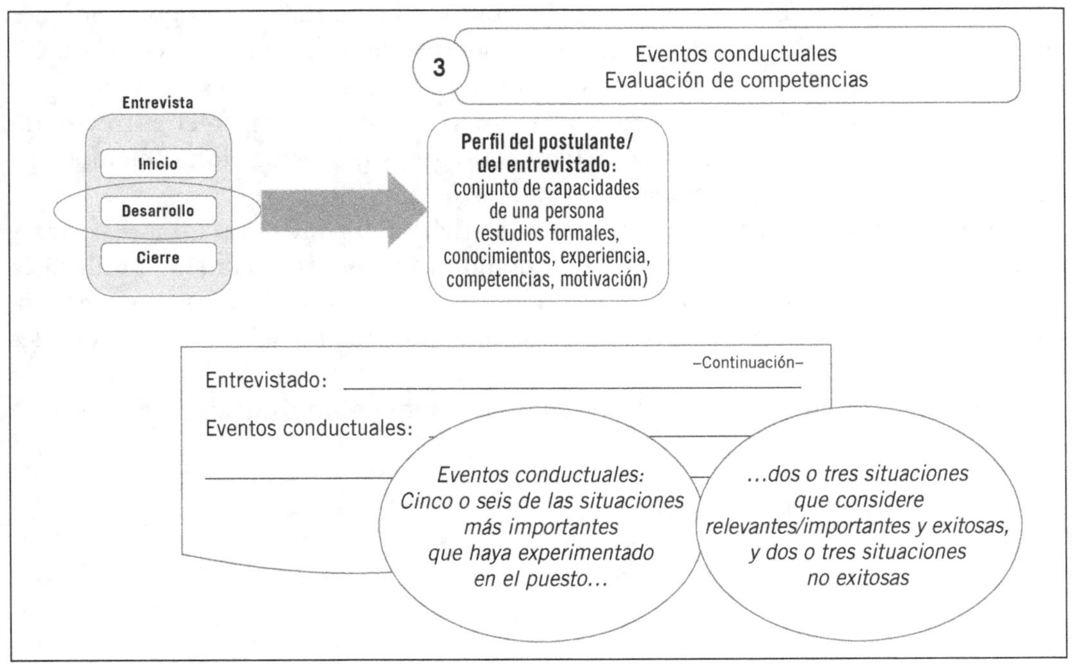

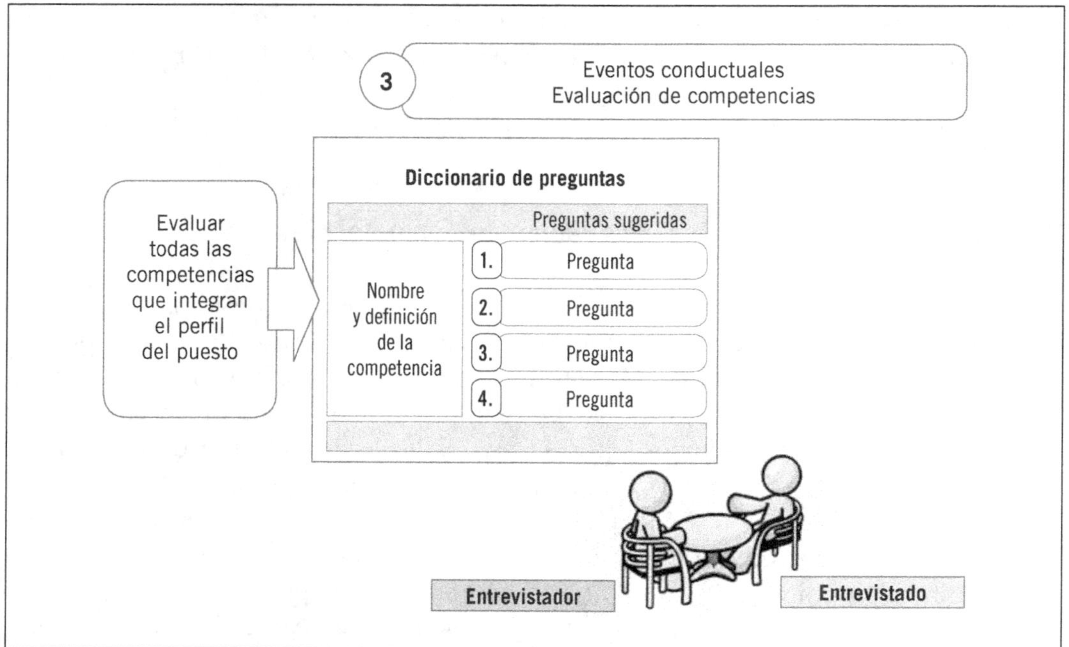

Tal como se ha visto en el Capítulo 8, a través de las preguntas (en la descripción realizada por el entrevistado de situaciones pasadas reales) se deben obtener comportamientos. Hay que descartar las respuestas de tipo hipotéticas, filosóficas, abstracciones y posiciones adoptadas frente a situaciones posibles (por ejemplo: *frente a la situación XXX hay que hacer YYY o corresponde hacer YYY*). Si el entrevistado brindase respuestas hipotéticas, se deberá repreguntar, solicitando un ejemplo específico dentro de su experiencia personal.

Para lograr este objetivo, el entrevistador deberá formular preguntas cortas y claras, una a la vez. Utilizar los verbos en tiempo pasado. Eventualmente, utilizar la conjugación en presente solo para actividades cotidianas y nunca en futuro o en condicional. Al mismo tiempo, el entrevistador deberá estar atento a los tiempos verbales utilizados por el entrevistado, así como al uso del singular y plural.

Como se comentó, el paso 3 es el de mayor extensión en el marco de una entrevista BEI.

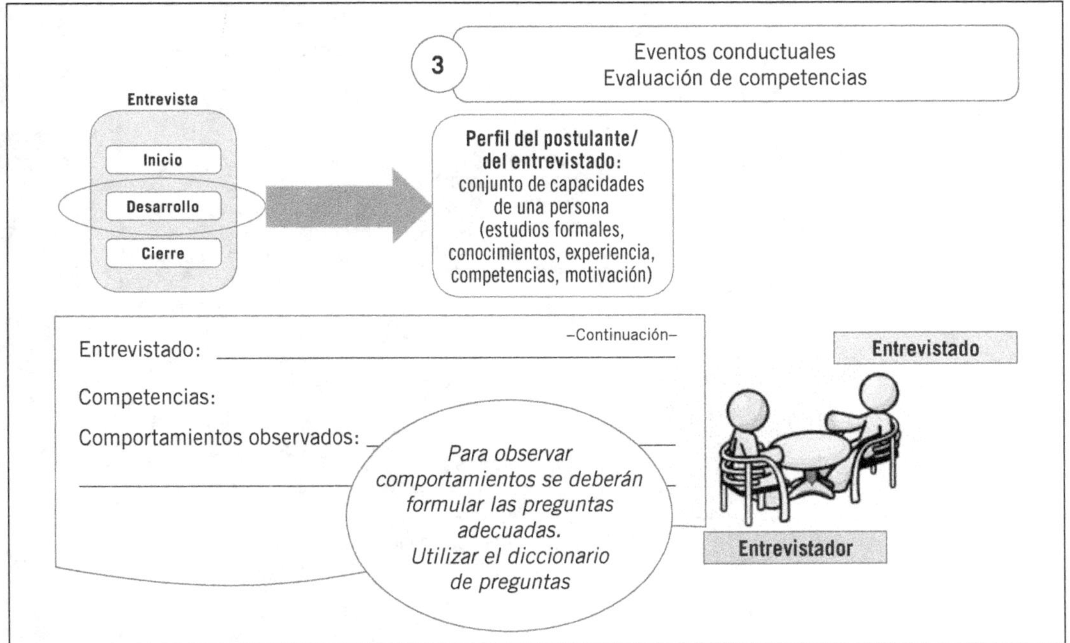

Paso 4. Características para desempeñarse en el puesto actual

Este paso tiene como objetivo obtener el relato de situaciones críticas adicionales sobre temas que se mencionaron con anterioridad en la entrevista, así como la opinión que el entrevistado tiene sobre su propio desempeño.

Opción más usual: solicitar al entrevistado que describa las características (capacidades, conocimientos, experiencia, competencias, etc.) que debería tener una persona para desempeñarse en el puesto que él ocupa.

Otra opción y según las circunstancias: formular preguntas similares a las descritas más arriba, pero en relación con un puesto futuro. Para que este tipo de preguntas sea posible, el entrevistado debería contar con información sobre el descriptivo del puesto y/o, según corresponda, el perfil de la búsqueda.

Si bien la figura expuesta a continuación es muy similar a la que se expone arriba, la idea que se desea expresar en la página siguiente es que el paso 4 puede brindar información adicional para evaluar al entrevistado según la situación y el modo en el cual se haya planeado la realización de la BEI.

Por último, investigar sobre motivación en un sentido amplio: ante un eventual cambio de trabajo (si se está evaluando a una persona con este fin) y –en general– acerca de su carrera. Se ha tratado la motivación en el Capítulo 5.

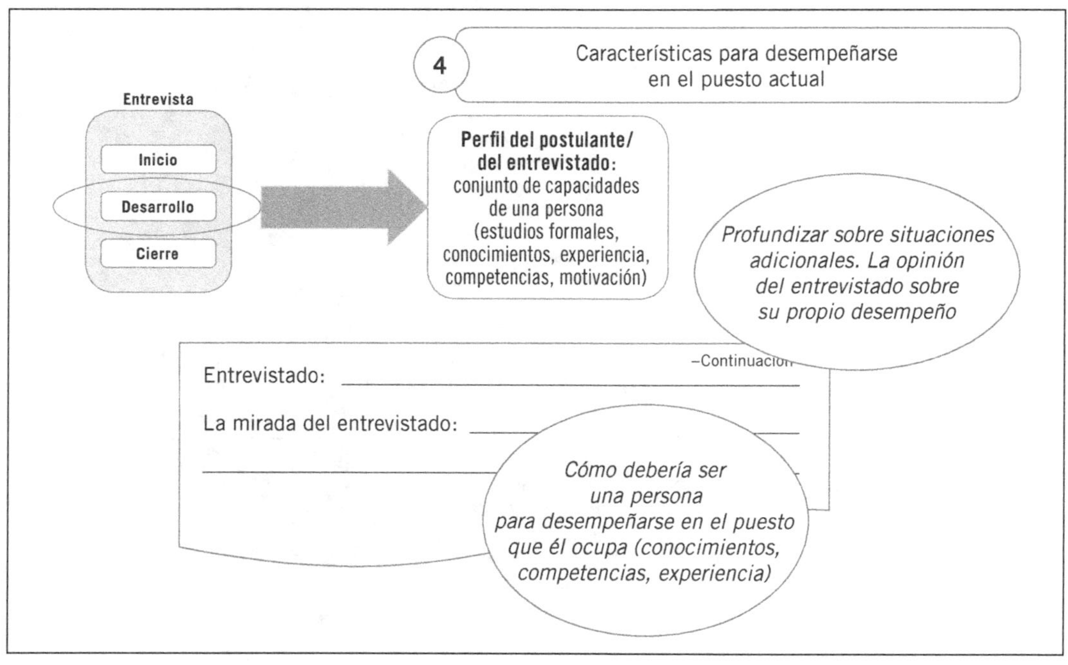
Entrevista
Inicio
Desarrollo
Cierre
4
Características para desempeñarse
en el puesto actual
Perfil del postulante/
del entrevistado:
conjunto de capacidades
de una persona
(estudios formales,
conocimientos, experiencia,
competencias, motivación)
Profundizar sobre situaciones
adicionales. La opinión
del entrevistado sobre
su propio desempeño
–Continuación–
Entrevistado:
La mirada del entrevistado:
Cómo debería ser
una persona
para desempeñarse en el puesto
que él ocupa (conocimientos,
competencias, experiencia)

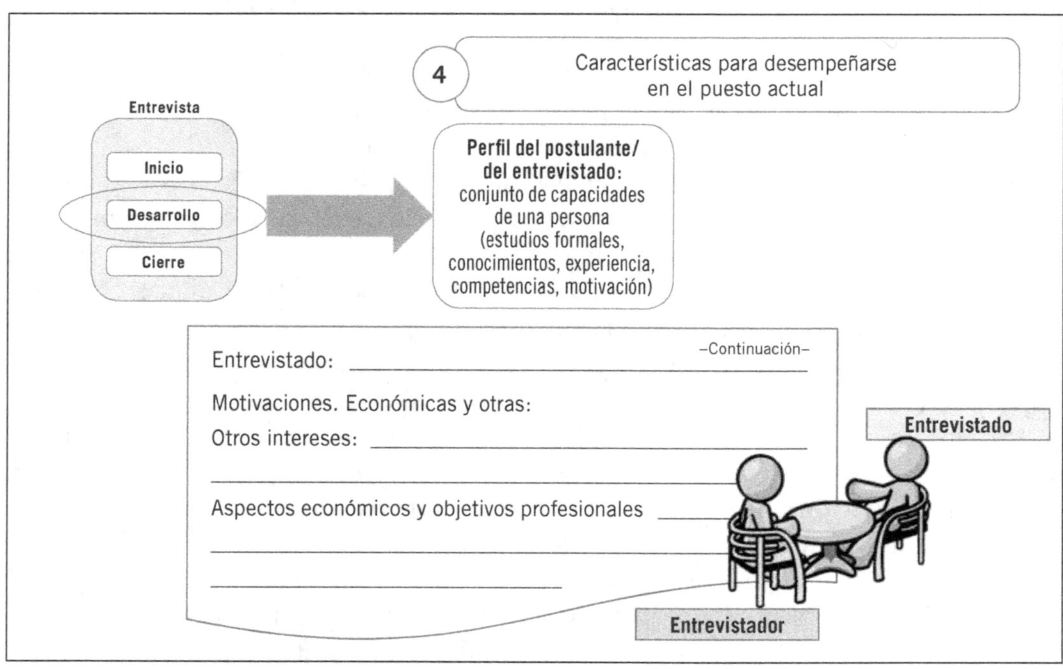
Entrevista
Inicio
Desarrollo
Cierre
4
Características para desempeñarse
en el puesto actual
Perfil del postulante/
del entrevistado:
conjunto de capacidades
de una persona
(estudios formales,
conocimientos, experiencia,
competencias, motivación)
–Continuación–
Entrevistado:
Motivaciones. Económicas y otras:
Otros intereses:
Aspectos económicos y objetivos profesionales
Entrevistado
Entrevistador

Paso 5. Conclusiones del entrevistado
sobre la entrevista

Se recomienda cerrar la entrevista agradeciendo al entrevistado por su tiempo y la información suministrada. Adicionalmente, solicitarle que resuma las situaciones y los descubrimientos clave de la entrevista, y que brinde su opinión sobre la misma, el entrevistador y, en particular, su autoevaluación en relación con el paso 4.

Por último, y como en toda entrevista, el entrevistador dirige la entrevista hacia su finalización o cierre.

Se sugiere aprovechar este momento para hacer un nuevo comentario tranquilizador, sobre todo si la persona entrevistada tiene algún motivo de preocupación por la entrevista.

En la página siguiente, un breve resumen del rol del entrevistador en cada uno de los pasos.

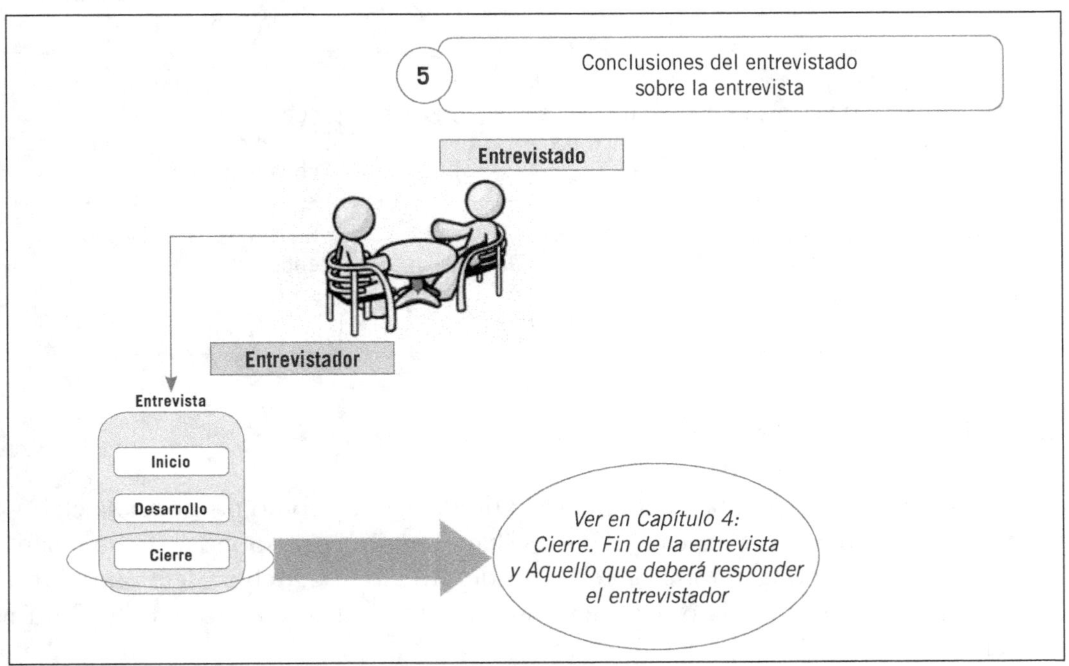

Paso		Rol del entrevistador	Pregunta sobre
1	Introducción y exploración.	Tranquiliza. Motiva a hablar. Enfatiza sobre la confidencialidad. Explica motivos de la evaluación.	Antecedentes. Carrera profesional. Estudios formales y conocimientos.
2	Responsabilidades en el trabajo actual.	Obtiene información.	Aquello que la persona hace en el presente. Nivel al cual reporta. Quiénes le reportan. Tareas y responsabilidades.
3	Eventos conductuales. Evaluación de competencias.	Obtiene información sobre situaciones concretas. Es el foco principal de la evaluación.	Situaciones: tres críticas exitosas y tres críticas no exitosas. Preguntas para evaluar competencias a través del relato por parte del entrevistado de situaciones reales en las cuales sea factible observar comportamientos (similar a Capítulo 5).
4	Características para desempeñarse en el puesto actual.	Obtiene información adicional sobre situaciones concretas.	Opinión del entrevistado sobre su desempeño actual o futuro, según corresponda.
5	Conclusión del entrevistado sobre la entrevista.	Agradece. Asegura confidencialidad. Tranquiliza. Brinda información.	Solicita evaluación sobre la entrevista.

BEI. Propósito

La entrevista o evaluación BEI, como ya se expresara, tiene como propósito la elaboración del perfil del postulante o del entrevistado, según corresponda. Dicho perfil, a partir del cual se podrán tomar decisiones de diverso tipo, deberá ser comparado con el perfil de la búsqueda o del puesto a evaluar. La idea se expresa en la figura siguiente.

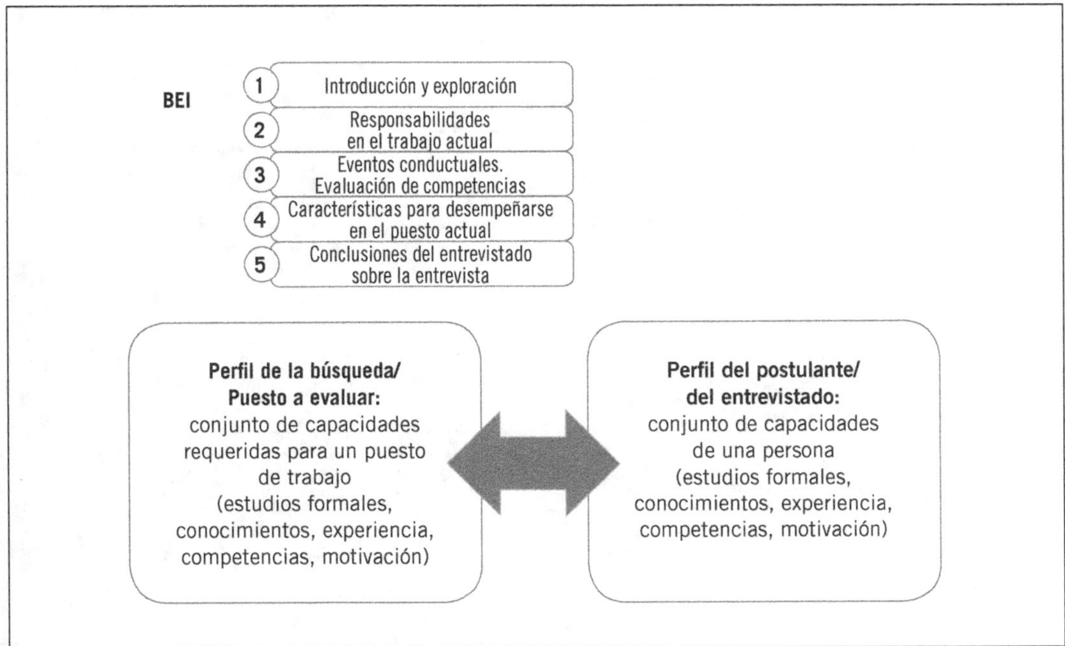

En algunas circunstancias esta mera comparación será insuficiente, porque otros entrevistados también deberán ser objeto de comparación, tanto con el perfil de la búsqueda/puesto a evaluar, como entre ellos. Para resolver esta necesidad, sugerimos la lectura del Capítulo 6. El esquema allí propuesto podrá ser adaptado a las circunstancias y al contexto, según la situación.

Analizar y registrar los resultados de la BEI

El entrevistador, una vez finalizada la entrevista, analizará la información recolectada para, luego, preparar un informe detallado sobre la BEI, describiendo y/o siguiendo el orden de cada uno de los pasos mencionados.

En todos los casos se deberán registrar hechos, comportamientos. Al igual que en otro tipo de entrevista, primero habrá que pasar en limpio las notas para luego confeccionar el respectivo informe, inmediatamente después de que finalice la reunión.

Siempre que sea posible, será una buena idea utilizar las palabras del entrevistado para describir sus comportamientos, registrar las opiniones del entrevistado solo con relación a los puntos en que fueron solicitadas y, por último, describir cómo fue el cierre.

Entrevista

Inicio

Desarrollo

1 Introducción y exploración

2 Responsabilidades en el trabajo actual

3 Eventos conductuales. Evaluación de competencias

4 Características para desempeñarse en el puesto actual

5 Conclusiones del entrevistado sobre la entrevista

Cierre

Entrevistado: _______________

Estudios / títulos: _______________
Otros conocimientos: _______________
Puesto actual: _______________
Remuneración actual: _______________
Remuneración pretendida: _______________

Formación: _______________
Trayectoria profesional: _______________

Eventos conductuales: _______________

Competencias:
Comportamientos observados _______________

La mirada del entrevistado: _______________

Motivaciones. Económicas y otras. Objetivos profesionales _______________

Cierre _______________

A continuación, y siguiendo un esquema y gráfico similar al utilizado en el Capítulo 6 para el registro de la entrevista, se explicará cómo analizar y registrar la información obtenida en la BEI. Si bien esta es más extensa y posee algunas características particulares, los ítems a considerar son los mismos.

Como puede observarse en la figura precedente, ciertos datos de la parte superior están agrupados en un recuadro. La mayoría de ellos podrían estar disponibles antes de la entrevista y, durante la misma, solo ser corroborados.

El análisis y posterior registro de la entrevista tendrá como principal propósito la elaboración del perfil del postulante o del entrevistado, según corresponda. La idea se expresa en la figura de la página siguiente y es similar a lo visto con relación a otros tipos de entrevista.

Cómo registrar una BEI es un tema que siempre origina preguntas. Cuando se comenzó a trabajar con Gestión por competencias y, dentro de esta metodología, se empezó a administrar la entrevista BEI, se consideró que el mejor camino era su grabación. Se verá este aspecto más adelante.

Al igual que lo hemos comentado en el Capítulo 6, nuestra sugerencia será siempre, también en relación con la BEI, tomar notas, durante el transcurso de la reunión, de datos objetivos y, en especial, de aquellos que el entrevistador considera que luego podría olvidar. Desde ya, no se deberán considerar opiniones de ningún

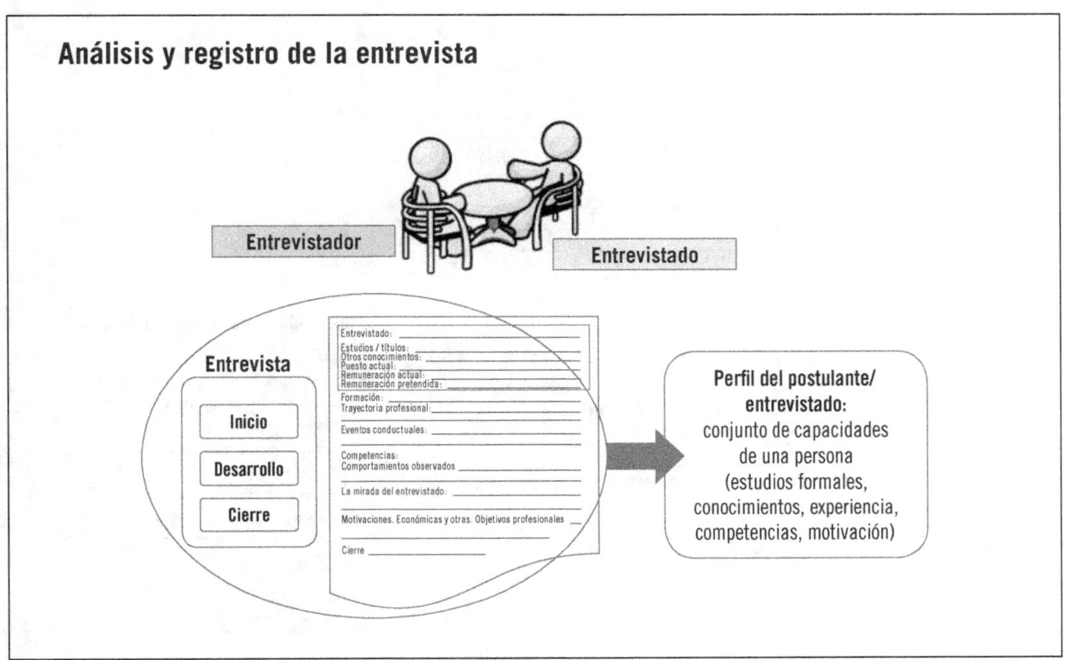

tipo, ni las propias ni las del entrevistado, excepto, desde ya, cuando se le pregunte al entrevistado, específicamente, su opinión acerca de algún tema.

El paso 3 de la BEI, además de ser fundamental, será el que insuma la mayor cantidad de tiempo en el desarrollo de la entrevista. Uno de los objetivos a alcanzar en este paso será la obtención de los eventos conductuales, como se explicó más arriba. Esta información, al igual que otra que se haya obtenido en los pasos anteriores y que corresponda considerar, deberá ser cotejada con el *diccionario de comportamientos* organizacional. A partir de los eventos conductuales que ofrezca el entrevistado, así como del relato de otras situaciones laborales que haya descrito, será posible detectar comportamientos.

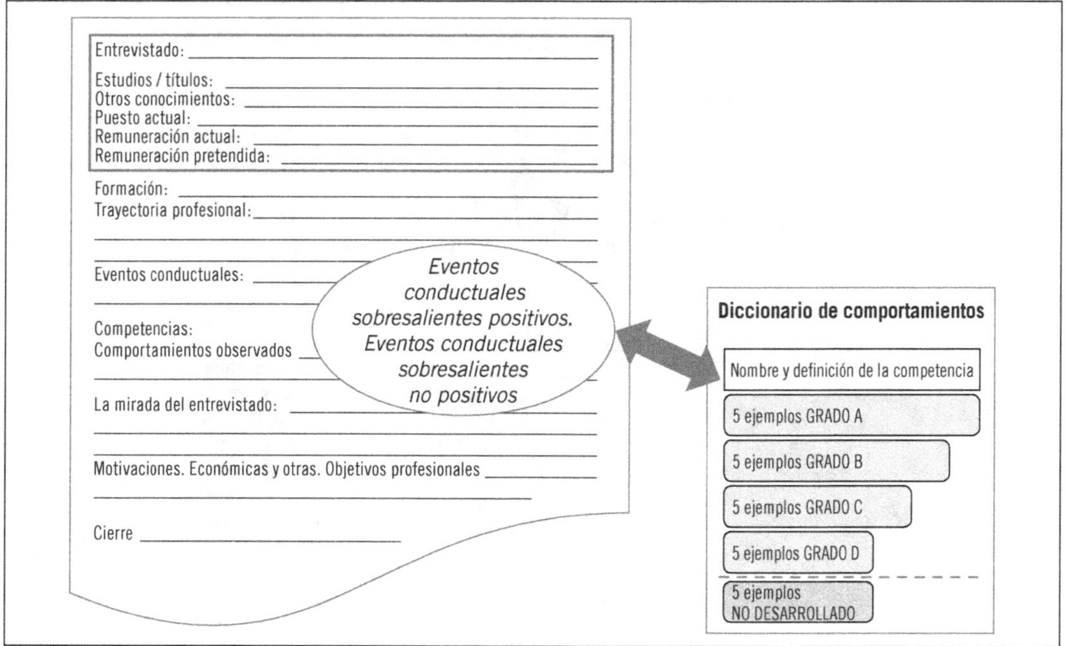

La BEI y la medición de competencias

En cuanto a la evaluación de competencias, y tal como se ha explicado en el Capítulo 8 y otros relacionados (números 9, 10 y 11), en el transcurso de una entrevista BEI se deberán obtener comportamientos concretos del entrevistado, los que, luego, serán comparados con los requeridos por el *perfil de la búsqueda* o el *descriptivo de puestos*, según corresponda, considerando el *diccionario de comportamientos* organizacional. De no contar con este tipo de documento interno, se podrá utilizar la obra *Diccionario de comportamientos. La trilogía. Tomo 2*. La idea se expresa en la figura de la página siguiente.

Siempre será de utilidad contar con elementos de apoyo, desde un formulario hasta algún esquema trazado en un papel en blanco. Como se trata de una entrevista extensa, esto será especialmente importante.

Para cada competencia se tendrán preparadas preguntas, como se vio en páginas previas, y de las respuestas del entrevistado se obtendrán comportamientos. Luego, estos serán cotejados con el *diccionario de comportamientos*. Un esquema de apoyo y orientación para la entrevista podría ser como el siguiente (ver tabla en la página siguiente).

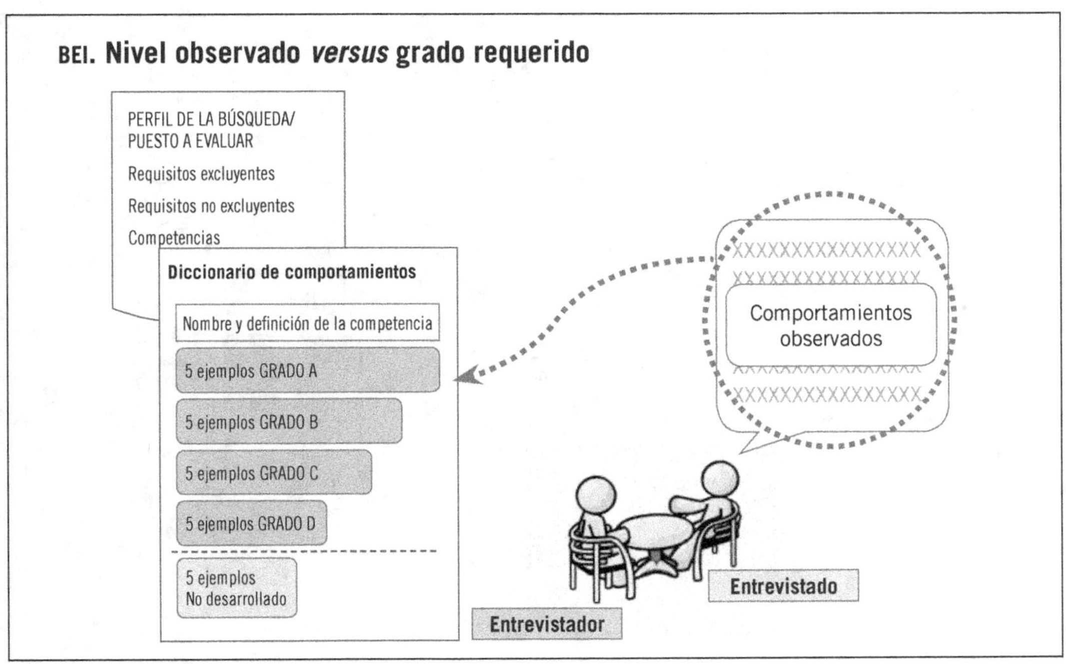

Como se desprende del esquema, para cada competencia se consignan dos preguntas. En el diccionario, generalmente, el número de preguntas es mayor (lo usual son cuatro preguntas para cada competencia). Nuestra sugerencia es elegir las más adecuadas y que permitan obtener mayor cantidad de información relevante sobre el entrevistado.

Nombre de la competencia (definición, para recordarla)	Preguntas a formular en la BEI	Respuesta/s donde se observan comportamientos relacionados
Competencia 1	a) b)	
Competencia 2	a) b)	
Competencia 3	a) b)	
Competencia "N"	a) b)	

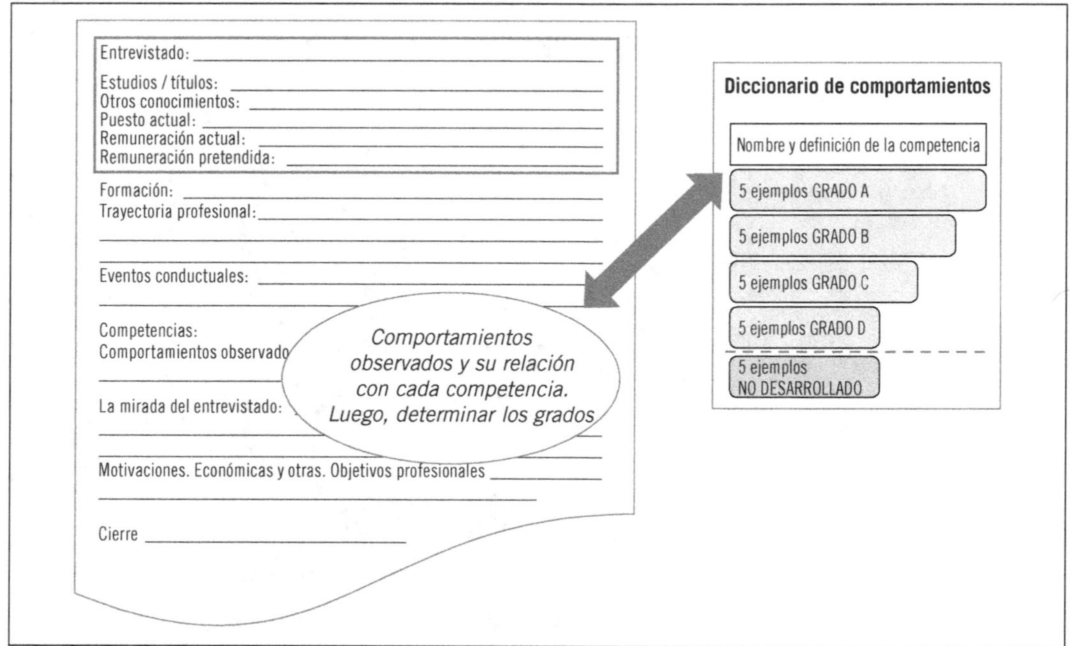

En la figura precedente se continúa con el esquema, a manera de guía para registrar los comportamientos detectados, los cuales luego se comparan con el *diccionario de comportamientos* organizacional. De no contar con este tipo de documentos, siempre será posible utilizar los libros de *La Trilogía*[3].

En el Capítulo 8 hemos incluido un ejemplo detallado sobre cómo observar comportamientos en el relato de un entrevistado y su posterior comparación con el diccionario de comportamientos.

Aspectos finales y conclusiones sobre el entrevistado

El paso 3, explicado en páginas previas, es la parte central de la entrevista y la que insumirá mayor tiempo. Una vez completada esta instancia y siguiendo el orden ya explicado, se realiza el paso 4, *Características para desempeñarse en el puesto actual*. La información obtenida, en el esquema brindado para el registro de la BEI en este capítulo, se consignará en el ítem "La mirada del entrevistado". Como se

---

3 *Diccionario de comportamientos. La trilogía. Tomo 2.* Ediciones Granica, Buenos Aires, 2015.

viera, la mirada del entrevistado podrá ser sobre su puesto actual, sobre un eventual puesto futuro, o bien, sobre ambas posiciones.

En cualquier momento de la entrevista se podrán obtener comportamientos, también en las respuestas a este tipo de cuestiones, como las sugeridas para los pasos finales: el paso 4 ya mencionado y el paso 5, con las conclusiones por parte del entrevistado y el cierre.

Aunque durante la entrevista se le solicita al entrevistado que brinde su opinión y conclusiones (sobre la entrevista), en el título de este apartado me estoy refiriendo a *otras conclusiones*: a las del entrevistador. Hasta aquí el entrevistador ha ido registrando su informe, y ahora deberá emitir un juicio experto como resultado de la evaluación realizada.

Si bien son conclusiones que, de un modo u otro, representan opiniones del entrevistador, las mismas serán mucho más ricas e ilustrativas si al mencionar que, de acuerdo a su juicio experto, el entrevistado posee la competencia X en el grado Y, esta apreciación se funda en que, durante la entrevista, observó un determinado comportamiento que se relaciona con los registrados en el *diccionario de comportamientos*.

Como se trata de conclusiones, quizá se exponga solo un resumen, y la información completa forme parte de un informe detallado, el cual, de considerárselo necesario, podría ser presentado por separado. Ver ejemplo de este modo de presentar las conclusiones en el Capítulo 8.

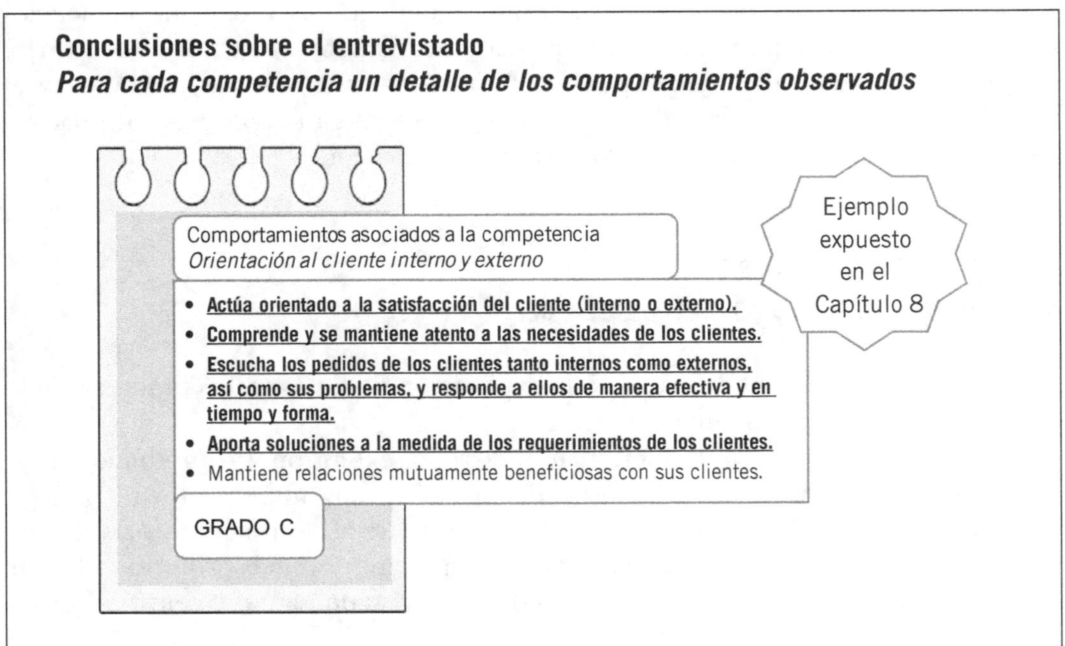

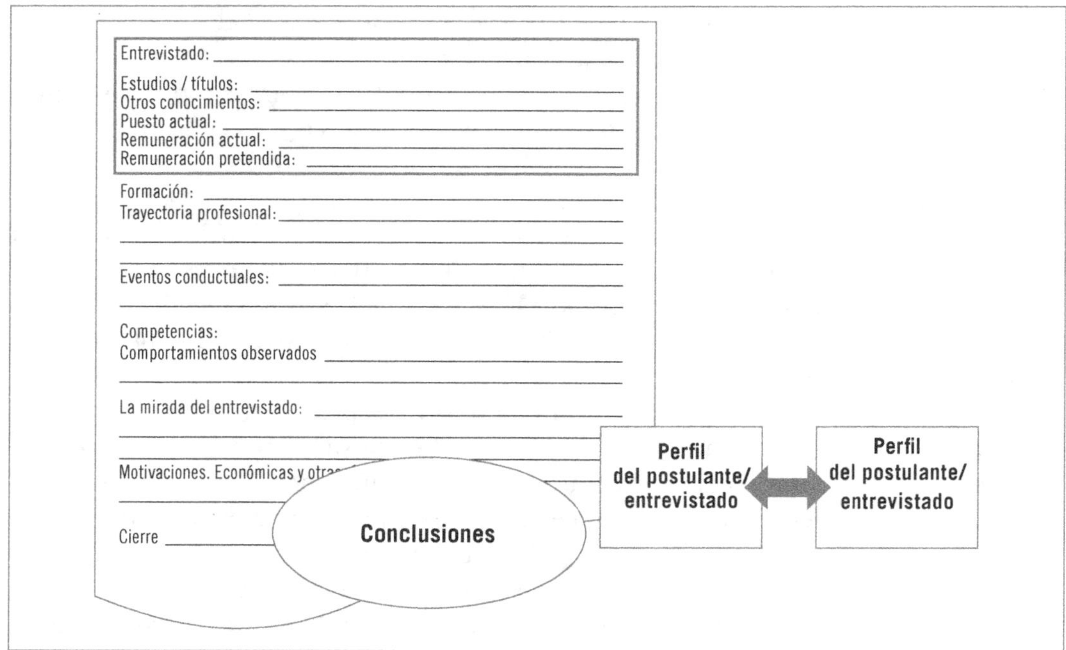

En la figura precedente, al final, se indica que se registrarán las conclusiones. Como decíamos, estas conclusiones no serán las del entrevistado, como se menciona en el paso 5 (conclusiones y opinión del entrevistado), sino, por el contrario, será el entrevistador quien dejará por escrito sus conclusiones sobre la BEI y sobre el entrevistado, en función de todo lo visto hasta el momento y, además, en relación con el perfil respecto del cual se lleva a cabo la evaluación.

Aspectos prácticos en la implementación de la entrevista BEI

Decidí dejar para el final del capítulo la explicación de los aspectos prácticos de la BEI, a modo de cierre del tema aquí tratado.

El foco de la entrevista BEI serán su desarrollo, extensión, profundidad y posterior análisis. Como con otras herramientas, será muy importante un manejo experto por parte del entrevistador. No se trata solo de hacer una entrevista de mayor duración: se deberá extraer a partir de ella información más profunda y lograr mayor precisión sobre diferentes aspectos del entrevistado, siempre centrándose en comportamientos pasados.

Entre otros factores de éxito en la aplicación de la BEI, además del conocimiento y la experiencia del entrevistador (aspecto ya señalado), podría mencionar un planeamiento detallado y la utilización de algunos elementos de apoyo, como por ejemplo el esquema/formulario que se expuso en la presentación de los temas de este capítulo junto con la tabla que se vio en páginas previas con el nombre de cada competencia y su definición, las preguntas relacionadas y las respuestas donde pueden observarse los comportamientos a analizar.

Contar con algún formulario o formato de apoyo será una guía para la realización de la entrevista y, además, permitirá tomar notas durante el transcurso de la misma a través de palabras y frases sueltas que luego serán utilizadas para escribir un informe más detallado, una vez finalizada la entrevista.

Grabar: ¿sí o no?

Una pregunta muy frecuente es sobre la pertinencia –o no– de grabar la entrevista BEI, asignándole una cierta relevancia a este aspecto, incluso considerándolo como una de sus características. En mi opinión es solo un detalle acerca de cómo hacer una tarea que, además, no recomiendo a mis equipos de trabajo.

El entrevistador, usualmente, prepara un informe detallado sobre la BEI, describiendo la información recolectada en cada uno de los pasos mencionados.

Como se expuso en los capítulos 4 y 5, en entrevistas de topo tipo se deberán registrar hechos, comportamientos. Primero, habrá que pasar en limpio las notas para luego confeccionar el respectivo informe, inmediatamente después de que finalice la reunión.

En resumen, se trata de registrar información sobre el entrevistado, utilizar sus propias palabras para describir sus comportamientos, tomar nota de las opiniones del entrevistado que fueron solicitadas y describir cómo fue el cierre.

Grabar una entrevista puede ser positivo en algunos aspectos y no tanto en otros. Entre los aspectos favorables se puede señalar que facilita el trabajo del entrevistador y permite tener una información más completa. Adicionalmente, posibilita capturar matices en la voz, pausas, silencios que complementen la información sobre los entrevistados.

Las notas podrían plasmar una versión de los hechos muy sesgada por la mirada del entrevistador y no coincidir fielmente con la del entrevistado.

También las grabaciones podrán constituirse en un recurso valioso para capacitación, estudio de casos y simulaciones.

Entre los aspectos negativos debe señalarse que muchos entrevistados no se sienten cómodos si la entrevista es grabada, lo cual, de algún modo, dificulta la buena relación entre entrevistado y entrevistador, necesaria para alcanzar una mayor efectividad en el transcurso de la BEI.

Nuestra sugerencia es que el entrevistador adquiera experiencia en tomar notas durante la entrevista, para alcanzar buenos resultados en la BEI sin utilizar grabador, y que no descuide ser objetivo tanto en la observación como en las notas posteriores.

En el caso de grabar, se deberá solicitar permiso al entrevistado. Si este acepta, confirmarle la confidencialidad.

A modo de conclusión

La BEI fue una de las primeras herramientas utilizadas para medir competencias en una entrevista. Con los años, su uso fue decreciendo, básicamente por su extensión. Nuestra sugerencia es la aplicación de la BEI en casos especiales, en los que sea menester realizar una evaluación profunda de una persona.

En sus orígenes, la BEI tenía su foco en los eventos conductuales positivos y negativos. En la Metodología MAI[4], a esta estructura se le adicionó la medición de cada una de las competencias que integran el perfil del puesto a evaluar. Este agregado pasó a constituirse en el aspecto central de la evaluación.

En resumen, la BEI que hemos expuesto aquí indaga sobre mucho más que los eventos conductuales positivos y negativos, y si bien estos integran la evaluación, solo conforman un aspecto más entre los considerados. El entrevistador deberá obtener, a lo largo de toda la entrevista, comportamientos pasados del entrevistado. De este modo conocerá sus competencias y, también, el grado de aplicación práctica de sus conocimientos junto con otros aspectos, como la motivación. Este conjunto de elementos permitirá elaborar un diagnóstico experto sobre la posible adaptación a un puesto de trabajo; este podrá ser el actual u otro con cuyo perfil se desee comparar al entrevistado.

---

4 Martha Alles International.

¡TOME NOTA!

Elija al mejor. Para leer y releer:

- Conceptos generales sobre selección y entrevista: Capítulo 1
- Gestión por competencias y entrevistas para evaluar competencias: capítulos 7, 8 y 12
- Planear la entrevista: Capítulo 2
- Cómo utilizar *Elija al mejor*: Capítulo 3
- Si desea encontrar preguntas: capítulos 4, 9, 10 y 11
- La motivación y cómo evaluarla: Capítulo 5
- Analizar los resultados de la entrevista y registrarla: Capítulo 6
- Para fijar conceptos: anexos I y II

Muchos de los temas tratados en la Parte I se relacionan, también, con la Parte II. La entrevista, cómo planearla, cómo analizar la motivación y los aspectos a tener en cuenta una vez finalizada la entrevista son temas comunes a ambas secciones de la obra.

Anexos

Anexo I
Glosario de términos

Adecuación persona-puesto	Relación que se establece entre los conocimientos, la experiencia y las competencias que un puesto requiere, y los del ocupante de esa posición.
Análisis y descripción de puestos	Es uno de los subsistemas de Recursos Humanos. En este subsistema se recaba información sobre los distintos puestos organizacionales y se analizan sus contenidos (análisis de puestos) para luego, como resultado final, contar con los descriptivos de puestos de cada una de las posiciones que integran la organización.
Assessment Center Method	Método o herramienta situacional para evaluar competencias mediante el cual, a través de la administración de casos y ejercicios, se plantea a los participantes la resolución práctica de situaciones conflictivas similares a las que deberán enfrentar en sus puestos de trabajo.
Atracción	Es una etapa del proceso de selección de personas durante la cual se realizan una serie de acciones para atraer a los postulantes más adecuados en relación con el puesto que se desea cubrir.
Atracción 1.0	Conjunto de acciones que se realizan a través de la Web 1.0, con el propósito de atraer a los postulantes más adecuados, en relación con los puestos que se desea cubrir.
Atracción 2.0	Conjunto de acciones que se realizan utilizando tecnologías sociales con el propósito de atraer a los postulantes más adecuados, en relación con los puestos que se desea cubrir.
Atracción, selección e incorporación de personas	Es uno de los subsistemas de Recursos Humanos. En este subsistema se parte de la necesidad de cubrir una posición y el respectivo perfil de búsqueda, para continuar con la atracción y luego la selección, y finalizar con la incorporación de personas a la organización. Incluye la inducción. La atracción de las personas adecuadas, una buena selección, de tipo profesional y aplicando las pruebas más convenientes en cada caso, así como un adecuado proceso de incorporación, son acciones que definirán un buen inicio de la relación laboral de un buen empleado. La elección de cuáles son las pruebas más convenientes dependerá de cada caso en particular. El responsable de conducir el proceso de selección deberá determinarlo según lo que se considere más conveniente.
Autopostulación – *Job posting*	Práctica organizacional mediante la cual una persona puede postularse a búsquedas internas que la organización publicita en su intranet o carteleras. Usualmente se definen requisitos para participar, además de los inherentes al puesto en sí mismo.
Avatar	Representación gráfica de una persona en un ambiente virtual como si se tratase de una "segunda vida". Esta representación puede ser consistente con la realidad actual o bien tratarse de un agradable y mítico *alter ego*.

Codesarrollo	Método para el desarrollo de personas, aplicable tanto a competencias como a conocimientos. Acciones concretas que, de manera conjunta, realiza el sujeto que asiste a una actividad de formación guiado por un instructor para el desarrollo de sus competencias y/o conocimientos. El Codesarrollo implica un ciclo: 1) taller de Codesarrollo; 2) seguimiento; 3) segundo taller de Codesarrollo.
Colaborador	Persona que coopera con otra. En el ámbito de las organizaciones el término se utiliza para denominar a las personas que trabajan bajo la conducción de otra/s.
Competencia	Hace referencia a las características de personalidad, devenidas en comportamientos, que generan un desempeño exitoso en un puesto de trabajo.
Competencia cardinal	Competencia aplicable a todos los integrantes de la organización. Las competencias cardinales representan la esencia de la organización y permiten alcanzar su visión.
Competencia dominante	Este concepto, que se utiliza en selección de personas, hace referencia a aquellas competencias que por alguna razón son consideradas más relevantes para ese proceso de selección en particular y se utilizan para planear la entrevista. Se recomienda determinar en cada caso y con el futuro jefe (cliente interno desde la perspectiva del área de Recursos Humanos) cuáles son las competencias dominantes.
Competencia específica	Competencia aplicable a colectivos específicos, por ejemplo, un área de la organización o un cierto nivel, como el gerencial.
Comportamiento	Aquello que una persona hace (acción física) o dice (discurso). Sinónimo: conducta.
Comportamiento observable	Aquel comportamiento que puede ser visto (acción física) u oído (en un discurso).
Conocimiento	Conjunto de saberes ordenados sobre un tema en particular, materia o disciplina.
Cuestionario de preselección	Documento estructurado que permite la recolección anticipada de información –sobre los postulantes–, previo a la entrevista de selección.
Diccionario de competencias	Documento interno organizacional en el cual se presentan las competencias definidas en función de la estrategia.
Diccionario de comportamientos	Documento interno en el cual se consignan ejemplos de los comportamientos observables asociados o relacionados con las competencias del modelo organizacional.
Diccionario de preguntas	Documento interno de la organización en el cual se consignan ejemplos de preguntas que permiten evaluar las competencias del modelo en una entrevista.

Entrevista	Es un diálogo que se sostiene con un propósito definido, donde entrevistador y entrevistado cumplen cada uno con un rol específico, estableciéndose entre ambos un canal de comunicación en un marco acotado por el tiempo y el tema a tratar.
Entrevista de selección	Entrevista que se realiza con el propósito de elegir a una persona para ocupar un puesto. En ella se comparan las capacidades del candidato (conocimientos, experiencia, competencias) junto con su motivación en relación con el puesto a ocupar.
Entrevista estructurada - Selección	Conjunto de preguntas e indicaciones para realizar una entrevista de selección. Usualmente se diseña por niveles y en función del modelo de competencias. La entrevista estructurada combina preguntas de diferentes tipos, entre ellas las específicas para evaluar competencias.
Entrevista por competencias	Entrevista estructurada que permite evaluar a un candidato que participa en un proceso de selección considerando, especialmente, sus competencias, a través de preguntas específicas.
Experiencia	Práctica prolongada de una actividad (laboral, deportiva, etc.) que permite incorporar nuevos conocimientos e incrementar la eficacia en la aplicación de los conocimientos y las competencias existentes, todo lo cual redunda en la optimización de los resultados de dicha actividad.
Fuentes de reclutamiento	Conjunto de opciones disponibles para obtener postulaciones en relación con el perfil de la búsqueda. Las fuentes de reclutamiento pueden ser internas o externas.
Gestión por competencias	Modelo de gestión que permite alinear a las personas que integran una organización (directivos y demás niveles organizacionales) en pos de los objetivos estratégicos. Para que sea eficaz la Gestión por competencias, esta se lleva a cabo a través de un modelo sistémico en el cual todos los subsistemas de Recursos Humanos de la organización las consideren.
Headhunter	Consultor que realiza búsquedas de personal utilizando la metodología denominada *headhunting*.
Headhunter 2.0	Consultor que realiza búsquedas de personal utilizando la metodología denominada *headhunting* 2.0.
Headhunting	Método de selección de personas basado en la realización de una investigación acerca de los mejores profesionales del mercado que ocupan puestos similares al que se desea cubrir en la organización que lleva a cabo la búsqueda, y que usualmente se realiza entre las compañías que tienen un estilo de gestión similar a la demandante. El método incluye el posterior llamado a los candidatos detectados, para ofrecerles participar en un proceso de selección. No se convoca a personas que buscan trabajo sino que se les ofrece una posición a aquellos que ya lo tienen y que, en principio, no desean cambiar.

Headhunting 2.0	Método de selección de personas que se realiza con tecnologías de la Web Social (Web 2.0). El proceso se basa en una investigación sobre los mejores profesionales del mercado, que ocupan puestos similares al que se desea cubrir en la organización que lleva a cabo la búsqueda, y que usualmente se focaliza en aquellas compañías que tienen un estilo de gestión similar a la propia. Relacionar con Reclutamiento 2.0, Web 2.0, Social media, entre otros.
Herramental	Conjunto de herramientas relacionadas con una disciplina o un tema en particular. Ejemplo: herramental de RRHH, herramental disponible para selección de personas.
Herramientas	Cuestionarios, manuales, guías y otros materiales de apoyo de probada eficacia para la resolución práctica de un determinado problema o situación.
Herramientas 2.0	Conjunto de aplicaciones dentro de la Web 2.0. Ejemplos: redes sociales, blogs, microblogs, wikis, entre otras. Otra denominación frecuente es herramientas sociales.
Jefe	Persona que tiene a otras a su cargo dentro de una estructura jerárquica. Los jefes pueden tener niveles muy diversos, desde el número 1 de la organización hasta otro con pocos colaboradores a su cargo.
Jefe del jefe	Expresión que se utiliza para denominar a los superiores (jefes) de personas que, a su vez, tienen a su cargo colaboradores, es decir que ellos mismos son jefes.
Manual de *assessment* (ACM)	Conjunto de teoría, casos, ejercicios y formularios que permiten la aplicación práctica de la herramienta *Assessment Center Method* (ACM).
Manual para detectar valores personales en selección	Conjunto de teoría, casos, ejercicios y formularios que permiten la aplicación práctica de las distintas herramientas necesarias para la detección de valores personales en selección de personas.
Marca empleadora / Marca del empleador (En la actualidad es un concepto muy difundido, conocido también por la expresión inglesa *employer branding*)	Lograr esta "marca" implica construir una imagen positiva en el mercado, conseguir una reputación como buen empleador tanto para los colaboradores actuales como para los futuros. Implica proponer y llevar a cabo una serie de acciones tendientes a lograr una percepción, por parte del mercado, altamente positiva como ámbito laboral, de manera que las personas deseen trabajar en la organización. Sin embargo, esta imagen positiva no debe basarse solo en consignas publicitarias sino que, por el contrario, debe estar construida sobre la base de acciones concretas en materia de Recursos Humanos.
Microcomportamientos	Pequeños comportamientos de la vida cotidiana que, al ser poco relevantes, no son considerados o tomados en cuenta. Sin embargo, podrían llegar a predecir otros comportamientos de mayor significado.

Modelo de competencias	Conjunto de procesos relacionados con las personas que integran la organización y que tiene como propósito alinearlas en pos de los objetivos organizacionales. Un modelo de competencias permite seleccionar, evaluar y desarrollar a las personas en relación con las competencias necesarias para alcanzar la estrategia organizacional.
Motivación	Razón, causa o motivo para hacer algo: trabajar, cambiar de empleo, de carrera, etcétera. El estudio de la motivación o motivaciones de las personas en relación con la disciplina de Recursos Humanos es un tema complejo, dado que dichas motivaciones pueden obedecer a causas diversas y abarcan otras razones o motivos más allá de los aspectos económicos que implica toda relación laboral.
Perfil en la web	Información individual proporcionada por uno mismo en una red social de Internet.
Perfil de la búsqueda	Conjunto de capacidades requeridas para un puesto de trabajo, necesario para realizar la selección de su futuro ocupante. Puede incluir, además, factores adicionales. La elaboración del perfil de la búsqueda es, en general, una responsabilidad de la persona que llevará a cabo el proceso de selección, con sus etapas de reclutamiento y selección. Si esa tarea está a cargo del área de Recursos Humanos, debe participar, en todos los casos, el cliente interno, futuro jefe del nuevo colaborador.
Perfil del postulante	Conjunto de capacidades de una persona, incluyendo sus estudios formales, conocimientos, competencias y experiencia, así como su motivación tanto en relación con su carrera como para el cambio laboral.
Puesto	Lugar que una persona ocupa en una organización. Implica cumplir responsabilidades y tareas claramente definidas.
Reclutamiento	Es un conjunto de procedimientos para atraer e identificar a candidatos potencialmente calificados y capaces para ocupar el puesto ofrecido, a fin de seleccionar a alguno/s de ellos para que reciba/n el ofrecimiento de empleo.
Reclutamiento 1.0	Conjunto de procedimientos para atraer e identificar a candidatos potencialmente calificados y capaces utilizando las posibilidades de la Web 1.0. Usualmente se utilizan los sitios o páginas web organizacionales en los cuales se ofrecen diferentes posiciones vacantes, además de las web laborales y los sitios de consultoras de Recursos Humanos. Ver diferencias con Reclutamiento 2.0.
Reclutamiento 2.0	Conjunto de procedimientos para atraer e identificar a candidatos potencialmente calificados y capaces utilizando las posibilidades de la Web 2.0 a través de diferentes acciones.

Reclutamiento externo	Es la forma más frecuente de realizar un reclutamiento, e implica la difusión en el mercado de los perfiles buscados, usualmente a través de anuncios, en periódicos o Internet, junto con otras fuentes de posibles candidatos.
Reclutamiento interno	Cuando el reclutamiento se realiza dentro de la propia organización se denomina reclutamiento interno. En ese caso se utilizan anuncios, por ejemplo, a través de la intranet, con el propósito de generar la autopostulación.
Remuneración	Es un valor compuesto por la sumatoria del salario mensual o quincenal, según corresponda, y otros beneficios que recibe el trabajador como retribución por su trabajo.
Remuneraciones	El término hace referencia al manejo de todas las remuneraciones dentro de una organización.
Remuneraciones y beneficios	Es uno de los subsistemas de Recursos Humanos. En este subsistema se concentran las diferentes gestiones y actividades en relación con la remuneración de los colaboradores de todos los niveles, desde la política retributiva y la compensación salarial hasta beneficios de cualquier tipo o especie. Además, incluye el cuidado de la equidad interna y externa de las remuneraciones. Implica planeamiento, realización y control.
Requisitos del puesto	Conjunto de características o condiciones necesarias para desempeñar un puesto específico con eficacia, que serán tomadas en cuenta tanto para seleccionar personas como para evaluar su desempeño. Los requisitos del puesto se pueden diferenciar en requisitos excluyentes o imprescindibles y en requisitos no excluyentes o deseables.
Requisitos excluyentes	Conjunto de características imprescindibles para desempeñar un determinado puesto con eficacia, que serán tomadas en cuenta –especialmente– en los procesos de selección de nuevos colaboradores. Implica que si una persona no las posee, no será considerada para cubrir esa posición.
Requisitos no excluyentes	Conjunto de características deseables, pero no imprescindibles, para desempeñar un determinado puesto con eficacia. Implica que si la persona no las posee, podrá de todos modos ser considerada y, eventualmente, elegida para cubrir la posición en cuestión.
Rol del jefe	Concepto integrador de las diversas facetas de la actividad de todo jefe. Enfoca su papel dentro de la organización, agregando a sus funciones tradicionales las responsabilidades y tareas inherentes a esta condición, por ejemplo: seleccionar colaboradores, evaluar su desempeño y entrenarlos, solo por nombrar algunas.

Salario	Paga o remuneración regular que recibe el trabajador. Generalmente es una cifra fija por un período de un mes o quincena. El término se utiliza, usualmente, para designar el pago a trabajadores en relación de dependencia.
Salario bruto	Valor nominal de la paga que recibe el colaborador y que se toma de base tanto para el cálculo de las contribuciones fiscales a cargo del empleado como las que debe abonar el empleador. Ver la figura correspondiente al término Salario neto.
Salario neto/de bolsillo	Importe realmente percibido por el trabajador. El monto surge de restarle al salario bruto o nominal los descuentos e impuestos a cargo del empleado.
Selección	Conjunto de procedimientos para evaluar y medir las capacidades de los candidatos a fin de, luego, elegir, sobre la base de criterios preestablecidos (perfil de la búsqueda), a aquellos que presentan mayor posibilidad de adaptarse al puesto disponible, de acuerdo con las necesidades de la organización.
Social media	Es la combinación de herramientas en la web: blogs, wikis, entre otras. Implica contenidos creados y diseminados por la gente. Usualmente se la relaciona con la "democratización del conocimiento", dado que permite transformar a la gente de consumidores pasivos a personas activas que contribuyen con comentarios, agregados o la generación de un nuevo conocimiento.
Subsistemas de Recursos Humanos	Bajo este título se incluye una serie de métodos de trabajo o subsistemas en relación con las personas que integran la organización. El término implica segmentos del sistema de Recursos Humanos, compuestos por normas, políticas y procedimientos, racionalmente enlazados entre sí, que en conjunto contribuyen a alcanzar una meta, en este caso, los objetivos organizacionales, y que rigen el accionar de todos los colaboradores que integran una organización, desde el número 1 hasta el último nivel de la estructura. Los subsistemas de Recursos Humanos son: Análisis y descripción de puestos, Atracción, selección e incorporación de personas, Evaluación de desempeño, Remuneraciones y beneficios, Desarrollo y planes de sucesión, Formación.
Talento	Conjunto de competencias y conocimientos.
Tarea	Trabajo que debe realizarse, usualmente, con algunas características predeterminadas, como plazos, contenidos, etcétera.
Valores	Aquellos principios que representan el sentir de la organización, sus objetivos y prioridades estratégicas.

Valores personales	Principios básicos inherentes a cada individuo en particular. Se relacionan con las creencias más profundas del individuo, con la forma en que cada uno ve las cosas y, además, con los proyectos personales. Los valores de una persona se observan en sus comportamientos, en cualquier momento o circunstancia. El concepto "valores personales" engloba aspectos como integridad y ética, y también otros, como, por ejemplo, calidad o excelencia, según la manera en que estos diferentes elementos integran las creencias profundas de cada persona.
Web 1.0	La expresión hace referencia a la primera generación de la web, basada en sitios, páginas web y portales. Esta denominación surge a partir de la creación de la "Web 2.0". La característica principal de la primera generación web es que, en ella, la edición de contenidos está solo en manos de los creadores de los sitios, páginas, portales, en tanto que los restantes usuarios son solo lectores de dichos contenidos.
Web 2.0	La expresión Web 2.0 hace referencia a una segunda generación de la web basada en comunidades de usuarios y una gama especial de servicios web, como redes sociales, blogs, microblogs, wikis, entre otros, que fomentan la colaboración y el intercambio ágil de información entre los usuarios.
Web laborales	Sitios o páginas de Internet que ofrecen servicios de intermediación entre empleadores y postulantes. Los interesados en encontrar un empleo ingresan allí sus datos personales (que ellos mismos deberán mantener actualizados), para ser "encontrados" por futuros empleadores. Adicionalmente los empleadores publican allí sus ofertas de empleo.

Podrá encontrar mayor detalle sobre estos y otros conceptos en la obra *Diccionario de términos de Recursos Humanos*.

También hallará más información sobre temas relacionados con las redes sociales y aspectos tecnológicos en la obra *Social Media y Recursos Humanos*.

Anexo II
Herramientas

Adecuación persona-puesto (diagnóstico) **Herramienta nº 1**	Conjunto de evaluaciones necesarias para determinar la relación que se establece entre los conocimientos, la experiencia y las competencias que un puesto requiere, y los del ocupante de esa posición. Para la determinación de la adecuación persona-puesto deberán primero establecerse los requisitos del puesto y luego habrá que evaluar a su ocupante, considerando como mínimo tres elementos: conocimientos, experiencia, competencias.
Asignación de competencias a puestos (documento) **Herramienta nº 2**	Procedimiento interno por el cual se asignan competencias junto con sus grados a los distintos puestos de trabajo. La asignación se refleja en un documento interno donde se indican, para los distintos puestos de trabajo, las competencias requeridas junto con los grados en que se necesitan. Para que la asignación de competencias sea posible, primero se debe diseñar un modelo de competencias.
Assessment Center Method (ACM) **Herramientas nº 3 A y 3 B**	Método o herramienta situacional para evaluar competencias mediante el cual, a través de la administración de casos y ejercicios, se plantea a los participantes la resolución práctica de situaciones conflictivas similares a las que deberán enfrentar en sus puestos de trabajo. Durante un *assessment* se utilizan casos y ejercicios que permiten poner a las personas a evaluar en un contexto similar al que deberán afrontar en el puesto para el cual son evaluadas.
***Autopostulación* – Job posting** **Herramienta nº 5**	Práctica organizacional mediante la cual una persona puede postularse a búsquedas internas que la organización publicita en su intranet o carteleras. Usualmente se definen requisitos para participar, además de los inherentes al puesto en sí mismo.
Descriptivo de puesto **Herramienta nº 10**	Documento interno donde se consignan las principales responsabilidades y tareas de un puesto de trabajo. Adicionalmente se registran los requisitos necesarios para desempeñarlo con éxito: conocimientos, experiencia y competencias.
Diccionario de competencias **Herramienta nº 14**	Documento interno organizacional en el cual se presentan las competencias definidas en función de la estrategia.
Diccionario de comportamientos **Herramienta nº 15**	Documento interno en el cual se consignan ejemplos de los comportamientos observables asociados o relacionados con las competencias del modelo organizacional. El diccionario de comportamientos organizacional se diseña en función del diccionario de competencias que, en todos los casos, se confecciona a medida de cada organización.
Diccionario de preguntas **Herramienta nº 16**	Documento interno de la organización en el cual se consignan ejemplos de preguntas que permiten evaluar las competencias del modelo en una entrevista.
Entrevista estructurada – Selección **Herramienta nº 21**	Entrevista basada en un conjunto de preguntas e indicaciones previamente definidas para indagar sobre una serie de aspectos determinados.

Estructura de puestos Herramienta nº 23	Documento interno en el cual se exponen los diferentes niveles organizacionales junto con las principales responsabilidades y requisitos para ocuparlos. Este documento es la base para la asignación de competencias a puestos.
Indicadores de gestión para el área de recursos humanos Herramienta nº 32	Índices específicos para medir el resultado de la gestión del área de Recursos Humanos y de las distintas funciones que la componen. Ejemplos: índices para medir el resultado general de Recursos Humanos o las áreas de Selección, Formación, Desarrollo de personas, Desempeño, etc.
Manual para detectar valores personales en selección Herramienta nº 39 C	Conjunto de teoría, casos, ejercicios y formularios que permiten la aplicación práctica de las distintas herramientas necesarias para la detección de valores personales en selección de personas, diseñado de acuerdo con la Metodología Martha Alles Capital Humano.
Mapa del modelo de competencias Herramienta nº 34	Documento organizacional que facilita la comprensión del modelo de competencias al explicar la interrelación de las distintas competencias que lo componen.
Modelo de competencias Herramienta nº 37	Conjunto de procesos relacionados con las personas que integran la organización y que tienen como propósito alinearlas en pos de los objetivos organizacionales. Un modelo de competencias permite seleccionar, evaluar y desarrollar a las personas en relación con las competencias necesarias para alcanzar la estrategia organizacional.
Modelo de conocimientos Herramienta nº 38 A y B	Conjunto de procesos relacionados con las personas que integran la organización y que permiten definir los conocimientos necesarios para los diferentes puestos. Un modelo de conocimientos permite seleccionar, evaluar y desarrollar a las personas en relación con los conocimientos necesarios para alcanzar la estrategia organizacional, en especial aquellos vinculados con la actividad principal de la organización.
Modelo de valores Herramienta nº 39 A, B y C	Conjunto de procesos relacionados con las personas que integran la organización y que permiten incorporar a los subsistemas de Recursos Humanos los valores organizacionales.
Programa de difusión del modelo de competencias Herramienta nº 44 A y B	Conjunto de acciones tendientes a que la organización en su conjunto conozca el modelo de competencias adoptado y comprenda cabalmente su aplicación en los distintos subsistemas de RRHH.
Promociones internas Herramienta nº 50 A y 50 B	Acciones mediante las cuales los colaboradores de la organización son elevados a un nivel superior al que poseían. Por extensión, la herramienta se utiliza en el caso de desplazamientos laterales o de otro tipo, dentro de la organización.

Podrá encontrar mayor detalle sobre las herramientas aquí mencionadas en la obra *Las 50 herramientas de Recursos Humanos que todo profesional debe conocer.*

Bibliografía

Almeida, Walnice. *Captação e Seleção de talentos. Repensando a Teoria e a Prática*. Editorial Atlas, San Pablo, 2004.

Arthur, Diane. *Selección efectiva de personal*. Grupo Editorial Norma, Bogotá, 1992. La obra original data de 1986.

Boccalari, R.; Caroni, L.; Oggioni, E.; Piccolo, A.; Rullani, E.; Vergeat, M. *Competenze. Leva di eccellenza delle persone e delle organizzazioni*. Franco Angeli Azienda Moderna, Milano, 2004.

Carretta, Antonio; Dalziel, Murray M. y Mitrani, Alain, *Dalle Risorse Umanealle Competenze*, Franco Angeli Azienda Moderna, Milán, 1992.

Chiavenato, Idalberto. *Gestión del talento humano*. McGraw-Hill, Bogotá, 2002.

Colardyn, Danielle. *La gestion des compétences. Perspectives internationales*. Presses Universitaires de France, Paris, 1996.

Cole, Gerald. *Organisational Behaviour*. DP Publications, London, 1995.

Cole, Gerald. *Personnel Management*. Letts Educational Aldine Place, London, 1997.

Cortina, Adela. *Ética en la empresa*. Trotta, Madrid, 1994.

De Ansorena Cao, Alvaro. *15 pasos para la selección de personal con éxito*. Paidós Empresa, Barcelona, 1996.

Dessler, Gary. *Administración de personal*. Prentice-Hall Hispanoamericana, México, 1996.

Doury, Jean Pierre. *Cómo conducir una entrevista de selección de personal*. El Ateneo, Buenos Aires, 1995.

Eubanks, James L.; Marshall, Julie B. & O'Driscoll, Michael P. "A competency model of OD practitioners". *Training and Development Journal*, 1990.

Evers, Frederick T.; Rush, James C. & Berdrow, Iris. *The Bases of Competence. Skills for lifelong learning and Employability*. Jossey-Bass Publishers, San Francisco, 1998.

Fear, Richard & Chiaron, Robert. *The evaluation interview*. McGraw-Hill, EE.UU., 1990.

Gómez-Mejía, Luis R.; Balkin, David B.; Cardy, Robert L. *Gestión de Recursos Humanos*. Prentice-Hall, Madrid, 1998.

Hackett, Penny. *The Selection Interview*. Institute of Personnel and Development, London, 1995.

Harris, Michael M. "Reconsidering the employment interview: a review of recent literature and suggestions for future research". *Personnel Psychology*. 1989.

Heene, Aimé & Sanchez, Ron (ed.). *Competence Based. Strategic Management*. John Wiley & Sons, England, 1997.

Kador, John. *The manager's books of questions*. McGraw-Hill, EE.UU., 1997.

Klinvex, Kevin C.; O'Connell, Matthew S. & Klinvex, Christopher P. *Hiring great people*. McGraw-Hill, New York, 1999.

L'Hoste, Hubert. "L'entretien de Sélection". Capítulo 4 de la obra *10 Outils clés du recruteur*. GO Editions, Paris, 1998.

Landreau, Jacques. "Les conseils en recrutement". Capítulo 9 de la obra *10 Outils clés du recruteur*. GO Editions, Paris, 1998.

Levy-Leboyer, Claude. *Gestión de las competencias*. Gestión 2000, Barcelona, 1997. Obra original: *La gestion des compétences;* Les éditions d'organisation, Paris, 1992.

Lucia, Anntoinette & Lepsinger, Richard. *The art and science of Competency models*. Jossey-Bass/Pfeiffer, San Francisco, 1999.

Marchal, Emmanuelle. "Les compétences du recruteur dans l'exercice du jugement des candidates". *Travail et Emploi* N° 78. París. Enero 1999.

Mathis, Robert L. & Jackson, John H. *Human Resource Management*. South-Western College Publishing, a division of Thompson Learning; Cincinatti, Ohio; 2000.

McClelland, David C. "Intelligence is not the best predictor of job performance". *Current Directions in Psychological Science*, 1993.

McClelland, David C. "How motives, skills, and values determine what pleople do?". *American Psychologist*, 1985.

McClelland, David C. "Identifying competencies with Behavioral-event interviews". *Psychological Science*, 1998.

McClelland, David C. "Motivational factors in health and disease". *American Psychologist*, 1989, 44(4), 675:83.

McClelland, David C. "The knowledge – testing – educational complex strikes back". *American Psychologist*, 1994.

McClelland, David C. *Human Motivation*. Cambridge University Press. Cambridge, 1999 (obra original de 1987).

McClelland, David C. & Boyatzis, Richard E. "Opportunities for counselors from the Competency Assessment Movement". *The Personnel and Guidance Journal*, 1980.

McClelland, David C. & Burnham, David H. "Power is the great motivator". *Harvard Business Review*, 1976.

McClelland, David C. & Teague, Gregory. "Predicting risk preferences among power-related tasks". *Journal of Personality*, 1975.

McClelland, David C. & Watson, Robert Jr. "Power motivation and risk-taking behavior". *Journal of Personality*, 1973.

McClelland, David C.; Koestner, Richard & Weinberger, Joel. "How do self-attributed and implicit motives differ?". *Psychological Review*, 1989.

Meister, Jeanne C. & Willyerd, Karie. *The 2020 Workplace*. HarperCollins Publishers, New York, 2010.

Milkovich, George y Boudreau, John. *Administración de Recursos Humanos. Un enfoque de estrategia*. Addison-Wesley Iberoamericana, México, 1994.

Ordóñez Ordóñez, Miguel. La *nueva gestión de los recursos humanos*. Ediciones Gestión 2000, Barcelona, 1995.

Orpen, Christopher. "Patterned behavior description interviews versus unstructured interviews: A comparative validity study". *Journal of Applied Psychology*.

Peretti, Jean-Marie. *Gestion des ressources humaines*. Librairie Vuibert, Paris, 1998.

Rae, Leslie. *The skills of interviewing, a guide for managers and trainers.* Gower, England, 1988.

Quijano, Santiago. *Dirección de Recursos Humanos y Consultoría en las organizaciones,* Editorial Icaria, Barcelona, 2006.

Renckly, Richard. *Human resources.* Barron's Educational Series. EE.UU., 1997.

Sachs, Randi Toler. *How to become a skillful interviewer.* Amacom, New York, 1994.

Sherman, Arthur; Bohlander, George y Snell, Scott. *Administración de Recursos Humanos.* Thomson Internacional, México, 1999.

Shih, Clara. *The Facebook Era.* Pearson Education, Boston, 2010.

Smtih, Nick & Wollan, Robert. *The Social Media Management Handbook.* John Wiley & Son, New Jersey, 2011.

Spencer, Lyle M. & Spencer, Signe M. *Competence at work, models for superior performance.* John Wiley & Sons, Inc., New York, 1993.

Weiss, Dimitri y colaboradores. *La función de los recursos humanos.* CDN Ciencias de la Dirección, Madrid, 1992.

Wilson, Robert. *Conducting better job interviews.* Barron's Educational Series, New York, 1997.

Bibliografía de Martha Alles

12 pasos para conciliar vida profesional y personal. Desde la mirada individual. Ediciones Granica, Buenos Aires, 2013.

12 pasos para ser un buen jefe. Ediciones Granica, Buenos Aires, 2014. Título anterior de esta obra: *Cómo ser un buen jefe en 12 pasos* (2008).

5 pasos para transformar una oficina de personal en un área de Recursos Humanos. Ediciones Granica, Buenos Aires, 2005.

Codesarrollo: una nueva forma de aprendizaje. Ediciones Granica, Buenos Aires, 2009.

Cómo delegar efectivamente en 12 pasos. Ediciones Granica, Buenos Aires, 2010.

Cómo transformarse en un jefe entrenador en 12 pasos. Ediciones Granica, Buenos Aires, 2010.

Comportamiento organizacional. Ediciones Granica, Buenos Aires, 2017.

Conciliar vida profesional y personal. Dos miradas: organizacional e individual. Ediciones Granica, Buenos Aires, 2016.

Construyendo talento. Ediciones Granica, Buenos Aires, 2016.

Cuestiones sobre gestión de personas. Qué hacer para resolverlas. Ediciones Granica, Buenos Aires, 2015.

Desarrollo del talento humano. Basado en competencias. Ediciones Granica, Buenos Aires. Nueva edición, 2008.

Desempeño por competencias. Evaluación de 360°. Nueva edición. Ediciones Granica, Buenos Aires, 2008.

Diccionario de competencias. La trilogía. Tomo 1. Ediciones Granica, Buenos Aires, 2015.

Diccionario de comportamientos. La trilogía. Tomo 2. Ediciones Granica, Buenos Aires, 2015.

Diccionario de preguntas. La trilogía. Tomo 3. Ediciones Granica, Buenos Aires, 2015.

Diccionario de términos de Recursos Humanos. Ediciones Granica, Buenos Aires, 2011.

Dirección estratégica de Recursos Humanos. Volumen 1. Gestión por competencias. Ediciones Granica, Buenos Aires. Nueva edición, 2015.

Dirección estratégica de Recursos Humanos. Volumen 2. Casos. Ediciones Granica, Buenos Aires. Nueva edición, 2016.

Incidencia de las competencias en la empleabilidad de profesionales. Empleabilidad y Competencias. EAE Editorial Académica Española; Saarbrücken, Alemania, 2011.

La Marca Recursos Humanos. Ediciones Granica, Buenos Aires, 2014.

Las 50 herramientas de Recursos Humanos que todo profesional debe conocer. Ediciones Granica, Buenos Aires, 2017.

Rol del jefe. Ediciones Granica, Buenos Aires, 2008.

Selección por competencias. Ediciones Granica, Buenos Aires. Nueva edición, 2016

Social media y Recursos Humanos. Ediciones Granica, Buenos Aires, 2012.

Unas palabras sobre la autora

Martha Alicia Alles es Doctora por la Universidad de Buenos Aires, área Administración. Su tesis doctoral se presentó bajo el título *La incidencia de las competencias en la empleabilidad de profesionales*. Su primer título de grado es Contadora Pública Nacional (UBA). Posee una amplia experiencia como docente universitaria, en diversos posgrados tanto de la Argentina como del exterior.

Con más de cuarenta títulos publicados hasta el presente, es la autora argentina que ha escrito la mayor cantidad de obras sobre su especialidad. Cuenta con colecciones de libros de texto sobre Recursos Humanos, Liderazgo y Management Personal, que se comercializan en toda Hispanoamérica.

De su colección sobre **Recursos Humanos** ha publicado:

Temas generales de Recursos Humanos y Comportamiento Organizacional:
- *Dirección estratégica de Recursos Humanos. Volumen 1. Gestión por competencias.* (nueva edición revisada, 2015).
- *Dirección estratégica de Recursos Humanos. Volumen 2. Casos* (nueva edición revisada, 2016).
- *5 pasos para transformar una oficina de personal en un área de Recursos Humanos* (2005).
- *Comportamiento organizacional* (2017).

Específicos sobre modelos de competencias:
- *Gestión por competencias. El diccionario* (2002, y 2ª edición revisada, 2005).
- *Diccionario de comportamientos. Gestión por competencias* (2004).
- *Diccionario de preguntas. Gestión por competencias* (2005).

Nuevas obras preparadas sobre la base de un enfoque diferente de la metodología de Gestión por competencias:
- *Diccionario de competencias. La trilogía. Tomo 1* (2015).
- *Diccionario de comportamientos. La trilogía. Tomo 2* (2015).
- *Diccionario de preguntas. La trilogía. Tomo 3* (2015).

Sobre selección:
- *Empleo: el proceso de selección* (1998, y nueva edición revisada, 2001).
- *Empleo: discriminación, teletrabajo y otras temáticas* (1999).
- *Elija al mejor. La entrevista en selección de personas. La entrevista por competencias.* Nueva edición 2017.
- *Selección por competencias* (2016).

Sobre desempeño:
- *Desempeño por competencias. Evaluación de 360º* (2004, y nueva edición revisada y ampliada, 2008).

Sobre desarrollo de personas:
- *Desarrollo del talento humano. Basado en competencias* (2005, y nueva edición revisada y ampliada, 2008).
- *Codesarrollo. Una nueva forma de aprendizaje* (2009).
- *Construyendo talento* (2016).

Sobre Recursos Humanos, liderazgo y management:
- *Diccionario de términos de Recursos Humanos* (2011).
- *Las 50 herramientas de Recursos Humanos que todo profesional debe conocer* (2017).
- *Social media y Recursos Humanos* (2012).
- *La Marca Recursos Humanos* (2014).
- *Cuestiones sobre Gestión de Personas* (2015).

De los siguientes títulos están disponibles solo en Internet (**www.xcompetencias.com**), para profesores, una edición de *Casos* y otra edición de *Clases: Comportamiento organizacional, Codesarrollo, Construyendo talento, Dirección estratégica de Recursos Humanos* (nueva edición 2015), *Desempeño por competencias, Desarrollo del talento humano. Selección por competencias, La trilogía (Diccionario de competencias. La trilogía. Tomo 1; Diccionario de comportamientos. La trilogía. Tomo 2; y Diccionario de preguntas. La trilogía. Tomo 3), 200 modelos de currículum,* y *Mitos y verdades en la búsqueda laboral.*

De la serie **Liderazgo** podemos mencionar:
- *Rol del jefe* (2008).
- *12 pasos para ser un buen jefe* (2008).
- *Conciliar vida profesional y personal* (2016).
- *Cómo transformarse en jefe entrenador en 12 pasos* (2010).
- *Cómo delegar efectivamente en 12 pasos* (2010).
- *12 pasos para conciliar vida profesional y personal* (2013).

Su colección de libros destinados al **Management Personal** está compuesta por:
- *Las puertas del trabajo* (1995).
- *Mitos y verdades en la búsqueda laboral* (1997, y nueva edición revisada y ampliada, 2008).
- *200 modelos de currículum* (1997, y nueva edición revisada y ampliada, 2008).
- *Su primer currículum* (1997).
- *Cómo manejar su carrera* (1998).
- *La entrevista laboral* (1999).
- *Mujeres, trabajo y autoempleo* (2000).

En la colección de **Bolsillo** se publicaron:
- *La entrevista exitosa* (2005 y 2009).
- *La mujer y el trabajo* (2005).
- *Mi carrera* (2005 y 2009).
- *Autoempleo* (2005).
- *Mi búsqueda laboral* (2009).
- *Mi currículum* (2009).
- *Cómo llevarme bien con mi jefe y con mis compañeros de trabajo* (2009).
- *Cómo buscar trabajo a través de Internet* (2009).

Martha Alles es habitual colaboradora en revistas y periódicos de negocios, programas radiales y televisivos de la Argentina y de otros países hispanoparlantes, y conferencista invitada por diferentes organizaciones empresariales y educativas, tanto locales como internacionales. En los últimos dos años ha dictado conferencias y seminarios en Bolivia, Colombia, Costa Rica, Chile, Ecuador, El Salvador, Estados Unidos, Guatemala, México, Nicaragua, Panamá, Paraguay, Perú, República Dominicana, Uruguay, Venezuela, entre otros, además de numerosos seminarios en su país, Argentina.

Es consultora internacional en Gestión por competencias y presidenta de Martha Alles International, firma regional que opera en toda Latinoamérica y Estados Unidos, lo que le permite unir sus amplios conocimientos técnicos con su práctica profesional diaria. Cuenta con una experiencia profesional de más de veinticinco años en su especialidad.

Es casada, tiene tres hijos, dos nietas y un nieto.

Martha Alles SA
Talcahuano 833 (Talcahuano Plaza), piso 2
Buenos Aires, Argentina
Teléfono: (54-11) 4815 4852
Twitter: marthaalles

Libros de Martha Alles de la serie Recursos Humanos, publicados por Ediciones Granica

Guía de lecturas: secuencia sugerida

• Comportamiento organizacional

• 5 pasos para transformar una oficina de personal
  en un área de Recursos Humanos

• Dirección estratégica de Recursos Humanos. Volumen 1.
  Gestión por competencias.
• Dirección estratégica de Recursos Humanos. Volumen 2. Casos.

Trilogía:
• Diccionario de competencias. Tomo 1
• Diccionario de comportamientos. Tomo 2
• Diccionario de preguntas. Tomo 3

Libros complementarios de la **Serie Management Personal**

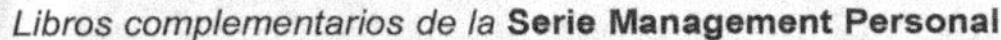  

• Mitos y verdades en la búsqueda laboral
• 200 modelos de currículum

• Selección por competencias
• Elija al mejor. La entrevista en selección de personas.
  La entrevista por competencias

• Desempeño por competencias. Evaluación 360°

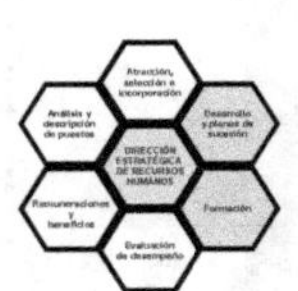

• Desarrollo del talento humano. Basado en competencias

• Construyendo talento
• Codesarrollo: una nueva forma de aprendizaje

Libros de Martha Alles publicados por Ediciones Granica relacionados con Recursos Humanos y Liderazgo

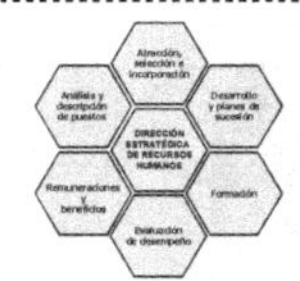

- Diccionario de términos de Recursos Humanos
- Las 50 herramientas de Recursos Humanos que todo profesional debe conocer
- Social media y Recursos Humanos
- La Marca Recursos Humanos
- Cuestiones sobre gestión de personas. Qué hacer para resolverlas

Libros de la serie Liderazgo de Martha Alles publicados por Ediciones Granica

Guía de lecturas: secuencia sugerida

- Rol del jefe. Cómo ser un buen jefe

- 12 pasos para ser un buen jefe

- Cómo llevarme bien con mi jefe y con mis compañeros de trabajo. Serie Bolsillo

- Conciliar vida profesional y personal

- Cómo transformarse en un jefe entrenador en 12 pasos

- Cómo delegar efectivamente en 12 pasos

- 12 Pasos para conciliar vida profesional y personal